데이비드 로즈는 매우 독특한 방식으로 세계를 바라보고, 그 비전을 명쾌하게 소통한다. 그의 경력을 돌아보면 컴퓨터 과학, 디자인, 창업 분야에서 오랜 시간에 걸쳐 진정한 리더십을 발휘해왔음을 알 수 있다. 이 책은 그 모든 지식과 능력의 결정판이라고 할 수 있을 듯하다. 컴퓨터비전이 이미 의료 시장을 강타하고 있지만 아직 많은 면에서 기대에 미치지 못하는 현실을 고려할 때, 이 책이 발간된 시점은 매우 적절하다고 하겠다. 이 중요한 주제에 대해 가르침을 받고 싶은 사람이나 탁월한 혜안을 지닌 작가에게 통찰을 얻고자 하는 사람은 반드시 읽어봐야 할 필독서다. — 조지프 찰스 크베다, 하버드 의과대학 교수, 미국 원격진료협회 이사회 의장

데이비드 로즈는 케빈 켈리의 획기적인 미래 저서 《인에비터블 미래의 정체》에 등장했을 때 기술의 화살이 어디를 향하고 있는지에 대한 증거를 명확하게 제시했다. 이제 그는 《슈퍼사이트》에서 우리 앞에 펼쳐질 개인적·공감적 경험의 이야기를 들려주며 장차 이 모든 기술이 결합할 미래의 모습을 생생하게 보여준다.

— 크레이그 샘슨, 노스웨스턴대학교 시걸 디자인 학교 교수

의심할 여지없이 이 책은 컴퓨팅의 미래를 조명하고 있다. 컴퓨터는 집채만 한 크기의 메인프레임에서부터 진화를 시작해 그보다 훨씬 강력한 위력을 발휘하면서도 손에 쏙 들어가는 장비로 축소됐다. 이 진화의 다음 단계는 디지털 세계와 물리적 세계가 혼합된 증강현실 스마트안경의 차례가 될 것이다. 이런 변화가 미래의 일과 협업에 어떤 영향을 미칠지 알고 싶은 사람은 반드시 《슈퍼사이트》를 읽어야 한다.

— 폴 트래버스, 뷰직스 코퍼레이션 사장 겸 CEO

환상적이고 시의적절한 책이다. 《슈퍼사이트》는 증강현실 기술이 사람 간의 교류뿐 아니라 우리 주위의 세계와 상호작용하는 방식에 어떤 변화를 불러일으킬지 이야기한다. **— 하리 나이르, 프록터앤드갬블 혁신 리더**

데이비드 로즈는 실제 세계와 증강현실 사이에 가로놓인 경계선을 무너뜨리고 삶의 초점을 재정비함으로써 디지털로 복제된 세계 속에서 살아가는 방법에 대한 지침을 제공한다. 차세대 혁신가라면 필독해야 할 책이다.

— 하니 아스포, 두바이 디자인 및 혁신 연구소 소장

데이비드 로즈는 우리가 모르는 사이 순식간에 밀어닥칠 미래의 가능성을 스케치하는 데 놀라운 재능을 타고난 사람이다. 《슈퍼사이트》가 제시하는 미래의 비전은 우리의 숨을 막히게 한다! 그리고 한편으로는 두렵기도 하다. 디자이너들은 이런 새로운 가능성으로부터 많은 영감을 얻을 것이다. 기업의 리더와 정책 기획자들은 이 책을 통해 미래의 가능성을 포착하고 슈퍼사이트를 사회적으로 더욱 사려 깊게 활용할 방안을 찾아야 할 것이다. **— 프랭크 질레트, 포레스터 수석 애널리스트**

데이비드 로즈는 통찰력으로 가득한 새 책 《슈퍼사이트》에서 물리적 세계 위에 디지털 세계를 덧입혀 제공하는 증강현실의 매력적인 가능성과 잠재적 문제를 예지력 있게 보여준다. 이 차세대 기술에는 우리가 타인들이나 주위 환경과 상호작용하는 방법에 혁신을 불러일으키고 새로운 디자인의 기회를 창출할 잠재력이 내포되어 있다. **— 아리 아들러, IDEO 수석 이사**

인간이라는 종족은 한 단계 높은 차원의 진화를 앞두고 있다. 《슈퍼사이트》는 미래로 향하는 타임머신을 제공한다. 이 책에서 뭔가를 잠시 바라보기만 해도 엄청난 정보와 지식을 얻게 될 것이다. — 패티 매스, MIT 미디어랩 교수

우리는 증강현실을 생각할 때 오직 자신만을 위해 존재하는 요정이나 눈썹 위에 올라앉아 운동하는 법을 가르치는 미래의 코치를 떠올린다. 데이비드 로즈는 《슈퍼사이트》에서 바로 그런 세계로 우리를 안내한다. 그가 풀어내는 미래는 한층 멋지고 흥미진진하다. — 길라드 로젠바이크, MIT 디자인X 학장

《슈퍼사이트》는 공간컴퓨팅, 웨어러블, 유비쿼터스 컴퓨팅 같은 새로운 세계에 대한 통찰을 제공할 뿐 아니라, 이 기술들이 우리의 경제 및 사회에 미칠 영향을 생생하게 보여준다. 독자들은 자체적으로 증강현실 기술을 탑재한 이 책을 누구나 좋아하게 될 것이다. 미래의 인간처럼 이 책도 증강되어있다. — 찰리 핑크, 〈포브스〉 기술 분야 칼럼니스트

《슈퍼사이트》는 미래에 닥칠 변화에 대해 큰 깨우침을 안겨주는 지침서다. — 폴 도허티, 액센추어 CTO

데이비드 로즈는 새로운 기술을 누구나 공감할 수 있고 이해하기 쉽게 설명하는 재주가 있다. 그는 인류가 향해 가고 있는 계층화된 정보의 미래에 대한 선명한 통찰을 제시한다. 《슈퍼사이트》는 인공지능이라는 흥미롭고 새로운 세계를 주도적으로 맞이하고 준비할 기회를 준다. — 조던 골드스타인, 겐슬러 글로벌 디자인 이사

우리는 지난 수십 년간 〈로보캅〉이나 〈마이너리티 리포트〉, 그리고 〈아이언맨〉 같은 공상과학 영화에서 증강현실이 활약하는 장면을 지켜봤다. 데이비드 로즈는 이 책에서 증강현실이 도시와 기업, 그리고 우리의 두뇌를 어떻게 바꿀 것인지에 대한 분명하고 생생한 비전을 공유한다. ― 스콧 커스너 이노베이션 리더 CEO

우리가 매일 착용하는 스마트안경을 통해 물리적 대상과 디지털 정보가 융합할 새로운 세계를 설명하는 진정으로 미래지향적인 책이다. 증강현실 안경은 우리에게 혁신적인 기술, 새로운 애플리케이션, 전혀 다른 형태의 인지적 상호작용을 요구한다. 여기에 내포된 기회와 도전 요소는 실로 어마어마하다. 데이비드 로즈는 놀라운 미래를 들여다보게 해주는 선견지명을 발휘한다. ― 존. C. C. 팬 코핀 CEO

데이비드 로즈는 공간컴퓨팅 분야의 과학자 겸 기업가로 활약한 경험을 바탕으로, 머지않은 미래에 증강현실과 스마트안경이 우리의 삶에 어떤 영향을 미칠 것인지를 일상적인 언어를 이용해서 선명하고 매력적으로 전달하고 있다.
― 오리 인바르, 세계 증강현실 엑스포 CEO

우리는 컴퓨터의 역사에서 황금시대를 맞고 있다. 그동안 개인적 차원에 머물러 있었던 컴퓨팅의 경험이 언제 어디서나 모든 사람과 공유할 수 있는 공간컴퓨팅의 세계로 이행 중인 것이다. 《슈퍼사이트》는 컴퓨터 역사의 다음 장을 시의적절하고 알기 쉽게 소개해주는 책이다. ― 발렌틴 히운 박사, PTC 연구 담당 부사장

슈퍼사이트

| 옮긴이 | 박영준

대학에서 영문학을 전공하고 대학원에서 경영학을 공부한 후 외국계 기업에서 일했다. 바른번역 소속 전문번역가로 활동 중이며 국제정치, 경제, 경영, 자기개발, 첨단기술 등 다양한 분야의 책을 번역하고 있다.

역서로는 《컨버전스 2030》《세상 모든 창업가가 묻고 싶은 질문들》《언러닝》《포춘으로 읽는 워런 버핏의 투자 철학》《자전거의 즐거움》《최고의 리더는 사람에 집중한다》《훌륭한 관리자의 평범한 습관들》《호모 이코노미쿠스의 죽음》《우버 인사이드》《트랜스퍼시픽 실험》 등이 있다.

슈퍼사이트

초판 1쇄 인쇄 2023년 8월 7일
초판 1쇄 발행 2023년 8월 21일

지은이 데이비드 로즈
옮긴이 박영준
펴낸이 유정연

이사 김귀분
책임편집 신성식 **기획편집** 조현주 유리슬아 서옥수 황서연 **디자인** 안수진 기경란
마케팅 반지영 박중혁 하유정 **제작** 임정호 **경영지원** 박소영

펴낸곳 흐름출판(주) **출판등록** 제313-2003-199호(2003년 5월 28일)
주소 서울시 마포구 월드컵북로5길 48-9(서교동)
전화 (02)325-4944 **팩스** (02)325-4945 **이메일** book@hbooks.co.kr
홈페이지 http://www.hbooks.co.kr **블로그** blog.naver.com/nextwave7
출력·인쇄·제본 삼광프린팅 **용지** 월드페이퍼(주) **후가공** (주)이지앤비(특허 제10-1081185호)

ISBN 978-89-6596-589-3 03320

배우고, 생각하고, 연결하는 법을 바꿔놓을 시각 혁명

슈퍼사이트

데이비드 로즈 지음 | 박영준 옮김

SUPER
SIGHT

흐름출판

안녕하세요.《슈퍼사이트》를 쓴 데이비드 로즈입니다. 저의 책이 한국에 출간된다니, 정말 기쁘고 감사합니다.

《슈퍼사이트》는 새로운 아이디어의 출현을 알리는 선언문이자 새 시대의 기획자와 디자이너들에게 인간 중심의 증강현실 경험을 설계하기를 당부하는 간곡한 요청서입니다. 또한 업종과 규모에 상관없이 모든 기업이 다가올 시각 혁명에 대비해 조직의 역량을 강화할 수 있도록 구성한 청사진이기도 합니다. 기업들은 이 책을 통해 애플의 비전 프로Vision Pro 헤드셋처럼 증강현실의 가능성을 최고로 확장할 혁명적 장비에 필요한 기술을 효과적으로 이해하고 활용할 수 있을 것입니다.

우리는 전례 없는 속도로 변화하는 디지털 혁신의 시대를 살고 있습니다. 혁신의 속도가 너무도 빠르다 보니 때로 시대를 쫓아가기에도 급급한 느낌을 받곤 합니다. 하지만 중요한 기회는 대부분 격변의 시대에 탄생합니다.《슈퍼사이트》는 인공지능, 공간 컴퓨팅, 컴퓨터비전이 결합해 탄생한 시각 혁명이 바꿔놓을 개인, 조직, 사회에 대해 다룹니다. 저는 남들이 보기에는 뜬구름 잡는 이야기를 하는 미래학자입니다. 한편으론 냉정한 눈으로 기술을 평가해야 하는 과학자이자 기업가입니다. 그래서 미래학자의 넓은 시야와 과학자, 경영자의 냉철한 시선이라는 두 관점에서 앞으로의 변화와 이를 추동할 기술을 설명하려고 노력했습니다. 또한 이런 변화로 인해 일어날 수 있는 여러 윤리적문제와 그 해결책에 대해서도 다루었습니다. 부디 이 책이 독자들에게 새로운 시대를 항해하는 데 도움이 되고 세상의 변화를 주도하는 데 필요한 도구가 되길 기대합니다.

이 책은 증강현실을 통해 인간의 일상적 삶, 교육, 엔터테인먼트, 비즈니스 모델 등을 혁신할 수 있는 다양한 방법을 살펴봅니다. 그 방법들 근간에 놓인 3가지 관점을 간단하게 설명하면 다음과 같습니다.

첫째. 미래는 웨어러블입니다. 스마트안경으로 대표되는 웨어러블 기술이 우리의 삶을 어떻게 혁신적으로 바꿔놓을지, 그리고 인간의 물리적 환경에 디지털 정보가 자연스럽고 직관적인 방식으로 어떻게 통합될지 책에서 상세히 다루었습니다.

둘째. 공간 컴퓨팅. 《슈퍼사이트》는 공간 컴퓨팅의 개념에 대한 소개를 통해 디지털 콘텐츠를 3차원 공간에 효과적으로 배치해서 소비자들에게 더욱 몰입적이고 참여적인 경험을 제공하는 방법에 관한 새로운 패러다임을 제시합니다.

셋째. 상황적 정보의 시대. 인류는 증강현실의 부상에 따라 적절한 시간과 적절한 장소에 적절한 데이터를 제공함으로써 주위 세계에 대한 이해도와 상호작용을 강화해 주는 상황적 정보의 시대로 이동하고 있습니다. 이를 실제 제품과 서비스에 어떻게 구현할 수 있을지 다양한 사례를 통해 설명합니다.

이 책의 한 가지 특징이라면 'supersight.world' 라는 '자매' 웹사이트를 통해 더욱 풍부한 정보와 자원을 제공한다는 점입니다. 이 웹사이트에는 증강현실 디자인 원칙이나 프로젝트를 촬영한 동영상 등 책에서 논의되고 있는 개념들에 관한 실제 사례가 생생하게 담겨있습니다. 아무쪼록 책뿐만 아니라 웹사이트에 있는 여러 정보와 사례를 읽고 상상력을 자극하고 기술에 관한 이해를 높이길 바랍니다.

미래를 만드는 힘은 몇몇 선택된 소수의 전유물이 아니라 우리 모두에게 주어진 능력입니다. 나는 《슈퍼사이트》와 자매 웹사이트가 증강현실의 미래를 개척하는 독자 여러분의 여정에서 소중한 길잡이가 되어주기를 희망합니다. 우리가 살아갈 미래를 함께 탐구하고, 배우고, 창조했으면 좋겠습니다.

모든 분께 감사의 마음을 담아
데이비드 로즈

차 례

Contents

1부. 당신을 위한 슈퍼사이트

3부. 모두를 위한 슈퍼사이트

현실을 확장하다

증강된 뉴욕을 걷다
. . .

가까운 미래, 어느 을씨년스러운 12월의 아침이다. 당신은 새로 장만한 스마트안경을 쓰고 뉴욕의 라파예트 거리를 걷고 있다. 멋진 스타일의 안경을 통해 내다보이는 세상은 초소형 데이터 프로젝터와 광光합성기 덕분에 무엇이 진짜 사물이고 무엇이 가상의 이미지인지 거의 구분되지 않는다. 당신이 고개를 돌릴 때마다 홀로그램 디지털 이미지는 진짜 세계와 혼합되거나 현실 위에 '달라붙는다.' 새로운 눈으로 바라본 세상은 오직 당신만을 위해 맞춤 제작된 것이다. 옆에서 걷고 있는 사람의 눈에는 본인의 취향을 반영한 또 다른 세계가 펼쳐진다.

당신이 처음으로 깨닫게 될 것은 증강현실을 통해 내다보이는 세상이 수많은 정보로 차고 넘친다는 사실이다. 머리를 들어 위를 올려다보면 도시의 스카이라인 속에 미래에 세워질 건물들이 반투명한 이미지로 여기저기 자리 잡은 모습이 눈에 들어온다. 아직 스케치 단계에 불과한 건물이 있는가 하면 어떤 건물에는 건설 자재에 대한 상세한 설명과 함께 완공 날짜까지 붙어있다. 이런 고층 주거지를 너무 오랫동안 올려다보는 것은 현명한 행동이 아니다. 자칫하면 광고 세례를 받게 될지도 모른다. 광고 업체들은 당신이 새 아파트에 관심이 있다는 것을 알게 되면 지금 거주하는 집 창문 너머로 곧 완공될 아파트의 전경을 쉬지 않고 비춰줄 것이다.

이번에는 아래쪽으로 시선을 옮겨보자. 거리의 실제 모습 위에 훨씬 넓어진 보도와 자전거 도로의 이미지가 겹치면서 몇 개월 뒤 진행될 도로 재설계 작업을 예고한다. 공사가 끝난 뒤에는 자전거 사고가 부쩍 줄어들 것임을 전망하는 통계 그래프도 보인다. 그런가 하면 '당신이 설정한 환경'에 따라 고객 평점이 높은 패밀리 레스토랑들이 추천하는 특선 요리가 앞길을 막아선다. 오른쪽은 랍스터가 들어간 파스타고, 왼쪽은 초밥이다. 코앞에 보이는 라면에서는 김이 무럭무럭 솟아오른다. 잠깐 들러 한 그릇 먹고 가는 편이 좋을 듯하다.

여기서 잠깐, 당신이 알아야 할 게 있다. 당신 눈에 보이는 이 증강현실들은 결코 중립적이지 않다. 다시 말해 제공되는 모든 정보는 우리 뇌의 특정 부위를 자극하도록 최적화되어 있거나, 오로지 긍정적인 측면만 부각한다. 당신이 사용 중인 인공지능AI의 '현실 편집기'는 오늘 아침 길거리에 늘어선 쓰레기통들을 주인이 보고 싶어 하지 않을 거라고 판단하고 이를 가상의 덤불이나 나무의 이미지로 바꿔놓는다. 실제 모습이 어떠하든 뉴욕 시는 그 어느 때보다 멋진 모습으로 변했다!

스마트안경은 당신의 관자놀이에서 측정한 뇌파와 피부전기활동 데이터를 분석해 기분을 파악하고, 동공 운동(특정 장면을 시각적으로 받아들이기 위한 눈동자의 무의식적 움직임)을 추적해서 눈앞에 펼쳐지는 장면을 역동적으로 바꾼다. 가령 스마트안경은 오늘 아침 우울한 기분에 빠진 당신을 위해 현실을 살짝 '수정'해서 분위기를 띄운다. 찌푸린 하늘을 밝게 만들고, 여름의 햇살을 몇 줄기 추가하고, 걸음걸이에 맞춰 신나는 음악을 들려주고, 원한다면 파란 하늘 위에 구름으로 "괜찮아. 잘될 거야"라는 위로의 문장을 띄워 준다.

이렇게 새로운 형태로 사물을 바라보는 방식은 페이스북 같은 소셜미디어에 비해서 훨씬 사회적인 성격을 띤다. 길거리에 늘어선 옥외 광고판들과는 달리 스마트안경의 광고에서는 당신의 친구들이 동영상에 등장하고 가장 좋아하는 연예인들이 말을 걸어온다. 할리우드의 '명예의 거리'와 똑같은 모습으로 반짝이는 보도 위에는 스타들의 이름 대신 친척들이나 존경하는 교수님과 멘토들의 이름과 얼굴이 새겨져 있다. 추억을 더듬으며 걷기에는 얼마나 좋은 길인가.

스마트안경은 새로 나온 재킷에 늘 관심이 많은 당신을 위해 다른 사람들이 입고 있는 옷 중에서 요즘 유행하는 제품들을 집중적으로 보여준다. '눈썹을 치켜올리는' 작은 동작만으로 그 제품들을 즐겨찾기에 저장할 수 있다. 증강현실 전용 데이트 앱인 틴다TindAR 덕분에 지난주 당신을 바람맞힌 사람을 포함해 최근 좋지 않은 기억을 남겨준 데이트 후보자들을 자동으로 '차단'할 수 있다. 심지어 당신이 그들을 다시는 보고 싶지 않다고 말하면, 스마트안경은 즉시 분부대로 그들을 문자 그대로 가려버릴 것이다.

이제 밖으로 나가 달리기를 할 시간이다. 당신 눈에만 보이는 노란 벽돌 길을 따라 달리면 그만이기 때문에 방향을 찾기는 매우 쉽다. 어제는 영화 〈불의 전차Chariots of Fire〉에 등장하는 스코틀랜드 사내와 영화 〈록키Rocky〉의 주인공과 함께 달리다가 마지막 100미터를 남겨두고는 우사인 볼트와 나란히 전력 질주했다. 재미는 있었지만 바라던 만큼 동기가 부여되지는 않았다. 오늘은 한 무리의 좀비들이 당신을 쫓아오는 장면이 펼쳐진다. 어제의 속도 이상만 낼 수 있다면 좀비들에게 잡히지는 않을 것이다. 그러니 열심히 달리자!

스마트안경은 현실을 수정하고 편집할 뿐만 아니라 미래를 보여주기도 한다. 어느 상점의 진열장에 비친 당신의 얼굴은 지금보다 더 나이 들어 보인다. 머리카락은 회색으로 변했지만 2032년 올림픽 티셔츠를 입고 있다. 지금처럼만 운동한다면 여전히 날씬하고, 날렵하고, 건강한 모습을 유지할 수 있을 것 같다.

이쯤 되면 내가 공상과학영화에서나 나올 듯한 허풍을 떠는 것처럼 들릴지 모르겠다. 그러나 이미 기술적으로 이 모든 일들이 가능하다. 나는 공간 컴퓨팅, 인공지능, 컴퓨터비전 등이 결합해 탄생한 이런 새로운 형태의 시각적 현실을 **슈퍼사이트**SuperSight라고 부른다.

왜 애플, 구글, 삼성은 '눈'에 주목하는가

• • •

사람의 눈은 매우 특별하다. 1억 2000만 개가 넘는 광光수용체 세포로 구성된 이 기관은 1000만 가지가 넘는 색깔을 구분하며 인체에서 가장 빠른 속도로 움직이는 근육으로 구성되어 있다. 사람이 눈을 깜빡이는 시간은 평균 100밀리세컨드(1밀리세컨드는 1000분의 1초 - 옮긴이)에 불과하다. 또 눈은 인체에서 두뇌 다음으로 복잡한 기관으로 200만 개 이상의 움직이는 부위로 구성된다.

이 모든 경이로움에도 불구하고 인간의 눈은 지난 수천 년 동안 거의 진화하지 않았다. 인류가 시력 교정을 위해 안경을 발명하고, 특별한 과업들을 수행할 목적으로 현미경이나 망원경을 개발했지만, 우리가 눈으로 세계를 인식하는 방식은 우리 조상의 방식과 크게 다르지 않다. 그러나 향후 10년 동안 진행될 기술의 기하급수적 발전으로 '본다'는 의미 자체가 완전히 달라질 것이다. 인류는 시각적 능력의 거대한 유사 진화를 앞두고 있다.

가상현실virtual reality, VR이라는 개념은 이미 친숙할 것이다. 오큘러스 퀘스트Oculus Quest나 HTC의 바이브VIVE, 벨브의 인덱스Index처럼 몰입감을 선사하는 VR 헤드셋들은 우리를 환상적인 게임의 세계로 초대한다. 하지만 이 책의 주제는 가상현실이 아니다. 그런 종류의 웨어러블 기기들은 우리를 현실에서 '격리'할 뿐이다. 다시 말해 우리 주위의 세계와 무관한 경험을 제공하는 불투명하고 폐쇄적인 장치에 불과하다.

그에 반해 슈퍼사이트는 실제의 사물 위에 정보를 공간적으로 배치한다. 즉 이미 존재하는 현실 위에 새로운 차원의 세계를 쌓아 올린다. 공간 컴퓨팅 소프트웨어 분야의 혁신 기업인 PTC의 CEO 짐 헤펠만은 내게 이렇게 말했다. "우리를 둘러싸고 있는 기존의 세계를 정보로 장식하는 것이 훨씬 유용한 방법입니다." 그의 말대로 기존의 세계 위에 정보를 덧입혀서 제공하는 장식 기술을 **증강현실**augmented reality, AR 이라고 부른다.

증강현실 연구에 처음 자금을 투입한 곳은 군사 업계였다. 1990년 대 초 미국공군연구소US Air Force Research Lab의 엔지니어들은 로봇의 팔을 원격으로 조종할 수 있는 방법을 찾고 있었다. 그들은 시각 합성 장치를 바탕으로 사용자의 팔과 로봇의 팔 이미지를 겹쳐 보이게 하고, 실험실 안의 실제 모습과 컴퓨터 그래픽을 혼합해서 그곳에 물리적인 장벽들이 존재하는 듯한 가상의 영상을 제작했다. 이렇게 실제 세계와 디지털 정보를 합성하는 과정에서 증강현실 기술이 탄생했다. 얼마 후 인체공학을 연구 중이던 항공우주 분야의 엔지니어들에게도 증강현실에 열광할 이유가 생겨났다. 그들은 비행기의 계기판 정보를 조종사의 눈에서 더 가까운 유리창에 투사함으로써 조종사의 인지적 부담을 덜어주는 기술을 개발하고 있었다. 증강현실 기술의 도움으로 탄생한 헤드업 디스플레이heads-up display, HUD는 공군 조종사들에게 목표물 조준이나 비행기 착륙에 대한 지침을 제공하는 헬멧 개발로 이어졌고 지금은 자동차에 쓰이고 있다.

2016년, 마이크로소프트는 최초의 범용 증강현실 헤드셋 홀로렌즈 Hololens를 출시했다. 이 제품에는 자사의 키넥트 게임기용으로 개발된 3D 센서의 추적 기술이 사용됐다. 학계의 연구자들이 인터페이스 기술을 개발하는 과정에서 한동안 활용하기도 했던 이 기술은, 주로 깊이 감지depth sensing와 인체 움직임의 추적에 쓰였다. 당시 이 산업 분야에 종사하던 사람들은 갈수록 콘텐츠가 풍부해지고 반응도가 향상되는 증강현실 기술을 **혼합현실**mixed reality, MR이라고 불렀다.

혼합현실을 가능케 한 기술의 진보로 크게 두 가지를 들 수 있다. 첫째, 사용자의 눈앞에 펼쳐진 세계의 모습을 식별하는 데 필요한 거리 측정 깊이 카메라range-finding depth camera의 개발. 둘째, 주위 환경에 반응해 디지털 정보를 대화식으로 적재적소에 배치하는 실시간 그래픽 렌더링 기술의 개선. 새로운 기술의 개발 덕분에 스마트안경이 제공하는 가상의 사물들은 (1세대 구글 글래스Google Glass에서 그랬듯이 공중에 가만히 떠 있기만 한 것이 아니라) 테이블 위에 놓이거나, 문 뒤에 반쯤 가려지거나, 창문 위로 날아다니는 등 구체적인 장소에 배치할 수 있게 됐다.

새로운 산업이 등장하면 그 분야에 어떤 이름을 붙여야 하는지를 두고 한동안 논란이 벌어진다. 2018년에는 VR, AR, MR과 같은 몰입 기술들을 **XR**extended reality, **즉 확장 현실**이라는 용어로 통칭해서 부르고자 하는 움직임이 잠깐 있었다.

하지만 개발자, 투자자, 언론인들에게는 막 싹을 틔워가는 이 산업 분야들을 표현하기에 이 용어가 다소 혼란스럽게 느껴졌다. 요즘에는 **공간 컴퓨팅**spatial computing이라는 용어를 사용해서 이 새로운 패러다임을 보다 서술적으로 표현하고 있다. 동시에 생활환경 컴퓨팅ambient computing이라는 말도 쓰이고 있다. 두 가지 모두 물리적 세계 위에 디지털로 증강된 현실을 합성하는 미래의 몰입형 컴퓨팅 기술을 일컫는 용어다.

이 기술은 스마트폰이 표방한 '언제 어디서나'라는 약속의 중대한 출발점이라고 할 수 있다. **공간 컴퓨팅이 특별히 강조하는 것은 정보의 '위치'와 '전후 맥락'이다.** 이 기술은 우리가 잘 알고 있고 항상 접하고 있는 주위 세계에 관한 각종 정보(즉 무한정 검색이 가능하지만, 오히려 그로 인해 대부분 놓치는 정보)를 적절한 장소와 적절한 시간에 적절한 강도로 보여준다.

당신이 인스타그램을 사용하고 있다면 디지털 콘텐츠를 물리적 세계 위에 덧입혀주는 공간 컴퓨팅의 능력을 이미 경험했을지 모른다. 자기 얼굴 위에 귀여운 코알라의 코, 토끼의 귀, 입에서 무지개가 쏟아져 나오는 그림 등을 합성하거나, 애플의 3D 이모티콘 애니모지Animoji로 혀 위에서 유니콘이 움직이게 하는 것도 모두 공간 컴퓨팅 기술의 일종이다. 안경을 만드는 **와비 파커**Warby Parker나 화장품 브랜드 **세포라**Sephora도 이 기술을 활용해서 소비자의 얼굴을 물리적 제품으로 장식하는 경쟁에 뛰어들었다. 머지않아 거리를 지날 때 길옆의 미장원에서는 당신에게 어울릴 만한 머리 스타일을 보여주고, 보석상점의 쇼윈도는 입고 있는 의상에 알맞은 귀걸이나 목걸이를 착용한 모습을 디지털 영상으로 띄워줄 것이다. 이미 **스마일 다이렉트클럽**SmileDirectClub이라는 치과 관련 기업에서는 사용자의 치열을 스캔한 뒤 이를 교정한 이미지를 동영상으로 제공하는 스마일 저니smile journey 서비스를 운영 중이다. 앞으로 소셜미디어에는 당신 얼굴의 '흠'을 증강현실로 개선한 이미지가 담긴 성형 수술 광고가 말 그대로 당신을 따라다닐 것이다. 그런데 이런 필터들은 몸을 영구적으로 바꾸라고 소비자들을 부추기는 대신, 성형 수술의 수요를 줄어들게 만들지도 모른다. 가상의 환경에서 얼마든지 성형이 가능한데 굳이 실제 세계를 바꿀 필요가 있을까?

소셜미디어들이 제공하는 카메라 필터들은 대부분 셀프카메라 모드에서 사용되지만, 스마트폰의 또 다른 카메라(바깥세상을 향하고 있는 카메라) 역시 포켓몬고Pokémon Go 같은 게임의 수준을 훨씬 뛰어넘는 증강현실의 위력을 발휘한다. 가령 **레고**LEGO는 고객이 스마트폰으로 특정 상자를 비췄을 때 그 상자에 담긴 레고 조각들로 로봇이나 건물이 완성되는 모습을 저속촬영한 동영상으로 보여주는 '제작자 경험'을 제공하고 있다. 앞으로 수많은 기업이 슈퍼사이트 기술을 이용한 제품 패키지 작업에 더욱 공을 들일 것이다.

오늘날 스마트폰 제조업체, 소셜미디어 기업, 게임 업체, 무선통신 기업 등의 연구소에서는 너 나 할 것 없이 이런 차세대 플랫폼을 혁신하고, 입증하고, 특허 내고, '소유'하기 위해 경쟁하고 있다. 적어도 플랫폼의 중요한 일부를 구성할 소프트웨어나 하드웨어를 개발하기 위해 갖은 애를 쓰고 있다. 동시에 수많은 신생 기업이 앞으로 닥쳐올 슈퍼사이트의 파도에 대처할 소프트웨어 애플리케이션, 웨어러블 하드웨어 장비, 비즈니스 모델 등을 개발하는 중이다. 기술 기업들은 우리가 즐겨 쓰는 플랫폼 및 도구 위에 마치 커다란 케이크처럼 각자 개발한 기술들을 차곡차곡 쌓아 올리고, 적용 방법과 한계점을 찾아내어 새로운 접근방식이나 솔루션을 내놓고 있다.

대표적으로 내재형 다중모델 상호작용Embodied multimodal interaction 디자인을 들 수 있다. 이는 사용자의 다양한 빈손 동작(꼬집는 시늉을 하거나, 손가락을 모았다 펴거나, 손바닥을 옆으로 쓸거나), 머리 동작, 음성 명령, 대상을 응시하는 행위 등을 조합해서 시스템에 명령을 내리는 기술이다. 지금 이 순간에도 이 기술의 개발과 개선을 두고 여러 기업들이 경쟁 중인데, 이를 통해 우리 눈앞에 보이는 실제 세계 위에서 디지털 계

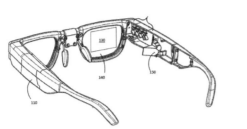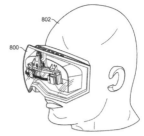

플랫폼 대기업들은 저마다 슈퍼사이트 기술을 개발 중이다. 구글, 애플, 삼성 같은 기업들이 출원한 특허가 빠른 속도로 늘어나고 있는 것이 그 증거다.

층과 상호작용하는 방식이 결정될 것이다.

차세대 컴퓨팅의 성장 잠재력은 어마어마하다. 보수적인 금융 분석가들조차 2028년까지 시장 규모가 3000억 달러에 달할 거라는 예상을 내놓았다. 시장의 성장을 이끄는 요인으로는 무엇보다 기술 업계의 거인들의 과감한 투자를 들 수 있다.

그중에서도 아마존, 구글, 애플, IBM, 마이크로소프트, 인텔, 컴캐스트, 퀄컴, 페이스북을 위시한 미국 기업, 바이두, 알리바바, 텐센트를 포함한 중국 기업, 삼성과 LG 등의 한국 기업, 그리고 소니, 캐논, 파나소닉 같은 일본 기업이 앞장서고 있다. 동시에 엑스리얼XREAL 같은 스타트업들도 발 빠르게 시장에 진입하고 있다. 엑스리얼은 사용자의 스마트폰과 연동해서 모바일 기기의 연산 능력과 연결성을 활용하는 방식의 가볍고 간편한 AR 안경을 500달러에 내놓았다. 또 슈퍼사이트 기능을 탑재한 콘택트렌즈를 야심 차게 실험대 위에 올려놓은 회사도 등장하고 있다.

새로운 기술은 주로 10년 단위로 등장해서 그동안의 혁신을 기반으로 우리가 살아가고 일하는 방식을 한 단계 끌어올린다. 10년 전만 해도 선견지명을 갖춘 일부 미래학자들만이 스마트폰(터치스크린+카메라+전화기), 드론(센서+비행 조종 알고리즘+원거리 무선 기술), 음성 기반 디지털 비서(자연어 처리+음성 인식+클라우드 서비스), 현관용 카메라, 인터넷 온도조절 장치 등이 우리의 삶에 제공할 기회를 예견했다.

그런 의미에서 슈퍼사이트는 2020년대를 대표하는 융합 기술이라고 할 수 있다. 이 기술은 지난 30년간 이루어진 기계학습, 컴퓨터비전, 웨어러블, 에지 컴퓨팅, 5G 무선통신, 초개인화, 감성 컴퓨팅, 그리고 동작인식, 음성인식 기술을 우리가 하루 내내 착용하게 될 친숙한 형태의 안경 속으로 녹여 넣었다. 이렇게 다양한 기술이 더욱 무르익고, 소형화되고, 적절히 융합되면서 우리가 매일 경험하는 삶의 모든 분야로 영향력을 키워갈 것이며, 이를 통해 인간이 정보를 접하고 상호작용하는 방식을 바꿔놓을 것이다. 앞으로 스마트안경은 현재 우리가 사용 중인 스마트폰처럼 언제 어디서나 찾아볼 수 있는 평범하고 흔한 장비가 될 것이다.

나는 이 책의 각 장에 걸쳐 슈퍼사이트의 다양한 측면을 조명하며 사람들이 서로 관계를 형성하고, 음식을 먹고, 물건을 구매하고, 협력하는 방식에서부터 미래에 펼쳐질 학습과 상상의 세계에 이르기까지 폭넓은 대상을 탐구한다. 이 탐구는 당신이 앞으로 닥쳐올 변화에 대처하고 제품과 회사를 위한 아이디어를 구상하는 데 도움이 될 것이다.

슈퍼사이트 기능을 탑재한 스마트안경의 사회적 수용 속도를 예측하기는 매우 어렵다. 이 기기는 업무 현장을 넘어 우리의 일상 속으로

노스(North) 사(지금은 구글이 인수)의 스마트안경. 내비게이션, 자막, 우버 도착시간 예측 기능 등을 제공한다.

얼마나 빠르게 파고들게 될까? 나는 슈퍼사이트가 초기에는 애플 워치가 걸었던 길을 따를 거라고 예상한다.

일단 가격이 비싸고, 소비자가 알아서 사용해야 하며, 제품을 관리하고 동력을 공급하는 데(밤에 장비를 충전하듯이) 일정 시간을 투자해야 한다. 따라서 이 제품들은 스마트워치의 경우처럼 먼저 패션 아이템이나 개인적 브랜드를 상징하는 문화적 유행 상품으로서 시장에 진입한 뒤에, 점차 사용자들에게 특정한 기능적 지원을 제공하는 방식으로 영역을 넓혀갈 것이다.

그러나 2010년대에 등장한 모바일 장비, 음성 인터페이스, 스마트워치가 그랬듯이 슈퍼사이트 역시 조만간 우리의 문화 속으로 깊숙이 침투할 것이다.

스마트안경은 단지 우리가 바라보는 '대상'을 바꾸는 데 그치지 않고, 현실을 새롭게 '구성'하는 능력을 바탕으로 우리가 대상을 바라보는 '방법'에 혁신을 일으킬 것이다. 이 제품들은 사람과 따로 떨어져 존재하는 '선택적' 도구가 아니라, 우리가 온종일 몸에서 떼어놓지 않는 일종의 '보철물'이 될 것이다. 다시 말해 이 웨어러블 장비들은 심리적 측면에서 사용자와 일심동체가 되어 우리 몸의 일부로서 인간 능력의 진화를 상징하는 증거가 될 것이다.

스마트안경을 착용한 사람이 누릴 수 있는 정보의 혜택은 엄청나다. 이 제품은 정보를 불러오고, 시각화하고, 분석하는 능력을 바탕으로 세계의 복잡성과 상호연결성을 더 심오하고 신속한 방식으로 인식한다. 또 전자기 스펙트럼부터 적외선, 자외선 영역까지 두루 식별해냄으로써 인식의 지평을 넓혀준다. 우리는 마치 박쥐처럼 칠흑 같은 어둠이나 안개 속을 꿰뚫어 보고, 눈에 엑스레이라도 달린 듯이 기계, 건물, 물속을 투시하게 될 것이다. 이 제품의 공간 투사 기능은 오늘날 우리가 상상할 수 있는 범위를 훨씬 뛰어넘어 사물을 바라보게 하는 유연한 시간적 스케일과 폭넓은 물리적 스케일을 제공할 것이다. 슈퍼사이트 기술을 통해 초능력을 얻게 된 인간의 인식 시스템은 계속해서 진화할 것이다.

슈퍼사이트는 지금 이 순간에도 급속하게 소형화의 길을 걷고 있다. 요즘은 초소형 제어장치, 배터리, 안테나 등을 포함한 광학 시스템 전체가 평범한 안경이나 셔츠의 단추 등에 통합되어 소비자들에게 제공되고 있다. 일례로 환자가 삼킬 수 있는 알약 속에 탑재된 내시경 대체 기구는 불쾌한 경험이나 고통 없이 대장용종을 진단하는데 쓰이고 있다.

뒤에 나오는 의료 관련 장에서는 다양한 진단의학 영역에서 컴퓨터 비전 알고리즘이 인간 의사보다 얼마나 우수한 능력을 발휘하는지 살

퍼볼 것이다. 의료계뿐만 아니라 시각적 인공지능에 의해 긍정적·부정적 영향을 받게 될 모든 업계 종사자들은 이와 같은 변화가 과연 노동의 미래에 대해 무엇을 의미하는지 생각해 봐야 할 것이다. 슈퍼사이트의 혁신은 결국 사회에 파괴적 변화를 불러올 수밖에 없다. 이 기술 덕분에 가장 큰 혜택을 입게 될 기술 영역에도 어느 정도의 부정적 영향이 미칠 것이다.

유토피아 또는 디스토피아

· · ·

진화적 발전은 필연적으로 이에 따른 트레이드오프trade-off(하나를 얻기 위해 다른 하나를 포기해야 하는 양자 간 상충관계 – 옮긴이)나 손실을 불러온다. 그 사실을 극명하게 보여주는 분야가 바로 생물학이다.

사람의 눈을 구성하는 광수용체 세포의 80퍼센트는 명암을 식별하는 간상체桿狀體 시세포고, 나머지는 색깔을 감지하는 추상체錐狀體 세포다. 반면 고양의 눈은 간상체 세포가 96퍼센트에 달한다. 당신이 새로 장만한 베개에 고양이가 시큰둥한 반응을 보이는 데는 다 이유가 있다. 동물의 눈에서 간상체 대 추상체의 비율이 얼마나 되느냐에 따라 매우 다른 패턴이 나타난다.

예를 들어 육식동물의 눈은 색깔을 잘 구분하지 못한다. 육식동물의 시각 시스템은 속도, 빛, 피사계 심도depth of field(사진기로 피사체를 촬영할 때 초점이 맞춰지는 면적 – 옮긴이) 등을 훨씬 중시하는 방향으로 진화했다. 그래야 먹이를 잘 추적할 수 있기 때문이다. 이에 반해 온종일 풀을 뜯는 초식동물과 인간의 눈은 분홍색 독초와 그 옆에 피어난 맛있는 자주색 열매를 구분할 수 있도록 진화했다. 부엉이의 눈은 최적화된 조리개 기능을 얻는 대가로 눈알을 굴리는 능력을 포기했다. 칠흑 같은 어둠을 뚫고 먼 곳을 내다볼 수 있지만 옆쪽을 바라보기 위해서는 머리 전체를 돌려야 한다.

물속에서도 이와 비슷한 트레이오프가 발생했다. 자연선택의 법칙은 물고기에게 매우 넓은 시야를 선물한 대신 양쪽 눈을 사용해 사물을 입체적으로 볼 수 있는 능력을 빼앗았다. 물고기에는 세계를 3D로 인식하는 것보다, 뒤쪽에서 접근하는 포식자를 발견하는 일이 더 중요하다.

기술의 영역에서도 이런 트레이드오프가 벌어지고 있다. 도구의 위력이 강력할수록 그로 인한 트레이드오프의 효과도 커진다. 중국 정부는 시내버스에 인공지능 카메라를 설치해 교통 법규를 어기는 운전사를 단속하고 있다. 그러나 이 카메라는 시민들을 감시하는 도구로도 쓰인다. 인공지능 기능을 탑재한 드론은 건설 현장의 안전 상황을 관찰하거나 코뿔소를 사냥하는 밀렵꾼들을 막는 데 효과적이지만, 권위적인 정부가 반대파를 탄압할 목적으로 민간인을 사찰하고 감시하는 데 이용할 수도 있다. MIT에서 인공지능을 연구하는 케빈 슬레빈Kevin Slavin 교수는 이렇게 말한 적이 있다. "당신이 알고리즘이라면, 장래가 유망하다." 하지만 당신이 사람이라면, 특히 강력한 사생활 보호법이 존재하지 않는 나라의 시민이라면, 앞날이 그리 밝지 않을지도 모른다.

내가 이 책에서 언급하는 대부분의 컴퓨터비전computer vision(컴퓨터로 인간의 시각적 인식 능력 일반을 재현하는 기술 - 옮긴이) 애플리케이션은 환상적이고 놀라운 기능을 제공한다. 하지만 그 기술들이 우리의 삶에 미칠 파장이나 영향을 예측하는 일은 가치가 있으면서도 극도로 복잡한 작업이다.

물론 그 기술들로 인해 인류 앞에 꼭 디스토피아가 펼쳐질 거라는 뜻은 아니다. 이동식 활자, 전보, 전구, 페니실린, 자동차 같은 물건들이 그랬던 것처럼, 슈퍼사이트는 우리 사회에 밝고 어두운 앞날을 모두 가져다줄 기념비적인 발명품이 될 것이다. 증강현실이 가져올 미래를 더 총체적이고 선명하게 상상해야만 공간 컴퓨팅 기술을 더욱 윤리적인 방식으로 우리의 삶에 통합하고, 결점을 보완하고, 선한 용도로 활용할 수 있다. 나는 이 책이 이에 대한 독자들의 이해를 넓히는 동시에 관련 논의에 참석하는 계기가 되길 바란다.

앞으로 우리는 여러 장에 걸쳐 슈퍼사이트가 사회에 미칠 영향력을 살펴볼 것이다. 그 과정에서 슈퍼사이트의 장점과 가능성뿐만 아니라 사회적 단절, 상시적 감시, 인지적 의존, 무차별적 광고 노출, 기술의 편견, 소수만의 슈퍼사이트 등 여섯 가지 위험 요소를 알아보고 이 문제들을 완화 내지 개선할 방법을 모색할 것이다. 각각의 요소에는 '수익성 높은 비즈니스 모델 대 인간의 정신건강', 또는 '마찰이 최소화된 개인화 서비스 대 강력한 사생활 보호'처럼 두 가지 이상의 이해관계가 충돌한다.

시각 혁명의 시대

. . .

나는 MIT의 과학자이자 연쇄 창업가, 그리고 패션, 의료, 도시설계, 건축 분야 기업의 컨설턴트로 활동하면서 다양한 산업 분야의 패턴을 읽어내는 일을 해왔다. 이 경험과 지식을 기반으로 향후 밀어닥칠 디지털 세계의 물결과 그 영향력을 예측하는 작업을 진행했다. 나의 목표는 독자 여러분이 미래를 예측할 수 있는 기술과 예지의 능력을 습득하는 일을 돕는 데 있다.

앞으로 우리는 이 책의 아홉 개 단원을 통해 슈퍼사이트의 근간이 되는 핵심 기술들을 살펴보고, 이들이 인류의 시각적 진화에 어떤 영향을 미칠지 탐구할 것이다. 처음의 몇몇 장에서는 슈퍼사이트가 우리의 개인적 경험과 상호작용을 어떻게 바꿔놓을지 이야기하고, 점차 논의의 범위를 넓혀 음식, 교육, 노동, 의료 같은 조직 및 사회 차원의 문제를 다룰 것이다. 마지막으로 인간의 삶에 가장 강력한 충격을 주게 될 주제, 즉 우리의 집단적 상상력을 바꾸고 혁신의 동기를 불러일으킬 슈퍼사이트의 능력을 살펴보려 한다.

각 장에서는 슈퍼사이트 기술과 서비스의 개발을 선도한 기업가와 과학자들이 소개된다. 가령 고급 의류매장에서 사용되는 마술 거울을 발명한 살바도르 니씨 빌코프스키Salvador Nissi Vilcovsky, 유명 요리사들을 위해 초소형 정원을 개발한 제니 부탱Jenny Boutin, 소방대원들이 짙은 연기 속에서도 방향을 찾을 수 있게 해준 헬멧의 발명가 등이 그런 사람들이다.

또한 구글, 아마존, 페이스북, 마이크로소프트, 애플 등 이른바 빅 파이브Big5 기업들이 증강현실 플랫폼을 선점하기 위해 수십억 달러를 투자하고 있는 상황에서 이들 대기업과 경쟁할 방안을 모색하고 있는 하드웨어 및 소프트웨어 기업들도 소개한다. 또한 앞으로 닥칠 변화를 이해하는 데 도움이 될 프레임워크를 살펴볼 것이다.

건축가였던 내 할아버지는 뭔가 시각적인 아이디어가 떠올랐을 때 그 생각을 최대한 빨리 기록하기 위해 반사적으로 투명 용지 뭉치를 꺼내곤 했다. 건물이나 풍경이 그려진 기존의 사진 위에 그 투명 용지를 올리고 원래의 이미지를 스케치한 다음, 다시 그 위에 투명 용지 한 장을 덧대고 몇몇 라인을 바꾸거나 아이디어를 덧입혔다. 할아버지의 투명 용지는 미래의 청사진이었다. 슈퍼사이트는 우리를 위해 기꺼이 미래의 투명 용지가 되어줄 것이다. 슈퍼사이트를 통해 각자 최선의 미래를 그려낼 수 있기를 바란다.

독자 여러분이 책을 읽다가 ⟨⟩ 같은 아이콘이 나오면 스마트폰을 사용해서 컬러 사진, 비디오, 움직이는 도표 등을 볼 수 있게 했다.

먼저 카메라로 다음의 QR코드를 촬영해서 슈퍼사이트 앱을 다운로드하라.

  슈퍼사이트 앱을 열고 스마트폰을 {🜨} 아이콘이 붙은 사진에 가져다 대면 관련 내용에 해당하는 컬러 사진, 동영상, 음성 정보를 확인할 수 있다. 위의 섬네일을 통해 이 기능을 실험해 보기를 바란다.

  스마트폰 없이 그냥 책을 읽기로 했다면, 그 결정에도 박수를 보낸다. 컬러 이미지, 애니메이션, 동영상들은 모두 SuperSight.world 사이트에서 찾아볼 수 있다.

데이비드 로즈

1부.

당신을 위한
슈퍼사이트

1부에서는 컴퓨터비전의 발전이 우리가 주위를 인식하는 방식을 어떻게 변화시킬지 탐구한다. 이 기술은 우리가 눈으로 보고 경험하는 대상뿐만 아니라, 우리가 다른 사람의 눈에 비치는 모습도 바꾼다.

이 새로운 시각적 피드백 장치는 스포츠를 배우고, 취미 활동을 하고, 타인들과 교류하고, 일상적인 의사결정을 내리는 방법을 바꿀 것이다. 또한 고도의 지각력을 제공하는 서비스는 개인적 안전, 사생활, 형평성, 그리고 우리의 물리적·정신적 건강에 중대한 영향을 미칠 것이다. 다음 질문에서 시작하자.

당신이 모든 사람의 이름을 알게 된다면 어떤 일이 벌어질까?

1장

읽다
돌멩이 하나에도 이름표가 붙는 세상

보는 법이 바뀌면 생각하는 법도 달라진다
#메타데이터 #증강된 자연

함께 이른 봄의 숲속을 걸어보자. 숲은 온갖 소리와 냄새를 퍼뜨리며 활기를 되찾는 중이다. 당신은 한창 싹을 틔우고 있는 주위의 모든 것을 좀 더 알고 싶은 호기심에서 스마트안경의 자연 앱을 가동한다.

앱을 켠 뒤 처음으로 눈에 들어오는 것은 근처의 나무들 위에 표시되는 '적송赤松, 1918', '흰 떡갈나무, 1775' 같은 작은 이름표들이다. 나무 둥치 위로 9미터 정도 되는 곳에는 여러 개의 구멍이 뚫려있고 그곳에서 도가머리 딱따구리 한 마리가 먹이를 찾는 모습이 흐릿하게 보인다. 딱따구리의 형체가 반투명한 걸로 봐서 그것이 디지털로 투사된 이미지라는 사실을 알 수 있다. 새가 열심히 쪼아대고 있는 나무 안쪽의 왕개미 집도 시뮬레이션 된 영상으로 나타난다.

당신은 암벽이 돌출된 어느 지점을 지나가다 스마트안경의 이미지 센서 덕분에 그 돌이 오랜 시간을 거치며 층층이 형성된 샌드위치 같은 암석이라는 사실을 알게 된다. 맨 위의 층은 호수 바닥에서 퇴적된 사암이고, 그 아래의 층은 수백만 년간 지속된 압력으로 인해 만들어진 변성암이다. 마지막 층은 마그마가 식어서 생겨난 화성암이다. 스마트안경에 부착된 스피커에서 듣기 좋은 억양으로 암석의 단층 구조를 설명하는 사람은 덴마크의 과학자 니콜라스 스테노Nicolas Steno다. 그는 이런 지질학적 연대 형성을 뒷받침하는 지층누중의 법칙을 화석 연구를 통해 최초로 정립한 학자다. 당신은 그의 즉석 지질학 수업에 너무 몰두한 나머지 자칫 암벽에서 12미터 아래로 추락할 뻔한다. 그러나 스마트안경 너머로 그어진 가상의 안전바 덕분에 위험을 피한다.

이제 숲을 빠져나와 초원의 가장자리로 향한다. 붉은 꼬리 말똥가리 한 마리가 바람을 타고 수백 미터 상공을 날고 있다. 당신의 시야는 불과 몇 초 만에 그 새의 눈높이에 맞춰 하늘로 솟구친다. 그리고 그곳에서 땅 위에 흩어진 갖가지 색깔의 자국을 수없이 발견한다. 빛을 받아 반사되는 동물들의 오줌 자국이다. 자외선 식별이 가능한 맹금류들은 생쥐나 들쥐의 이동 경로를 의미하는 이 자국들을 눈으로 볼 수 있다. 그런가 하면 부드러운 흙 위에 찍힌 어느 동물의 발자국도 내려다보인다. 당신은 패드 프린트pad print(2D 이미지를 3D 물체로 전환하는 인쇄 기법 – 옮긴이)와 스페이싱spacing(애니메이션에서 프레임 사이에 간격을 두어 그림을 부드럽게 움직이는 기술 – 옮긴이) 기술 덕분에 이 발자국의 주인공인 붉은여우가 전속력으로 질주하는 장면을 슬로모션으로 감상할 수 있다. 아마 이 동물은 말똥가리와 똑같은 종류의 먹잇감을 노리는 듯하다. 가까운 수풀에서는 온갖 종류의 새가 산딸기 열매로 만찬을 벌이는 모습이 눈에 띈다. 이 새들은 열매의 씨가 담긴 배설물을 배출함으로써 자신이 얻은 혜택을 자연으로 돌려보낸다.

대초원의 생태계에 대해 호기심이 발동한 당신은 스마트안경에 더 많은 정보를 알려달라고 요청한다. 그러자 눈앞의 광경이 갑자기 바뀌면서 연기가 태양을 가리고 거센 불길이 으르렁대며 당신 곁을 휩쓸고 지나가는 가상의 영상이 펼쳐진다. 조만간 이 초원을 덮치게 될 들불을 예고하는 장면이다. 언뜻 파괴적인 모습처럼 보이지만, 주기적으로 반복되는 들불은 땅의 기운을 유지하는 데 도움을 주며 다가올 여름에 키 작은 야생화들이 번성할 환경을 제공한다. 이 모든 일이 어떻게 가능한 걸까?

1장에서 다룰 슈퍼사이트의 첫 번째 '선물'은 우리의 눈에 비친 사물들을 인식하고 이름을 붙이는 능력이다.

지식을 익히는 첫 번째 단계는 '이름 알기'다. 동서고금을 막론하고 부모님과 선생님은 아이를 위해 늘 사물에 이름표를 붙여왔다. 내 어린 시절에도 부모님과 함께 숲속을 걸을 때면 두 분이 항상 떡갈나무, 느릅나무, 홍관조, 참새, 이끼, 천막벌레 등 우리가 지나치는 모든 것의 이름을 하나하나 알려주었다. 리처드 스캐리Richard Scarry의《바쁜 마을, 바쁜 사람들The busy world of Richard Scarry》같은 그림책들도 그 목적은 비슷하다. 멋진 배나 도시의 거리 같은 풍경에 담긴 수천 개의 사물을 종류별로 구분하고 독자들에게 이름을 알려준다. 이 이름표들은 주변의 사물을 정확히 인식하고자 하는 인간 본연의 생물학적 갈망을 충족시킨다.

우리가 처음으로 배우는 단어는 엄마, 아빠 같은 '명사'다. 우리는 이 핵심적인 기본 구성요소 위에 더 복잡한 개념, 의견, 주장 등을 쌓아 올린다. 적송, 사암, 들쥐 오줌 같은 명사들은 우리가 주위 세계를 분류하고, 체계화하고, 이해하는 일을 돕는다. 새롭게 등장한 디지털 정보 계층과 홀로그램은 이 배움의 과정에 날개를 달아줄 것이다.

눈앞에 이름표나 자막을 표시하는 프로그램은 우리가 스마트안경에서 처음으로 작동시키게 될 앱이 될 것이다. 나는 고등학교 시절 프랑스어를 배울 때 프랑스어로 된 스티커 북을 구해서 책상bureau, 화장실toilette, 양초bougie, 책livre, 소금sel, 후추poivre, 어머니mère, 아버지père, 테니스 라켓raquette de tennis, 자전거bicyclette, 컴퓨터ordinateur 등 가능한 모든 것에 이름표를 붙였다. 눈에 잘 띄는 곳에 붙여둔 이 이름표들 덕분에, 나는 집안에서 온종일 마주치는 물건들의 프랑스 이름을 더욱 잘 기억할 수 있었다.

주위를 둘러보라. 어떤 대상의 의미와 역사, 그리고 목소리를 들려주는 인터넷 링크를 원하는가? 물론 구글에 검색어를 입력해서 정보를 얻을 수도 있다. 하지만 슈퍼사이트는 당신이 특정한 대상을 잠시 바라보는 것만으로 이에 관련된 지식에 곧바로 접근할 수 있는 능력, 즉 '정보의 즉시성'을 제공한다.

지금 나를 둘러싸고 있는 이 방에서, 나는 이곳에 놓여있는 오래된 물건들의 이름뿐 아니라 그것들의 데이터에 대한 데이터, 즉 메타데이터Metadata, 그리고 이에 얽힌 이야기나 내력을 알고 싶다. 할아버지는 언제 저 골동품 식기 선반을 구했을까? 독일에서 갓 건너온 이민자로서 어떻게 그 물건의 값을 감당했을까? 누가 디자인하고 제작했으며 어떤 도구를 이용해서 만들었을까?

세계에 대한 메타데이터의 역할은 단지 우리에게 사물의 이야기를 들려주는 데 그치지 않는다. 공간적으로 배치되는 데이터는 사람들을 안전하게 지켜주는 힘을 발휘한다. 내 아이들이 자전거를 타고 보스턴 시내를 돌아다닐 때면, 아이들이 착용한 스마트안경(내가 시제품으로 만든 안경이다)에서는 위험하다는 경고의 뜻으로 노면의 색깔이 바뀐다. 아이들은 오렌지색으로 빛나는 교차로를 지나게 되면 속도를 줄이고 주위를 한 번 더 돌아보게 된다. 주방에서는 칼이나 강판, 그리고 오븐에서 막 꺼낸 뜨거운 냄비 같은 위험한 물건의 둘레에 '위험 아우라'가 표시된다. 이 아우라는 겨울에 눈보라가 닥친 뒤 얼어붙은 땅 위의 미끄러운 지점, 또는 어두운 계단을 표시하는 데 쓰일 수 있다. 이런 기능들은 낙상 사고를 당하기 쉬운 노인들에게 특히 요긴할 것이다.

증강현실과 공간 컴퓨팅 기술은 대부분 뭔가 추가적인 정보를 제공하는 역할을 하지만, 슈퍼사이트는 특정한 정보를 감추거나, 희미하게 표시하거나, 아예 눈앞에서 치워버릴 수도 있다. 예를 들어 글루텐을 섭취하지 않는 내 어머니는 식품점에서 쇼핑할 때 본인의 건강에 해로운 제품(또는 초콜릿처럼 거부하기 어려운 물건)들을 보고 싶어 하지 않는다. 또 나는 운전 중에 광고판들이 눈에 띄는 것을 원치 않으며, 목적지까지 가는 길을 알고 있다면 도로 표지판이나 경고 신호가 나타나지 않기를 바란다.

슈퍼사이트는 일종의 집단적 공감각共感覺(하나의 감각이 다른 감각을 초래하는 작용 – 옮긴이)을 유발해서 우리가 더 다양한 것(과거, 미래, 의도, 가치, 위험 등)을 인식하거나 판단하게끔 유도하는 시각적 후광 효과를 불러일으킨다. 특히 이런 능력은 디자이너나 기업가들의 사고 및 개발 과정에서 엄청난 초능력을 발휘해 새로운 기회와 결과물을 만들어내는 데 도움을 줄 것이다. 이는 놀라우면서도 한편으로 걱정스러운 일이기도 하다.

그러나 슈퍼사이트의 결점과 위험 요소를 살펴보기 전에, 과학자들이 인공지능에 사물을 인식하는 방법을 어떻게 가르치는지 알아보자.

인공지능은 어떻게 세상을 구분하는가
#심층 신경망   #데이터 훈련   #정밀도와 민감도

처음 보는 사람에게는 슈퍼사이트가 마치 마법처럼 여겨진다. 구글 포토Google Photos는 사진에 찍힌 사람이 누구인지 정확히 분류하고 아기와 강아지를 우리보다 더 잘 구분한다. 핀터레스트Pinterest 앱은 업로드된 사진과 비슷한 패턴의 이미지들을 인터넷 전체를 검색해서 찾아낸다. 또 요즘에 나온 자동차들은 도로 표지판에 적힌 제한 속도를 판독할 수 있다. 하지만 이는 마법이 아니라 알고리즘의 능력과 수많은 데이터 훈련의 산물일 뿐이다.

컴퓨터비전의 기원은 1960년대로 거슬러 올라간다. 당시만 해도 모든 사람은 컴퓨터가 픽셀pixel(이미지를 구성하는 최소 단위인 '점'을 뜻하는 용어. 화소라고도 불림 – 옮긴이)을 이해하게 하는 일이 간단하다고 생각했다. 그러나 나중에야 알게 된 사실이지만, 컴퓨터가 사물을 인식하게 하는 작업은 그리 녹록지 않았다. 어떤 물리학자는 '극악의 난이도'라고까지 표현했다. 컴퓨터가 텍스트를 읽고 검색을 수행하게끔 하는 과정은 상대적으로 간단했다. 하지만 컴퓨터 알고리즘이 이미지나 동영상에 담긴 내용을 인식하게 만드는 일은 대단히 복잡할 뿐만 아니라 고도의 전산 자원을 요구하는 작업이었다. 컴퓨터는 사진에 찍힌 물체가 무엇인지 어떻게 알 수 있을까? 그 물체는 사진의 '어느 위치'에 존재하는가? 슈퍼사이트의 가장 기본적인 구성요소는 대상 인식object recognition과 장면 분류scene classification 기술이다.

다시 숲속을 걷는다고 상상해 보자. 하늘에는 새들이 날아다니고 있다. 데이터 과학자들은 당신의 스마트폰 앱이 왜가리와 흰머리독수리를 어떻게 구분하도록 했을까? 이 작업은 '데이터 훈련'에서부터 시작된다. 즉 왜가리나 독수리라고 이름표가 붙은 수천 장의 사진을 다양한 모습이나 배경과 함께 컴퓨터에 투입하는 것이다.(이를 참 긍정true positive이라고 부른다) 컴퓨터가 독수리의 여러 가지 자세와 형태를 인식하도록 알고리즘을 철저히 훈련하려면, 이 새가 하늘을 날고, 알을 품고, 두 발로 서있고, 급강하하는 장면 등을 찍은 사진들과 암컷과 수컷, 늙은 새와 어린 새, 흰머리독수리와 검독수리의 모습 같은 다양한 이미지가 필요하다.

그뿐만이 아니라 이 새가 살아가는 환경 주위에서 전형적으로 발견되는 온갖 사물을 담은 수천 장의 사진(즉 독수리가 없는 사진)도 필요하다.(이를 참 부정true negative이라고 부른다) 이런 과정을 거치며 컴퓨터 알고리즘은 독수리와 독수리에 관련된 사물(나무나 독수리 로고가 찍힌 깃발 등)을 구분할 수 있게 된다.

2008년에 설립된 비영리 과학 모임인 **아이내츄럴리스트**iNaturalist에서 만든 앱은 사용자에게 수천 가지 식물, 동물, 곤충, 꽃의 이름을 알려준다. 최근에 나는 뉴햄프셔 주의 화이트산맥에서 가장 경치가 좋은 라파이에트산의 정상을 딸아이와 오른 적이 있다. 세 시간에 걸친 등산을 마치고 지치기는 했지만 뿌듯한 마음으로 바위에 앉아 있을 때, 해발 1200미터가 넘는 이 봉우리에 사랑스럽게 고개를 내민 작은 꽃들이 눈에 들어왔다. 내가 호기심을 느끼고 아이내츄럴리스트 앱으로 사진을 찍자, 이 앱은 그 꽃의 이름이 돌매화나무라고 알려주었다. 그리고 이런 상세 사항도 덧붙였다. "때로 바늘꽃이 꽃이라고도 불리는 이 식물은 주로 히말라야나 극지방에서 발견된다."

아이내츄럴리스트 서비스가 출범한 것은 2008년이다. 이 앱은 이미지넷ImageNet이라는 이미지 데이터베이스의 수많은 사진을 이용해서 알고리즘을 훈련했다. 이미지넷은 스탠퍼드대학교의 비전 랩Vision Lab에서 진행된 학술 프로젝트를 통해 탄생했는데, 이를 이끈 사람은 구글의 인공지능 담당 수석 과학자로 일하다 트위터로 자리를 옮긴 페이페이 리Fei-Fei Li 교수였다. 현재 이 데이터베이스는 사람이 직접 이름표 부착 작업을 한 1400만 여장의 이미지와 2만 개가 넘는 이름표를 보유하고 있다. 리 교수가 이 대규모의 이미지 데이터베이스를 제작한 목적은 '광범위 이미지 인식 대회Large Scale Visual Recognition Challenge'라는 콘테스트에 출품된 이미지 알고리즘들의 품질을 심사하기 위해서였다.

2010년에 이 대회에서 우승한 알고리즘의 정확도 점수는 70퍼센트 정도였다. 오늘날에는 우승한 프로그램의 정확도가 95퍼센트를 넘으며, 같은 과업을 수행한 인간의 능력을 넘어섰다. 당신은 90가지가 넘

▲ 고지대에서 서식하는 돌매화나무 꽃의 사진. 최근 내가 등산한 산의 정상에서 발견했으며, 아이내츄럴리스트 앱의 딥러닝 알고리즘 덕분에 이름을 알 수 있었다.

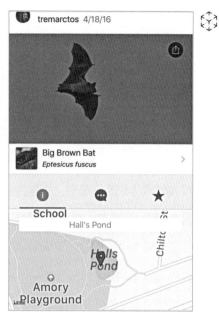

▶ 아이내츄럴리스트 앱은 당신이 업로드한 사진에 곤충, 박쥐, 왜가리 같은 이름표를 자동으로 부착한다. 사용자들이 제공한 수많은 데이터는 알고리즘의 정확도를 높인다.

는 개의 품종을 95퍼센트 이상의 정확도로 구별할 수 있나? 나라면 못할 것 같다.

아이내츄럴리스트의 기발한 점은 이 앱의 구조가 크라우드소싱crowd-sourcing(대중crowd과 아웃소싱outsourcing의 합성어로 기업의 활동에 대중을 참여시키는 일을 의미함 - 옮긴이) 기반의 반복적 훈련을 바탕으로 한다는 것이다. 다시 말해 요즘에는 팀블베리와 매리언베리의 차이점을 알고리즘에 알려주기 위해 대학원생들이 더 이상 고생할 필요가 없어졌다. 이제 그 일은 앱 사용자들의 몫이다. 사용자들이 식물이나 곤충의 사진을 더 많이 업로드할수록 아이내츄럴리스트는 알고리즘을 훈련하는 데 필요한 데이터세트를 더욱 대규모로 구축할 수 있다. 덕분에 다양한 종류의 이미지가 확보되고 앱의 능력과 정확도가 향상되는 것이다.

만일 인공지능이 특정 이미지에 이름표를 붙이는 데 자신 없어 하면, 연구원이 직접 개입해서 인공지능의 추측이 옳다는 사실을 확인해주거나 정확한 이름표를 수동으로 추가한다. 이렇게 작성된 새로운 데이터는 시스템에 다시 투입되어 네트워크를 재훈련시키는 데 사용되고 알고리즘을 더욱 정확하게 만든다. 이렇듯 아이내츄럴리스트는 날이 갈수록 더 많은 훈련 데이터를 확보해 현재는 거의 모든 꽃과 동물의 이름을 98퍼센트 이상의 정확도로 구분한다.

오늘날 이런 앱들이 채택한 최신의 컴퓨터비전 알고리즘은 대부분 심층 합성곱 신경 네트워크deep convolutional neural network에 해당한다. 여기에 심층deep이라는 이름이 붙은 이유는 이 알고리즘이 여러 개의 계층으로 구성되며, 각 계층은 저마다 다른 차원에서 이미지의 특징을 찾아내는 데 특화되어 있기 때문이다.

가령 맨 아래 계층은 이미지의 형식이나 패턴과 같은 세밀한 디테일에 초점을 맞추는 한편 또 다른 계층은 이미지의 외형처럼 전체적인 특징을 감지한다. 이 네트워크의 각 교점node이 활성화되면서 어떤 이미지의 고유 벡터값(그 이미지의 본질적인 특성)이 라이브러리에 존재하는 다른 이미지들의 벡터 값과 비교 및 계산된다. 이 과정에서 신뢰도 높은 일치가 발생하면 해당 이미지에 박쥐, 곤충, 독수리 같은 이름표가 붙는다.

이 탐지 알고리즘의 성능은 얼마나 뛰어날까? 그 질문의 답은 민감도sensitivity와 정밀도precision라는 두 가지 측면에서 생각해 볼 수 있다. 당신이 제2차 세계대전 당시 영국군 레이더 수신기 담당자라고 상상해 보자. 최근 당신은 도버 해협의 바닷가 어느 곳에 독일군 비행기의 침입을 탐지할 목적으로 극비리에 설치된 레이더 기지에 발령받았다. 임무는 밤새 잠을 자지 않고 레이더에 포착되는 신호에 귀를 기울이면서 그 신호가 저공비행을 하는 적기에서 오는지(이 경우 비상경보를 발령한다), 아니면 한 무리의 갈매기 떼가 신호를 만들어내는지(이 경우에는 병사들이 계속 잠을 자도록 놓아둔다) 판단하는 것이다. 당신이 사용할 수 있는 유일한 조종 장치는 신호의 민감도 조절이 가능한 커다란 다이얼이다. 민감도를 높이면 적군의 비행기를 탐지할 확률(참 긍정)이 높아지지만, 거위 떼를 포착할 확률(거짓 긍정)도 함께 높아진다. 반면 민감도를 낮추면 거위 떼는 덜 탐지되겠지만 비행기를 놓칠 확률(참 부정)이 높아진다. 민감도를 어느 정도로 조절해야 할지는 확실치 않다! 이 레이더 시스템은 '양치기 소년'이 될 수도 있고, 진짜 늑대를 감지하지 못하는 쓸모없는 기계가 될 수도 있다.

알고리즘의 품질을 평가할 때도 민감도와 정밀도를 판단 기준으로 삼는다. 민감도는 비행기와 비슷하게 생긴 모든 물체를 알고리즘이 몇 퍼센트나 탐지할 수 있느냐는 것이고, 정밀도는 그렇게 탐지된 물체 중에서 실제 비행기는(그리고 새나 다른 물체는) 몇 퍼센트인지 묻는 것이다.

나는 지금까지 완벽한 알고리즘을 본 적이 없다. 아무리 뛰어난 알고리즘도 얼마 정도는 거짓 부정(알고리즘은 아무것도 아니라고 했으나 사실은 비행기인 경우)과 거짓 긍정(알고리즘은 비행기라고 했으나 사실은 거위 떼인 경우)을 유발한다.

따라서 우리는 레이더 담당자처럼 민감도를 중시할지 아니면 정밀도를 우선시할지 스스로 결정해야 한다. 대부분의 의학적 검사는 민감도를 높이는 방식을 선호한다. 유방조영술을 실시하는 의사는 민감도 다이얼을 최대로 조절한다. 차라리 거짓 긍정(비행기일지도 모르는 새를 탐지하거나, 병변일 가능성이 있는 사진의 어두운 부분을 찾아내는 일)에 속는 편이 거짓 부정(비행기와 새를 모두 놓치거나, 초기 유방암을 발견하지 못하는 일)에 빠지는 것보다는 낫기 때문이다.

요즘의 컴퓨터비전은 시스템이 뭔가를 예측할 때마다 사용자가 어떤 데이터를 바탕으로 행동을 취해야 하는지에 관한 의사결정을 돕기 위해 항상 신뢰도 수치를 제시한다. 예를 들어 레이더에 잡힌 어떤 물체가 76퍼센트의 신뢰도로 비행기라고 판단하거나, 또는 12퍼센트의 확률로 새라고 말하는 식이다. 데이터 과학자는 이 신뢰도 수치를 바탕으로 특정 수준 이하의 결과는 무시해 버리는 일종의 '커트라인'을 세울 수 있다.

이 커트라인을 어떤 수준으로 설정해야 할지는 상황에 따라 다르다. 만일 집 앞의 쓰레기통을 뒤져대는 너구리를 탐지해야 하는 상황이라면, 80퍼센트 정도의 신뢰도에서 경보가 울리도록 민감도를 조절해도 별문제가 안 된다. 최악의 경우 너구리 몇 마리를 놓치더라도 엉망이 된 쓰레기통을 치우면 그만이다.

이에 반해 적의 정찰기나 겨드랑이의 멍울을 탐지해야 하는 상황에서는 민감도를 최대로 높일 필요가 있다. 특히 의료 분야에서 문제를 발견하지 못하고 놓쳤을 때는 큰 대가가 따르므로 기꺼이 민감도를 높여야 한다.

슈퍼사이트가 제대로 기능하기 위해서는 시스템이 인식하는 모든 대상에 적절한 신뢰도가 부여되어야 한다. 슈퍼사이트가 대상을 정확히 식별하도록 만드는 일은 앞으로 우리가 이 책에서 논의할 모든 주제의 기반이 될 것이다. 이제 슈퍼사이트가 이런 지각 정보로 어떤 일을 할 수 있는지 살펴보자.

이름표, 낙인 그리고 점수

#증강현실 대화 도구   **#최소 공통 관심사**

내가 예전에 만났던 육군 대령은 자기가 워싱턴에서 수행하는 주된 업무가 수백 명의 워싱턴 인사들에 대한 주요 인적 사항을 기억해서 상관에게 그 정보가 필요해지기 몇 초 전에 살짝 알려주는 거라고 말했다. 말하자면 그는 전후 상황을 판단해서 필요한 정보를 100분의 1초 안에 제공하는, 일종의 '걸어 다니는' 데이터베이스인 셈이다. 대령은 워싱턴 인사들이 서로 교류하는 행사가 열리기 전날 이 행사에 초청된 손님들의 인적 사항과 그들의 '얼굴 사진첩'을 하루 내내 암기한다. 그리고 행사가 열리면 자기의 상관인 장군의 뒤를 졸졸 따라다니면서 그가 만나는 사람들에 대한 정보를 귓속말로 알려준다. 배우자, 아이들, 개의 이름이 무엇인지, 어떤 스포츠를 좋아하는지, 특히 장군이 담당하는 부서의 목표를 달성하기 위해 그 사람에게 무엇을 부탁해야 하는지 등등.

하지만 앞으로는 모든 사람이 그런 도우미를 활용할 수 있다. 컴퓨터비전과 관계형 데이터베이스를 탑재한 스마트안경은 우리에게 필요한 모든 정보를 적절한 시점에 귀에 속삭인다. 이런 비서 기능은 조만간 모든 슈퍼사이트 안경의 표준 사양으로 자리 잡을 것이다.

스마트안경에 장착된 소형 카메라에는 사람들의 얼굴을 인식하도록 훈련된 신경 네트워크가 기본으로 탑재될 것이다. 당신이 누군가에게 다가서는 순간 스마트안경은 그 사람의 이름을 음성으로 알려주거나 그의 턱밑 또는 이마에 자막으로 띄워줄 것이다. 따라서 어떤 사람의 이름을 모른다고 굳이 시선을 피할 필요가 없다. 다만 이 시스템은 모든 사람의 얼굴에 전부 이름표를 붙이지는 않고, 오직 당신이 예전에 만났거나 앞으로 만날 필요가 있는 사람들의 이름만 알려줄 것이다. 페이스북과 링크드인이 제공하는 사진첩 기능처럼 이는 일종의 '사회 관계망 그래프' 역할을 한다.

사용자들은 이 기능을 통해 어떤 사람이 누구를 알고 있으며, 그들의 전문 분야와 관심사가 무엇이고, 업무 경력이나 평판이 어떤지 등의 핵심 콘텐츠를 파악할 수 있다. 단, 스마트안경은 정보를 제공할 뿐 결정을 대신 내려주지는 않는다. 스마트안경은 당신이 남들을 어떻게 도와야 할지, 또는 다른 사람들이 당신을 돕게 하려면 어떻게 해야 할지 알려주지 않는다. 당신에게는 여전히 대화의 기술과 열정이 필요하다.

스마트안경은 사람들의 이마에 이름표를 붙여주는 수준을 뛰어넘어 저 아름다운 외모의 파티 주최자가 내게 어떤 대화 주제를 꺼낼지, 즉 우리의 '최소 공통 관심사'가 무엇인지 알려준다. 경험과 관심사가 공유되면 신속하게 유대감이 형성되고 친밀도가 증가한다. 가령 파티에서 처음 만난 사람들이라 하더라도 스마트안경의 도움을 받으면 서로가 래브라두들 강아지를 키우고, 가수 드레이크를 좋아하며, 쿠바를 다녀온 적이 있고, 작은 마을에서 어린 시절을 보냈다는 것을 말하지 않아도 알 수 있다. 많은 사람은 자신의 트위터 게시물, 팟캐스트와 미디어 스트리밍의 취향, 최근에 떠났던 여행, 지인들과 나누었던 대화의 주제 등을 남들과 기꺼이 공유하려 할 것이다. 반면 시스템 설정에서 사생활 보호 수준을 최대로 높여 둔 사람이라면 아무런 정보를 노출하지 않을 것이며 심지어 이름조차 공개하지 않을 수도 있다.

이런 메타데이터의 '아우라'는 누구나 쉽게 알아볼 수 있는 상징물의 형태로 요약되어 우리가 교류하는 사람들의 주위를 둘러싼다. 이 기호들은 타인과의 친밀도를 높이고 관계를 돈독하게 해줄 가능성이 큰 주제를 제안함으로써 소통을 돕는다. 마치 우리가 "그 친구를 만나면 잊지 말고 이러이러한 것을 물어봐야지." 또는 "그걸 좀 부탁해 봐야겠네."라고 생각하며 사전에 체크리스트를 점검하는 것과 비슷하다.

최근 나는 구글의 소프트엔지니어인 하리 나이르Hari Nair와 함께 이 기능을 직접 실험해 본 적이 있다. 어느 날 아침, 우리 두 사람은 구글에서 인수한 노스North 사의 증강현실 안경을 착용하고 하버드 광장에서 만났다. 우리는 예전에 몇몇 사물인터넷 프로젝트를 진행하며 꽤 오랜 시간을 함께 일한 적이 있다. 내가 쓴 스마트안경에서는 우리가 함께 만든 시제품 아이콘들이 하리의 머리 위를 구름처럼 떠다니고 있었다. 이 아이콘들은 내게 그의 아이들 안부를 묻고, 그의 바쁜 일정에 공감을 나타내고, 어머니를 만나기 위해 곧 인도에 갈 예정인 그의 여행 계획에 관심을 보이라는(나는 항상 인도를 방문하고 싶었고 이에 관해 그의 조언을 얻기를 원했) 등의 감성지능과 관련된 신호를 보냈다. 그리

사람들과 대화할 때 신호를 제공하는 메타데이터는 마치 상형문자로 쓰인 기호처럼 상대방의 머리 위를 구름처럼 떠다닌다.

고 우리가 함께 작업 중인 기사를 편집할 사람을 채용하는 일이 어떻게 진행되고 있는지 물어봐야 한다는 사실도 상기시켰다. 한편 하리가 착용한 안경에서는 다른 아이콘들이 내 머리 주위를 둘러싸고 있었다. 그 아이콘들은 내가 쓴 책에 등장하는 로봇 관련 사례연구를 언급하라고 신호였다.

이처럼 클라우드에 연결된 안경은 우리에게 무엇이라도 보여줄 수 있는 능력을 갖췄다. 그러나 한편으론 현대인들이 사용 중인 스마트폰 앱과 웹브라우저처럼 사람의 주의력을 지나치게 산만하게 하거나 우리의 삶을 송두리째 지배할 가능성도 있다.

그래서 최근 개발 중인 스마트안경의 핵심 기능은 무차별적으로 정보를 쏟아내는 것이 아니라 사용자가 현재 위치한 장소나 바라보는 대상을 '투시'하는 경험을 제공하는 데 집중하고 있다. 가장 이상적으로 디자인된 안경은 현재 사용자가 처한 상황에서 가장 가깝고 적합한 정보를 우선적으로 전달할 것이다. 다시 말해 메타데이터가 우리의 삶을 온통 점령하도록 방치하는 대신 사용자가 위치한 공간 및 전후 상황과 가장 연관성이 깊은 정보를 걸러낸 다음, 여기에 사용자의 목표나 관심사를 반영해서 그 정보를 더욱 유용하고, 가치 있고, 실행이 가능하게 도울 것이다.

나는 이런 '상황적 연관성'을 실험해 보기 위해 어느 파티에서 사용할 작은 프로그램 하나를 재미 삼아 설계했다. 그리고 전면 카메라가 달린 매직립MagicLeap 증강현실 안경을 쓰고 이어폰을 착용한 채 파티에 참석했다. 이미지 분류 알고리즘으로 카메라에 포착된 영상들을 분석해서 내 관측 시야에 들어온 모든 대상에 이름표를 붙였다. 그리고 이 이름표들을 '농담' 검색 엔진에 투입했다. 그 결과 나와 이야기를 나누던 사람들이 잠시 이야기를 멈췄을 때 스마트안경이 현재 상황에 맞는 농담을 내 귀에 속삭여주었다.

내가 기타를 들고 있는 어느 연주자에게 다가가자, 컴퓨터비전으로 그 악기를 인식한 스마트안경은 내게 이런 농담을 귀띔해주었다. "바이올린이 가엾은 기타를 보고 뭐라고 했을까요? 너무 속상해하지 마세요."(원래 오케스트라에서 비올라가 차지하는 어중간한 위치를 조롱하는 매우 오래된 농담으로, 대개 바이올린이 비올라를 놀리는 내용들로 이루어져 있음 – 옮긴이) 내가 이 농담을 던지자 기타 연주자는 웃음을 터뜨렸고 주위에 모여든 사람들은 낮은 목소리로 탄성을 질렀다. "여러분 걱정하지 마세요." 나는 이렇게 덧붙였다. "제가 여기에 밤새도록 있으면서 여러분을 즐겁게 해드릴 테니까요." 어쨌든 이 간단한 실험 덕분에 슈퍼사이트 안경이 우리에게 더 현명한 대화를 할 수 있는 능력(또는 적어도 옛날식 코미디언이 될 기회)을 제공한다는 사실이 입증된 셈이다.

사람들 대부분은 세상을 살아가는 과정에서 더 많은 것을 알게 해주는 이 기술의 혜택을 즐겁게 누리겠지만, 일부는 우리 귀에 정보를 속삭이는 비서가 인간의 대화에 너무 많은 통제력을 행사하고 뜻밖의 만남이나 대화에서 오는 즐거움을 훼손한다고 우려할 수 있다. 실제로 알고리즘의 추천 엔진은 모든 대화를 일종의 거래처럼 느껴지게 할 수 있다. "저기 파란색 상의를 입은 여성이 채용 중인 보좌 역할에 당신도 지원할 수 있습니다." 또는 "데이비드는 어젯밤 넷플릭스에서 범죄 실화를 다룬 다큐멘터리를 시청했습니다. 데이비드에게 그 영화에 관해 물어보세요." 우리는 스마트안경이 조언을 제공하지 않은 사람과는 교류를 꺼리고, 자기가 잘 모르는 특별하고 매력적인 주제에 관해서는 대화에 끼어들 능력조차 잃어버릴지도 모른다.

슈퍼사이트가 선사할 풍부한 정보가 예고하는 부작용은 그뿐만이 아니다. 소설가 닐 스티븐슨Neal Stephenson은 2019년에 펴낸 소설 《타락 Fall》에서 이와 비슷한 미래를 그렸다. 그곳에서는 모든 사람이 햇빛 가리개처럼 얼굴 전체를 덮는 인공지능 스크린을 착용하고 다닌다. 사람들은 자신의 '피드'에 투입할 정보를 골라내기 위해(즉 고객에게 좋은 평점을 받은 레스토랑이나, 거리에서 당신에게 접근하는 낯선 사람에 대한 정보를 얻기 위해), 개인적으로 '편집자'를 고용한다. 이 편집자는 (각자의 주머니 형편에 따라 사람이 될 수도 있고 인공지능이 될 수도 있다) 사람들에게 쏟아져 들어오는 수많은 정보를 분석해서 고용주를 해로운 콘텐츠로부터 보호한다. 작가는 소설에서 이렇게 말한다. "하지만 사람을 고용해서 모든 정보의 여과 작업을 전적으로 맡길 수 있을 만큼 돈이 많은 부자는 별로 없다."

겉으로는 유용하게만 보이는 증강현실 분류 시스템의 이면에는 자신에게 바람직하지 못한 사물이나 사람에 대해 서슴없이 점수를 매기고, 낙인을 찍고, 이름표를 붙이는 '그늘의 기록shadow log' 기능이 자리하고 있다. 우리가 우연히 마주치는 사람들의 머리 위에는 '위험도 순위'가 따라다닐 것이다. 과거 범죄 혐의로 기소된 적이 있는 사람이나 별 다섯 개 이하의 평점을 받은 에어비앤비 숙소에는 빨간색 불빛이 반짝거릴 수도 있다. 우리가 그들을 너그럽게 용서하고 받아들이려고 해도, 그들이 과거에 저지른 잘못은 기록에서 결코 지워지지 않는다.

또는 우리 눈앞을 빨간색 불빛으로 가득 채우기보다, 시각적 필터를 이용해서 스스로 판단하기에 바람직하지 않은 대상을 시야에서 흐릿하게 만들거나 아예 지워버릴 수도 있다. 꼭 불편했던 데이트 상대나 과거의 연인뿐 아니라, 알고리즘이 판단할 때 나와 관점과 가치관이 다르고 내가 별로 관심을 기울이지 않아도 무방한 사람들을 사라지게 할 수 있다. 이는 인간의 보편적 공감 능력에 재앙을 불러오고 사회적 분리를 가속화함으로써 우리에게 더욱 획일화되고 고립된 세계관을 심어줄 것이다. 이런 **필터 버블**filter bubble(인터넷 알고리즘에 의해 본인의 관심사에 맞게 제공되는 정보에만 의존한 사용자가 혼자만의 세계에 고립되는 현상-옮긴이)에 갇힌 사람은 조직적인 인종차별이나 불평등의 문제를 발견하고 인식하는 능력을 상실할지도 모른다. 우리 눈에 비친 대상이 우리가 믿는 바를 결정하기 때문이다.

디스토피아 : 사회적 단절

사회적 단절은 슈퍼사이트의 위험 요소 중 하나다. 우리는 같은 장소에서도 저마다 다른 세계를 바라보게 될 것이다.

슈퍼사이트는 우리 모두를 개인적 세계관 속에 가두어버릴 위험성이 있다. 스마트안경을 통해 선택하는 정보의 계층은 모든 사람이 다를 수밖에 없으므로 우리가 주위 사람들과 관계를 유지하며 경험을 공유하거나 타인을 이해하는 일은 갈수록 어려워질 것이다. 가령 어떤 사람들은 날씨 예보, 길 찾기, 계획 세우기 등에 관련된 실용적인 정보를 얻는 데 스마트안경을 활용하겠지만 또 다른 부류의 사람들은 이 도구를 이용해 상상의 세계 속에서 괴물들과 놀이를 즐기고 역사적 허구를 즐기려 할 것이다.

우리는 이미 소셜미디어의 피드 기능이 우리 자신을 얼마나 강력한 사회적·정치적 필터의 거품 속으로 몰아넣는지 목도했다. 증강현실이 제공하는 몰입적 경험이 개인화될수록 이 거품은 탈출할 수 없는 감옥이 된다. 그로 인해 인간의 소통과 공동체 의식은 큰 타격을 받을 것이다.

이 문제를 해결하기 위해서는 사람들끼리 하이파이브하거나 서로 몸을 부딪쳐 친근함을 표시하듯이, 우리의 개인적 관점을 남들과 쉽게 동기화할 수 있어야 한다. 마치 여러 사람이 헤드폰 스플리터나 블루투스 피드를 공유해서 각자 헤드폰을 쓰고 있을 때도 모두가 '같은 음악을 듣는' 것과 비슷한 맥락이다. 또한 우리는 서로의 관점을 바꿔 때로는 다른 사람의 눈으로도 세상을 바라볼 수 있어야 한다. 그런 의미에서 누구나 쉽게 사용이 가능한 뷰 전환view-toggle 기능은 우리가 타인의 삶에 더 많이 참여하고, 사람들과 폭넓은 인간관계를 형성하고, 이를 위해 필요한 제품과 서비스를 발명할 이유를 제공함으로써 타인들과 더 가슴 따뜻한 대화를 나눌 수 있게 해주는 기술이다. 우리는 익숙한 정보만을 선택하는 필터 버블 속에 빠져드는 대신, 이전과는 전혀 다른 세계를 소개하는 서비스들을 의식적으로 구독해야 한다. 그래야만 과거에는 한 번도 접한 적이 없고 심각하게 생각하지도 않았던 새로운 관점을 경험할 수 있다.

그렇게 된다면 인공지능은 인간의 네트워크를 풍요롭게 만들고 대화의 주제를 확장하는 데 기꺼이 힘을 보탤 것이다. 그런 미래를 위해서는 증강현실 업계가 개방형 아키텍처와 개방형 표준의 정신에 적극적으로 동참함으로써 모든 개인과 기업이 슈퍼사이트의 '현실 재구축 기술'을 각자 자유롭게 구상하고, 합성하고, 실험하고, 프로그램하고, 공유할 수 있는 기틀을 마련해야 한다.

우리를 보살피는(혹은 감시하는) 카메라

#라이프로깅　#거울신경세포

영화 〈제임스 본드James Bond〉에 등장하는 천재적인 과학자 Q는 믿을 수 없을 만큼 신기한 스파이용 물건들을 수없이 소개했다. 그가 007에 제공한 물건들은 물속에서 숨을 쉴 수 있는 아쿠아라마, 순간적으로 공중에 떠올라 위험에서 벗어날 수 있는 집라인, 연막을 피우는 장치, 움직이는 차에서 악당을 튀어 오르게 하는 버튼, 그리고 본드의 턱시도에 달린 작은 스파이 카메라를 포함해 참으로 무궁무진했다. 그 중 제임스 본드가 쓰던 스파이 카메라는 오늘날 개인 맞춤형 카메라로 변신해 당신 집의 현관에서부터 몸속의 결장을 탐지하기 위해 환자가 삼키는 알약에 이르기까지 여러 곳에서 쓰이고 있다.

　카메라 기술이 이렇게까지 급속도로 진화한 것은 스마트폰 덕분이다. 이 모바일 장비의 어마어마한 시장 규모와 범위, 그리고 제품 차별화를 위한 기업들의 필사적인 노력이 카메라를 진화시켰다. 애플, 구글, 모토로라, 노키아, 삼성, 소니 같은 기업들의 연구부서는 그동안 카메라의 혁신을 위해 막대한 돈을 쏟아 부었다. 그 결과 현재 500만 화소의 저조도 카메라를 생산하는 데 소요되는 생산원가는 5달러 아래로 떨어졌다.

지금의 스마트폰에 장착된 카메라는 전용 반도체와 신경 네트워크를 자체적으로 탑재한 소형 컴퓨터라고 할 수 있다. 이 칩셋들은 사용자가 촬영한 이미지를 클라우드(저 멀리 외딴곳에 자리 잡은 인터넷 데이터센터를 일컫는 업계의 용어다. 이 장소 덕분에 사용자들은 자신의 스마트폰이나 랩톱 컴퓨터에 일일이 정보를 저장해야 하는 부담에서 벗어날 수 있다.)에 전송하기 전에, 사진의 종류(예: 풍경 사진)와 피사체의 형태(예: 미소 짓는 사람의 얼굴)를 세밀하게 구별한다. 클라우드는 여기에 더욱 풍부한 인공지능 기반 판독 기능을 더해준다. 그 말은 이제 카메라가 이미지의 종류를 판단해 스스로 노출을 최적화하고, 결혼식 파티 장면을 여러 컷 촬영해서 아무도 눈을 감지 않은 사진을 골라낼 수 있다는 뜻이다. 또 카메라는 사물이나 풍경을 탐지할 수 있는 신경 네트워크를 자체적으로 탑재하고 있다. 예를 들어 스마트폰의 카메라는 음식을 확대한 사진, 개의 모습을 담은 사진, 전력 질주하는 운동선수를 찍은 스냅 사진을 구별한다. 그리고 사진의 내용과 촬영 전후의 상황을 판단해서 적절한 노출을 선택하고 셔터 속도를 자동으로 조절한다. 주머니에 쏙 들어가는 조그마한 장비가 이 모든 일을 거의 실시간으로 해내는 것이다.

인터넷에 데이터를 전송할 필요 없이 카메라가 자체적으로 이런 작업을 수행하게 하는 기술을 **에지 컴퓨팅**edge computing이라고 부른다. 이 정보 처리작업이 저 멀리 떨어진 아이슬란드의 어느 데이터센터에서 빙하 녹은 물로 열을 식혀가며 진행되는 것이 아니라, 네트워크의 에지, 즉 '주변'에서 이루어지기 때문에 붙은 이름이다.

우리가 에지 컴퓨팅이 가져다주는 혜택을 고마워해야 할 이유는 한둘이 아니다. 이 기술은 네팔의 산악지대나 터널 내부처럼 전파가 수신되지 않는 곳에서도 쓸 수 있다. 작업 처리 속도 또한 매우 빠르다. 여기에 사생활 보호 수준을 사용자 스스로 결정하는 것이 이 기술의 설계 원칙이므로, 촬영한 이미지를 클라우드에 전송하지 않아도 되는 사람은 그 사진들을 얼마나 오랫동안 저장해야 하고, 이를 볼 수 있는 권리를 누구에게 부여해야 하는지 고민할 필요가 없다.

오늘날 우리는 주위가 온통 카메라로 뒤덮인 세상 속에서 살아간다. 덕분에 모든 사람이 더욱 '똑똑해질 수 있는' 세상이 됐다. 카메라는 범죄자를 체포할 때뿐만 아니라 우리 자신을 이해하는 데도 매우 유용하다.

몇 년 전 나는 '사진 기억'이라는 개념에 푹 빠졌었다. 이는 마음의 눈에 저장된 시각적 이미지를 통해 완벽한 기억을 되살려내는 능력을 뜻하는 용어다. 나는 이런 고도의 능력이 우리의 삶에 어떤 영향을 미치는지 실험해 보기 위해, 내가 입은 셔츠에 소형 카메라를 부착하고 10초마다(내가 자전거에 올라 출근하고, 콘퍼런스에서 연설하고, MIT에서 강의하는 동안) 자동으로 사진을 찍어 클라우드에 전송하도록 했다. 카메라를 처음 설치한 날 나는 오후에 두 번밖에 군것질하지 않았고, 콘퍼런스에서 오직 두 사람과 대화를 나누었다. 하지만 내 삶을 촬영한 카메라가 수집한 증거는 달랐다. 하루를 마감하는 시간에 이 작은 사진첩을 넘겨보면서 오늘 내가 정말 다양한 사람을 만났고, 컴퓨터 앞에서

MIT와 코펜하겐에서 진행된 라이프로깅 실험. 이 일련의 이미지를 컴퓨터로 처리한 결과, 내가 얼마나 많은 사람과 상호작용하고, 얼마나 자주 군것질하고, 내가 느끼는 기분이 다른 사람들에게 어떻게 영향을 주는지를 포함해 놀라운 세부 사항들이 드러났다.

얼마나 많은 시간을 보냈고, 커피와 간식을 얼마나 많이 먹었는지 확인할 수 있었다. 사람이 머리로 기억하는 내용과 사진에 찍힌 실제 증거 사이에 얼마나 큰 차이가 있는지 누군가가 박사학위 논문 주제로 삼으면 좋겠다는 생각이 들만큼 내 기억과 실제 현실은 달랐다.

나는 이 일상의 기록을 자동으로 분석하기 위해, 사진들을 딥러닝 네트워크deep learning network(컴퓨터가 다양한 데이터를 활용해 사람처럼 스스로 학습할 수 있게 만든 인공 신경망 – 옮긴이)에 투입해서 모든 사진에 자동으로 꼬리표를 부착했다. 그 결과 내가 사람들과 대화한 시간과 컴퓨터 앞에서 보낸 시간의 비율이 어떤지, 나는 얼마나 자주 음식을 먹는지, 누구와 가장 많은 시간을 보내는지, 그 사람들은 내게 주로 말을 하는지 아니면 내 말을 듣는 편인지, 내가 집 밖에서 보내는 시간이 얼마나 되는지 등을 포함한 다양한 측정치를 얻어낼 수 있었다. 심박수 대신 대인관계를 측정한다는 점만 제외하면, 이는 마치 기능이 최고로 강화된 핏빗Fitbit(사용자의 건강 관련 지표 측정에 주로 사용되는 스마트워치 – 옮긴이) 장비를 연상케 했다.

그러나 가장 놀라운 결과는 따로 있었다. 이 데이터를 통해 내가 교류하는 사람들의 감정이 변화하는 과정을 추적할 수 있었다. 어떤 날에는 내 앞에 있는 사람들이 다른 날보다 더 자주 미소를 짓거나 웃음을 터트렸다. 반면 어떤 날에는 심각한 표정을 짓고, 심지어 침울한 모습을 보이기도 했다. 날씨와 관련이 있나? 하루 중 언제인가에 따라 다른가? 파리에서 열린 콘퍼런스에 뚱한 표정으로 앉아 있는 프랑스인 참석자들 때문인가? 이런 차이가 나는 이유는 무엇일까? 나는 '미소 탐지' 알고리즘(2장에서 더 자세히 다룬다)을 가동해서, 내 사진에 찍힌 사람들이 주로 짓는 표정에 점수를 매기고 그 데이터를 검토했다. 그 결과, 상대방이 내 앞에서 드러내는 표정은 내가 표현하는 감정과 무관하지 않다는 사실을 알게 됐다. 심리학자들에 따르면 인간의 거울신경세포mirror neuron는 다른 사람들의 감정 상태에 빠른 속도로 반응해서 말하는 속도나 어조를 바꾸고, 상대방의 유머를 흉내 내거나 그에게서 우울한 기분을 물려받는다고 한다. 이 실험을 통해 내가 느끼는 감정이 주위 사람들에게 어떻게 영향을 미치고, 그 상황이 역으로 하루 동안의 내 기분을 어떻게 좌우하는지 알게 됐다.

내가 MIT에서 가르친 학생 한 명은 웨어러블 컴퓨팅 관련 과제에서 힌트를 얻어 배낭의 끈 부분에 렌즈가 달린 관찰용 비디오카메라를 착용하고 다녔다. 그 학생이 수행한 실험의 목적은 본인의 삶 전부를 한순간도 빠짐없이 기록하는 데 있었다. 또 자기가 하루를 겪으며 경험하는 매 순간의 감정에 따라 피부의 염분 농도와 전도율이 어떻게 달라지는지 측정하기 위해 자기 손에 피부 전기 반응 센서를 부착했다. 이런 감정적 변화를 추적한 각각의 영상에 이름표를 달고, 그날 가장 즐거웠던(또는 가장 불행했던) 순간을 담은 영상 요약본이 자동으로 제작되도록 했다. 그 학생은 매일의 하이라이트 영상을 검토하면서 자신의 심리적 상태를 유발하는 원인과 이에 영향을 미치는 요인들을 더욱 잘 이해하게 됐으며, 다음 날에는 어떤 사람 또는 사물과 마주치는 일을 피해야 하는지 판단할 수 있게 됐다고 했다.

앞으로는 이런 종류의 시각적 일기가 핏빗 스마트워치만큼이나 보편적인 기능으로 자리 잡을 것이다. 우리의 삶이 담긴 기록은 매일, 매년, 그리고 생애 전체에 걸쳐 우리가 경험한 최고의 순간과 최악의 순간을 담은 30초짜리 하이라이트 동영상으로 만들어져 소셜 네트워크에 자동으로 올려지고 공유될 것이다. 당신은 이 기록을 거꾸로 돌려보며 자신의 기억을 친구와 나눌 수 있다. "너는 그 녀석이 그때 어떤 표정을 지었는지 꼭 봐야 했어!" 이렇게 말하며 하이라이트 영상들을 뒤져볼지도 모른다. 또 아이들에게 오늘 학교에서 보낸 시간이 어땠는지 물은 뒤에 "괜찮았어요."라는 시큰둥한 대답을 듣는 대신, 그날의 하이라이트 영상을 찾아보면 아이들이 어떤 순간에 가장 열심히 학교 생활에 임했는지, 가장 혼란스러운 순간이 언제였는지, 그리고 선생님이 내준 숙제 중에 어려웠던 부분이 무엇이고 아이들에게 어떤 도움이 필요했는지 알 수 있을 것이다.

드라마 〈블랙 미러Black Mirror〉의 '당신 삶의 모든 순간The Entire History of You'이라는 에피소드에서는 모든 사람이 단 며칠이 아니라 삶 전체를 기록하고 이를 되돌려볼 수 있는 세상에서는 과연 어떤 일이 벌어지는지 보여주는 장면이 나온다. 여자 친구와 예전에 벌였던 언쟁에서 어떤 말이 오갔는지 궁금한가? 남편이 저녁 식사 테이블 건너편에 앉은 당신 친구에게 추파를 던졌는지 의심이 드나? 당신의 동영상 피드를 돌려보면 그만이다. 아니면 모든 사람이 볼 수 있도록 TV 화면에 영상을 띄워서 당신의 나쁜 예감이 옳았는지 확인하면 어떨까.

물론 모든 일을 기억하는 것이 마냥 축복은 아니다. 때로 '잊혀질 권리'도 필요하다.

아마존이 보안 시스템을 파는 이유

#주택 보안 기술　#위장용 화장술

몸에 부착된 카메라로 우리의 삶을 낱낱이 포착하는 것은 재미있는 경험이다. 하지만 우리가 슈퍼사이트 카메라로 내 가족, 학생, 직원, 심지어 낯선 사람들의 일거수일투족을 촬영하는 행위는 과연 정당한가?

유튜브에 '베이비시터 카메라babysitter camera'라는 검색어를 입력해보라. 당장이라도 당신 집의 곰 인형을 해부해서 안쪽을 확인해 보고 싶은 충동이 들 것이다. 검색 결과로 나온 동영상들은 수많은 봉제 장난감의 눈에 숨겨진 카메라로 촬영됐다. 그 모두가 슈퍼사이트 기능이 탑재된 '선반 위의 요정'Elf on the Shelf(크리스마스 장식 중의 하나로 인형의 모습으로 선반 위에 앉아서 어린이들이 착한 일을 하는지 지켜본다는 요정 - 옮긴이)들이다. 슈퍼사이트 감시 및 보안 장비의 시장 규모는 매년 10% 이상 성장해 2022년 기준 100억 달러를 넘어섰다.

우리는 이미 나 자신을 스스로 보호해야 할 필요성을 느끼기 시작했다. 공포는 날개 돋친 듯 팔려나가고 있다. 보안 기업들은 대중의 심리적 취약성을 틈타 현관문이나 창문의 스위치 같은 곳에 설치된 가장 기본적인 형태의 감지 장치에 수백 달러를 청구한다. 고객들에게 안전하다는 느낌을 제공할 수 있다면(비록 진정으로 안전하지는 않다고 해도), 그들은 기꺼이 돈을 낼 것이다.

아마존은 링Ring을 인수하면서 야심 차게 이 사업에 뛰어들었다. 링은 카메라와 무선통신 장비가 장착된 초인종을 제조하는 기업으로 지금은 카메라를 탑재하고 집안 곳곳을 날아다니는 감시용 드론도 생산하고 있다. 이 '마음의 평화'를 위해 치러야 할 가격은 얼마일까? 아마존은 이 회사를 사들이기 위해 10억 달러를 지출했다.(소비자들은 링 제품 하나를 구매하는 데 100달러, 그리고 장비에 찍힌 영상을 아마존 클라우드에 6개월간 저장할 수 있는 구독 서비스에 연간 100달러를 내야 한다.) 아마존이 천문학적인 비용을 치르고 '집안을 감시하는 눈'을 인수한 데는 적어도 다음 두 가지 동기가 있다.

1. 규모가 수십억 달러에 달하는 가정용 보안 시장에는 디지털 기술로 인한 파괴적 혁신의 분위기가 무르익고 있다. 이 시장은 '구독 서비스'를 통해 기업들 입장에서 가장 안정적인 형태의 매출을 제공할 것이다.

2. 제품 배송 중에 택배 상자가 분실됨으로써 연간 수십억 달러의 손해가 발생하는 문제가 해결되고 물품의 도난도 방지될 것이다.

낮에는 사람들이 주로 집을 비우기 때문에, 배달원들은 현관문 앞이나 화분 뒤에 택배 상자를 두고 떠난다. 이렇게 배달된 물건들은 도난에 취약할 수밖에 없다. 만일 상자가 분실되면, 아마존은 회사 비용으로 다른 제품을 보내준다. 문제는 원래의 택배 상자에 무슨 일이 생겼는지 아무도 모른다는 것이다. 당신이 주문한 단백질 보충제를 이웃이 몰래 가져갔을까? 아니면 엉뚱한 주소로 배달됐을까? 혹은 택배 차량 운전기사가 보충제를 슬쩍했을까? 만일 아마존이 당신 집 현관에서 생긴 일을 낱낱이 기록할 수 있다면, 당신과 회사 양측은 택배 상자가 사라진 것이 누구의 소행인지 더 정확히 파악할 수 있고 이 세계 최대의 소매기업이 겪고 있는 값비싼 문제도 해결할 수 있을 것이다.

여기에 아마존의 키Key 제품이 가세한다면 금상첨화다. 이 스마트 개폐 시스템은 아마존의 배달원이 당신 집의 문을 열고 택배 상자를 집안으로 들여놓음으로써 물건을 안전하게 보관할 수 있게 해준다. 이 서비스는 2023년 기준 월 구독료가 2.99달러인데 대략 100만 명이 사용하고 있다.

네스트Nest, 아를로Arlo, 구글홈Google Home 같은 가정용 보안 기업들도 다양한 버전의 현관용 카메라를 제작 중이다. 이 제품들은 사람의 동작을 감지하고, 가족 구성원들과 낯선 사람들의 얼굴을 구분한다. 이런 기능들이 완벽하게 구현된 제품들은 우편집배원 같은 방문자들뿐만 아니라 우리에게도 큰 혜택을 줄 것이다. 집주인이 현관문 개폐를 위한 '키key'를 미리 설정해두면 개 산책 담당자는 집으로 들어와(가령 평일 오전 10시부터 오후 3시 사이) 개를 데리고 나갈 수 있다. 만일 그 사람이 개 이외에 다른 것을 집 밖으로 가지고 나간다면? 링의 카메라 덕분에 금방 알 수 있다. 집 청소를 담당하는 사람이나 베이비시터를 위해서는 또 다른 방식으로 현관문 개폐 프로그램을 설정할 수 있고, 그들은 당신 아파트에서 보낸 시간만큼 보수를 청구할 수도 있다.

링이 전통적인 보안 시스템과 차별화된 서비스를 제공하는 점은 그뿐만이 아니다. 대부분의 가정용 보안 제품은 침입자를 탐지했을 때 경찰서나 보안회사에 자동으로 전화를 걸도록 설정되어 있다. 그러나 당신 집의 현관 밖에서 벌어지고 있는 상황을 저 멀리 다른 주에서 근무하는 따분한 표정의 보안회사 담당자에게 동영상으로 전송하는 대신 링의 네이버후드Neighborhoods 앱을 사용하면 당신의 이웃들도 함께 영상을 확인할 수 있다. 만일 현관에 나타난 사람이 '수상한' 인물이나 당신 집의 구성원이 아니라고 알고리즘이 판단하면, 이웃들은 그 사람이 누군지, 그리고 그가 어떻게 행동하고 있는지 서로 알리고 앱에 댓글을 작성할 수 있다. 바로 네이버후드 워치Neighborhood Watch 2.0이 제공하는 기능이다.

물론 현관문을 개폐하는 것과 냉장고 문을 여는 일은 다르다. 보안 카메라의 알고리즘은 결코 중립적인 입장을 택하지 않는다. 슈퍼사이트 애플리케이션이 대부분 그렇듯이, 가정용 보안 장비를 개발하는 프로그래머들도 본인과 사용자의 편견이 제품 속에 녹아 들어가지 않도록 주의해야 한다. 그래야 기업이나 정부, 그리고 법률 집행자들이 이 제품으로 무소불위의 권력을 휘두르는 일을 방지할 수 있다.

디스토피아 : 감시 사회

주위 사람들을 감시 상태에 두기 위해 일련의 통제망을 구축한다고 가정해 보자. 일단 모든 가정집에 도청 장비를 설치해서 구성원들의 대화를 엿듣는다. 현관문마다 안면 인식 기능이 탑재된 카메라를 달아두고, 사회적인 공포를 조장해 이웃 사람들로 구성된 네트워크가 자발적인 정보원으로서 이 이미지를 함께 관찰하게 한다. 또 사람들이 무엇을 읽고, 어떤 물건을 구매하는지 지켜보는 시스템을 도입하고 그렇게 수집된 데이터를 클라우드 서버에 올려 연관성 및 패턴을 주기적으로 분석할 수 있다면 어떨까?

어디서 많이 듣던 소리 아닌가? 아마존의 인공지능 비서 알렉사 Alexa는 우리 집에서 가족들이 나누는 대화를 듣고, 링은 현관문 위에서 우리를 지켜본다. 아마존 클라우드Amazon Cloud의 이미지 분석 시스템 리코그니션Rekognition은 안면 인식 기능을 제공한다. 킨들 Kindle은 당신이 어떤 책을 읽는지, 아마존 프라임Amazon Prime은 당신이 어떤 제품을 사들였는지 잘 알고 있다. 그리고 아마존 웹 서비스Amazon Web Services는 빅데이터 클라우드 분석을 통해 당신이 다음번에 어떤 행동을 취할지 예측한다. 조지 오웰George Orwell의 소설 《1984》는 아마존이 설립된 1994년에 실현된 셈이다.

만일 정부가 이런 장비들을 집에 설치하라고 시민들을 압박한다면 분노한 시민들이 들고일어날지 모른다. 그러나 일부 사기업이 서비스를 미끼로 소비자의 개인 정보를 수집하는 행위에 대해서는 문제를 지적하는 목소리가 그리 높지 않다.

원래 이런 '자발적 감시'는 구글의 타깃 광고 전략과 아마존이 소비자들에게 책이나 영화 따위를 추천할 목적으로 개발한 추천 서비스에서 비롯됐다. 하지만 이런 서비스들에서 창출되는 데이터의 양은 오늘날 웨어러블 장비가 쏟아내는 데이터 양과 비교하면 하찮은 수준이다. 따라서 기업들이 임의로 수집한 데이터 스트림을 함부로 사용하지 못하도록 규제하는 법적 장치를 마련해야 한다.

물론 쉬운 일은 아니다. 대부분의 데이터 스트림은 이미 공개되어 있고 소셜미디어에도 (데이터가 생성된 위치와 일상적 활동 같은 다른 정보를 포함해서) 게시된다. 마케팅 플랫폼은 아이스크림이나 친환경 세제처럼 사용자들이 선호하고 집착하는 대상에 대한 정보를 함께 조합해서, 그들이 특정 메시지에 가장 취약한 시간대(숙면을 취하지 못한 아침이나 연인과 헤어진 직후)를 골라 제품에 대한 판촉 활동을 벌인다.

이런 사생활 침해를 완화하기 위한 최선의 방안은 기업들을 압박하는 것이다. 아메리카 대학교의 법학 교수 앤드루 퍼거슨Andrew Ferguson은 《빅데이터 감시의 부상The Rise of Big Data Policing》이라는 책에서 우리 사회가 사생활 보호와 관련된 기업들의 접근방식을 명확히 규정하는 법률을 제정해야 하며, 사생활 침해의 문제를 제대로 해결하는 것이 장기적으로 아마존에게 이익이 된다고 주장한

컴퓨터비전을 피하기 위한 위
장용 화장술

다. 그러나 아마존은 링의 보안 제품들을 위해 적절한 선택 사항을 고려하는 일에 실패했다. 링의 제품 정보에는 이 장비에서 생성된 동영상들을 회사가 얼마나 오랫동안 사용할 수 있는지(또는 경찰이 이를 공유할 수 있는지)에 대한 규정이 없다. 이 동영상이 부당하게 사용되거나 이에 대한 서비스 위반 사례가 발생했을 때 어떻게 처리한다는 내용도 명시되어 있지 않다. 이런 리스크는 충분히 예측할 수 있었기 때문에, 그들은 이런 문제를 미리 파악하고 해결해야 했다.

하지만 빅데이터의 세계에서 활동 중인 기업들이 대부분 그렇듯, 아마존은 어느 기업이나 제품 출시 전에 당연히 선행해야 하는 책임 있는 조처를 취하지 않았다. 사생활 보호와 데이터 공유에 관련된 문제들을 상황 주도적으로 해결하는 일은 현대의 기업들에 대단히 중요한 사안으로 대두되고 있다. 또한 애플이 지문이나 얼굴 인식 기술을 통해 스마트폰을 여닫게 한 것처럼, 투명성과 강력한 암호화 기능을 바탕으로 사생활 보호 문제를 해결하는 전략은 기업들에 있어 중요한 경쟁우위의 요소이기도 하다.

　개인적인 차원에서 사생활 침해의 문제를 해결할 방안이 전혀 없는 것은 아니다. 안면 인식 시스템이 자신을 알아보는 것을 두려워하는 사람들은 오늘날 전 세계를 휩쓸고 있는 반反 감시anti-surveillance 패션의 도입을 고려해 보면 어떨까. 이 새로운 풍조를 따르는 사람들은 컴퓨터비전의 감시를 피하고 타인의 관심을 얻기 위해 특이한 헤어스타일이나 화장술을 하고 거리를 누빈다. 브루클린에서 활동하는 미술가 아담 하비Adam Harvey는 위장용 화장술을 통해 얼굴 생김새의 연속성을 해체하는 CV 대즐CV Dazzle이라는 컴퓨터비전 프로그램을 개발했다. 이는 일종의 '반反 안면 인식' 시스템이다. 2019년 홍콩에서 민주화 시위가 발생했을 때도 이와 비슷하게 컴퓨터를 혼란스럽게 하는 방법이 사용됐다. 시위대는 도시 곳곳에 설치된 감시 카메라 렌즈에 여러 색깔의 레이저빔을 쏘아댐으로써 이 장비들의 안면 인식 기능을 무력화시켰다.

　이것이 바로 기술이 작동하는 방식이다. 아무리 좋은 의도를 바탕으로 기술적 발전이 이루어진다 해도, 이를 악용하려는 비도덕적인 참여자는 반드시 있다. 그러면 그 약점을 뛰어넘는 또 다른 기술이 등장해서 과거의 취약성을 보완하고 부정적 효과를 막아낸다. 말하자면 알고리즘의 군비경쟁인 셈이다. 하지만 이런 상황을 예견하고 위험 요소를 미리 방지하는 작업은 여전히 중요하다.

결제의 종말

#보안 및 소액 결제를 위한 생체 측정

드라마 〈스타트렉Star Trek〉에 등장하는 우주선의 문에는 단순한 근접 센서가 달려 있을까? 아니면 우주선이 승무원들의 얼굴을 인식해서 스스로 문을 열까? 컴퓨터비전은 주택뿐만 아니라 인간이 구축한 모든 환경에 새로운 차원의 보안과 자동화를 가능케 한다. 사람의 얼굴을 인식해서 문이나 스마트폰을 여닫는 장치는 아직 새로운 기술의 영역에 속하지만, 미래에는 이 기술이 어느 곳에서나 표준적인 개폐장치로 자리 잡을 것이다. 굳이 쇠로 된 열쇠로 문을 열기 위해 애쓰지 않아도, 당신의 얼굴 특징과 연동된 '보이지 않는' 열쇠가 대신 문을 열어줄 것이다. 만일 당신과 똑같이 생긴 쌍둥이 형제가 있다고 해도 걱정할 필요가 없다. 안면 생체 측정 기술은 때로 어머니도 구분하기 어려워하는 일란성 쌍둥이를 정확히 가려낸다.

사람의 안면을 구성하는 요소들의 위상位相 배치나 홍채의 고유 패턴을 인식하는 생체 측정biometric 기술은 '도용 가능성'이 가장 낮을 뿐 아니라 가장 편리한 방법이다. 특정인의 얼굴은 지문과 마찬가지로 세상에 하나밖에 존재하지 않는다. 지문에 비해 모조품을 만들기도 훨씬 어렵다. 바로 그것이 스마트폰에 3D 안면 인식 기반의 잠금 해제 장치가 달린 이유, 그리고 노스웨스트항공Northwest Airline 같은 항공사에서 얼굴 스캔으로 탑승권을 대체하고 있는 이유다. 호텔 방, 소매상점, 일터, 자동차 등에는 슈퍼사이트 문지기가 버티고 앉아 오직 고객 목록에 포함된 사람들만 입장을 허락한다면 어떨까? 아파트 현관, 자동차,

자전거 앞에서 열쇠를 찾느라 소비하는 시간을 생각해 보라.

궁극적으로 보안이란 일종의 경사 함수gradient function다. 다시 말해 '공격 벡터attack vector'(해커가 불법적으로 컴퓨터나 네트워크를 공격하기 위해 사용하는 경로 - 옮긴이)를 탐지하고 이를 격퇴하는 능력을 높이기 위해서는 불가피하게 속도와 편리함을 희생해야 한다. 그러므로 우리는 긴 비밀번호, 공개키와 개인키, 2단계 보안 인증과 같은 골치 아프기 짝이 없는 인증 도구를 개발할 수밖에 없었다. 슈퍼사이트는 이런 수렁에서 건져줄 안전한 방법이다. 이 기술은 보안 절차를 간소화해줄 뿐만 아니라 미래의 '개인화 경제'에도 힘을 불어넣는다. 개인화 경제에 대해서는 설명이 조금 필요할 것 같다. 예를 들어보자.

당신은 집 근처의 술집으로 들어간다. 바텐더와 눈이 마주치는 순간, 그는 당신이 가장 좋아하는 술이 무엇인지 곧바로 파악하고 당신이 의자에 앉자마자 맨해튼 버번을 따라준다. 당신이 집으로 돌아가는 길에 호출한 우버는 슈퍼사이트 카메라를 이용해 당신이 차에 접근하자마자 곧바로 문을 열어준다. 그리고 당신이 가장 좋아하는 설정 방식에 따라 차의 내부 환경을 조절한다. 의자를 따뜻하게 덥히고, 허리 지지대를 높여준다. 가속 페달을 부드럽게 밟고 길모퉁이를 돌 때는 천천히 회전한다. 창문에는 빛으로 물든 숲의 풍경이 증강현실 화면을 통해 펼쳐진다. 너무 비현실적인가?

앞으로 5년 안에 현실화할 사례를 한 가지 소개한다. 당신이 소매점 매장의 미닫이문을 열고 들어가면 카메라가 당신의 얼굴을 인식하고 고객의 취향을 파악한 뒤에 한바탕 쇼를 시작할 것이다. 스마트안경은 특정 제품들을 역동적인 화면으로 보여주고, 충성 고객을 위한 할인 품목들을 하이라이트하고, 당신에게 적합한 추천 상품들 위에 조명을 비춰준다. 또 현재 착용한 의상을 보완할 만한 제품을 소개하고, 심지어 당신 집의 옷장 안에서 부족한 부분을 채울 수 있는 물건들을 '파악'해서 추천한다(3장에서 더 자세하게 다룬다). 옥외 광고판과 상점의 디스플레이를 포함해 도시를 온통 뒤덮고 있는 숱한 광고물은 당신이 나타났다는 사실을 알아차리고, 당신이 매력을 느낄만한 제품들을 마치 카멜레온처럼 이리저리 '제안'할 것이다. 마치 당신과 당신의 인플루언서가 구글에서 검색한 내용을 바탕으로 당신의 소셜미디어 피드가 그때그때 바뀌는 것과 비슷한 맥락이다. 이는 2002년에 개봉된 영화 〈마이너리티 리포트Minority Report〉에서 내다본 미래의 모습과 비슷하다. MIT에 근무하는 내 친구 존 언더코플러Jon Undercoffler는 이 영화의 과학 담당 고문으로 일했고 아이언맨Iron Man 시리즈에서도 같은 역할을 맡았다. 최근 그 친구를 만난 자리에서 나는 이런 말을 해 그를 곤란하게 했다. "〈마이너리티 리포트〉에는 옥외 광고판이 사람들의 망막을 판독해서 이름을 알아내는 장면이 나오는데, 그것만으로는 충분치 않아. 복제인간 자체가 걸어 다니는 브랜드 광고판이 되어야 했어." 슈퍼사이트 안경을 쓰면 이런 복제인간(미래의 '매장 보조원')들이 증강현실에 의해 당신의 분신이 되어 눈앞에 등장할 것이다. 이 홀로그램 이미지는 매장에 들어온 순간부터 고객 옆에 딱 붙어서 고객이 어떤 형태로든 관심을 보인 제품들을 손으로 가리키거나 확대해서 보여준다. 만일 안내가 필요 없다면 손으로 옆으로 비키라는 시늉을 하면 그만이다. 이미지는 사라지고 혼자 쇼핑을 즐길 수 있다.

　미래의 세상에서 매장 자체는 그렇게 중요한 장소가 아닐 수 있다.

어떤 장소에 있든 새로 출시된 제품들이 눈앞의 공간에 수시로 배치될 수 있기 때문이다. 제품 위에서 반짝이는 불빛이나 가격표만이 그 물건들을 실제의 사물과 구별해 준다. 일부 소비자들은 스마트안경을 '무료'로 얻는 대신, 하드웨어 비용으로 광고를 보는 방법을 택할 것이다. 이는 판촉 대상을 세밀하게 설정해서 미래 고객의 관심을 끌기 위한 기업 광고 전략의 일환이다. 광고를 보는 대가로 스포티파이Spotify의 일부 음악을 무료로 들을 수 있는 것과 비슷한 개념이다. 소비자들 눈에 이 새로운 광고들은 오늘날의 웹페이지 배너 광고에 비해 한결 견딜만한 수준으로 그다지 눈에 띄지 않게 서서히 다가올 것이다.

소매업의 미래를 개척하는 데 있어 늘 선두주자의 자리를 지켜온 기업 중 하나가 **삼성**이다. 내가 이 회사의 혁신 담당 고문으로 일할 때, 우리는 돈을 치르는 행위를 생각할 필요조차 없는 '무無마찰 지불'의 개념을 설명하기 위해 **앰비언트 커머스**ambient commerce라는 용어를 만들었다.

매장에 들어선 손님을 컴퓨터가 자동으로 인식하는 일이 가능해지는 순간, 개인화 서비스가 보편화되고 고객이 계산대에서 돈을 지불하고 신용카드를 제시하는 '마찰'의 과정은 사라질 것이다. 매장들은 계산원 없이도 고객의 신용카드 회사에 구매 대금을 청구하고, 로열티 점수를 적립하고, 분할 납부나 대출 같은 금융 지원 서비스를 알선할 수 있게 된다.

슈퍼사이트는 행동 경제학자 댄 애리얼리Dan Ariely가 지불의 고통pain of paying이라고 이름 붙인 골칫거리를 우리의 삶에서 영원히 사라지게 하고 있다. 구체적으로 말해 이 기술은 어떤 사람의 정체성(고객의 특성)과 그의 관심사(고객의 시선을 사로잡은 대상)를 연결해서, 매장의 완전한 무無마찰 영업을 실현한다. 사실 이는 매장이라는 개념 자체를 없애버리는 과정이기도 하다. 이렇게 고객이 '물건을 집어 들고 곧바로 자리를 뜨는pick-up-and-go' 방식의 상거래는 어떤 경험을 말하는 것일까? 가령 당신은 롤러스케이트를 타고 길거리를 지나가는 잠바주스Jamba Juice의 직원에게서 즉석에서 미니 스무디 한 잔을 건네받거나, 갑자기 햇볕이 따갑게 내리쬐는 날 공원에 설치된 선반에서 모자 하나를 집어 들 수 있다. 잠시 뒤 휴대전화로 결제가 완료됐다는 문자가 날아온다. 이 과정에서 '결제'라는 행동은 존재하지 않는다.

앰비언트 커머스는 전혀 새로운 형태의 소액 결제 시대를 예고한다. 당신이 구매하지 않고도 매주 맛보고 경험하는 작은 샘플들, 가령 농산물 직매장에서 제공하는 사과 한 조각, 원하는 맛을 '결정'하기 전에 작은 수저로 맛보는 서너 가지 시식용 아이스크림, 이쑤시개에 꽂아주는 제너럴 초General Tso's의 닭고기를 생각해 보라. 미래에는 컴퓨터비전이 이런 모든 것을 다 계산 목록에 넣을 것이다. 이런 한 입 거리 제품이나 서비스에 굳이 돈을 지불하고 싶지 않은 사람은 대신 '구독 서비스'를 쓸 수 있다. 가령 우리가 리조트에 갔을 때 사전에 조금 더 많은 돈을 지불하고 풀 옵션을 제공하는 상품을 예약해서 모든 서비스를 자유롭게 이용할 때가 있다. 비슷한 맥락에서 구독 서비스를 구매하면 모든 샘플을 무료로 즐긴다는 느낌을 얻게 될 것이다.

나는 누구나 손쉽게 순환경제circular economy(한정된 자원의 생산성을 최대한 활용해 지속가능성을 추구하는 경제 제도 - 옮긴이)와 공유경제에 참여할 미래의 도시를 상상하면 가슴이 뛴다. 그곳에서는 소유권의 개념이 사라지고, 소매업은 우리의 삶 전체로 녹아들고, 매장은 장사를 마친 뒤에 물건을 보관하기 위해 문을 걸어 잠글 필요가 없다. 우리는 거리에서 '불빛이 반짝이는 자전거'에 아무 때나 올라 주위를 돌아다니고, 테니스 코트에서 '진동이 울리는 라켓'이 보이면 무작정 집어 들어 땀을 흘리고, 해변에서는 '빛을 발하는 서핑보드'로 마음껏 파도타기를 즐길 수 있다. 호텔의 침대 시트가 마음에 든다고? 가져가도 좋다! 이렇게 무엇이든 당신이 사용한 만큼 돈을 내는 시스템은 마찰이 적고, 안전하고, 자동화된 상거래 방식이다.

이렇듯 자동으로 고객을 인식하고 고객이 구매한 물건들을 알아서 계산하는 컴퓨터비전의 능력은 소매업과 환대산업hospitality industry(숙박, 관광, 식음료, 레스토랑 사업 등을 통칭해서 부르는 이름 – 옮긴이)의 구조를 근본적으로 바꿔놓을 것이다. 미래에는 눈이 아니라 지갑으로도 매장의 문을 열 수 있는 세상이 찾아온다.

안경부터 시티스코프까지, 증강현실의 오늘과 내일

지금까지 나는 미래에 다가올 증강현실의 세계가 주로 스마트안경을 통해 구현될 거라고 설명했다. 이는 사실이다. 내가 이 글을 쓰는 시점에 50여 개의 업체가 사용자의 눈앞에 증강현실 데이터를 직접 투사하는 광光합성기 방식의 스마트안경(그리고 콘택트렌즈)을 개발 중이다. 이 회사들은 기술적 혁신을 통해 최대한 가볍고, 밝고, 강력한 기능을 갖춘 제품을 만들기 위해 노력하고 있다. 그들의 목표는 벗을 필요 없이 온종일 착용할 수 있는 영구적인 혼합현실 속에 사용자들을 거주시키는 데 있다. 하지만 디지털 데이터를 세상에 투사하는 방법은 스마트안경 이외에도 꽤 다양하다.

애플, 구글, 삼성, 마이크로소프트 같은 기업들은 고객이 기존에 소유한 스마트폰이나 태블릿 제품을 통해 증강현실을 경험하게 해주는 **홀드업**hold-up 기술을 자체적으로 개발하거나 관련 기업을 속속 인수하고 있다.

사용자가 스마트폰이나 태블릿 장비를 손에 들고 사물을 비추면 스크린에는 새로운 현실이 겹쳐서 나타난다. 이런 장비들의 화면 해상도가 점점 개선되면서 기업과 개인 개발자들이 3D 모델, 게임, 역동적인 쇼핑 경험 등을 구축하기 위해 사용하는 소프트웨어 개발 도구들도 갈수록 진화하는 추세다. 소비자들 역시 개를 산책시키러 나가는 길에 잠깐 즐기는 포켓몬 게임에서부터 인스타그램의 얼굴 사진 필터까지 슈퍼사이트의 세계를 점점 편안하게 받아들이고 있다. 증강현실의 사회적 수용 측면에서 이루어진 가장 큰 도약 중 하나는 2020년 중반에 일어났다. 구글이 검색 결과에 증강현실 콘텐츠를 제공하기 시작한 것이다. 독자 여러분도 한 번 경험해 보기를 바란다. 스마트폰의 구글 검색창에 상어shark라고 입력하면 검색 결과가 표시되고, AR 아이콘을 누르면 움직이는 상어가 스마트폰을 헤엄쳐 다닌다.

하지만 상황에 따라서는 스마트폰이나 태블릿보다 훨씬 큰 증강현실 화면이 필요할 때가 있다. 차량의 앞 유리나, 비행기의 조종실에 설치된 헤드업 디스플레이가 그런 기기다. 몇분의 일 초를 다투는 긴박한 상황에서는 이런 디스플레이 장비 덕분에 정보를 행동으로 바꾸는

증강현실의 투영면(投影面)

개인/사적 관점	홀드업	투명 투사 방식	그룹/공유 관점
안경	스마트폰	자동차 앞 유리	시티스코프
콘택트렌즈	태블릿	거울	구조광
헬멧		창문	
		펠레톤	

증강현실 기술은 개인이 착용하는 스마트안경부터 집단적 협업 및 공유를 위한 데이터 투사 방식까지 다양한 범위에 걸쳐 개발되고 있다.

데 필요한 시간을 절약할 수 있다. 사용자는 의사결정을 내리기 위해 시선을 다른 곳으로 옮기거나 계기판을 쳐다볼 필요가 없다.

향후 몇 년 사이에는 고층 건물의 전망대나 고급 호텔의 스위트룸 창문에 증강현실 유리창이 설치되어 창문으로 내려다보이는 파노라마 전경을 보완할 것이다. 당신이 창문 밖으로 건너편 도시의 모습을 바라보면 건물, 주차장, 산책로, 또는 특정 기업들이 후원하는 레스토랑이나 극장의 이름과 설명이 화면에 표시된다. 가족 전부가 누군가의 스마트폰 앞에 모여 브라이언트 공원으로 가는 가장 빠른 길이나 근처의 먹을 만한 식당을 찾으려고 애쓰는 대신, 모두가 창문 앞에 서서 화면을 손으로 넘겨 가며 경로를 계획하고 글루텐이 포함되지 않은 최고의 메뉴를 제공하는 레스토랑이 어디인지 알아낼 수 있다.

백화점의 유리창도 변화할 것이다. 소비자들은 꼼짝하지 않고 서 있는(또는 움직이는) 마네킹이 착용한 옷을 지켜보는 대신 직접 매장을 걸어 다니면서 다양한 색상의 코트, 안경, 모자, 보석 등이 본인의 몸에 곧바로 걸쳐지는 모습을 확인할 수 있다.

그런가 하면 증강현실 창문이 장착된 자동차, 버스, 기차에 오른 승객들은 창밖을 지나치는 경치를 더욱 잘 이해하게 될 것이다. 데이터 투사형 창문이 설치된 관광버스로 여행을 떠난다고 상상해 보자. 새로 방문한 도시를 지나는 도중 증강현실이 설명하는 기념물과 레스토랑에 관심이 간다. 그 장소들을 나중에 방문하기 위해 눈을 깜박거리거나 손가락을 튕기는 동작으로 이를 '즐겨찾기'할 수 있다. 창밖의 밝은 햇빛을 극복하기 위해서는 조도가 매우 높은 프로젝트가 필요하겠지만 그런데도 대형 헤드업 디스플레이는 매우 편리하다. 스마트안경 없이도 버스에 탑승한 모든 사람이 요긴하게 활용할 수 있기 때문이다. 여기서 얻은 정보는 각자의 스마트폰을 통해 구글 또는 트립어드바이저 개인 계정과 연동이 가능하다.

슈퍼사이트 창문이 스마트안경보다 더욱 매력적인 혼합현실 경험을 제공하는 이유는, 다른 사람들과 정보를 공유할 수 있기 때문이다. 다시 말해 다른 사람들도 당신과 똑같은 증강현실 세계를 함께 바라볼 수 있다. 하지만 슈퍼사이트 창문의 문제는 관찰자에 따라 화면을 바라보는 위치나 각도가 달라진다는 데 있다. 증강현실 이미지는 모든 사람이 화면을 바라보기에 최적의 위치, 즉 두 눈 사이의 선과 본인이 세상을 바라보는 시점 사이에 위치해야 한다. 가장 이상적인 방식은 창문에 비친 실제의 사물 위에 디지털 정보를 직접 투사함으로써 창문 주위에 둘러선 사람들 모두가 특정 대상 위에 덧입혀진 정보를 똑같이 바라볼 수 있게 하는 것이다.

이제 **데이터 프로젝션**data projection 이야기를 좀 해보자. 내가 1990년대 MIT 미디어랩의 학생이었을 때 가장 좋아했던 데모 작품(이 학교는 수많은 데모가 개발되는 곳이기 때문에, 내가 특정 데모를 가장 좋아한 데는 그만한 이유가 있다)은 평범한 사물에 어떻게 증강현실 정보를 추가할 것인가에 대한 내 관점을 영원히 바꿔놓았다. 백열전구 모양의 슈퍼사이트 데모가 그것이었다.

온통 흰색으로 칠해진 작업용 책상 옆에 실험자가 서면 머리쯤 되는 높이에서 흰색 백열전구 하나가 책상 표면을 비춘다. 여기까지는 별로 특별할 게 없다. 하지만 집 모양의 작은 건축물 모형 하나를 책상 위에 올려놓는 순간 놀라운 일이 벌어진다. 10~12센티미터 길이의 그림자가 집에서 길게 뻗어 나오는 것이다. 마치 이른 아침 햇빛을 받아 드리워진 그림자처럼 보인다. 다음으로 시계처럼 보이는 물체를 책상 위에 올려놓는다. 시계가 하루 중 각자 다른 때를 가리키도록 바늘을 조정하면 그림자는 그때마다 방향과 길이를 바꾼다. 새벽에는 길어지고 한낮에는 짧아진다. 이번에는 작은 화살표처럼 생긴 도구를 집어 든다. 이 물건을 전구 아래 놓으면 집 주위에 물결 같은 선들이 생겨나면서 바람의 방향이 표시된다.

이것만으로도 재미있는 시연이었다. 그런데 여기서 끝이 아니었다. 또 다른 건물 모형 하나를 책상 위에 올려놓자 시뮬레이션의 형태가 바뀐다. 이제 두 건물 사이로 난 좁은 길에 어떻게 골목 바람, 즉 풍동 風洞 효과가 발생하는지 알 수 있다. 한편 두 개의 모형을 동시에 올려놓으면 한 건물의 그림자와 다른 건물의 그림자 사이에 어떤 상호작용

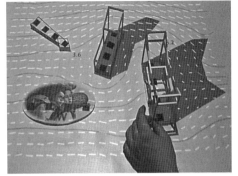

IO 전구는 평범한 백열전구의 개념을 바탕으로 백열 필라멘트를 카메라와 프로젝터로 바꿔서 제작한 도구다. 이 전구가 건축물이 놓인 공간을 '바라보는' 순간 카메라가 그 공간에서 벌어지는 활동을 분석하고, 프로젝터가 이렇게 분석된 시각 정보를 그 공간에 다시 투사한다.

이 발생하고, 건물 사이가 너무 가까울 때 어떤 식으로 그림자가 생길지 판단할 수 있다. 말하자면 도시계획자들이 줄곧 꿈꿔왔던 방식으로 건물들의 위치, 시계가 가리키는 하루 중의 시간대, 바람의 방향 같은 요인들을 파악해서 이를 바탕으로 동적 시뮬레이션을 해볼 수 있다. 마치 마법의 모래 상자 같은 이 데모의 이름은 IO 전구다.

　IO 전구(IO는 인풋input과 아웃풋output의 머리글자다)는 에디슨이 발명한 원래의 전구처럼 나사 방식의 소켓이 달려 있지만, 결코 평범한 백열전구가 아니다. 이 도구는 책상 위에 '동적 텍스쳐 맵dynamic texture map'(텍스쳐 맵은 3차원 물체의 표면에 덧입히는 2차원 이미지를 의미함 - 옮긴이)을 그려냄으로써, 전구 아래쪽에 놓인 건물의 모형에 시각적 효과를 만들어낸다. IO 전구의 센서는 프로젝터 바로 옆에 부착된 소형 카메라로, 건물 모형의 위치, 하루 중의 시간대, 실험자의 손 등을 감지하는 역할을 한다. 이 전구는 컴퓨터비전을 활용해 모든 입력값을 바탕으로 연산을 수행하고, 그림자, 바람 방향 화살표, 빌딩의 텍스쳐(질감) 같은 출력값을 내놓는다.

IO 전구의 개념은 내가 미디어랩에서 학생들을 가르치는 동안 미래의 도시를 구상하기 위한 도시계획용 제품으로 진화했다. 시티스코프City Scopoe라고 이름 붙인 이 장비는 2015년 공개된 이후 독일에서 응급 피난소를 기획하고, 유럽의 작은 국가 안도라에서 재난 대비 대책을 세우고, 케임브리지에서 복합 편의시설을 구축하는 데 사용됐다.

　　시트스코프에 대해 좀 더 알아보자. 미디어랩의 시티사이언스City Science 팀은 MIT 인근의 켄달 광장의 모습을 본떠 데이터 투사 기능을 갖춘 물리적 모형을 구축하고 여기에 시티스코프라는 이름을 붙였다. 모형의 재료로는 레고 블록이 사용됐다. 이 미니 도시의 각 요소는 기계로 판독할 수 있기 때문에 사람들이 모형의 구성 요소들을 이리저리 바꿀 때마다 컴퓨터는 이와 똑같은 복제품의 이미지를 곧바로 화면에 출력했다. 누군가 공원을 다른 곳으로 옮기거나 주거용 건물의 고도를 높이면, 모형의 디지털 버전은 도시계획자들이 중요시하는 관련 수치들을 다시 분석해서 실제의 모형 위에 애니메이션이나 히트맵heat map (특정 이미지 위에 열 분포 형태로 정보를 표시하는 그래프 – 옮긴이) 형태로 투사했다. 덕분에 사람들은 정책이 바뀌거나 건물의 구조변경이 이루어졌을 때 어떤 효과가 발생할지 직관적으로 알 수 있었다.

　　가령 주차장을 없애고 주택의 밀도를 높이면 동네의 분위기가 활기를 띠고, 레스토랑이 늘어나고, 밤에 유흥을 즐기는 사람이 늘어났다. 시티스코프 모형의 주위에 모인 실험자들은 누구나 마음대로 건물의 위치를 바꾸고, 자전거 도로를 만들고, 주차장을 없앨 수 있었으며, 그런 변화의 결과 이 미래 도시의 보행 친화도가 얼마나 개선되고, 다양성, 인구밀도, 지속가능성 등에 어떤 영향이 미칠지 확인할 수 있었다.

이 광光투사 방식의 증강현실이 특별한 이유는 스마트안경이 필요치 않고, 실험자들 사이에 경험을 공유할 수 있고, 입력값과 출력값이 긴밀한 연관성을 보이고, 전후 맥락에 맞는 실험 결과가 직접적으로 도출되기 때문이다. 모형 주위에 모인 사람들은 도시를 구성하는 요소들을 마음껏 변경할 수 있고 그로 인해 빚어질 일련의 연쇄적 효과를 즉시 검토할 수 있다.

집이나 사무실에서 사용 중인 백열전구를 이와 비슷한 크기의 데이터 프로젝터로 바꾼다고 상상해 보라. 이 장비는 4K 해상도의 이미지를 물체 표면에 투사할 수 있다. 표면의 모양에 따라 비스듬하거나 휘어진 형태로 데이터를 비추기도 한다. 이런 데이터 프로젝터가 사방에 설치되어 있다면 모든 사물의 표면을 스크린으로 활용할 수 있다. 병원이나 호텔의 바닥에는 방향을 가리키는 신호가 표시되고, 회의실과 사무실 문에는 업무 일정이 나타나고, 레스토랑의 테이블이나 바에는 주문 버튼이 등장하고, 코트를 걸어둔 옷걸이에는 재킷을 추천하는 광고가 보인다. 그리고 책방에 진열된 책의 등 부분에는 움직이는 글씨로 저자의 약력이 지나간다. 이렇듯 어디에나 프로젝터가 존재하는 세상에서는 포장지 자체가 고객에게 개인화된 동영상을 제공하는 동적 캔버스가 되기 때문에 제품 패키징을 위한 프린트 작업이 필요 없어질 것이다.

광투사 방식의 증강현실 장비는 대체로 위치가 고정되어 있다. IO 전구의 이동성이 떨어지기 때문이다. 하지만 요즘에는 프로젝터의 휴대성이 나날이 향상되고 있으며, 심지어 목걸이나 모자처럼 몸에 착용할 수 있는 제품도 등장했다. 덕분에 세상을 정보로 장식할 수 있는 새

MIT에서 개발한 식스센스 프로젝터는 일상의 사물 위에 증강현실을 제공하는 웨어러블 장비다.

로운 가능성의 시대가 열리고 있다.

미디어랩의 석사 과정에 있던 프라나브 미스트리Pranav Mistry는 이런 휴대용 투사 시스템의 시제품을 직접 고안해서 여기에 **식스센스** SixthSense라는 이름을 붙였다. 그가 IO 전구를 이름표처럼 가슴에 착용하고 이곳저곳을 걸어 다니면, 카메라가 그의 앞에 놓인 사물을 탐지하고 피코 프로젝터pico-projector(손바닥에 올려놓는 초소형 프로젝터─옮긴이)가 그 위에 관련 정보를 투사한다. 왼팔을 들어 올리면 팔목에 시계의 모습과 함께 공항의 탑승구와 탑승 시간이 표시된다. 또 슈퍼마켓에서는 특정 상품 위에 아마존 고객들의 평가 순위가 보이고 화장실용휴지에는 소비자 평점이 별의 개수로 나타난다.

이와 비슷한 맥락에서 내가 MIT에서 길라드 로젠바이크Gilad Rosenzweig와 공동으로 진행한 마법의 건축학Enchanted Architecture 수업에 참석한 학생들은 복잡한 건물에서 응급 구조대원들에게 신속하게 길을 안내하는 들것을 개발했다. 들것에 장착된 데이터 프로젝터는 바닥이나 벽에 커다란 화살표를 표시해서 구조대원들을 환자가 위치한 장소로 유도한다. 대원들이 환자를 싣고 돌아가는 길에는 환자의 바이털 수치와 길 안내 신호를 제공한다. 스마트안경과 비교했을 때 이 투사 시스템은 응급 구조대원에게 동시에 동일한 정보를 제공한다는 장점이 있다.

길 안내 기능을 제공하는 들것은 내가 가장 좋아하는 증강현실 투사 프로젝트, 마법 손전등Magic Flashlight의 대형 버전이라고 해도 좋을 듯싶다. 언젠가 나는 학생들에게 '보이지 않은 대상을 보이게 만드는' 도구의 시제품을 제작하라는 과제를 냈다. 그러자 어느 팀이 최근 완공된 MIT 미디어랩 건물의 도면을 찾아냈다. 이 도면에는 배관, 통풍관, 전기 배선, 수백 킬로미터의 근거리 통신망 케이블 등이 마치 뱀처럼 건물 벽 속을 꾸불꾸불 지나가는 모습이 담겨있었다. 학생들은 구식 손전등 하나를 구해 여기에 디지털 데이터로 변환한 건물 도면, 피코 프로젝터, 그리고 관성 측정 장치IMU를 탑재했다. IMU는 가속도계, 자이로스코프, 자력계(또는 나침반) 등으로 이루어진 장비로, 사용자가 어느 위치에서 어느 지점을 가리키고 있는지 판단하는 데 사용된다. 지금은 스마트폰과 스마트안경의 표준 사양으로 채택되고 있다. 학생들이 이 장치들을 상호작용하게 만들자 놀라운 결과가 탄생했다. 마법 손전등을 켜면 벽 속의 모습이 훤히 드러나는 것이다. 우리는 손전등을 켰을 때 빛을 기대할 뿐 엑스레이 영상을 기대하지는 않는다.

이쯤 되면 독자 여러분의 머리가 어질어질해지지 않았을까 싶다. 미래에는 평범한 세상의 사물 위에 또 다른 정보의 계층이 어떤 모습으로 펼쳐질지 무척 궁금하지 않은가? 이 직접적이고 선택적인 정보는 모든 종류의 사물 위에 투사되고, 표면 상태에 맞춰 투사 방식이 바뀌고, 사용자의 취향에 따라 그 위치와 형태가 변한다. 컴퓨터 스스로 눈앞의 사물을 바라보고 인식한 뒤에 사용자의 주의를 특정 대상에 집중시키는 슈퍼사이트의 능력은 세상 사람들과 새로운 방식으로 상호작용할 수 있게 해준다.

덕분에 우리는 기타에 관한 옛날 농담을 늘어놓고, 개 산책 담당자를 우리 집에 자유롭게 들어오게 하고, 쇼핑할 때 제품의 평점을 즉시 확인하고, 심지어 벽 속을 들여다볼 수 있다. 이 증강현실 계층은 개인적 차원에서 제공되고(스마트안경이나 스마트폰), 다른 사람들과 공유되고(창문이나 자동차 앞 유리 같은 고정된 표면), 또는 주위 환경을 구성하는 사물들 위에 투사됨으로써 우리가 세상을 이해하고 의사결정을 내리는 방식을 바꿔놓을 것이다.

2장

알다
인공지능, 집사와 감시자 사이에서

나만의 수호천사

#우리에게 필요한 다섯 종류의 코치

모든 사람을 개인적으로 지켜준다는 수호천사의 개념은 서기 150년경에 쓰인 초기 기독교 문헌《헤르마스의 목자The Shepherd of Hermas》에 처음 등장한다. "한 사람에게는 두 명의 천사가 따라다닌다. 선한 천사와 악한 천사다." 헤르마스는 두 천사의 말에 모두 귀를 기울여야 하지만 오직 선한 천사가 들려주는 조언만을 믿어야 한다는 계시를 받는다.

인류 역사의 초기에는 거의 모든 사회에서 이런 종류의 천사 이야기가 다양한 버전으로 존재했다. 예를 들어 후기 로마인들은 사람이 태어날 때부터 죽을 때까지 게니우스genius라는 신이 따라다닌다고 믿었다. 그리스에서는 다이모네스daimones라는 하위 신 또는 정령이 이와 비슷한 역할을 했다.

86

기독교 전승에 따르면 모든 사람에게는 물리적·도덕적 해악으로부터 우리를 보호하는 전담 수호천사가 배정되어 있으며, 그 이유는 인간이 악마에게 끝없이 유혹받기 때문이라고 한다. 일본 불교에서는 사람이 태어날 때부터 구생신俱生神이라는 한 쌍의 신이 양쪽 어깨에 올라앉아 선행과 악행을 기록한다고 믿는다. 또 이슬람 문헌에는 모든 사람에게 카린(qareen, '영원한 동반자'라는 뜻)이라는 두 종류의 영적 존재가 따라다닌다는 이야기가 나온다. 그중 하나는 천사가, 또 하나는 진jinn이라는 이름의 악마인데, 이 '진'이라는 단어가 영어권에 정착하면서 지니genie로 변했다. 페르시아 설화에서 램프를 문지른 사람의 소원을 들어준다는 바로 그 요정의 이름이다.

수호천사의 개념은 인공지능 웨어러블 코치를 설명하는 데 있어 더없이 완벽한 은유다. 주머니에 들어있는 스마트폰 비서들은 지금도 천사의 업무를 어느 정도 소화하고 있다. 스마트폰의 수호천사는 우리의 행동을 기록하고 우리에게 새로운 아이디어를 전달한다.(아니면 적어도 친구들에 대한 사실관계를 알려준다.) 앞으로 현대의 수호천사는 우리의 발걸음을 세고, 오간 장소를 기록하고, 친구들과 나눈 대화를 듣고, 구매한 물건을 계산하고, 심장 박동수를 기록하는 것을 넘어, 그 자신의 눈을 통해 우리를 낱낱이 지켜볼 권한을 갖게 될 것이다.

만일 우리의 안경 위에 올라앉아 모든 것을 지켜보는 천사가 있다면, 그는 우리에게 어떤 조언을 해줄까? 안전? 도덕? 주의와 절제?

새로운 수호천사가 조언을 들려주기 위해서는 먼저 우리의 삶을 자세히 관찰하고 이해해야 한다. 따라서 수호천사의 첫 번째 임무는 우리의 일상적 습관(식사나 운동 패턴, 미디어 소비, 수면 위생 등)에 대해 배우는 것이다. 카메라 기반의 관찰 서비스는 우리가 보는 세계를 똑같이 지켜보고, 우리가 다른 사람들과 교류하는 모습을 관찰한다. 우리는 이 시스템이 우리의 삶에 개입하고 영향을 미치는 방식을 결정할 수 있다.

인공지능이 들려주는 피드백의 어조나 전달 방식은 훈련 교관처럼 단호하고 비판적이어야 할까? 아니면 신세대 요가 수행자처럼 단호하면서도 미묘해야 할까? 또는 최고의 대학교수가 들려주듯이 소크라테스식의 통찰력 있는 조언을 제공해야 할까? 나는 인공지능이 우리의 삶을 돕는 코치가 되어주기를 기대한다. 이 새로운 '지니'들은 먼저 우리의 삶을 이해한 뒤에 우리가 자신을 이해하는 일을 도울 것이다.

사람과 기술의 관계가 선수와 훈련된 인간 코치 사이의 관계처럼 진화해야 하는 이유가 있다. 준비된 코치는 선수보다 선수에 대해 더 잘 알고 선수들이 모르는 내면까지 이해한다. 선수가 경기에 적극적으로 뛰어들도록 독려하며 결코 꼭두각시 취급하지 않는다. 용기를 북돋거나 주의를 환기하는 말을 필요한 순간에 들려주고, 때로는 선수가 저지른 실수에 대해 책임감을 갖도록 질책한다. 또한 선수의 현재에 집중하면서도 동시에 내일을 준비한다.

머지않아 우리는 오직 한 사람의 전지전능한 코치가 아니라 각자 다른 목소리와 개성을 지닌 수많은 인공지능 코치의 도움을 받을 것이다. 인공지능 코치들은 다양한 데이터에 접근해서 인간 코치가 하던 역할을 더 폭넓게 수행할 것이다. 그중에서 대표적인 다섯 종류의 코치를 소개한다.

수행력 코치performative coach는 스포츠 경기에 참여하고, 운동하고, 춤을 출 때 동작을 개선하는 일을 돕는다. 이 코치들은 자세 탐지pose detection 라고 불리는 기술을 활용해서 우리가 특정 자세를 취할 때 공간의 어느 부분에 몸을 위치시키는지, 얼마나 빨리 공을 던지는지, 그리고 오른손 잽을 날릴 때 중심축에 얼마나 신경을 집중해야 하는지 등을 판단한다.

웰빙 코치 Wellbeing coach는 취침, 위생, 스트레스 관리, 식생활, 명상 습관 등을 관리한다. 대상의 표정을 관찰해서 기분이나 스트레스의 수준을 파악하고, 열 감지 카메라로 수면 상태와 질병 여부를 알아내고, 활동을 종류별로 분류해서 생활방식을 판단하고, 식생활 기록을 통해 섭취하는 음식들을 인식한다.

관리 코치 Organizational coach는 목표를 여러 과업으로 나누고, 이 과업들을 적절한 원칙에 따라 권한위임하고, 정보를 체계화하고, 업무를 기획하고, 일정을 짜는 일을 돕는다. 관리 코치는 업무 몰입도와 집중력을 높여줌으로써 종종 의미 없는 선택지로 가득한 이 세상에 대한 인지적 부담을 덜어준다.

대인관계 코치 Interpersonal coach는 리더십과 사회적 역동성, 정서적 공감 능력, 대화 스타일 등을 가르친다. 듣는 기술이 얼마나 우수한지 파악하고 목소리, 어조, 자세 같은 요소를 어떤 식으로 활용해서 남들에게 영향력을 미치는지 관찰한다.

실존 코치|Existential coach는 가치관, 우선순위, 세상을 사는 목적 같은 중요한 질문에 답하는 일을 돕는다. 선하고 올바른 일을 실천하고, 본인의 행동이 초래할 장기적인 결과를 이해하고, 좀 더 균형 잡힌 시각으로 죽음을 바라보도록 용기를 북돋는다.

이런 종류의 코치들이 이미 익숙할 수도 있겠지만, 미래에는 슈퍼사이트 기술 덕분에 많은 사람이 더 유용하게 이 코치들을 활용할 수 있다. 이런 기능을 이용하는 사람이 늘어날수록 인공지능 코치들은 더 뛰어난 통찰력을 갖게 될 것이다. 더 많은 행동양식을 관찰할수록 사람들의 장단점을 더욱 잘 파악할 수 있기 때문이다.

어느 시점에 이르면 슈퍼사이트 코치는 집, 직장, 자동차 등에 설치된 카메라뿐 아니라 당신의 스마트안경과 친구와 동료들이 착용한 안경의 카메라에 이르기까지, 우리의 삶을 낱낱이 기록하는 카메라에 접근할 권한을 갖게 될 것이다. 그렇게 된다면 슈퍼사이트 코치는 당신 앞에 펼쳐진 상황과 당신이 그 상황에 대처하는 방식을 분석한 뒤에 이렇게 사려 깊고 세심한 조언을 귀에 속삭일 것이다.

"상사가 혼란스러워하는 듯합니다. 다른 사례를 들어서 말해야겠네요."

"샐러드에 파프리카 넣는 걸 잊지 마세요."

"왼쪽 골반을 조금 더 회전하면 드라이버 거리가 15야드는 늘어날 겁니다."

"자기 말만 하지 말고 그녀에게 다른 질문을 해보세요."

최고의 슈퍼사이트 코치들은 저마다 개성이 독특한 데다 적절한 은

유를 사용해서 변화의 영감을 불러일으킬 수 있다. 그들은 "요가 동작이 너무 뻣뻣해요.", "노래할 때 또 반음이 떨어졌어요." 같은 잔소리를 늘어놓는 대신 좀 더 심오하고 은유적인 표현을 사용해서 말할 것이다. "당신의 몸은 흐르는 강물입니다." 또는 "당신의 머리 위에서 음이 회전한다고 상상해 보세요." 슈퍼사이트 코치들은 유머와 참신함을 갖춘 존재로 진화해 나갈 것이다. 만일 그 능력이 우리 기대에 미치지 못한다면? 램프에 다시 가두고 꺼내주지 않으면 그만이다.

나보다 나를 더 잘 아는 인공지능 코치들
#3D자세탐지   #게임화   #머니볼

농구 경기에서 3점 슛을 넣기는 꽤 어렵다. 고등학교에서 가장 뛰어난 선수들에게도 쉽지 않은 일이다. 경험 많은 코치들은 선수의 슛 동작을 분석해서 이렇게 조언한다. "볼이 손을 떠날 때 팔꿈치는 머리 위에 있어야 해." 또는 "팔을 최대로 뻗어서 던져봐." 코치들은 10대 선수들보다 훨씬 많은 실수를 경험한 사람들이다. 그들의 조언은 이 분야에서 학위를 받은 전문가와 평범한 사람의 능력 차이를 의미할 수도 있다. 하지만 조만간 인간 코치를 전혀 필요로 하지 않게 될 것이. 슈퍼사이트 코치를 채용해서 본인의 슛 동작을 개선할 수 있기 때문이다.

슈퍼사이트는 **자율 코칭 서비스** 시대의 문을 열고 있다. 자율 코칭 서비스란 당신의 경기력을 자동으로 분석해서 원하는 수준으로 능력을 높여주는 컴퓨터비전 기반의 코칭 시스템을 일컫는 말이다. 이 시스템은 스마트폰이나 컴퓨터에 탑재된 카메라를 활용해 운동 장면을 슬로모션으로 촬영하고 이를 슈퍼스타 선수의 경기 모습과 비교한다. 마이클 조던처럼 되고 싶은가? 이 시스템은 당신이 자유투를 던지는 영상과 조던의 자유투 장면을 나란히 비춰준다. 덕분에 팔꿈치 각도를 어떻게 조절하는 것이 정확한 동작인지 알 수 있다.

스포츠 코칭 시장 규모는 얼마나 될까? 나는 약간의 사업가적 기질을 발휘해서 시장의 크기를 측정해 봤다. 전 세계적으로 야구를 즐기는 사람은 6500만 명이고 테니스를 치는 사람은 7500만 명이다. 배드민턴 동호인은 2억 명이다! 요가를 하는 사람은 3억 명에 달하고 이 순간에도 늘어나고 있다. 탁구 인구는 3억 명이며 배구를 즐기는 사람은 무려 8억 명이다. 그렇다면 세계에서 가장 많은 동호인을 보유한 스포츠는 무엇일까? 바로 축구다. 13억 명이 이 운동을 즐긴다. 여기에 예전에 헬스클럽에 나가거나 한데 모여 운동을 했던 사람들은 코로나 팬데믹 이후 집에서 운동하는 재미를 깨닫고 있다. 집에서 운동할 때 치르는 비용은 예전에 비해 훨씬 줄어들었다. 만일 우리가 거실에서 세계 최고 수준의 코칭 서비스를 받는 일이 가능하다면 굳이 땀 냄새 나는 체육관 탈의실로 돌아갈 필요가 있을까?

내가 가장 즐겨 사용하는 컴퓨터비전 코치 앱인 **홈코트**HomeCourt.ai 서비스는 다양한 게임화gamification 전략을 사용해 제자리에서 점프하고, 두 개의 고깔 사이를 왕복하고, 손으로는 가상의 목표물을 건드리면서 발로는 축구공을 드리블하고, 수학이나 글자 맞추기 게임을 하며 농구를 즐길 수 있도록 동기를 부여한다. 또 이 서비스는 유명 농구 스타들의 코칭 비디오를 제공하고, 컴퓨터비전을 활용해서 사용자의

홈코트는 내 아들의 축구 연습 장면을 추적해서 민첩성을 기르고 공을 다루는 기술을 기를 수 있도록 돕는다.

3점 슛 점수를 계산하고, 고강도 인터벌 트레이닝HIIT의 반복 횟수를 센다. 이런 서비스를 받기 위해 특별한 하드웨어가 필요한 것도 아니다. 스마트폰이나 태블릿을 벽에다 기대놓으면 그만이다. 그리고 거의 모든 기능이 무료로 제공된다. 이 앱을 좋아하지 않을 이유가 있을까?

코로나19 팬데믹이 발발하면서 모든 사람이 재택근무를 해야 하는 상황이 되자, 나는 내가 창업한 **컨티뉴엄**Continuum의 멤버들과 함께 요가를 포함한 여러 스포츠에 대한 코칭 서비스를 제공하는 인공지능 앱을 개발했다. 미래학자로서 내 임무는 고객의 새로운 욕구, 최신 기술, 비즈니스의 수익성 같은 요건을 만족하는 프로젝트를 상상하는 것이다. 그토록 많은 사람이 집에서 운동하는 데 익숙해졌고 그들의 주머니에 이미 강력한 컴퓨터가 들어있다는 사실을 고려하면, 우리가 이를 이용해서 뭔가 재미있는 일을 벌여보기에는 완벽한 기회라는 생각이 들었다.

자세 탐지

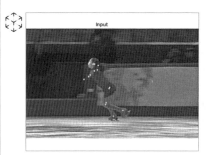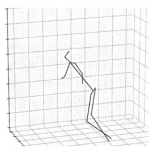

3D 자세 분류 기술은 선수가 특정 동작을 취할 때 그의 위치를 추론하는 신경 네트워크의 일종이다.

슈퍼사이트 스포츠 코치들에게 적용되는 핵심 기술은 **자세 탐지** pose detection '라고 불린다. 이 기술은 신경 네트워크를 훈련해서 사람의 신체 각 부분을 인식하고, 13개 주요 관절 부위(목, 어깨, 팔꿈치, 손목, 골반, 무릎, 발목 등)의 각도와 손가락의 위치까지 식별한다. 10년 전만 해도 이런 작업을 위해서는 적외선 프로젝터를 갖춘 고가의 카메라 시스템이 필요했다. 그런데도 촬영이 가능한 거리는 고작 몇 미터에 불과했다. 하지만 요즘에는 특별히 훈련된 신경 네트워크가 보통의 카메라 광학 장치를 이용해서 사람의 신체를 더 먼 거리에서도 더 정밀하게 3D로 탐지한다.

이제는 일반 카메라만으로 운동장을 뛰어다니는 축구선수 20명의 모습을 초당 120프레임의 속도로 잡아낼 수 있다. 심지어 일부 선수가 다른 선수에 가려 잘 보이지 않아도 촬영이 가능하다. 선수들의 몸을 구성하는 주요 관절들의 각도, 그들의 시선이 향하는 방향, 그들이 발휘하고 있는 힘의 수준 등을 분석할 수 있다. 이 기술들의 성능이 점점 개선되고 가격이 낮아지면서, 이 시스템은 프로 선수들의 세계에서 대학팀으로, 그리고 테니스코트나 골프 코스를 거쳐 조만간 우리 집의 뒷마당까지 들어올 것이 분명하다. 조만간 세계 최고의 코치들이 제공하는 훌륭한 피드백을 프로 선수들과 똑같이 받을 수 있게 될 것이다.

당시 컨티뉴엄은 컴퓨터비전을 활용해서 프로 스포츠 선수들의 경기 장면과 경기력을 분석하는 제품을 개발 중이었다. 그런데 이를 일반인들도 사용할 수 있는 보편적인 도구로 확장하자는 아이디어가 나왔다. 우리가 진행했던 프로젝트의 목표는 축구처럼 연속적인 흐름으로 이어지는 스포츠의 경기 장면을 동영상으로 촬영한 뒤에, 선수들의 움직임을 추적하고, 특정한 동작(드리블, 패스, 슛 등)에 이름표를 붙임으로써 코치들이 그들의 문제점을 찾아내고 재능 있는 선수를 발굴하는 작업을 돕는 것이었다. 영화 〈머니볼Money Ball〉에 등장하는 첨단의 코칭 방식과 비슷한 개념이었다. 우리가 선수들의 플레이를 관찰하고 코치들을 인터뷰하는 과정에서 얻은 중요한 통찰 중의 하나는 스포츠 기술을 새로 익히거나 한 단계 개선하기 위한 가장 효율적인 방법이 '비교'라는 것이었다.

모든 디자인의 핵심은 다양한 대안을 상호 비교하는 것이다. 컨티뉴엄의 보스턴 스튜디오에 들어선 사람은 수많은 브랜드 시안, 웹사이트

랜딩 페이지, 앱의 흐름도 같은 그림들이 벽을 가득 메우고 있는 모습을 볼 수 있다. 디자인적 사고란 먼저 여러 대안을 도출하고 이들을 나란히 비교하면서 각각의 중요도를 측정하고, 트레이드오프를 논의하고, 개선을 위한 아이디어를 찾아내는 신중한 탐구의 과정이다. 최고의 스포츠 코치나 팀들도 올스타 선수들의 경기 장면이 담긴 동영상을 자신의 선수들과 비교해서 그들의 기술과 자세의 문제점을 찾아내는 코칭 기법을 사용한다. 이런 차이점을 지켜본 선수들은 자신의 문제를 어떻게 개선해야 할지 파악할 수 있다. 슈퍼사이트도 이런 방식으로 선수들에게 자신의 개선점을 찾을 기회를 제공할 수 있다.

체육관에서 멀리 떨어진 곳에서 운동하는 사람들에게도 요가 코치나 퍼스널 트레이너처럼 개인적으로 자세와 기술을 지도할 방법은 없을까? 이퀴녹스Equinox나 오렌지 시오리Orange Theory 같은 헬스클럽에서 인스타그램 채널에 올려놓은 온라인 요가 동영상은 100만 개가 넘고 지금도 매일같이 새로운 영상을 게시하고 있다. 하지만 그중 우리에게 개인적인 피드백을 제공하는 동영상은 하나도 없다. 요가 강사가 당신을 볼 수 없기 때문이다. 그래서 개인적인 피드백을 제공하는 요가 앱을 만들기로 했다.

우리가 제작한 요가 코칭 앱의 작동 방식은 다음과 같다. 먼저 당신이 원하는 요가 전문가와 자세를 선택한다. 그리고 스마트폰을 내려놓고 당신이 직접 그 자세를 취하는 영상을 촬영한다. 앱은 당신의 영상을 클라우드에 업로드하고, 동작 평가 신경 네트워크를 가동해서 당신의 자세와 일치하는 전문가의 요가 영상들을 찾아낸다. 그리고 이 영상들에 더 많은 프레임을 채워서 매우 느린 속도로 재생되는 비교 영

자세 탐지 기능을 탑재한 컨티뉴엄의 요가 코칭 앱 시제품

상을 생성한다. 이제 당신은 본인의 자세가 요가 강사와 어디가 같고 어디가 다르며, 무엇을 개선해야 할지 비교해 볼 수 있다.

정량적인 운동 평가 서비스는 종목과 관계없이 스포츠 분야의 창업가들에게 무궁무진한 기회를 제공하는 사업 영역이다. 하지만 개중에는 지나치게 많은 정보를 제공하는 서비스도 없지 않다. 나는 2020년 초 와이오밍주 잭슨빌에서 의료 관련 콘퍼런스에 참석했을 때 남는 시간을 거의 스키 슬로프 위에서 보냈다. 당시 유럽의 어느 스포츠 회사가 내 스키에 부착하면 스키어의 회전 반경, 몸의 각도, 스키의 대칭, 1분당 회전수 등을 포함한 100여 종류의 데이터를 측정해서 이를 바탕으로 마치 전문적인 코치처럼 조언한다는 장치를 보내주었다. 듣기에는 꽤 그럴듯했다.

하지만 나는 이 제품을 전혀 즐길 수 없었다. 이 장치가 제공하는 데이터는 완벽했지만 수많은 내용을 너무 꼬치꼬치 따지다 보니 질려버릴 지경이었다. 평소에 다른 사람의 피드백이나 건설적인 비판을 잘 듣는 편인데도, 이 제품은 연설에 대해 말의 전체적인 의미나 숨겨진 의도를 평가하기보다 단어 하나하나에 점수를 매기는 듯한 느낌을 주었다. 물론 몇 가지 배운 점도 없지는 않았다. 가령 내가 경사가 가파른 슬로프를 내려올 때 종종 몸을 뒤로 젖히는 경향이(전형적인 불안감의 표시다. 나는 어느 날 아침 이런 실수를 378번이나 했다고 한다) 있다는 것을 이 기계 덕분에 알게 됐다. 하지만 전체적으로 이 장치가 제공하는 데이터는 지나치게 시시콜콜 따지고 드는 상사의 잔소리를 연상케 했다.

당신이 어린이 하키팀을 지도하는 감독이든, 친구가 배구 경기를 뛰는 모습을 보고 한마디 보태야 하는 상황이든, 피드백의 양은 어느 정도가 적당할까? 어떤 방식이 옳고, 어떻게 말해야 상대방을 변화시킬 수 있을까? 모든 문제를 하나하나 끄집어내어 목록으로 만드는 것이 효율적인 접근방식 같지만, 너무 상세한 데이터는 때로 선수들을 질리게 만들고 집중력을 떨어뜨린다. 최고의 코치는 선수들의 자신감이 떨어졌을 때, 먼저 잘한 대목을 칭찬하고, 다음번에 고쳐야 할 점을 간단히 알려준다. "모든 게 다 좋아. 단지 이것 하나만 생각해 봤으면 좋겠어."

언젠가 나는 《내면의 게임, 테니스The Inner Game of Tennis》라는 책을 쓴 전설적인 테니스 코치 팀 골웨이Tim Gallwey가 진행하는 워크숍에 참석한 적이 있다. 그가 효과적인 코칭 방법을 표현하기 위해 사용한 은유는 '집중력의 스포트라이트'였다. 즉 경기에서 가장 중요한 한 가지 측면에만 초점을 맞추라는 것이었다. 그의 말에 따르면 "라켓을 더 빠르게 몸 쪽으로 가져와야 해."라고 지시를 내리기보다 "상대방의 리턴이 네트를 넘어올 때 너의 라켓이 어디에 있는지 생각해 봐."라고 조언하는 편이 훨씬 좋은 방법이라고 한다. 당신이 코트 구석을 향해 날카롭게 백핸드 탑스핀을 구사할 때든 먼 거리에서 3점 슛을 던질 때든, 바로 이것이 '제대로 된' 동작이라고 직감적으로 느껴지는 순간이 있을 것이다. 그럴 때 당신에게 필요한 코칭은 그 순간을 기억하라고 독려하는 것뿐이다.

디스토피아 : 인지적 의존

인공지능 기반의 코칭 서비스를 도입한 스포츠팀은 이 서비스를 통해 생산된 데이터의 접근 권한, 소유권, 보유 기간 등에 대한 공정한 정책을 세울 필요가 있다. 또 스포츠 협회는 데이터를 안전하게 지키고, 데이터가 이동되는 과정에도 투명성을 보장함으로써 선수들이 말 그대로 '평평한 운동장' 위에서 경쟁할 수 있도록 해야 한다. 갈수록 많은 사람이 데이터를 활용해 선수들의 경기력을 벤치마크하고, 부상에서 회복되는 시점을 예측하고, 미래의 올스타를 스카우트할 계획을 세운다.

그런데, 여기에도 부작용이 있다. 미래의 인간은 지나치게 뛰어난 인공지능 코치 탓에 인지적 의존의 문제를 겪게 될지도 모른다. GPS는 내비게이션 없이는 길을 찾지 못하는 세대를 탄생시켰다. 따라서 우리가 이런 서비스들에 대한 과도한 의존에서 벗어나기 위해서는 때로 아날로그라는 이름의 주기적인 안식일을 가져야 한다. 그날만큼은 우리의 일을 대신하고 우리를 의존의 늪에 빠뜨리는 모든 인공지능 코치를 눈앞에서 깨끗이 치워버려야 한다.

"언제 어디서나 멘토를 찾으세요"

#다양한 코칭 피드백   #맞춤형 증강현실 스포츠

나는 어릴 때부터 워낙 자전거를 좋아해서 바나나처럼 생긴 안장과 코스터 브레이크가 달린 자전거를 타고 사방을 돌아다녔다. 고등학교 시절에는 프랑스를 자전거로 일주하기도 했고(대체 부모님은 무슨 생각으로 그 여행을 허락하셨을까), 한때는 위스콘신주 매디슨에 있는 옐로우 저지라는 자전거 가게에서 일하기도 했다. 매디슨은 미국 중서부 지역의 자전거 메카라고 불리는 도시로, 자전거가 자동차보다 두 배나 많은 곳이다. 그러다 보니 나 역시 자연스럽게 투르 드 프랑스Tour de France 경주의 열렬한 팬이 되었다. 내가 일하던 가게에서는 이 대회의 경기 장면을 작은 TV로 온종일 틀어댔다.

세계 최고의 사이클 선수들은 날렵한 스타일의 최신형 자전거에 올라 피레네와 알프스의 정상에 올랐다가, 그곳을 시속 100킬로미터의 속도로 질주해 내려온다. 그러다 보면 때로 불가피하게 충돌 사고가 발생해서 선수들이 피를 흘리고, 자전거 프레임이 산산이 부서지고, 바퀴가 접히는 장면이 연출되곤 한다. 선수들은 7월 내내 하루 200킬로미터씩을 달려 파리의 결승점에 도착한다. 수백만을 헤아리는 열광적인 사이클 팬들에게는 이 경기가 그해 여름의 하이라이트다.

팬들은 도로 주위에 몰려들어 선수들이 겨우 통과할 정도의 좁은 통로를 만들고, 형형색색의 유니폼을 착용한 선수들이 눈앞에 등장하면 요란하게 종소리를 울려댄다. 일부 광적인 팬들은 선두주자가 가파른 고개를 질주할 때 그 선수의 유니폼과 똑같은 색깔의 페인트를 온몸에 칠하고 뿔이 달린 바이킹 모자를 쓴 채 옆에서 무작정 함께 뛰기도 한다.

그러나 오늘날에는 슈퍼사이트 덕분에 모든 사람이 가상화되고, 분산되고, 누구나 참여할 수 있는 환경에서 자전거의 즐거움을 누릴 수 있다. 우리 집에도 여러 사람과 함께 라이딩을 즐길 수 있는 나만의 자전거 코스가 마련되어 있다. 내가 이 코스를 질주할 때면 다른 사람들도 내 뒤를 따라오거나 옆을 지나간다. 지난 수요일 동부 표준시간으로 오전 7시에는 전 세계에서 참가한 3,804명의 동호인이 알프스에 펼쳐진 가상의 코스에서 함께 자전거를 탔다. 참가자들은 각자 롤러 위에 고정된 경주용 자전거에 올라 화면에 펼쳐지는 지형에 따라 경사도와 페달의 저항을 다양하게 조정하며 경주를 펼친다. 주행 속도에 따라 팬으로 바람의 세기를 바꿀 수도 있다.

탑승자에게 시각적 경험을 안겨주는 장치는 TV나 헤드셋이다. 특히 헤드셋은 매우 강력한 몰입감을 선사한다. 이 대규모 자전거 경주의 경험을 제공하는 회사는 **즈위프트**Zwift다. 이 회사는 월 14.99달러를 내면 사용자가 자전거 위에서 무한정 땀을 흘릴 수 있게 해준다. 주행 실적이 높은 사용자에게는 더 좋은 가상의 장비나 다양한 색깔의 유니

즈위프트가 창조한 가상의 세계에서는 수천 명의 자전거 동호인이 서로에게 동기를 부여하며 운동을 즐긴다.

폼이 주어진다. 나는 이 회사가 설계한 경주 코스의 창의성이 마음에 든다. 사용자들은 도시나 시골의 도로 위에 펼쳐진 실제 코스는 물론이고, 수십 미터 깊이의 해저에 꼬불꼬불한 형태로 건설된 유리 튜브나, 도심 위 수백 미터 높이에 세워진 환상적인 스카이웨이에서 경주를 즐길 수 있다. 말이 안 되면 어떤가. 어차피 가상의 세계 아닌가!

이렇게 수많은 사람이 대대적으로 참가하는 온라인 자전거 경주의 핵심은 사용자들에게 참여의 동기를 부여하는 것이다. 즈위프트가 선사하는 몰입감에 흠뻑 빠진 사람은 마룻바닥에 떨어진 땀방울이나 다리에서 연소하는 젖산의 양 따위에 관심을 두지 않는다. 1등을 의미하는 노란색 저지를 입은 저 앞의 이탈리아인을 따라잡기 위해 전력을 다할 뿐이다. 덕분에 나는 더 자주 더 오랫동안 자전거를 타고 더 높은 고개를 오를 수 있게 됐다.

2013년, 또 다른 스타트업이 크라우드펀딩 플랫폼 킥스타터 Kickstarter를 통해 자금을 조달해서 집에서 실내 자전거로 운동을 할 수 있는 서비스를 출시했다. 스피닝spinning(실내자전거 위에서 신나는 음악에 맞춰 춤을 추며 페달을 밟는 운동 - 옮긴이) 수업의 열정적인 에너지와 코치의 세심한 지도를 사용자의 거실에 그대로 옮겨놓은 이 회사는 원거리 운동에 새로운 포맷을 도입함으로써 홈 트레이닝의 세계에 돌풍을 일으켰으며, 이를 통해 수십억 달러 가치의 비즈니스를 일궈냈다. 바로 **펠로톤**Peloton이다.

펠로톤은 사용자들이 정해진 스케줄에 맞춰 '단체'로 운동을 즐기도록 운영된다. 당신이 거실의 자전거에 오르는 순간, 대형 화면이 당신을 뉴욕이나 LA의 라이브 스튜디오로 순식간에 이동시킨다. 그곳에는 멋진 몸매와 옷차림의 동료들이 비욘세의 음악에 맞춰 땀을 뻘뻘 흘리며 운동에 열중하고 있다. 이 서비스는 강력한 동기부여와 몰입감을 불러일으키는 두 가지의 사회적 역동성이 제공된다. 첫째는 슈퍼사이트 안경이 당신을 동료들 사이에 공간적으로 위치시키는 것이고(당신은 자신의 왼쪽과 오른쪽에 있는 참가자들을 실제로 볼 수 있다), 둘째는 다른 참가자들 역시 당신을 보면서 운동한다는 것이다.

2018년에는 펠로톤의 성공에 고무된 보스턴의 조정 선수 출신 사업가가 킥스타터를 통해 비슷하지만 조금은 다른 비즈니스를 시작했다. 그가 **하이드로**Hydrow라고 이름 붙인 이 서비스는 전통적인 로잉 에르고미터rowing ergometer(조정 선수들이 야외 운동이 불가능할 때 주로 사용하는 지상 훈련용 장비 - 옮긴이) 기계에 증강현실 기능을 접목한 제품이다.

하이드로의 설립자 브루스 스미스Bruce Smith는 2015년 세계 조정 선수권대회에서 미국 팀에게 동메달을 안겨준 코치다. 한때 그는 보스턴의 찰스강 인근 지역 주민들에게 조정을 장려하기 위해 설립된 비영리단체 커뮤니티 로잉community rowing의 수석 이사로 일한 적이 있었다. 내 딸도 이곳에서 조정이라는 운동을 처음 경험한 뒤에 이 스포츠에 흠뻑 빠져버렸다. 나는 하이드로가 시리즈A 투자 라운드(스타트업이 제품이나 서비스를 시장에 출시하기 직전에 주로 진행하는 자금 조달 단계 – 옮긴이)를 완료한 직후에 스미스를 만난 적이 있다.

펠로톤과 마찬가지로 이 회사도 사용자들을 생생한 스포츠의 현장으로 초대하기 위해 대형 스크린이 장착된 고품질의 운동용 가구를 설계했다. 차이가 있다면 펠로톤 사용자들이 마치 클럽처럼 네온 빛깔 조명이 화려한 스피닝룸에서 운동에 열중한다면, 하이드로 사용자들은 런던의 빅 벤 시계탑 옆의 템스강을 노 저어 내려가거나, 안개가 자욱한 뉴햄프셔의 위니페소키 호수 위에서 멀리 화이트산맥을 바라보며 땀을 흘린다는 것이다. 하이드로는 올림픽에 참가한 경력이 있는 조정 선수 10여 명을 채용해서 운동 시간을 이끌도록 했다. 그들은 각자 다양한 방식으로 참가자들을 즐겁게 해줄 뿐만 아니라, 놀라울 정도로 뛰어난 방송 재능을 발휘하고 있다.

펠로톤과 즈위프트가 그렇듯 하이드로 역시 더 협력적이고 긴밀하게 연결된 시스템을 통해 사용자들에게 한결 몰입감 넘치고, 개인화되고, 의욕을 불러일으키는 경험을 선사한다. 일례로 당신이 탑승한 배에 설치된 공간 오디오는 옆 사람이 내뱉는 숨소리까지 생생하게 들려준다. 운동할 때 동료와 함께 호흡한다는 것은 놀라울 정도로 즐겁고 동기가 부여되는 일이다. 합주단에서 관악기를 연주했거나 합창단에

하이드로는 라이브 스트리밍 서비스를 통해 사용자들에게 가상의 조정 경기 경험을 제공한다. 다른 사람들과 함께 호흡을 맞춰 노 젓기 동작을 취하면 실제 보트를 타는 듯한 느낌을 받는다.

서 노래해 본 경험이 있는 사람이라면 잘 알겠지만, 다른 사람들과 호흡을 함께 하면 즐거움을 넘어 영적인 기쁨까지 누릴 수 있다. 훌륭한 조정팀은 노를 잡은 순간부터 결승선을 통과할 때까지 정확하고 일사불란한 동작으로 움직여야 한다. 이를 뒷받침하는 것이 선수들 사이의 완벽한 호흡이다.

머지않은 미래에는 광光투사 방식의 증강현실 장비 덕분에 거실에 찰스강의 강물이 흘러넘치고, 머리 위에는 다리들이 지나갈 것이다. 공간 오디오를 통해 경주를 지켜보는 관중들의 함성이 사방에 울려 퍼지고, 당신이 조금만 속도를 늦춰도 다른 배들이 금방 앞서 나갈 것이다. 당신과 팀원들은 '조정의 투르 드 프랑스'라고 불리는 헤드 오브 찰스 레가타Head of the Charles Regatta 경주에라도 나선 듯, 더 힘차고 더 빨리 노를 저으려 할 것이다.

실제와 가상의 세계를 오가며 코치, 팀원, 코스 등을 혼합해서 제공하는 원거리 트레이닝 서비스는 고객의 건강에 긍정적인 영향을 미친다는 점에서 대단히 매력적이다. 말하자면 하이드로는 의료 기업들이 해야 하는 일을 하고 있는 셈이다. 개인화되고, 신뢰도 높고, 설득력 있는 코칭 서비스를 통해 고객들을 매일같이 운동에 참여시켜 그들의 건강을 지켜준다.

하지만 나에게 무엇보다 매력적인 요소는 올림픽에 참가했던 선수들의 지도하에 유럽의 강물을 노 저어 내려가고, 참가자들끼리 서로 순위를 다투고, 노를 저은 거리가 최초 10만 미터가 넘어가면 보상을 받을 수 있다는 점이다. 이 모든 것을 경험하는 데 한 달에 38달러밖에 들지 않는다.(기계 값 2,300달러는 별도로 내야 한다.)

만일 당신의 방 하나짜리 아파트에 산다면 큰 조정 기구는 부담스러울 수 있다. 그렇다면 벽에 설치된 스마트거울을 통해 인공지능 코칭 서비스를 제공하는 네 곳의 회사가 있다. 미러Mirror, 폼FORME, 템포Tempo, 토널Tonal의 제품을 고려해 봄 직하다. 각각 요가, 피트니스, 고강도 인터벌 트레이닝, 필라테스 분야에 특화된 이 회사들은 모두 컴퓨터비전을 이용해 사용자의 동작을 분석하고 피드백을 전달한다.

피트니스 코칭을 제공하는 폼의 사용자는 스크린을 살짝 터치해서 가상 트레이너를 호출하거나 스마트폰의 앱을 켜고 운동을 시작한다. 코치들은 당신에게 새로운 동작을 소개하고, 동작 반복 횟수를 세고, 의견을 피드백하고, 스쿼트 동작에서 등이 충분히 젖혀지지 않거나 케틀벨을 휘두를 때 상체가 곧게 펴지지 않으면 자세를 고치라고 조언한다. 폼의 설립자 트렌트 워드Trent Ward가 내게 들려준 말에 따르면, 이 회사의 서비스는 소비자가 헬스클럽에서 퍼스널 트레이너와 일대일로 진행하는 운동 방식을 모델로 하고 있다. 그들은 고객의 상황에 따라

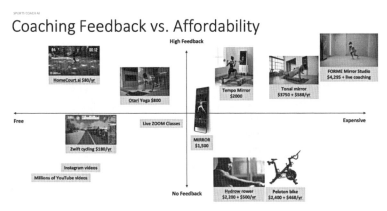

스포츠 브랜드나 스타 운동선수들은 슈퍼사이트를 통해 개인 피드백 기반의 코칭 서비스를 개발할 가능성이 무궁무진하다.

맞춤형으로 설계된 운동 프로그램을 운영하고, 실제 트레이너의 음성처럼 느껴지는 개인적이고 세심한 피드백을 맞춤형으로 제공한다.

폼이 '헬스클럽의 분산화'라는 구호 아래 출시한 서비스는 소비자에게 세심한 개인 서비스를 제공하는 대가로 높은 가격을 청구하는 이른바 '하이 터치, 하이 코스트' 상품이다. 트레이너(살아있는 사람)는 자신의 집에 동영상을 촬영할 수 있는 스튜디오를 설치해야 한다. 사용자는 헬스클럽에서 청구하는 비용과 비슷한 금액인 75달러를 트레이너에게 지불하고, 회사가 그중 일부를 가져간다. 나는 트렌트에게 이렇게 물었다. 그 정도 금액과 그 정도 수준의 개인화 서비스라면, 차라리 물리치료 시장을 목표로 하는 것이 더 좋은 전략 아닐까? 물리치료는 의료보험의 적용 대상이 되고, 골반이나 어깨 수술을 받은 사람이 자동차나 버스를 타고 물리치료를 받으러 가는 것도 쉽지 않은 일이니까. 트렌트는 그 질문에 이렇게 대답했다. "맞습니다. 물리치료는 우리

최근 룰루레몬(Lululemon)이 인수한 미러는 거울에 비친
사용자의 모습 위에 미리 녹화된 코치의 동작을 겹쳐서
보여주고, 컴퓨터비전으로 운동 반복 횟수를 측정하고,
기술을 평가한다.

의 사업 계획에 들어있죠!"

물론 거울은 간편하고 친숙한 인터페이스를 제공하는 훌륭한 피트
니스 장비다. 하지만 당신이 집 밖에서 자전거를 타고, 수영을 즐기고,
스노보드에 오르려면 눈에 착용할 수 있는 코치가 필요하다. 요즘에는
몇몇 회사가 하드웨어와 소프트웨어를 접목해서 사용자들의 특별한
요건에 대응하는 틈새시장용 솔루션을 개발하고 있다. 증강현실 기능
이 탑재된 오토바이 헬멧, 건설 현장 안전모, 스키 고글 등은 사용자들
이 온종일 착용하는 다목적 증강현실 안경을 개발하는 것보다 디자인
측면에서 훨씬 문제가 적다. 제품 요건이 단순한 데다 마케팅 경로나
메시지를 집중시킬 수 있기 때문이다.

눈 이라곤 일 년 내내 볼 수 없는 이스라엘의 텔아비브를 근거지로
하는 회사 **라이드온**RideOn은 스키와 스노보드를 즐기는 사람들을 위해
슈퍼사이트 고글을 개발했다. 이 제품은 스키어들이 눈 위에 그려낸
회전 반경, 활강 거리, 점프 시 최대 체공시간 등 당신이 자랑스러워할

라이드온의 증강현실 헬멧은 스노보드 탑승자의 활강 속도, 점프 높이, 체공시간 같은 데이터를 측정한다.

만한 통계 데이터를 추적하고, 고화질 카메라로 영상을 촬영하고, 스키 리조트의 지도를 제공한다. 또 친구의 위치를 찾아주는 기능과 사용자가 다른 사람들과 함께 산을 활강해 내려올 때 가상의 게이트를 누가 먼저 통과하는지 겨루는 게임도 개발했다. 하지만 내 생각에 이 장비의 킬러앱killer app은 사람들이 가장 적게 줄을 선 곤돌라가 어딘지 알려주고, 맛있는 사과 타르트나 치즈 퐁뒤를 파는 슬로프 근처의 따뜻한 오두막집으로 당신을 안내하는 산악용 내비게이션일 것이다.

이 증강현실 스키 고글을 또 다른 웨어러블 하드웨어인 폼FORM의 증강현실 수영 고글과 비교해 보자. 두 가지 장비 모두 방수 및 헤드업 디스플레이HUD 기능을 제공하지만, 사용자의 요건이나 기기의 특성은 매우 다르다. 우리는 수영할 때 길을 잃을 염려가 없고 맛있는 퐁뒤를 즐기기 위해 중간에 멈춰 서지도 않는다. 따라서 폼의 장비에는 지도 기능이 없다. 대신 심박수, 스트로크 속도, 스트로크 사이의 거리 등 수영에 필요한 정보를 제공한다.

폼의 스윔(SWIM) 고글은 증강현실 기능을 통해 스트로크의 효율성이나 심박수를 측정한다.

하드웨어가 더 개선될 필요가 있겠지만 앞으로 더욱 크고, 오래 지속될 비즈니스 기회는 그 장비를 통해 고객들에게 전달할 수 있는 개인 코칭 서비스다.

노련한 스포츠 스타들은 자신의 이름과 얼굴을 내건 브랜드를 만들어 사용자들이 스마트안경이나 고글에 다운로드할 수 있는 코칭 앱을 개발하고 있다. 충성스러운 팬들은 자신이 좋아하는 스포츠 스타에게 통찰과 조언을 얻고, 그 유명 선수가 스타의 자리에 오르기까지의 이야기를 듣길 원한다. 당신도 세리나 윌리엄스에게 테니스를 배우고, 우사인 볼트와 함께 트랙을 달리고 싶은가? 스타들 입장에서 생각해 봐도 운동화 광고에나 출연하는 것보다 이런 활동을 통해 의미 있고 오래 지속될 유산을 남기는 것이 더 가치 있는 삶일지도 모른다.

앞으로 유명 선수들은 운동으로 성공하기를 열망하는 수백만 젊은이의 증강현실 장비에 본인의 모습을 개인적으로 드러낼 것이며, 젊은이들은 자신의 이상적인 멘토를 선택하게 될 것이다. 이들은 자신의 멘토들과 몇 개월 또는 몇 년에 걸쳐 함께 운동하는 동안 기술을 익히고 마음가짐을 가다듬을 뿐 아니라, 이 영웅들에게서 삶의 철학과 스포츠와 경쟁을 대하는 자세를 배울 수 있다.

증강현실은 스포츠를 어떻게 바꿔놓았나

노란색의 '1st &10 라인'(미식축구에서 공격팀이 첫 번째 공격에 10야드를 전진해야 한다고 표시하는 선 - 옮긴이)이 처음으로 TV에 등장한 것은 1998년 9월 27일 신시내티 뱅골스 대 볼티모어 레이븐스의 게임을 중계한 ESPN의 방송 화면이었다.

이 가상의 라인을 볼 수 있었던 사람은 텔레비전으로 경기를 지켜본 시청자들뿐이었지만, 관전자들에게는 선수들이 뛰고 있는 발 아래에서 경기장 위에 직접 선이 그려지는 모습이 마치 마법처럼 느껴졌다. 이 라인은 경기를 더욱 이해하기 쉽고 재미있게 해주었으며, 경기장의 사이드라인에 설치된 오렌지색 기둥(10야드를 표시하는 기둥)들보다 거리가 더 정확했다.

이를 효시로 다양한 **생방송 삽입 화면**(live-video-insertion, LVI)이 개발되어 시청자들이 눈으로 포착하기 어려운 갖가지 장면을 화면으로 제공했다. 예컨대 하키 퍽에서는 빛이 반짝이고, 골프공의 궤적이 포물선으로 표시되고, 야구의 스트라이크 존이 네모난 상자로 그려지고, 축구의 오프사이드처럼 까다로운 규칙들을 직관적인 화면으로 보여준다. 세계 요트 선수권대회도 이제 수많은 관중이 즐기는 게임으로 진화했다. 이는 복잡한 경기 규칙을 알기 쉽게 설명해주는 증강현실 기술 덕분이다. 관중들은 어느 배가 경주를 앞서나가는 중이고, 부표 근처에서 두 배가 마주쳤을 때 누구에게 항로권이 있는지 알 수 있게 됐다.

최근 슈퍼사이트는 증강현실을 기반으로 예전보다 훨씬 더 많은 통계 자료를 제공한다. 때문에 관전자들은 자신이 원하는 정보를 스스로 결정할 수도 있게 됐다. 우리는 투르 드 프랑스 대회가 열리는 기간에 선수의 생체 측정 수치("선두를 달리고 있는 선수의 심장 박동 수가 1분당 170회를 넘어섰습니다!")를 직접 확인할 수 있다. 스포츠 경기 결과에 돈을 거는 사람들은 증강현실 기술을 이용해 미식축구의 플레이스 키커placekicker(미식축구에서 땅에 공을 놓고 차는 선수-옮긴이)가 공을 차서 얼마나 먼 거리를 보내는지를 통계적으로 분석하는 방식으로 경기의 리스크나 승리 확률을 계산한다.

스포츠 중계 역시 관전자의 경기 이해 수준이나 응원하는 팀에 따라 중계의 내용이 달라지는 개인화의 과정을 밟고 있다. 관전자는 선수들의 이름, 생체 측정 데이터, 속도 벡터, 특정 선수가 다음번에 어디로 패스를 보낼지 등을 파악할 뿐만 아니라, 과거에는 불가능하게 여겨졌던 갖가지 각도(선수들, 골포스트, 공의 관점 등)에서 경기를 관찰할 수 있다.

코트 비전 Court Vision은 그런 기술의 대표적인 사례다. 2018년 미

세계 요트 선수권대회는 로토스코프 기법으로 게임의 정보를 제공하는 중계 방식 덕분에 수많은 관중이 즐기는 스포츠로 변모했다.

프로농구NBA 소속의 LA 클리퍼스Los Angeles Clippers는 이 기술을 처음으로 현장에 도입하고 "관전의 경험을 팬들 스스로 통제하게 함으로써 클리퍼스의 게임을 즐기는 데 혁명적인 변화를 가져온 방식"이라고 논평했다. 코트 비전은 로토스코핑rotoscoping(애니메이션 이미지와 실사 이미지를 합성시키는 기법 – 옮긴이) 기법을 활용해서 선수들의 경기 통계 자료, 슛 성공 확률, 공의 궤적, 그리고 3점 슛이나 덩크 슛이 성공할 때마다 빛이 반짝이는 애니메이션 효과 등을 경기 영상 위에 덧입혀서 보여준다. 이런 시스템들은 과거 감독들이 칠판 위에서나 작성할 수 있었던 각종 데이터를 경기가 진행 중인 필드 위에 실시간으로 겹쳐서 제공한다.

　여기에 더해 슈퍼사이트 기능을 탑재한 헤드업 디스플레이는 스포츠를 더욱 역동적인 게임으로 진화시킬 것이다. 인공지능 코치는 언제 어디서 다음번 동작을 취해야 하는지에 대한 작전을 선수들에게 실시간으로 알려주고, 관객들도 이를 공유할 수 있다. 스포츠 리그의 궁극적인 목표는 더 많은 관중을 동원하는 데 있다. 따라서 이렇게 관객들에게 풍부한 정보를 제공하는 시스템은 더 많은 스포츠 분야로 확대되어 나갈 것이다.

AI, 감정을 보살피다

#감성 지능　#웰빙 코치

인간의 감정을 인지하는 시스템을 학문적으로 처음 연구한 사람은 로즈 피카드Roz Picard다. 《감성 컴퓨팅Affective Computing》이라는 책을 펴내기도 한 피카드 교수는 현재 MIT의 미디어랩에서 같은 이름의 연구 그룹을 이끌고 있다. 그동안 그녀가 지도한 학생들은 피부의 전기 반응을 측정하는 웨어러블 센서를 개발해서 사람이 감정적으로 흥분했을 때 피부에서 배출되는 땀의 염분 농도가 어떻게 달라지는지 추적했다. 최근 그녀의 연구팀은 컴퓨터비전 시스템을 활용해 사람들의 안면 근육 움직임을 관찰하고, 이 데이터를 바탕으로 인간의 감정 상태에 따른 미세한 표정의 변화를 측정하고 있다.

　내가 미디어랩에서 수업을 진행하던 어느 학기에 로즈의 두 제자 자비에르 헤르난데스Javier Hernandez와 모하메드 호크Mohamed Hoque가

무드미터 프로젝트. MIT 캠퍼스를 지나가는 사람들의 감정 상태를 파악하기 위해 장기적으로 진행된 대규모 연구 프로젝트다.

MIT의 캠퍼스에서 **무드미터**MoodMeter라는 이름의 프로젝트를 시작했다. 캠퍼스를 오가는 수많은 사람의 얼굴에 나타난 표정을 장기간에 걸쳐 측정하는 일종의 '미소 모니터링' 시스템이었다. 실험자들은 공공장소 여섯 곳에 카메라를 설치하고, 각 장소의 '분위기'를 종합적으로 측정해서 이를 지표로 나타냈다. 이 시스템이 더 이해하기 쉽고 대화식으로 운영된 이유는 캠퍼스를 지나가는 사람들의 감정 상태를 컴퓨터로 일일이 분석해서 모든 개인의 얼굴 위에 미소, 무표정, 찡그린 표정 등 세 가지 종류의 이모티콘을 실시간으로 겹쳐놓았기 때문이었다.(얼굴을 가린 덕분에 사생활 보호의 문제를 해결하는 데도 도움이 됐다.)

나는 미디어랩 학생들이 컴퓨터 공학과 학생들보다 스트레스를 더 받는지, 또는 사람들이 오후에 더 기분이 좋아지는지, 아니면 시험 기간에는 학생들이 얼마나 우울해 하는지 궁금했다. 하지만 그 모든 가설은 전부 틀린 것으로 판명됐다! 사람들의 기분에 중대한 영향을 미치는 단 한 가지 요인은 특정 공간에 존재하는 사람들의 숫자였다. 대체로 더 많은 사람이 모여들수록 그들은 더 행복해했다. 그것이 우리가 매일(특히 어두운 겨울날이나 기분이 우울할 때) 사회 활동에 적극적으로 참여해야 하는 이유다.

오늘날 인간이 구축한 대다수 시설에는 '멍청한' 보안카메라가 설치되어 있다. 최근 이 카메라들에 관찰 대상의 감정을 인식하는 **인지컴퓨팅**cognitive computing 기술이 접목되고 있다. 소매업체, 카페, 영화관, 바, 그리고 모든 일터에서는 이 기술을 이용해 고객들의 감정 상태를 분석하고, 특정한 경영 전략이 고객들에게 미치는 영향을 측정하게 될 것이다. 스탠드업 코미디언이 청중의 웃음소리를 판단해서 대사를 가다듬듯이, 공공 환경을 설계하는 디자이너들에게는 대중의 감정 분석 기술이 진정한 의미의 피드백 장치라고 할 수 있다.

그 결과 공간은 사람들에게 더 긍정적인 감정 상태를 유도하는 장소로 거듭날 것이다. 공항을 이용하는 승객들에게 무알코올 칵테일을 무료로 나눠주면 어떨까? (좋은 생각이다!) 레스토랑의 조명을 낮추고 라이브 곡을 연주할까? (좋은 생각이다!) 슈퍼마켓을 찾은 고객들에게 안내 서비스를 제공해야 할까? (좋은 생각이지만, 손님에 따라 다를 수도 있다) 고객을 행복하게 하는 일을 최종 목표로 삼은 기업들은 이와 같은 전략이 불러오는 결과를 신속히 파악하고, 소비자들에게 더 구체적이고 개인화된 서비스를 제공하고, 나아가 회사의 경영진에게 과감한 투자를 정당화하는 증거로 이 데이터를 제시할 수 있다.

대중의 무의식적인 표정 반응 데이터는 다른 모든 종류의 표본 조사나 리뷰에 비해 더 정확하고 대표성이 높으며, 빠르게 기록하고 수집할 수 있다. 여덟 살짜리 아이의 생일 파티를 계획 중인 부모는 이런 감성 데이터를 활용해서 1달러당 가장 높은 수준의 즐거움을 아이들에게 안겨주는 곳이 어딘지 판단할 수 있을 것이다. 나라면 자신의 곰을 직접 만들 수 있는 장난감 가게, 빌드어베어Build-A-Bear에 한 표를 던지고 싶다.

일반적으로 대형 쇼핑몰은 쇼핑이라는 엔터테인먼트를 통해 사람들을 쾌락의 쳇바퀴에 올려놓고 극도의 소비지상주의를 조장해서 과도한 소비와 낭비를 유도한다. 하지만 그런 기업 중에서도 예외가 없는 것은 아니다. 1999년 조지프 파인Joseph Pine은 이른바 경험의 경제experience economy라는 개념을 제창하고 같은 제목의 책에서 이를 자세히 설명했다. 파인의 이론은 전통적인 백화점들의 운영 방식, 즉 끝없이 늘어선 선반과 상품들을 고객들에게 일방적으로 보여주기만 하는 무미건조한 전략에 맞서 기업과 브랜드들이 새로운 시도를 계획하는 계기가 됐다. 파인은 소매업체의 매장이 소비자들에게 더 정서적이고 참여적인 경험을 제공함으로써 서비스를 차별화해야 한다고 주장한다. 나이키 신발을 구매한 고객이 그 신발을 신고 바로 뛰어볼 수 있도록 매장에 러닝머신을 설치한 사례나, 아웃도어용품 업체 배스 프로 샵Bass Pro Shop에서 고객들이 구입한 루어를 실제 물고기를 대상으로 실험해 볼 수 있도록 매장 안에 커다란 수족관을 설치한 경우를 생각해 보라.

빌드어베어에서는 아이들이 선반 위에 놓인 완성품 곰 인형을 집어드는 대신 자기가 직접 인형을 디자인하고 만들 수 있다. 아이들은 털의 재질이나 눈 색깔, 그리고 충전재의 양까지(날씬한 곰이든, 토실토실한 녀석이든, 운동선수처럼 근육이 울퉁불퉁한 친구든) 스스로 선택하는 체험을 한다. 덕분에 아이들은 자신이 만든 인형에 더욱 애착을 갖고 그 과정을 즐길 수 있게 된다. 슈퍼사이트를 이용하면 그들이 얼마나 행복해하는지 측정할 수 있을 것이다.

나는 빌드어베어가 디즈니와 협력 관계를 체결해서 〈스타워즈Star Wars〉에 나오는 베이비 요다Baby Yoda 인형을 고객 제작용 상품으로 출시했을 때, 미니애폴리스의 쇼핑몰에 있는 빌드어베어 매장에 들렀다. 가게 안은 온통 시끌벅적했다. 아이들은 사방을 뛰어다녔고, 모두가 신이 나서 친구와 부모를 부르는 목소리는 매장에 떠들썩하게 울려 퍼졌다. 몇 년 전 디즈니에서 빌드어베어의 CEO를 만났던 기억이 떠올랐다. 당시 우리는 현대의 세상을 영화 〈아바타Avatar〉에 나오는 세계처럼 디자인하는 주제를 놓고 이틀간 브레인스토밍을 진행했다.

그 CEO는 빌드어베어의 고객 경험 설계와 개선 방안을 이야기하던 끝에, 앞으로 자기 회사에서는 아이들이 곰 인형을 만드는 작업대마다 클립보드를 손에 든 담당자를 배치해서 각 단계에 얼마나 오랜 시간이 걸리는지 관찰하고 그 과정을 개선할 수 있는 아이디어를 찾겠다고 말했다. 그들의 궁극적인 목표는 고객들에게 '최고의 기쁨'을 선사하는 것이었다.

내 발표는 그가 빌드어베어의 이야기를 마친 직후에 진행됐다. 나는 '마법에 걸린 사물'을 디자인하는 방법을 설명하며 내 목표 역시 고객들에게 '최고의 기쁨'을 제공하는 데 있다고 말했다. 나는 갈수록 더 많은 센서, 컴퓨터, 연결 장치, 카메라 등이 주위의 수많은 사물에 탑재되고 있던 당시의 트렌드를 생각하던 도중 순간적으로 작은 깨달음을 얻었다. 빌드어베어가 사람들을 동원해서 수동으로 얻어내는 데이터를 슈퍼사이트를 통해 자동으로 측정할 수는 없을까? 컴퓨터비전은 아이들이 작업대에 머무른 시간 등의 구체적인 지표뿐만 아니라, 아이들의 미소나 부모의 좌절감 같은 정성적定性的인 반응도 정량적定量的인 방식으로 측정할 수 있을 것이다. 나는 그날의 회의를 기록한 노트에 **스마일 미터**SMILE METER 서비스라고 적었다. 내 아이디어의 핵심은 고객들에게 즐거운 반응을 얻어낼 수 있는 메커니즘을 통해 소비자의 감정 상태를 최적화하고, 그들의 욕구에 역동적으로 대응할 수 있는 환경이나 상호작용 방식을 구축하는 것이었다.

그것이 2017년의 일이었다. 요즘은 대부분의 매장에서 카메라 기반의 분석 방식을 채택해서 전체 방문객의 규모, 제품을 직접 만져보는 고객의 수, 매장 근무 직원과 대화를 나누거나 상호작용하는 고객들의 현황, 그리고 매장을 구경만 하던 사람이 제품을 만져보거나 구매하는 고객으로 전환되는 비율 등을 역동적으로 추적한다. 그뿐만이 아니다. 최근 교육 분야에서는 '참여도 측정'이라는 개념이 뜨거운 주제로 떠오르고 있다. 2019년, 인공지능 분야의 개척자이자 구글 차이나Google China의 CEO를 지낸 리카이푸李開復 박사는 MIT에서 AI 슈퍼파워AI Superpower라는 주제에 대해 발표했다. 그는 이 강의에서 중국의 어느 학교 교실에서 공부하는 학생들의 개인 수업 참여도를 컴퓨터비전을 통해 측정한 자료를 제시했다. 물론 이렇게 학생 개개인의 데이터를 일일이 추적하는 것은 지나치게 권위적이고 비정상적인 연구 방식일 수 있다. 하지만 이런 피드백이 학생 개인 차원의 정보가 아니라 종합적인 데이터로서 교사들에게 제공된다면 수업 방식을 개선하는 데큰 도움이 될지도 모른다.

소매업체, 레스토랑, 호텔, 항공사, 유람선 등에서도 이와 비슷한 방식으로 무드미터를 활용해서 고객 경험을 더욱 정확하게 측정하고 서비스를 개선할 수 있다. 기업들이 고객의 감정 상태를 측정하기 위해서는 빌드어베어가 그랬던 것처럼 현장에 사람들을 직접 배치해서 수동으로 데이터를 기록할 수는 없을까? 물론 그럴 수 있다. 하지만 막대한 비용이 들고, 비실용적이고, 측정자의 편견이 개입될 여지가 크다. 대신 슈퍼사이트 카메라를 설치하는 것이 더 효과적이다.

AI, 관계를 개선하다
#대인관계 코치　#원격 군중

드라마 〈블랙 미러〉의 '화이트 크리스마스'라는 에피소드에서는 배우 존 햄Jon Hamm이 데이트 경험이 전혀 없는 어느 지인에게 데이트에 관한 조언을 해주는 장면이 나온다. 존 햄은 그 지인의 눈을 통해 데이트 현장을 직접 바라보면서 그의 귀에 도움말을 속삭인다. 잔뜩 긴장한 표정의 미혼 남성이 상대방의 환심을 사기 위해 애쓰는 동안 햄은 쉬지 않고 지시를 내린다. "여자에게 관심을 보이지 말고 친구와 이야기해." 하지만 데이트 중인 남성과 상대방은 햄 이외에도 많은 사람이 그 장면을 지켜보고 있다는 사실을 알지 못한다. 수십 명의 관중(대부분 남성인 듯하다)이 그들의 데이트를 관찰하면서 현장에서 벌어지는 모든 일에 대해 서로 이야기를 주고받는다. 오늘날 우리가 트위치Twitch 게임을 생방송으로 관전하며 대화를 나누는 것과 비슷하다. 개인의 사생활이 극심하게 침해되는 광경을 그린 참으로 오싹한 장면이다. 관객들에게는 대리인을 통한 간접 데이트가 일종의 엔터테인먼트인 셈이다.

이 이야기는 개인 코치의 부작용으로 인해 발생할 수 있는 최악의 디스토피아를 보여주는 사례라고 할 수 있다. 하지만 사람들이 데이트 당사자를 몰래 관찰한다는 부분만 제외하면, 우리가 다른 사람들과 긴밀한 관계를 형성하는 과정에서 어떻게 행동하고, 대응하고, 이해하고, 전략을 세워야 하는지를 경험 많은 코치에게 배우는 것은 긍정적인 일이다.

1장에서는 회의나 파티 석상에서 참석자들의 이름을 알려주고 대화의 주제와 재미있는 화젯거리를 귀띔해 주는 인공지능 비서에 대해 언급한 바 있다. 그 비서들이 한발 더 나아가 타인과의 관계를 돈독히 하는 방법을 실시간으로 제안한다면 어떨까? 가령 뉴스 진행자는 귀에 꽂은 이어폰을 통해 프로듀서로부터 뭔가를 계속 지시받는다. 우리에게도 이처럼 전지전능한 코치가 있어서 동료들과 나누는 어려운 대화를 도와주고, 프레젠테이션에 나서기 전에 자신감을 북돋아 주고, 공감 능력이 강하고 일관성이 있는 부모나 파트너가 되는 방법을 알려준다면, 이를 마다할 사람이 있을까?

슈퍼사이트는 양쪽을 모두 바라보는 눈으로 이런 일을 가능케 한다. 바깥을 향한 눈으로는 내 주위에서 어떤 일이 일어나는지, 그리고 다른 사람들이 나를 어떻게 인식하는지 파악하고. 나 자신을 돌아보는 눈을 통해 내가 세상에 어떻게 반응하고 어떤 감정을 느끼는지 기록한다.

우리가 평소에 어떤 대상에 시선을 고정하고 얼마 동안 그 상태를 유지하는지를 기록한 데이터는 우리 자신에 대해 많은 사실을 알려준다. 기업들은 이미 컴퓨터비전으로 사람의 안구 움직임 패턴을 관찰해서 소비자들의 잠재의식에 대한 통찰을 얻고 있다. 2019년에 개최된 세계 증강현실 박람회Augmented World Expo에 참가한 어느 업체는 소비자들이 사물을 바라볼 때 무의식적으로 움직이는 안구의 패턴을 분석해서 자동차 제조업체들이 더 매력적인 차량을 디자인하도록 돕는 제품을 시연했다.

　이 시스템은 증강현실 헤드셋을 착용한 쇼핑객들이 특정 사물에 시선을 고정하는 시간을 밀리세컨드 단위로 측정해서, 제품의 어떤 특성이 소비자들의 관심이나 외면을 초래하는지 파악했다. 기업들은 이 정보를 활용해서 목표 고객들에게 가장 큰 관심을 끌어내는 방향으로 마케팅 자료를 새롭게 디자인하거나 제작할 수 있다. 연구자들에 따르면 사람의 눈은 다양한 감정의 변화에 따라 독특하면서도 '기계가 학습 가능한' 방식으로 움직인다고 한다. 소셜 코칭 앱은 이 정보를 활용해서 사용자의 관심도나 기분을 파악하고, 개인화된 상호작용을 수행하고, 삶의 다양한 영역에 걸쳐 신속한 도움을 제공할 수 있을 것이다.

　스마트안경에 탑재된 카메라는 당신의 시선을 추적하고, 주위에 설치된 카메라들은 당신의 관심사와 감정 상태를 분석한다. 이 데이터를 '다른 사람들이' 스마트안경으로 당신을 포착한 데이터와 결합하면 본인의 행동과 타인과의 상호작용에 대해 매우 강력한 피드백 장치를 구축할 수 있다. 내 스마트안경의 대인관계 코치는 이렇게 귀띔할 것이다. "말하는 속도를 늦추고 잠시 상대방의 목소리에 귀를 기울이세요. 그들이 뭐라고 강조했는지 생각해 보세요. 그들에게 집중해야 합니다.", "팔짱을 풀고, 긴장을 늦추고, 미소를 지으세요."

　시간의 흐름에 따라 자신이 개선되는 모습을 꾸준히 지켜보고 싶은가? 그러기 위해서는 그런 변화의 패턴을 포착하기 위한 장기적인 기록이나 지속적인 데이터 저장소가 필요하다. 하지만 개인 기록을 열람할 권리를 누구한테까지 부여해야 할까? 주치의에게만 그 데이터를 공유해야 할까? 당신의 회사에서 보수를 받는 전문 코치에게 그 데이터를 보여주는 것은 어떨까? 인공지능 코칭 서비스를 제공하는 회사에 당신의 '익명화된' 정보에 접근할 권한을 제공해서 서비스를 개선하는 데 도움을 주어야 할까? 이는 내가 실험실의 쥐가 된 기분이 들수 있다. 회사를 옮기면 내 데이터도 새로운 회사로 이전되어야 할까? 또는 내 데이터를 삭제할 권한은 누구한테 있는 걸까? 아니면 그 데이터를 제공하는 것이 채용 인터뷰 과정에서 진행되는 협상의 일부가 되어야 할까?

인사부 직원이 당신의 평판을 조회하기 위해 인공지능 코치에게 전화를 거는 장면을 상상해 보라. 이런 극단적인 투명성은 채용 절차를 혁명적으로 바꿀 것이며, 동시에 거의 모든 사람에게 공포감을 불러일으킬 것이다. '수량화된 나의 모습'이 매력적일 때는 그 데이터를 본인이 소유하거나, 오직 자신만이 이에 대한 접근 권한을 통제할 때뿐이다.

어찌 됐든, 다양한 종류의 슈퍼사이트 코치들은 우리의 대화를 더흥미롭게 해줄 뿐만 아니라 삶의 전 과정에 걸쳐 그때그때의 전후 상황에 따라 우리를 가르치고 안내해 줄 것이다. 가령 슈퍼사이트 웰빙코치들은 우리가 어떻게 시간을 보내고, 어떤 음식을 언제쯤 먹고, 얼마나 많이 운동하고, 언제 우울한 신호를 보내고, 어떤 때에 병적 행동을 보이는지 기록하고, 우리의 미디어 소비 형태, 수면 패턴, 사회생활의 품질 등을 관찰해 대안을 제시할 것이다. 한편 인공지능 수행력 코치들은 오늘날 부자들을 위해 일하는 전문 비서들의 업무, 가령 일의 우선순위를 정하고, 일정을 관리하고, 소통 채널을 걸러내고, 당신을 늘 적재적소에 위치시켜주는 등의 업무를 똑같이 수행할 것이다.

그뿐만이 아니라 앞으로는 《성공하는 사람들의 7가지 습관The 7 Habits of Highly Effective People》을 쓴 스티븐 코비Stephen Covey나, 최근에 거의 종교적인 추앙을 받는 GTDGetting Things Done(데이비드 알렌이 제시한 시간 관리 방법 – 옮긴이) 방법론의 설계자처럼 '브랜드화'된 코치들도 등장하리라 예상된다. 당신이 정리 정돈 전문가 마리 콘도Marie Kondo의 앱을 열면, 이 인공지능 코치는 더 이상 자신에게 즐거움을 안겨주지 않은 물건들을 정리함으로써 삶을 단순하게 만드는 방법을 자동으로 제안할 것이다. 지금은 리더십 코치를 직접 고용하는 데는 많은 돈이 들지만, 기업들은 가격이 저렴한 데다 직원들의 생산성을 높이는 데 도움이 되는 인공지능 코칭 서비스에 기꺼이 비용을 부담하려 할 것이다.

마지막으로 인공지능 감성 코치가 발휘할 독특한 능력을 하나 소개한다. 슈퍼사이트는 사람의 감정 상태를 분석하는 능력을 사용해 상대방의 미묘한 감정 신호를 증폭해서 보여줄 수 있다. 나를 포함한 MIT의 교수진처럼 감정적으로 무딘 사람들에게는 이 기능이 꽤 유용할 것이다.

하지만 이를 가장 필요로 하는 사람은 바로 자폐 스펙트럼 증세를 보이는 이들이다. 2013년 구글 글래스가 출시됐을 때, 신경과학자 비비안 밍Vivienne Ming은 이 장비를 활용하면 자기 아들처럼 자폐증에 걸린 아동들도 세상과 더 쉽게 상호작용할 수 있을 거라고 판단했다. 그래서 그녀는 자기 말대로 '미친 과학자'나 생각할 법한 일을 벌였다. 사람들의 표정을 분류하는 **슈퍼글래스**SuperGlass라는 앱을 직접 개발한 것이다.

이 앱을 테스트한 스탠퍼드의 연구자들은 이 시스템이 자폐증 아동의 감정 인식 능력을 강화하는 데 도움을 준다는 연구 결과를 발표했다. 또 밍의 연구팀은 이 앱이 아동들의 공감 능력을 기르는 데 효과적이라는 점도 알게 됐다. 물론 밍이 이 제품으로 아들의 자폐증을 '치료'하려는 것은 아니었다. 그녀는 이런 글을 썼다. "나는 내 아이만의 '멋진 차이점'을 잃어버리고 싶지 않았다. 슈퍼글래스는 아이의 특별한 경험과 보통 사람의 세계를 연결해 주는 도구에 불과하다. 이 앱은 내 아이에게 평평한 운동장을 만들어주기 위해 개발한 것이 아니라 내가 그에게 선물한 또 하나의 야구 배트일 뿐이다."

우리가 대인관계 코치를 신중하게 생각해야 하는 이유도 바로 이 때문이다. 증강현실은 사람의 행동을 일일이 지시하는 지침서나 치료제가 결코 아니다. 우리가 세상에 대한 이해력을 높이고 사회적 결속력을 강화하기 위해 사용하는 '도구'일 뿐이다. 따라서 이 장비가 우리의 대화나 행동을 미리 규정해서는 안 되며, 단지 우리가 더 좋은 습관을 기르고 풍부한 인간관계를 구축할 목적으로 활용하는 촉진제나 신호의 역할에 머물러야 한다.

3장

입다

패션, 쇼핑, 홈 디자인의 미래

두 번째 자아의 탄생

#필터　#아바타　#애니모지

인류는 거울이 발명되기 전부터 외모를 꾸미는 일에 집착했다. 의식이나 전쟁을 치르기 전에 가면을 쓰고, 얼굴을 색칠하고, 꽃으로 몸을 장식하는 행위는 자신의 정체성을 고결함, 용감함, 순결함 등으로 포장하기 위해서다. 본인의 달라진 외모를 확인하고자 하는 것은 인간의 오랜 욕망 중 하나다. '페이스 필터'로 특징지어지는 슈퍼사이트의 미래에는 그런 행위가 더 보편적이고, 즉각적이고, 활발하게 이루어질 것이다.

　새로운 기술의 발전에 따라 사람의 얼굴을 더 선명하게 비춰주는 장비들이 속속 등장해서 이른바 '허영의 혁명'을 탄생시켰다. 그리스 신화에 등장하는 사냥꾼 나르시스는 물에 비친 미소년을 보고 사랑에

이제 패션은 슈퍼사이트의 능력에 힘입어 자기표현의 극한을 달리는 시대로 접어들고 있다.

빠졌는데, 그 소년이 바로 자기 자신이라는 사실을 깨닫지 못했다. 사람들은 구리와 흑요석을 갈아 거울을 만들고, 어둡고 흐린 표면을 통해 얼굴을 비춰봤다. 인류가 발명한 최초의 금속 거울은 작고, 비싸고, 유독했다. 레바논과 베네치아에서 발굴된 기원후 1세기경의 거울은 주석 합금과 수은처럼 몸에 해로운 금속으로 만들어졌다. 이후 은도금 기술이 개발되자 사람들은 은으로 도금된 거울이 달린 가구 앞에 앉아 갖가지 물감과 가루를 동원해서 외모를 치장했다. 불행하게도 이 재료 중 상당수가 인체에 유해하다는 사실을 당시에는 알지 못했다.

인류는 본인의 얼굴을 선명하게 들여다볼수록 자기 눈에 비친 모습을 스스로 통제하는 데 더 많은 관심을 보이게 됐다. 셀프카메라의 문화는 대중의 눈에 투사된 자신의 정체성을 스스로 조작할 수 있는 기회와 기대감, 그리고 도구를 우리에게 선사했다. 심리치료 전문가 셰리 터클Sherry Turkle MIT 교수는 《두 번째 자아Second Self》라는 책에서 아이들이 온라인으로 창조한 본인의 페르소나를 이용해 자신의 정체성을 실험하고 특정 집단에 대한 친밀감(또는 거부감)을 나타내는 현상을 조명했다.

10대 청소년들이 만들어내는 '자기 원형原型'은 종종 너무 과격한 모습으로 발현된다. 미국에서 고스goth 스타일의 옷차림과 화장, 코 피어싱, 문신 등은 부모가 속한 집단에 속하기를 거부하고 어떤 종류의 권위로부터도 자유로워지겠다는 의사의 표현일 수 있다.

그에 반해 어른들은 다소 점잖게 본인을 표현하는 편이지만, 결국 외모를 통해 뭔가 신호를 보낸다는 점에서는 다를 바가 없다. 어떤 사람이 매일 선택하는 패션은 자신이 특정 집단에 소속되어 있음을 시사한다. 당신이 착용한 맵시 있는 블레이저는 촉망받는 직장인의 지위를 상징하고, 얼굴에 살짝 바른 복숭아색 볼터치는 당신이 이 시즌에 유행하는 색깔을 누구보다 잘 알고 있다는 사실을 드러낸다. 당신이 쓴 야구모자는 특정 학교나 스포츠팀, 또는 브랜드의 팬이라는 표시다. 내가 가장 선호하는 '브랜드 없는' 브랜드 역시 또 다른 형태의 집단의식을 드러내는 물건이다.

그런 의미에서 우리는 패션을 선택하면서 이미 실제의 세계에 증강현실을 덧입히고 있는 셈이다. 우리는 시대를 앞서간다는 느낌을 얻기 위해 머리를 박박 깎고, 맵시 있는 몸을 만들기 위해 털을 밀고, 모험심이 강한 사람으로 보이기 위해 고성능의 야외용 재킷을 입는다. 또 옷, 신발, 모발 관련 상품뿐만 아니라 헬스클럽, 단백질 셰이크, 성형수술, 다이어트 같은 곳에 수백 달러(또는 수천 달러)를 소비한다. 우리는 눈에 보이지 않는 내적 이미지, 그리고 사회로부터 부과된 외적 기대감에 따라 본인의 외모를 영구적 또는 일시적으로 바꾸거나 치장하기 위해 애쓴다.

슈퍼사이트는 단 한 가지의 특별한 방식으로 이런 만국 공통의 문화 현상을 영원히 바꿔놓고 있다. 우리의 몸을 일시적이고 순간적으로, 그리고 눈앞의 상황에 맞춰 그때그때 '증강'하는 것이다. 이렇게 자기를 바라보는 사람에 따라 각자 다른 모습을 보여주는 행위는 정체성 왜곡의 정점을 의미할 수도 있다.

슈퍼사이트를 통한 스타일 관리의 첫 번째 단계는 얼굴이다. **인스타그램**을 쓰는 사람이라면 본인의 얼굴에 증강현실을 덧입혀서 스스로 선택한 정체성을 불과 몇 초 만에 창조할 수 있다. 그 결과물을 친구, 친구의 친구, 심지어 낯선 사람들에게까지 공개할 수 있다. 우리는 증강현실 기술을 활용해 자신의 눈에서 불꽃이 반짝이고, 피부에 윤기가 흐르고, 입에서 무지개가 쏟아지는 장면을 연출하며 매번 새로운 버전의 우리 자신을 창조한다. 당신이 10대라면 하루에 15번이나 20번쯤 이런 일을 되풀이하고 있을 수도 있다.

머지않은 미래에는 이렇게 수정된 사진을 전송하는 것을 넘어 실제 세계에서 당신을 바라보는 사람들의 눈에도 창조된 얼굴을 보이게 할 수 있다. 필터를 통해 수정된 얼굴은 다른 사람들이 당신을 찍은 사진에도 그대로 반영되고, 증강현실 안경을 쓴 모든 사람의 눈에는 당신이 창조한 만화영화 같은 눈, 초록색 피부, 모호크 식의 헤어스타일이 보일 것이다. 또 당신이 증강현실 창문이나 거울 앞을 지나갈 때면 초록색 피부의 아바타 얼굴을 한 본인의 모습을 볼 수 있다.

모든 곳이 스마트 스크린과 디지털 거울로 도배가 된 세상에서는 필터를 통해 탄생한 수많은 얼굴 때문에 가장무도회에 참석한 느낌을 받을 것이다. 당신은 매일 가상의 옷장을 뒤져 자신을 좀 더 멋지게 표현해줄 만한 필터를 고른다. 꽉 끼는 바지나 값비싼 디자이너 의상을 굳이 사들일 필요 없이 잠옷만 입고 집을 나서도 문제가 없다. 옷도 증강현실로 투사할 수 있기 때문이다. 기분이 바뀌면 겉모습도 달라진다. 독설가처럼 날카로운 이미지를 강조할지, 아니면 부드러운 분위기를 표현할지 선택하는 것은 당신 마음먹기에 달렸다.

이런 세상에서는 모든 사람이 필연적으로 더 실험적인 외모를 추구할 것이다. 현실 세계에 투사되는 본인의 모습을 특정한 이미지로 고정하기보다, 만나는 사람에 따라 각자 다른 필터를 적용하는 것이다. 그렇다면 몇 시간마다 눈의 색깔을 바꾸고, 머리카락을 염색하고, 안경테의 모양을 바꿀 수는 없을까? 우리는 모든 사람이 남보다 더 뛰어난 외모를 얻기 위해 끊임없이 경쟁하는 세계로 진입했는지도 모른다. 더 반짝이는 눈, 더 높은 가발, 더 재미있는 모자, 더 다양한 색깔의 나비들. 디자인은 갈수록 대담해진다. 몸에 동물을 합성하고, 주위 환경에 반응해서 카멜레온처럼 색깔을 바꾸고, 에펠탑의 웅장한 모습이나 토네이도가 몰아치는 장면으로 배경을 장식한다. 그런 한편 사회의 한 구석에서는 이런 소비문화에 참여하기를 거부하고 평범함과 단순함을 추구하는 대항 운동도 생겨날 것이다.

당신이 소유한 가상의 옷장 역시 본인의 행동이나 감정에 대한 안팎의 피드백을 바탕으로 하루 내내 다이내믹하게 바뀔 것이다. 나는 가끔 회의에 참석하기 위해 회의실로 들어가면 나 이외에는 아무도 넥타이를 매지 않았다는 사실을 깨닫고 조심스럽게 넥타이를 풀 때가 있다. 슈퍼사이트의 세계에서는 당신이 직접 남들의 차림새를 관찰해서 의사결정을 내리는 대신 스마트안경이 분위기에 적합한 의상을 골라준다. 사람들의 관심이 당신에게 너무 많이 쏠린다 싶으면 다소 점잖은 옷을 입는 편이 나을 수 있다. 반면 아무도 당신을 주시하지 않는다면, 지금이야말로 남들의 이목을 끌만한 뭔가가 필요한 때일지도 모른다. 터빈 모양의 운동용 모자는 어떨까?

나는 인류가 이런 초超자기표현의 세계를 향해 달려가고 있다는 이론을 검증하기 위해 LVMH 그룹의 최고 디지털 책임자 이안 로저스Ian Rogers를 만났다. 이 회사는 루이비통, 펜디, 지방시, 디오르를 포함해 75개의 럭셔리 브랜드를 소유하고 있는 패션계의 어머니 같은 기업이다. 로저스는 이런 말로 패션의 미래에 관해 이야기했다. "증강현실은 우리의 삶을 크게 바꿔놓을 겁니다. 특히 패션이나 개인 정체성의 측면에서는 더욱 그렇죠." 그가 이끄는 팀이 소셜미디어의 동향을 조사한 결과 다양한 종류의 자기표현 도구가 갈수록 퍼져나가고 있을 뿐아니라 "가상의 세계에서든 실제 세계에서든 몸에 문신을 새기는 사람의 수가 급격하게 증가하는" 현상이 관찰됐다고 한다. "사람들은 자신만의 독자적인 정체성이나 지위를 원합니다. 하지만 그런 차별화는 주로 우리 문화의 일부로 자리 잡은 브랜드들 내에서 이루어지고 있습니다."

우리가 디지털 증강현실을 더욱 편안히 받아들일수록, 실제 세계에서도 자신의 정체성을 아날로그적인 방식으로 드러내고 싶은 욕구를 더 많이 느끼게 될 것이다. 아마 우리는 하루에도 몇 차례씩 옷을 갈아입게 될지도 모른다. 마돈나처럼 파티 석상에서 세 번씩 의상을 교체할 수도 있다. 물론 패션업계 입장에서는 손뼉을 치며 환영할 일이다. "옷을 대여해서 입으면 사람이 대담해지죠." 로저스는 이렇게 말했다. "본인의 안전지대를 벗어나 새로운 정체성을 실험할 수 있게 되니까요."

슈퍼사이트는 자신을 표현하는 방식, 그리고 남들의 눈에 비치는 방식을 근본적으로 바꿔놓을 것이다. 우리의 정체성이 그 옛날 거울을 만드는 데 사용됐던 수은처럼 유연해질 수 있다면, 당신은 어떤 사람이 되고 싶은가? 그리고 슈퍼사이트의 새로운 '상상력 엔진'은 패션산업의 발전 속도와 소비자들의 경험에 어떤 영향을 미칠까?

"거울아, 거울아. 세상에 누가 제일 이쁘나?"

#동화 #소매업의 재편

"거울아, 거울아, 세상에서 누가 제일 예쁘니?"

《백설공주》에 등장하는 여왕은 자신이 아름답다는 사실을 확인받기 위해 마법의 거울에 자아도취적인 질문을 하지만, 원하는 대답을 얻는 대신 그리 달갑지 않은 평가를 받게 된다. 마법의 거울에 탑재된 인공지능 카메라는 여왕의 얼굴 특성을 분석해서 벡터값을 계산한 다음 이를 무선통신으로 클라우드에 업로드한다. 신경 네트워크는 순식간에 그 데이터를 왕국 내 모든 여성의 얼굴과 일일이 대조한다. 거울의 분석 결과를 인정하지 못한 사악한 여왕은 그날 밤 백설공주에게 끔찍한 짓을 저질러 일곱 난쟁이를 슬픔에 빠뜨린다.

그런데 '말하는 거울'을 집에서 실제로 사용할 수 있게 된다면 어떻게 될까? 그리고 그 거울이 엄마가 선의로 해주는 말보다 훨씬 정직하고 객관적인 패션 조언을 들려준다면 어떨까? 당신은 "정말 멋져요!" 같은 상투적인 칭찬이 아닌 더 현실적인 평가를 거울에 원하게 될까? 아니면 거울이 당신의 자신감을 북돋아 주고 착각의 거품 속에서 살게 해주기를 바랄까?

우리는 앞 장에서 홈 트레이닝을 돕는 마법의 거울에 대해 살펴봤다. 최근에는 기술의 놀라운 발전 덕분에 거울의 활동 영역이 또 다른 실용적인(또는 허영심에 가득한) 분야로 급속히 확장되고 있다.

2004년 TEDMED(미국의 비영리단체가 주관하는 TED 강연 프로그램 중에서 건강 및 의학에 초점을 맞춘 연례회의 - 옮긴이) 콘퍼런스에 참가해서 욕실용 증강현실 거울에 대해 발표한 적이 있다. 이는 거울에 비친 사용자의 모습 위에 몸무게, 최근의 신체 활동, 심장 박동 수, 혈압, 그리고 특기 사항이나 문제점 같은 생체 측정 데이터를 겹쳐서 보여주는 장비였다. 이런 정보를 몸의 각 부위에 덧입혀서(가슴 부분에 맥박과 혈압 수치, 이마에 스트레스 수준, 팔과 다리 부위에 신체 활동 내력 등) 제공하면 사용자들에게 건강관리에 대한 의욕을 불러일으킬 수 있다는 것이 그날 내 발표의 요지였다.

실제로 욕실의 거울을 통해 매일 같이 피드백을 받게 된 사용자들은 심리적 차원에서 더 적극적으로 건강에 관심을 드러냈다. 하지만 요즘은 가정에 설치된 스마트거울이 의료나 건강에 관련된 피드백을 제공하고 날씨를 알려줄 뿐만 아니라, 그보다 훨씬 많은 일을 해내는 세상이 됐다. 그중에서도 대표적인 분야가 패션이다.

그로부터 몇 년 뒤에 나는 MIT 슬론 스쿨Sloan School의 석사 과정에 재학 중인 살바도르 니씨 빌코프스키Salvador Nisy Wilkowsky를 만나 그가 진행하는 프로젝트에 조언했다. 패션 업계 출신인 살바도르는 프라다, 디오르, 아르마니, 톰포드 같은 고급 브랜드의 매장들을 위해 새로운 형태의 거울을 제작하겠다는 비전을 품고 있었다. 우리는 텔아비브의 엔지니어 팀과 협업해서 고객이 입어보는 의상을 비교해, 고객이 좋아할 만한 품목들을 제안하는 **메모미**MemoMi라는 마법 거울을 개발했다.

당신이 새로운 옷을 입고 거울 앞에서 한 바퀴를 돌면 마법 거울이 360도 영상을 촬영한다. 여러 종류의 옷을 번갈아 착용하면 거울은 그 사진들을 화면에 나란히 배열해서 자신의 모습을 비교할 수 있게 해준다. 덕분에 어느 옷이 자기에게 가장 잘 어울리는지 확인할 수 있다. 다음에 다시 매장을 찾았을 때 지난번에 구매한 품목을 기억하는 거울은 더 나은 제품을 제안한다.

살바도르는 2015년 니만 마커스Neiman Marcus 백화점에 메모미의 첫 번째 버전을 설치해서 좋은 반응을 얻었다. 고객들은 이 마법 거울의 신기한 경험에 흠뻑 빠졌을 뿐만 아니라 거울이 찍어준 사진들을 친구와 가족들에게 보내 피드백을 얻었다. 덕분에 그들은 자신이 구매한 물건에 대해 한층 더 자신감을 갖게 됐다. 그 결과 이 매장에서 고객들이 구매한 물건의 반품률은 업계 평균인 25퍼센트에서 15퍼센트로 떨어졌다. 의류 업계의 고질적인 문제, 즉 고객 변심을 뜻하지 않게 해결한 것이다. 현재 살바도르는 메모미와 같은 이름의 스타트업을 세워 VR기술을 기반으로 한 스마트 거울을 생산하고 있다.

유니클로UNIQLO의 회장은 미국 패션 소매업체 전시회National Fashion

메모미 거울은 고객이 여러 종류의 의상을 착용한 모습을 서로 비교할 수 있게 해주고 옷 색깔도 바꿔준다.

에서 메모미의 데모를 보고 살바도르에게 자기 회사를 위해서도 인공지능 거울을 개발해 달라고 요청했다. 유니클로는 고객들에게 매우 다양한 색깔의 상품을 제공했기 때문에, 이 거울에는 새로운 버전의 알고리즘이 장착됐다. 새로 개발된 유니클로 인공지능 거울은 스웨터, 바지, 드레스 같은 제품들의 외형을 인식한 뒤에, 특정한 종류의 옷을 거울의 배경에 따로 비춰주고, 그 제품이 여러 가지 색깔로 바뀌는 모습을 보여주었다. 고객은 여러 가지 종류의 옷을 입어볼 필요 없이 거울 앞에서 손을 옆으로 쓸어내는 동작만 하면 자기가 입은 옷의 색깔이 바뀌는 모습을 확인할 수 있다.

그런데 잠깐, 당신이 선택한 옷이 자신에게 어울린다는 것을 객관적으로 어떻게 알 수 있을까? 어떤 옷이 '잘 맞는다'라는 것은 다분히 주관적인 판단이다. 얼마 전까지만 해도 컴퓨터비전이 그 판단을 대신할 수 있으리라고 생각한 사람은 별로 없었다. 하지만 신경 네트워크는 그동안 어떤 종류의 옷이 고객에게 너무 작거나, 너무 크거나, 꼭 맞는지 등의 평가를 포함해서 수만 건의 긍정적·부정적 사례를 바탕으로 훈련을 거듭해왔다. 그래서 이전보다 훨씬 정확한 의견을 제시할 수 있게 됐다.

그뿐만 아니라 증강현실 거울은 당신 몸의 형체를 정확히 반영한다. 적외선 투사 장비를 이용해서 몸의 치수를 세밀하게 측정한 뒤에 변화 과정을 추적하기 때문이다. 덕분에 당신은 늘 자신만만하게 멋진 스타일로 거리를 활보할 수 있다.

인공지능 거울이 사물을 보고 판단하는 능력을 갈고닦을수록 기업들은 패션, 의류, 뷰티 업계를 혁명적으로 바꿔놓을 새로운 서비스를 제공하게 될 것이다. 덕분에 그들은 고객 맞춤형 제품 분야에서 수십억 달러의 매출을 거둬들일 것으로 예상된다. 이 증강현실 거울들은 의류매장의 벽을 장식할 뿐만 아니라, 가정집이나 호텔의 객실에도 설치되어 고객의 신체를 3D로 스캔하고, 인지 컴퓨팅 서비스를 통해 정보를 분석한 뒤에, 당신에게 섬세하고 시의적절한 패션을 제안해 줄 것이다.

앞으로 무엇을 입을지 고민하는 일은 아침 일과에서 사라질지 모른다. 옷장 안에 무엇이 들어있는지 잘 알고 있는 인공지능 거울은 최신 유행, 날씨, 중요한 프레젠테이션 일정, 그리고 당신의 상사가 어떤 옷을 입었는지(그녀도 마법의 거울을 사용 중이다) 등의 변수를 두루 고려해서 가장 적합한 세 가지 옵션을 제시할 것이다.

또 마법의 거울은 소비자들이 옷, 신발, 액세서리, 화장품 등을 구매하는 방식을 완전히 바꿔놓을 것이다. 패션 기업이나 유명인들이 운영하는 사이트에서 스마트거울과 연동된 앱을 다운로드하고 본인의 체형, 취향, 욕구 등에 따라 맞춤형으로 제공되는 스타일 조언이나 쇼핑 추천을 받을 수 있다. 가령 H&M이 제안하는 '올해의 여름휴가를 위한 상품'이나 비욘세의 워크 잇 아웃Work It Out 헬스클럽 제품은 어떨까? 당신에게 이런 제품들을 추천하는 앱들의 수익 모델은 '매출 공유'다. 즉 앱이 추천한 제품을 고객이 구매하면 그 매출액의 일부를 앱이 가져가는 방식이다.

새로운 시대의 인플루언서들도 당신의 드레스 룸을 찾을 것이다. 유명 블로거나 인스타그램 스타들은 온라인 동영상으로 최신의 트렌드를 설명하는 데서 한 걸음 더 나아가 각 가정의 스마트거울에 등장해서 오늘 입기로 마음먹은 옷에 대해 솔직한 조언을 들려준다. 유튜브에서 화장 기법을 강의하던 스타들은 온라인 거울을 통해 화장법 강의를 판매하게 될 것이다. 또는 뉴욕 패션스쿨의 학생들이 당신에게 어울리는 색깔을 조언할지도 모른다.

패션 브랜드의 진정한 성장을 위해서는 전통적인 유통 전략을 새롭게 혁신하는 방안을 구상해 볼 필요가 있다. 소위 플래그십 스토어 flagship store라고 불리는 브랜드 전용 매장들은 물건의 가격이 너무 비싸다 보니 헬스클럽이나 길모퉁이의 카페에 비해 찾는 사람이 적다. 플래그십 스토어 대신에 고객에게 가상의 옷 입기 경험을 제공하는 마법의 거울을 자사의 매장들과 호텔 스위트룸, 레스토랑, 콘서트홀의 로비, 가정집 같은 곳에 비치하면 어떨까? 만일 대형 패션 브랜드들이 이런 전략을 신속히 채택하지 않는다면, 패션 왕국에서 '가장 예쁜 여왕'의 영예는 자본력 풍부한 스타트업들이 차지하게 될 것이다.

새로운 스마트거울 기술의 핵심은 소비자들에게 더 쉽고 풍부한 자기표현의 옵션을 제공하는 데 있다. 다만 선택지가 많다는 것이 꼭 좋은 일은 아니다.

선택과 소유의 딜레마에서 탈출하다
#버추얼 트라이온　#맞춤 문제 해결하기

안경을 판매하는 매장에 들어서면 진열장 안에 수없이 늘어선 각양각색의 안경테가 말 그대로 '얼굴을 덮친다.' 갖가지 재질, 모양, 크기의 제품들은 저마다 나를 한 번만 써보라고 유혹한다. 문제는 그중 90퍼센트가 나에게 어울리지 않는다는 것이다. 어떤 안경테는 얼굴을 온통 덮어버린다. 어떤 안경테는 널찍한 미간 사이에서 실종되어 버린다. 고전적인 스타일의 레이밴은 내 모습을 할아버지처럼 바꿔놓는다. 저 조종사용 안경테는 어떨까? 나는 톰 크루즈가 아니다.

안경은 개성과 스타일을 보여주는 물건이기 때문에, 무엇을 사야 할지 결정하는 일은 결코 쉬운 작업이 아니다. 안경은 적어도 2~3년간 얼굴 위에 올라앉아 세상 사람들과 나눌 대화의 중심을 차지하게 될 도구이자 패션 아이템이다. 그렇다면 수많은 선택지의 범위를 어떻게 축소해서 가장 적합한 상품을 고를 수 있을까?

행동경제학자 배리 슈워츠Barry Schwartz 와튼 스쿨 교수는《점심 메뉴 고르기도 어려운 사람들The Paradox of Choice: Why More Is Less》에서 선택의 역설paradox of choice이라는 개념을 제시했다. 슈워츠 교수는 쇼핑객들이 선택의 폭이 넓을 때보다 오히려 좁을 때 더 행복해한다고 말했다. 특히 그의 유명한 '샐러드드레싱' 연구는 소비자들에게 더 적은 종류의 옵션이 제시됐을 때 구매 확률이 더 높아진다는 사실을 입증하고 있다. 너무 광범위한 선택지는 혼란을 일으킬 뿐이다. 그런 점에서 슈퍼사이트는 수많은 종류의 제품을 일일이 검토해야 하는 복잡함을 줄여주면서도 잘 맞고 어울리는 제품을 제안함으로써 선택의 역설 문제를 해결할 것이다.

내가 **와비 파커**에서 근무할 때 팀원들과 함께 개발한 버추얼 트라이온virtual try-on, VTO은 소비자들이 스마트폰이라는 가상의 환경에서 안경을 시험 착용할 수 있게 해주는 슈퍼사이트 기반의 서비스다. 아이폰에 탑재된 고성능 3D 카메라는 사용자의 얼굴에 4만 개의 적외선 점을 투사해서 그의 신분을 1초 안에 판독한다.

우리 팀은 아이폰의 트루뎁스TrueDepth 카메라가 판독한 결과물을 사용자 얼굴의 위상 배치적 특성(동공 거리, 콧등 높이, 광대뼈의 형태 등)과 대응시키는 방식으로 사용자에게 가장 잘 어울리는 안경들을 제안하는 앱을 개발했다. 말하자면 아이폰 사용자들이 전화기를 잠금 해제하는 데 사용하는 안면 분석 기술을 선택의 역설이라는 소비자 문제를 해결하는 데 활용한 것이다.

우리는 와비 파커의 추천 기능을 최적화하기 위해 먼저 기존 고객들이 구매한 제품들과 그들이 시험 착용한 뒤에 구매를 포기한 제품들의 데이터를 활용했다. 당시 와비 파커는 소비자들이 자사의 제품을 집에서 시험 착용할 수 있도록 다섯 개의 안경테를 무상으로 배송해주

와비 파커의 '파인드 유어 핏(find-your-fit)' 앱은 사용자의 얼굴 형태를 1초 안에 스캔해서 본인에게 가장 잘 어울리는 안경테를 제안한다. 우리는 VTO 서비스를 출시하기 1년 전에 이 측정 및 추천 도구를 먼저 개발했다.

는 프로그램을 운영 중이었기 때문에, 개발에 필요한 훈련용 데이터는 이미 충분했다.

우리가 진행한 실험의 핵심은 여러 종류의 신경 네트워크가 각기 조화를 이루어 저마다의 역할을 담당하게 하는 데 있었다. 첫 번째 네트워크는 얼굴의 모양과 안경테의 모양을 최적화했고, 두 번째 네트워크는 고객의 머리 형태와 안경테가 어울리는지를 분석했으며, 세 번째 네트워크는 얼굴의 피부색과 안경테의 재질을 비교해서 평가했다. 이렇게 여러 종류의 인공지능이 협업해서 종합적인 판단을 내리기 때문에, 우리는 고객들에게 멋진 스타일의 안경을 제안할 수 있을 뿐만 아니라 어떤 안경이 '왜' 고객에게 어울리는지(또는 어울리지 않는지)를 설명할 수 있게 됐다.(여러 신경 네트워크를 종합적으로 활용하는 방법은 인공지능의 논리를 사용자들에게 '설명해야 하는 문제'를 해결해주었다. 기계학습의 알고리즘을 이해하지 못하는 사람에게 인공지능의 작동 원리는 그저 '블랙박스'일 뿐이다.)

우리가 출시한 VTO 서비스는 선풍적인 인기를 끌었다. 이 서비스는 전자상거래에 증강현실 기술을 도입해서 성공한 최초의 사례였다. 와비 파커는 2019년 패션 및 뷰티 분야의 웨비상Webby Awards 을 받았고, 단기간에 놀라운 투자 수익을 거둬들였다. 또한 신기술

와비 파커의 버추얼 트라이온(VTO) 시스템. 이 앱이 추천한 가상의 안경테와 똑같은 형태의 실제 안경테를 착용한 뒤에 내 얼굴에 잘 어울리는지 확인하고 있다.

에 열광하는 IT 마니아들뿐만 아니라 와비 파커의 매장을 한 번도 방문해 본 적이 없는 시골 지역 거주자 같은 새로운 고객층을 끌어들이는 데 일조했다. 앱을 다운로드하는 사용자도 크게 늘어서, 한 달에 수백만 명이 스마트폰을 통해 가상의 환경에서 안경을 시험 착용했다. 와비 파커 매장에서 근무하는 직원들은 VTO 서비스 덕분에 본인의 선택에 자신감을 보이는 고객이 부쩍 늘어났다고 입을 모았다. 손님들

은 매장에서 예전보다 훨씬 적은 숫자의 안경을 쓰고도 확신을 갖고 구매 결정을 했고, 반품도 적게 했다. 그중에서도 가장 놀라운 소식은 실물 안경 샘플을 다섯 개 보내주는 와비 파커의 재택 시험 착용home try-on 서비스를 신청하지 않고, 앱을 통해서만 안경을 주문하는 고객이 늘었다는 것이다. 인스타그램에서 물건을 보지 않고 20달러짜리 티셔츠를 주문하는 일과, 향후 몇 년간 매일 얼굴 위를 장식하면서 본인의 정체성을 좌우하게 될 안경을 써보지도 않고 구매하는 것은 전혀 다른 얘기다.

와비 파커의 사업이 성장함에 따라, 뉴욕의 록펠러 센터처럼 사람이 많이 몰리고 임대료가 비싼 미국의 수백 개 도시로 매장들을 확대하는 문제가 회사의 주요 관심사로 떠올랐다. 이런 도심 지역에서는 매장의 영업시간이 끝난 뒤에도 수많은 잠재 고객이 쇼윈도 앞을 지나다니기 때문에, 나는 매장의 유리창에 VTO 서비스의 개념을 통합시킨 특별한 디스플레이를 만들어야 한다고 생각했다. 그래서 우리 팀은 VTO 앱을 개발할 때 활용했던 안면 스캐닝이나 데이터 마이닝, 그리고 증강현실 투사 기술 등을 이용해서 매장의 쇼윈도 앞을 지나다니는 사람들에게 본인의 얼굴에 어울릴만한 다섯 종류의 안경테를 추천하는 디스플레이를 제작했다. 행인들이 한발짝씩 걸음을 옮길 때마다 서로 다른 안경테가 쇼윈도에 하나씩 나타났고 그 모든 제품이 잠재 고객들의 얼굴과 완벽하게 어우러졌다. 컴퓨터비전 시스템이 그들의 동공 거리와 얼굴 넓이를 3D로 측정하고 얼굴형과 색깔에 맞는 안경테를 찾아준 덕분이었다.

가상의 제품을 적절한 위치에 공간적으로 투사해서 소비자들에게 시험 착용의 경험을 제공하는 이런 앰비언트 커머스Ambient Commerce(물리적 환경과 온라인 환경을 결합하여 고객에게 새로운 쇼핑 경험을 제공하는 것-옮긴이) 서비스는 머지않아 수많은 매장의 쇼윈도를 장식하게 될 것이다. 특히 고객의 신체 위에 이미지를 덧입혀 비춰주는 제품들의 경우에는 그런 현상이 더욱 가속화될 것이다. 뉴욕 시 5번가에 자리 잡은 카르티에 매장에서는 한 달에도 수백만 명이 쇼윈도 앞을 지나다닌다. 그래서 매장 관리자들은 혹시라도 모를 범죄의 위험에 대비하기 위해 값비싼 브로치나 목걸이는 아예 진열대에서 치워버리는 길을 택했다. 그러나 증강현실 기술을 이용하면 영업시간 이후에 매장 앞을 왕래하는 행인들에게도 이곳에서 판매하는 다양한 보석을 그들의 몸에 착용한 모습을 쇼윈도에 비춰줄 수 있다.

안경 업계뿐만 아니라 다른 여러 산업 분야에서도 '맞춤'의 문제를 해결하기 위해 고심하고 있다. 매장의 선반 위에서 아무 생각 없이 옷을 집어 든 뒤에 가슴 부위가 너무 작아 입을 수 없다는 사실을 나중에야 깨달은 적이 얼마나 많은가? 아니면 인터넷에서 의류를 구매하고 낭패를 본 적은? 사람들은 어떤 옷이 자신에게 얼마나 잘 어울릴지 추측하는 데 놀라울 정도로 서투르다. 이는 의류 기업들 입장에서 매우 비싼 비용을 치러야 하는 문제다.

전미소매업협회National Retail Federation가 발표한 통계에 따르면 미국인들은 2019년 한 해 동안 무려 2600억 달러에 달하는 물건을 반품했다. 이는 전체 구매 금액의 8퍼센트에 달하는 수치다. 앞에서 언급했던 LVMH 그룹의 임원 이안 로저스는 디오르, 펜디, 구찌 같은 럭셔리 브랜드도 전체 판매량의 30퍼센트에서 50퍼센트에 달하는 반품률로 인해 골치를 앓고 있다고 털어놓았다. 몸에 잘 맞는 옷을 구매하는 것은 누구에게나 쉽지 않은 일이다.

반품은 환경보호에 막대한 지장을 주고 지속가능성에도 부정적인 영향을 미친다. 반품 건이 발생하면 일단 물건을 처리 센터로 운송해야 한다. 그 물건을 재판매한다 해도 이를 세척하고, 일회용 비닐에 다시 포장하고, 배송하는 작업을 거쳐야 한다. 반품된 온라인 판매 제품 중 10퍼센트는 소각되거나 다른 곳에 기증되며, 나머지 50억 톤의 직물 더미는 쓰레기장에서 생을 마감한다. 만일 우리가 몸의 다른 부위(발, 손목, 손가락 등)도 VTO처럼 정확히 측정하는 도구를 개발한다면 몸에 더 잘 맞고 스타일도 멋진 제품을 소비자들에게 제안함으로써 쓰레기와 반품을 줄일 수 있을 것이다. 이는 환경을 포함한 우리 모두에게 승리를 안겨주는 게임이다.

슈퍼사이트 기술을 이용해서 고객 반품을 줄이는 일에 적극적으로 뛰어든 선구자 중의 하나가 **조조**ZoZo다. 이 회사의 설립자 마에자와 유사쿠前澤友作는 일본의 의류 시장을 주도하는 패션에 민감한 젊은이들을 겨냥해 조조타운Zozotown이라는 온라인 패션 쇼핑몰을 설립해서 억만장자가 됐다. 이 회사는 고객의 '맞춤' 문제를 해결하기 위해 탁구공 모양의 흰색 점으로 뒤덮인 유니타드unitard(몸통에서 발목 끝까지 가리는 몸에 꼭 끼는 옷 – 옮긴이)를 개발했다. 그리고 이 옷을 인식부호 의복fiducial suit이라고 불렀다. 영화 〈반지의 제왕The Lord of the Rings〉에서 골룸 역할을 맡은 배우가 껴입었던 옷과 비슷하다. 고객이 이 옷을 착용하면 컴퓨터비전이 신체 구석구석을 정확히 측정해서 이 데이터를 제품 판매를 위한 고객 프로필로 활용한다. 이런 신체 측정 기술 덕분에

조조슈트(Zozosuit)는 컴퓨터비전 기술로
'맞춤 문제'를 해결하기 위해 고객에게 점
박이 무늬가 박힌 유니타드를 보내준다.
고객이 이 옷을 착용하고 카메라 앞에서
한 바퀴를 돌면 신체 수치가 디지털 데이
터로 변환된다.

주문하는 의상이 몸에 완벽히 들어맞는다면 얼마나 꿈같은 일일까!
조조가 맞춤 문제를 해결한 방법은 다음과 같다. 조조는 우선 고객에
게 측적용 의상을 무료로 배송한다. 고객은 이 옷을 입고 스마트폰 앞
에 서서 카메라가 전신을 360도 각도에서 모두 촬영할 때까지 30도
씩 방향을 틀며 한 바퀴를 돈다. 이제 조조의 시스템은 고객의 3D 신
체 모델을 보유하게 됐고 '맞춤' 문제(그리고 반품 문제)도 깨끗이 해결
됐다.

　조조의 사례처럼 쓰레기를 줄이고, 제조업자와 소매업자들의 비용
을 절약해 주고, 소비자들의 쇼핑 경험을 간소화하기 위해서는 고객
에게 신체 측정을 위한 새로운 도구를 제공해야 한다. 구매한 모든 제
품이 자기 몸에 잘 어울리면, 고객은 더 많은 물건을 사들이게 될 것이
다. 그런데 그것들을 어디에 보관해야 할까?

인공지능 옷장과 예측 알고리즘

#주관적 신경 네트워크

나는 매년 코펜하겐 인터랙션 디자인 스쿨Copenhagen Interaction Design Institute에서 '마법에 걸린 사물'이라는 주제로 워크숍을 여는데, 항상 런던 출신의 마술사 아드리안 웨스터웨이Adrian Westaway를 수업에 초대한다. 아드리안과 나는 학생들에게 마술의 역사와 몇 가지 마술 기법을 가르쳐준 뒤에 이런 숙제를 낸다. 이케아IKEA를 방문해서 '마법의 가구' 시제품을 제작할 것! 학생들은 평범한 품목(커튼, 탁자, 전등, 찬장 등)을 대상으로 머리를 짜내기 시작해서 결국 삶의 필요와 욕구를 충족하는 신기한 마법의 제품들을 만들어낸다.

학생들이 제작한 시제품 중에는 멋진 작품이 많았다. 그중에서도 지난 몇 년간 내 마음을 사로잡았던 물건으로는 사용자의 흡연, 운동, 식습관 등을 바탕으로 사용자의 미래 모습을 예측하는 마법의 거울, 사용자의 현재 행동(소파에 앉아 독서하고, 청소하고, 낮잠을 자고)에 따라 조명의 밝기와 빛깔을 바꿔주는 로봇 램프, 아마존 사이트와 연계해서 호텔의 미니바처럼 알아서 재고를 보충하고 사용자가 소비한 물품에 자동으로 비용을 청구하는 주방 수납장 등이 있었다.

사용자에게 꼭 맞는 옷을 추천하는 기술과 빅데이터 예측 알고리즘이 결합해 탄생한 혁신적 아이디어 중 하나가 인공지능이 스스로 옷을 보충하는 옷장이다. 이제 당신은 몸에 맞는 재킷을 고르기 위해 쇼핑몰에서 발품을 팔거나, 온라인 쇼핑몰에서 크기와 색깔이 잘못된 셔츠를 배송받고 난감해할 필요가 없다. 당신의 옷장은 주인의 신체 치

146

수와 과거 즐겨 입었던 옷에 대한 데이터를 바탕으로 꼭 맞는 옷을 자동으로 주문한다. 마치 영화 〈클루리스Clueless〉에 나오는 쇼핑 중독자를 떠올리게 하는 이 개념은 기업의 비즈니스 모델과 소비자들의 쇼핑 방식에 일대 전환을 불러올 새로운 트렌드를 탄생시켰다. 바로 **예측의 경제**predictive economy다.

디지털 기반의 개인화 쇼핑이라는 새로운 트렌드를 주도하는 선두 주자는 **트렁크 클럽**Trunk Club이나 **스티치 픽스**Stitch Fix 같은 회사들이다. 이들은 시장에서 놀라운 실적을 거두고 있다. 스티치 픽스는 2017년 주식시장에 상장하기 전 이미 10억 달러 가까운 매출을 달성했다. 그때까지 그들이 투자받은 금액은 5000만 달러에도 미치지 못했다. 이 회사들은 고객들의 패션 취향을 미리 파악한 뒤 그들이 구매를 원할만한 제품을 예측해 발송하는 서비스를 운영한다.

스티치 픽스의 서비스가 어떻게 이루어지는지 살펴보자. 먼저 신체 사이즈, 좋아하는 색깔, 의복의 용도(출근용인가요, 나들이용인가요?) 등 시스템이 던지는 몇몇 기본적인 질문에 답하고, 특별히 선호하거나 싫어하는 점(가령 몸의 특정 부위를 노출하거나 가려야 한다는 등)이 무엇인지 입력한다. 그리고 시스템이 견본 삼아 보여주는 몇몇 의류에 '좋아요' 또는 '싫어요' 버튼을 눌러 취향을 밝힌다. 답변 과정이 완료되면 회사는 이 결과를 바탕으로 다섯 벌의 옷을 배송한다. 그 옷들을 착용한 뒤에 구매를 원하는 제품에 대해서만 대금을 결제한다.(이미 지불한 스타일링 비용 20달러는 옷값에서 뺀다.)

스티치 픽스는 사세가 성장하면서 '데이터 과학data science을 회사라는 직물에 짜 넣기'(그들의 디지털 전략 '알고리즘 투어'를 설명하는 문구에 이

아마존의 에코 룩 서비스는 주관적 신경 네트워크를 통해 소비자에게 어울리는 스타일을 추천하고 그날그날 착용할 옷을 골라준다.

런 표현이 나온다) 시작했다. 이 회사가 판매하는 모든 옷에는 10여 가지의 범주에 해당하는 꼬리표가 붙어 있다. 스티치 픽스는 고객에게 추천할 옷의 범위를 좁히기 위해 먼저 스타일링 설문지의 데이터를 활용해서 회사의 창고에 보관 중인 제품 중 그 기준에 맞는 물건을 찾아낸다. 그리고 최근에 유행하는 제품이나 해당 고객과 비슷한 프로필의 사람들이 즐겨 입는 옷에 대한 데이터도 계산에 넣는다.

구매를 원하지 않아 회사로 돌려보내지는 제품은 해당 고객에 관한 개인 알고리즘에 반영해 추후 마음에 드는 옷을 배송받을 확률을 높일 뿐만 아니라, 다른 사람들의 알고리즘을 훈련하는 소재로 사용된다. 이는 소비자들에게도 유리하지만 스티치 픽스에게도 매우 이득이다. 언젠가는 다섯 벌 중 한두 벌이 아니라 네 벌을 구매하게 될지도 모르기 때문이다.

아마존도 이런 예측 알고리즘을 사용 중이다. 사실 나는 이 회사가 2007년 출시한 아마존 에코 룩Amazon Echo Look이라는 서비스에 대해 조금 회의적이었다. 소비자에게 가장 잘 어울리는 의류를 추천한다는 이 서비스는 고객이 선호하는 스타일의 지속성과 민감도를 실험할 목적으로 출시됐다. 당신이 여러 벌의 옷을 번갈아 착용한 사진을 찍어 시스템에 전송하면, '주관적 신경 네트워크'(직관, 본능, 기호, 느낌 등에 따라 판단을 내리는 시스템을 말한다. 그런데 이 판단 기준들은 대개 인간만이 소유한 특성 아닌가)가 최근 유행하는 패션을 고려해서 그중 당신에게 가장 잘 어울리는 옷이 무엇인지 점수 형태로 제안한다.(주관적 신경 네트워크는 딥러닝 기술을 바탕으로 작동하지만, 이 인공지능의 논리는 일반인이 이해하기가 어렵다.)

스티치 픽스의 서비스 모델은 고객이 실제로 착용한 옷에 대해서만 돈을 지불하고 몸에 맞지 않는 옷은 회사의 비용으로 돌려보낼 수 있는 옵션을 제공한다. 당신이 미래에 사용할 옷장도 이와 비슷한 방식으로 작동할 것이다. 옷장이 알아서 옷을 주문하면 당신은 슈퍼사이트 기술을 활용해서 제품을 사용한 만큼만 값을 치른다. 자동차나 현관에 달린 카메라가 당신이 집 밖에서 새로운 재킷을 착용했다는 사실을 감지하는 순간 당신의 신용카드로 하루치 사용료가 결제되는 방식이 될 것이다.

소액 결제 기반의 예측 소비 모델은 패션과 전혀 다른 분야에 도입되어 이미 활발하게 쓰이고 있다. 가령 호텔의 관리자들은 고객의 취향을 예측해서 객실의 미니바를 미리 채워놓는다. 당신이 미니바 안의 물건을 이동시키면 센서가 자동으로 작동해서 비용을 청구한다. 호텔 시스템은 당신 근처에 술, 짭짤한 감자칩, 견과류, 초콜릿 따위가 보인다면 당신이 '어떤' 가격을 치르고라도 이를 먹거나 마실 거라는 사실을 잘 알고 있다. 호텔 로비까지 내려간 사람이 굳이 스니커즈 한 개에 6달러를 주고 사지는 않겠지만, 그 초콜릿바가 방 안의 TV 바로 아래에 놓여있다면 얘기가 다르다. 호텔 대기업들은 자사 호텔에 반복적으로 투숙한 고객들의 정보를 파악하고 있으므로, 요령 있는 업체는 손님들의 선호도 데이터를 사고팔거나 공유해서 고객의 개인 취향에 따라 객실에 비치할 물건을 그때그때 바꾼다. 호텔 단골이라면 방 안에 들어서는 순간, 좋아하는 맥주, 견과류, 초콜릿 따위가 미니바에 들어 있는 모습을 발견할 것이다. 지난번 이 호텔에 두 차례 묵었을 때 로비의 바에서 맛있게 들이켰던 빈티지 와인이 있었다고? 다음에는 그 와인 병이 객실 안에서 기다리고 있을 것이다.

이런 미니바 서비스를 패션에 적용한 것이 '예측 옷장' 모델이다. 이 서비스는 빅데이터에서 도출된 통찰, 날씨나 특별한 일정 같은 전후 상황에 대한 이해, 그리고 사후 바인딩late binding(고객에게 먼저 가치를 제공하고 금융적 거래는 나중에 마무리하는 모델) 방식의 비즈니스 모델이 결합한 결과물이다. 하지만 기업들이 이런 서비스를 운영하기 위해서는 디자인 측면에서 아직 해결해야 할 숙제가 많다. 어떤 종류의 서비스를 통해 얼마나 많은 옷을 옷장에 미리 준비해야 할까? 옷은 얼마나 자주 배송해야 할까? 매일, 매주, 매달? 고객들은 비용이 발생했을 때 어떤 식으로 가격을 치르기를 원할까? 신규 제품이나 서비스가 새로 등장했을 때는 늘 그렇듯이, 이런 질문들에 대한 대답은 고객 인터뷰, 시제품 출시, 테스트, 그리고 일부 스타트업의 실패 등을 거치면서 점차 이루어질 것이다.

또 슈퍼사이트는 제품에 대한 피드백을 고객이 별점을 매기는 방식에서 그냥 미소를 짓기만 하는 것으로 바꿔놓을지도 모른다. 소매점에 설치된 카메라(또는 슈퍼사이트 안경)는 당신이 옷이나 액세서리 앞에서 무의식적으로 드러내는 미세한 표정의 변화를 감지하도록 훈련받는다. 심지어 다른 사람들이 당신이 옷을 입은 모습에 어떻게 반응하는 지도 분석한다. 카메라와 연동된 신경 네트워크는 피드백을 바탕으로 다음번 당신에게 어떤 옷을 추천해야 하는지 재훈련한다. 당신은 거울에 비친 본인의 모습에 만족해서 살짝 미소를 지을 수도 있다. 하지만 가족들은 어떻게 생각할까? 동료들은 당신이 신고 출근한 신발을 보고 뭐라고 말했나? 그냥 눈썹을 치켜올렸나? 이런 신호들은 자동으로 취합되어 당신이 착용한 옷에 대한 종합적인 피드백을 이루고, 다음번 배송될 옷을 결정하는 데 정보를 제공한다.

궁극적으로 '예측 옷장'은 소비자들이 옷을 '소유'할 필요 없이 그냥 빌려 입게 할 것이다. **렌트더런웨이**Rent the Runway의 수백만 고객은 이미 이런 서비스를 이용 중이다. 기업 가치가 10억 달러가 넘는 이 회사는 고객들에게 단기간이나 일회성으로 의상을 빌려준다. 올여름에 있을 사촌의 결혼식을 위해 저 아름다운 옷을 구매가의 10퍼센트로 빌려 입고, 싫증이 나기 전에 반납한다고 상상해 보라. 소비자들은 항상 최신 유행에 어울리는 의복을 착용할 수 있을 뿐 아니라 온라인에서 싸구려 옷가지들을 구매하는 비용을(그중 50퍼센트는 1년 안에 버려지는 것으로 추정된다) 아낄 수 있다.

물론 '대여의 경제'가 떠오르더라도 빌린 옷을 반납하는 일처럼 환경적인 문제가 전혀 없는 것은 아니다. 의류 대여 업체에 옷을 반납하면, 회사는 이를 센터로 배송하고 세탁이나 드라이클리닝 작업을 거친 다음 재포장을 해서 다음번 고객에게 배달해야 한다. (렌트더런웨이는 세계에서 가장 규모가 큰 드라이클리닝 시설을 가동 중이다. 그들은 이곳에서 한 시간에 2000벌의 의류를 작업한다.) 하지만 대여한 옷을 돌려보내는 것은 버리는 일에 비해 훨씬 바람직한 행동이다.

옷을 소유할 필요가 없다면 보관할 필요도 없다. 옷장은 대여 서비스를 통해 추천받은 다음번 옷만 보관하면 그만이기 때문에 굳이 공간이 넓지 않아도 상관없다. 당신이 다니는 헬스클럽에는 늘 운동용 옷이 비치되어 있고, 사무실에서는 여러 벌의 근무용 복장이 제공된다. 당신이 데이트에서 입을 옷은 그녀를 만나러 출발하기 몇 분 전에 집으로 배달된다. 더 이상 옷을 세탁할 필요도 없다. 세탁할 옷이 담긴 바구니는 페덱스의 배달 드론이 싣고 물류 센터로 날아가고, 다음번에 입을 옷도 당신의 작은 옷장 속으로 곧장 배송된다.

이제 대화의 폭을 살짝 넓혀 슈퍼사이트가 어떻게 인테리어 디자인 분야를 바꿔놓을지 살펴보기로 하자.

맥락을 이해한다는 것
#상황 주도적 매개변수 설계

거실에서 사용할 팔걸이의자를 구매한 뒤에, 배달된 의자의 폭이 현관문보다 몇 센티미터 넓다는 사실을 뒤늦게야 깨닫고 난감해했던 경험이 누구에게나 한번은 있을 것이다. 우리가 안경이나 옷을 사들이는 과정에서 겪고 있는 문제는 인테리어 분야에도 똑같이 일어난다.

예를 들어 페인트 상점에서 고객들에게 보여주는 색상 견본만으로는 그 색을 집 욕실에 칠했을 때 어떤 모습이 될지 정확히 예상하기가 어렵다. 가로세로 3센티미터 크기의 사각형 견본에서는 완벽해 보였던 연한 파란색이 정작 벽에 칠하면 너무 어둡거나 밝은색으로 둔갑하기 일쑤다. 전문가조차 특정 색상의 견본이 실제 상황에서는 어떤 색깔을 연출할지 예상하는 데 종종 어려움을 겪는다. 그래서 요령 있는 인테리어 디자이너는 페인트를 다섯 통쯤 구매해서 거실에 일일이 칠해본 다음 최종적으로 색을 선택하는 방법을 쓴다. 왜 사람의 두뇌는 색깔 하나도 제대로 추론하지 못하는 걸까?

더 어려운 일은 따로 있다. 눈을 감고 현재 앉아 있는 방에서 가구, 조명, 커튼, 양탄자 등을 모두 들어낸 장면을 상상해 보라. 그리고 선호하는 실내 장식 스타일(가령 19세기 중반의 고전 양식)을 선택해서 소파, 의자, 거울, 양탄자, 조명, 책상, 벽에 거는 그림 등을 모두 새로 들여온다고 가정해 보라. 만일 이런 식으로 방을 새롭게 디자인하는 데 1만 달러의 비용이 든다면, 상상한 방의 모습과 실제의 모습이 정확히 일치할 거라고 확신하고 그 물품들을 자신 있게 주문할 수 있을까? 나라면 절대 불가능할 것 같다.

우리는 데 쿠닝(de Kooning, 네덜란드 태생의 미국 추상표현주의 화가 - 옮긴이)의 그림이 거실 벽에 걸렸을 때 어떤 장면이 연출될지, 또는 정원용 가구가 뒷마당의 담장 색깔과 잘 어울릴지 즉시 알고 싶어 한다. 하지만 사람들 대부분은 마음속에서 특정한 장면을 시각화하는 데 필요한 공간적 훈련이나 창의력이 부족하다. 그러나 이제는 슈퍼사이트의 도움에 힘입어 그런 결점을 극복할 수 있다. 새로 구한 소파가 현관문을 통과할지 여부도 가구 배달원이 땀을 뻘뻘 흘리며 고생하기 전에 알 수 있다.

미술품을 한 점 구매한다고 생각해 보자. 그림이란 평평하고 고정된 벽면에 걸리는 평평하고 고정된 모양의 물체다. 언뜻 보기에는 이를 선택하는 일이 꽤 간단할 것 같다. 하지만 자신이 칠한 살짝 다른 색감의 회색 페인트가 방안 전체의 분위기를 뜻하지 않게 바꿔놓을 거라고 예상치 못한 사람이라면, 크기도 꽤 크고 색깔이 다채로운 저 그림으로 인해 어떤 사태가 빚어질지 제대로 내다볼 수 있을까?

온라인으로 그림을 판매하는 것은 악명이 높을 정도로 어려운 일이다. 컴퓨터 스크린만으로는 소비자의 감성을 자극하기가 쉽지 않다. 게다가 벽난로 앞에 앉아 있을 때도 막상 그 그림을 벽난로 위에 걸었을 때의 모습을 상상하기란 더욱 어렵다. 저 그림의 실제 색깔은 어떨까? 대체 82cm×40cm×50cm란 얼마나 되는 크기를 말하는 걸까?

아트씨ARTSEE 앱은 증강현실 기술을 바탕으로 특정한 그림이 당신이 선택한 벽에 실제의 크기로 걸린 가상의 장면을 보여준다. 특이한 무늬의 소파 바로 위쪽이든, 고양이가 발톱으로 긁어낸 조각품 옆이든 상관없다. 다시 말해 이 앱을 사용하면 저 추상화가 우리 거실에 너무 크거나 작지는 않은지, 기존의 가구들과 잘 어울리는지, 미리 판단할 수 있다. 그런데 스마트폰 화면으로 감상한 그림에 몇천 달러라는 돈을 투자할 수 있을까? 내 생각에는 그럴 수 있을 것 같다. 그 그림이 주변 환경과 어우러진 직접 확인했기 때문이다.

평평한 벽에 가상의 미술품을 비춰주는 아트씨의 증강현실 서비스는 기술적으로 구현하기가 그리 어렵지 않다. 반면 가구처럼 모양이 불규칙한 사물에 패턴이나 질감을 투사하는 작업은 훨씬 어렵다. **셔윈 윌리엄즈**Sherwin-Williams나 **홈디포**Home Depot 같은 업체들은 이미 특정 색상의 페인트를 방안 전체에 칠했을 때의 모습을 모바일 앱을 통해 가상으로 보여주는 서비스를 제공하고 있다. 그러나 낡은 소파를 꽃무늬 천으로 씌우고, 투명한 커튼에 빛이 비치는 모습을 하루 중의 시간대에 맞춰 바꾸려면 훨씬 복잡한 작업이 필요하다.

그래픽 렌더링 전문가들은 실제의 사물에 가상의 색이나 형태를 현실감나게 덧입히기 위해서는 전산 자원에 큰 비용을 투입해야 한다고 말한다. 픽사Pixar가 영화를 제작하기 위해서라면 별로 문제가 없겠지만, 질로우Zillow 같은 온라인 부동산 플랫폼에서 판매 목록에 있는 주택의 창문 장식을 가상으로 바꿔주는 일은 당장은 실현되기 어려울 듯하다.

그러나 가구처럼 고정된 사물을 대상으로 VTO 기능을 제공하는 서비스는 이미 업계에서 폭넓게 활용되고 있다. **이케아, 웨이페어**Wayfair, **홈디포**에서 쇼핑 중인 사람은 본인이 원하는 가구를 자기 집 거실의 적절한 위치에 실제 크기로 '착륙'시켜 그 테이블이 어떤 장면을 연출하게 될지 미리 확인할 수 있다. 이케아의 플레이스Place 증강현실 앱은 전통적인 전시 공간에서는 구현하기 어려웠던 시각화 서비스를 고객들에게 제공해 이케아의 매출 증대에 기여하고 있다.

이케아의 스튜디오 모드Studio Mode 앱 역시 기존 공간을 분석해서 현재의 색깔이나 스타일(북유럽식의 세련된 디자인이든 빅토리아 시대의 수수한 분위기든)에 어울리는 가구를 제안한다. 손에 스마트폰만 들려있으면 인공지능이 제안하는 가상의 가구들을 꼼꼼히 살펴보고, 크기나 비율을 검토하고, 직물의 소재를 확인할 수 있으며, 화면을 쓸어 넘기는 동작으로 가구들을 재배치할 수 있다. 이런 작업을 한다고 허리가 아플 일도 없다.

이케아는 증강현실 기술을 통해 당신의 거실에 가구, 그림, 조명 등이 공간적으로 조화롭게 배치된 모습을 보여준다.

이케아의 증강현실 앱은 또 다른 중요한 재주를 부린다. 사용자가 가구의 위치를 이리저리 옮겨서 가상의 화면에서 조명을 임의로 바꿀 수 있게 해주는 것이다. 이케아의 디자인 연구소 스페이스 텐SPACE10의 이사 카브 푸르Kaave Pour는 이 기술을 "빛과 더불어 놀기"라고 부른다. 이 기능을 이용하면 나중에 시간이 흘렀을 때 그림의 색이 바래거나 양탄자에 보풀이 뭉치고 얼룩이 지는 등 자연스럽게 쌓이는 세월의 흔적을 미리 확인할 수 있다. 조금 비싸도 오래가는 물건을 구매하는 일을 합리화해주는 간단하면서도 즐거운 기능이라고 할 수 있다.

어느 집에서나 최고의 조명은 햇빛이다. 증강현실 앱 **선시커** SunSeeker는 계절과 시간에 관계없이 현재 태양이 하늘의 어느 지점에 떠 있는지 정확히 알려준다. 이 앱은 GPS로 현재 위치를 판독해서 머리 위를 지나는 해의 경로와 현재 위치를 화면에 보여준다. 구름이 잔

156

뜩 긴 날에 집을 알아보는 구매자에게는 더없이 완벽한 앱이다. 춘분이 됐을 때 햇빛이 이 집의 어느 창문을 통해 어떻게 들어올지 예상해서 따뜻한 햇볕 속에서 낮잠을 청하기에 알맞은 장소로 소파를 옮겨놓을 수 있기 때문이다.

또 슈퍼사이트는 집 앞 진입로에 새로 설치한 조명, 외벽에 사용한 어두운 색깔의 자재, 학교 근처 어린이 보호구역의 자전거 도로처럼 집 바깥의 모습을 상상하는 데도 도움을 준다.

도시의 모습을 바꿀 필요가 생겼을 때 그 계획으로 인해 우리 마을이 어떻게 달라질지 시각화해서 주민들에게 보여주기는 쉽지 않다. 주민 협의회가 신규 자전거 도로 건설 같은 훌륭한 계획조차 종종 거부하는 이유는 사람들이 도로가 완성된 모습을 상상하지 못하고 불확실한 곳에 예산을 사용하는 일을 주저하기 때문이다. 고정적인 그림이나 이미지로는 새롭게 들어설 건물의 모습이나 공원의 풍경을 현실감 있게 보여주기 어렵다. 3센티미터 크기의 견본만으로는 거실의 벽을 겨자색으로 칠했을 때 어떤 끔찍한 결과가 빚어질지 예측하기 불가능한 것과 마찬가지다.

그러나 슈퍼사이트는 스마트폰만 있다면 모두에게 전후 상황과 맥락을 생생하게 묘사해주는 시각화 서비스를 제공할 수 있다.

쇼핑의 미래

#소셜미디어 쇼핑 #장면 분류 #쾌락의 쳇바퀴

우리는 웹사이트에서 마우스를 클릭하거나, 인스타그램 같은 소셜미디어 앱을 통해 구매 결정을 내린다. 그러나 슈퍼사이트는 어떤 사물을 잠시 바라보는 것만으로 관심이나 '좋아요'를 표시하고, 눈을 깜빡이거나 고개를 까딱거리는 동작만으로 구매 결정을 내릴 수 있게 해준다.

우리는 늘 자신의 구매 의욕을 불러일으키는 물건들과 마주친다. TV에서 연예인이 착용한 옷과 액세서리, 요리나 집수리 프로그램에 등장한 도구, 클럽에 놓인 의자, 호텔 욕실의 가구, 건물 로비의 그림, 도쿄의 거리에서 어느 멋쟁이가 신은 신발 등등. 그런데 하이퍼링크를 통해 저 물건들의 출처를 추적할 수는 없을까? 나도 저 멋진 금속제 플로어 스탠드의 주인이 되려면 어떻게 해야 할까?

나는 이 질문에 대한 대답을 탐구하는 데 큰 흥미를 느끼고 2015년 회사를 설립했다. 2015년은 온라인 사진 공유가 한창 유행하던 시절이었다. 페이스북에만 하루 3억 장의 사진이 올라왔다. 컴퓨터비전 알고리즘은 대학교 연구실을 벗어나 더욱 향상된 기능과 뛰어난 능력을 발휘하고 있었으며, 클라우드 컴퓨팅 사용료도 부쩍 저렴해져서 우리 같은 창업 초기 단계의 스타트업도 이런 이미지들을 활용해 뭔가 재미있는 일을 벌여 볼 만한 상황이었다.

우리는 이렇게 자문했다. 컴퓨터비전 시스템을 훈련해서 사진에 담긴 모든 사물을 인공지능이 인식하게 하고, 그 물건들의 출처에 하이퍼링크를 제공할 수는 없을까?

나는 MIT 미디어랩에서 함께 공부했던 조슈아 워치맨Joshua Wachman과 네일 메일Neil Mayle 두 사람과 공동으로 회사를 설립해서 실험에 돌입했다. 조슈아는 TV 시청자들이 화면에서 본 물건들을 선택하고 저장할 수 있게 해주는 워치 포인트WatchPoint라는 회사를 10여 년 전에 만든 적이 있었고, 네일은 MIT 인공지능 연구소의 촉망받던 연구원이었다.

우리가 상상한 쇼핑의 미래는 소비자들이 더 이상 카탈로그나 상점에서 원하는 상품을 찾을 필요 없이 친구나 유명인들이 입고, 먹고, 사용하는 물건들을 즉석에서 살 수 있게 해주는 세상이었다.

가령 어느 친구가 당신 마음에 쏙 드는 오렌지색 배낭을 메고 스키장에서 찍은 사진을 페이스북에 올렸다고 해보자. 우리의 목표는 그 사진에 담긴 모든 사물을 원래의 출처에 연결해 줌으로써 사용자가 그 제품에 대해 정보를 얻고, 이를 즐겨찾기 하거나 구매할 수 있도록 돕는 것이었다.

소셜미디어의 사진들에 링크를 제공함으로써 '소셜 쇼핑'을 가능케 해주는 이 서비스에 **디토**Ditto('위와 같음' 또는 '상동' 등의 의미를 표현하는 단어 – 옮긴이)라는 이름을 붙였다. 나도 친구의 구매 결정을 '똑같이' 따르겠다는 의미였다.

이 앱을 개발하는 데 가장 어려웠던 대목은 페이스북의 수많은 사진에 담긴 모든 물건에 일일이 이름표를 부착하는 일이었다. 먼저 우리는 나이키, 아디다스, 노스페이스 같은 유명 브랜드의 로고, 그리고 베라 브래들리나 구찌 같은 명품들의 무늬와 패턴을 인공지능이 인식

장면 세분화 기능을 활용하면 눈에 비친 모든 것을 대상으로 원하는 작업을 수행할 수 있다.

하게 하는 작업부터 시작했다. 신경 네트워크로 쏟아져 들어오는 엄청난 숫자의 사진들을 대상으로 이런 작업을 수행하기 위해서는 수백 대의 클라우드 서버를 이용해야 했다. 당시 우리가 지출했던 컴퓨터 사용료는 한 달에 3만 달러가 넘었다.

다음으로 필요한 기술은 장면 세분화scene segmentation라고 불리는 컴퓨터비전이었다. 우리는 개발 초기에 사진에 찍힌 로고나 특정 물체에 바운딩 박스bounding box(컴퓨터가 이미지에 포함된 물체를 감지한 구역 또는 범위 - 옮긴이)를 추가해서 박스 전체에 하이퍼링크를 연결하는 방법을 사용했지만, 장면 세분화 기술을 도입한 뒤부터는 이미지의 어느 픽셀이 사진이나 동영상의 어느 물체를 구성하고 있는지 정확히 파악할 수 있게 됐다.

이 기술 덕분에 사진에 담긴 모든 사물을 사용자가 '클릭'할 수 있는 새로운 시대가 열렸다. 과거 우리에게 웹의 경이로움을 일깨워준 핵심 기술 중 하나는 사용자가 웹페이지의 특정 단어를 클릭했을 때 하이퍼링크를 통해 더 많은 정보를 제공하는 페이지로 이동하게 해주는 기능이었다.

관측 시야에 포착된 모든 사물에 대해서도 이와 똑같은 방식으로 정보를 제공할 수 있다면 웹의 새로운 패러다임이 될 것이라 생각했다. 디토의 사용자들은 사진에 등장하는 물체를 클릭해서 이를 즐겨찾기 하거나 그것과 비슷한 물건을 구매할 수 있을 뿐 아니라, 다양한 명령어를 통해 이미지에 등장하는 모든 사물을 대상으로 원하는 작업을 수행할 수 있게 됐다.

우리는 소매업의 재편이라는 환상적인 꿈을 품고 디토를 출범했지만, 이 서비스의 적용 대상은 갈수록 확대됐다. 컴퓨터비전과 장면 세분화 기술은 우리가 새로운 방식으로 세상과 상호작용할 수 있는 길을 열어주었다.

사용자가 스마트폰으로 특정한 물체를 가리켰을 때 관련 서비스로 연결해주는 기술은 새로운 형태의 시각적 구글링이었다. 이는 우리 앞에 새로운 세계로 향하는 문을 열어주는 더욱 원대한 아이디어로 성장했다.

디토는 독자적인 앱이 아니라 페이스북 기반의 서비스였다. 그 이유는 당시 대부분의 사진 공유가 페이스북을 기반으로 이루어지고 있었기 때문이었다. 가령 우리는 폭스 스포츠Fox Sports와 함께 프로젝트를 진행하면서 인공지능이 모든 메이저리그 스포츠팀의 브랜드를 인식하도록 알고리즘을 훈련했다. 컴퓨터비전은 사진에 찍힌 사람들의 셔츠에 새겨진 팀 로고를 파악해서 관련 링크를 제공했다. 덕분에 사용자들은 해당 팀과 관련된 상품들을 구매하거나 다음번 경기의 입장권을 예약함으로써 친구들의 열정에 동참할 수 있게 됐다.

우리는 시간이 흐르면서 디토가 스노모빌, 픽업트럭, 개, 캠핑 장비 등 라이프 스타일과 관련된 물건들을 인식하게끔 하는 기능을 속속 추가했다. 그리고 사진이 촬영된 환경이나 전후 상황에 대한 수많은 자료를 시스템에 투입해서 디토가 사진에 담긴 사물들뿐만 아니라 촬영 장소도 식별할 수 있도록 했다. 이곳은 실내인가 야외인가? 카페, 바, 성당, 아니면 호텔 로비인가?

우리는 몇몇 광고업체를 만나본 뒤에 디토라는 시스템에 우리가 생각지도 못한 또 다른 가치가 내포되어 있다는 사실을 깨달았다. 이 시스템을 활용하면 고객의 제품 이용 실태에 관한 유기적인 분석 자료를 기업들에 지속적으로 전송할 수 있었다. 그들이 만든 옷을 입고, 그들이 판매하는 맥주를 마시고, 그들이 운영하는 호텔에 투숙하는 사람은 누군가? 고객들은 그들의 제품을 언제, 어디서, 어떤 방식으로 소비하나? 예를 들어 주류 기업들은 소비자들이 자사의 제품을 다른 술이나 음료와 어떻게 섞어 마시는지 궁금해했다. 요즘에는 진저비어가 대세인가? 석류 주스의 유행은 이제 끝났나? 우리는 안호이저부시, 레드불, 에스티로더, 캐딜락 같은 기업들을 포함해서 자사의 제품을 누가, 언제, 어떤 방식으로 소비하는지 알고 싶어 하는 브랜드들과 함께 일하기 시작했다.

회사의 규모가 성장하고 기술적 역량이 성숙해지자, 이제는 고객들이 먼저 우리를 찾아와 디토의 엔진에 저마다의 커스텀 분류기custom classifier(데이터세트에 카테고리 또는 클래스를 자동으로 부여해서 상호연관성을 찾아내는 인공지능 프로그래밍 기법 – 옮긴이)를 구축해서 소셜미디어의 사진들 속에서 우리가 생각지도 못했던 대상들을 찾아달라고 요청하기 시작했다.

　가령 공공 의료 분야의 어느 연구소는 미국의 여러 도시를 배경으로 촬영된 소셜미디어의 사진들을 분석해서 시민들의 흡연 실태를 측정하고 싶어 했다. 얼마나 많은 사람이 자신의 문신(심지어 자신이 갱단의 일원임을 표시하는 문신)이 찍힌 사진을 공개적인 사이트에 스스럼없이 게시하는지 알면 놀랄 것이다.

　또 세계적인 뷰티 제품을 제조하는 어느 회사는 소셜미디어 사진에 등장한 사람들의 머리 모양(곧게 뻗은 머리, 웨이브가 진 머리, 반곱슬머리. 심한 곱슬머리, 특이한 스타일의 머리 등)을 자사의 분류 체계에 맞춰 구분해 달라고 요청했다. 우리는 인공지능이 수백 가지의 헤어스타일을 인식하도록 훈련해서 소비자에게 헤어 케어 제품을 추천하는 신경 네트워크를 구축했다. 최근에는 에스티로더, 세포라, 크리니크, 키엘 같은 화장품 기업들도 자체적으로 신경 네트워크를 훈련해서 고객의 피부 톤, 눈 색깔, 얼굴 밝기, 나이, 광대뼈의 모양 등에 맞춰 다양한 카테고리의 뷰티 제품을 판매하고 있다.

　2017년, 우리는 디토를 또 다른 시각 검색 기업 **슬라이스**Slyce에 매각했다. 현재 이 회사는 나파, 배드 배스 앤드 비욘드, 홈디포, 타미힐피거 같은 기업들의 전자상거래 사이트에 새로운 능력을 불어넣는 역할을 하고 있다. 고객들은 사진의 특정 부분을 살짝 건드리기만 해도 원하는 자동차 부품, 가정용 잡화, 의류 등의 정보를 얻을 수 있다. 검색창에 문자를 입력하는 것보다 훨씬 빠를 뿐 아니라, 물건의 이름을 몰라도 검색이 가능하다.

　컴퓨터비전의 물결은 그동안 내가 사업가로서 목격한 어떤 '활성화 기술'보다 훨씬 빠른 속도로 우리 앞에 밀려들었다. MIT를 졸업한 인재들이 스타트업을 창업해서 실패를 겪는 가장 큰 이유는 그들이 미래를 내다보지 못했거나 기술이 부족해서가 아니라 시장에 진입할 시기를 잘못 판단했기 때문이다. 창업가들의 고질적인 문제 중의 하나는 행동이 너무 성급하다는 것이다.

어떤 기술이 시장에서 전적으로 수용되는 데는 처음의 예상보다 몇 년 또는 몇십 년이 더 걸릴 수도 있다. 그러나 컴퓨터비전을 탑재한 디토의 경우는 창업 초기에 너무 일찍 시장에 진입한 듯했지만 눈 깜짝할 사이에 오히려 행보가 뒤처졌다.

2017년 중반 마이크로소프트, 아마존, 구글 같은 클라우드 대기업들은 박사급 인력들을 미친 듯이 끌어모아 인공지능 프로그램을 훈련하고, 기계학습 기술을 미끼 삼아 대형 고객들을 자사의 기업용 클라우드 서비스에 '가둬' 버렸다. 페이스북의 최대 장점은 사용자에게 '친구'들의 동정을 살펴보게 해주는 데 있다. 또 **구글 렌즈**LENS는 디토가 구축했던 것과 같은 시각 검색 기능의 상당 부분을 제공한다.

하지만 페이스북, 트위터, 스냅, 틱톡의 동영상에 자동으로 메타데이터를 추가해주는 기능은 지금껏 등장하지 않고 있다. 인스타그램은 기업들이 자사 플랫폼의 사진들 위에 쇼핑 사이트로 링크를 제공하는 점點을 수동으로 추가할 수 있도록 허용했지만, 디토가 처음 비전을 품었던 완전히 자동화된 소셜 쇼핑의 미래는 아직 실현되지 않았다.

하지만 언젠가 스마트안경에 내가 기대했던 수준의 소셜 쇼핑 기능이 탑재되는 날이 온다면, 기업들은 스마트안경 하드웨어나 5G 인터넷 사용료를 모든 사람에게 무료로 제공하는 비용 이상의 효과를 얻게 될 것이다. 그때는 쾌락의 챗바퀴가 소비자들의 입소문을 타고 멀리멀리 퍼져나갈 테니까!

2부.

우리를 위한
슈퍼사이트

슈퍼사이트는 현대 경제에서 가장 큰 비중을 차지하는 몇몇 분야에 혁명적인 변화를 일으킬 준비를 끝냈다. 이 기술은 식품 산업에 거대한 변혁을 불러오고, 협업과 학습을 효율적으로 개선하고, 일터에 '게임화'라는 새로운 시대의 문을 열 것이다. 사적인 시간 및 공간, 직업적 삶 사이에 가로놓인 경계선은 더욱 모호해질 것이다.

컴퓨터비전은 사람들이 안전하고 자신 있게 일하는 데 도움을 주는 보조자의 역할을 담당할 것인가, 아니면 궁극적으로 인간을 노동의 울타리에서 완전히 밀어낼 것인가?

로봇이 나 대신 음식을 만들고 설거지한다면 행복할까?

4장

먹다
주방을 둘러싼 IT 전쟁

혁명은 주방에서 시작된다

#음식 플레이리스트 공유   #주방 청소 로봇

가정에서 가장 값비싼 도구들과 첨단 기술을 갖춘 가구가 놓여있는 곳은 어디일까? 바로 주방이다. 하루 중 가장 많은 시간과 관심을 쏟는 장소도 주방이다. 하지만 주방에서 쏟는 노력은 종종 우리를 좌절시킨다. 무엇을 먹을지 계획하고, 식료품을 구매하고, 재료를 손질하고, 익히고, 식탁을 차리는 데는 몇 시간이 걸리지만, 막상 음식을 먹어치우는 데는 30분도 걸리지 않는다. 설거지하는 시간이 먹는 시간보다 더 길 때도 있다. 가끔은 기껏 만든 요리를 오븐 안에서 꺼내는 일을 깜빡 잊어 태워 먹기도 한다.

물론 음식을 만드는 일은 대체로 기쁨을 안겨준다. 가족들을 위해 식사를 준비하는 행위는 전통, 학습, 향수 같은 가치를 동반하는 다중

Swanson T.V. Dinners

TV 디너 제품들은 1950년대 중반 미국의 가정에 선풍을 몰고 왔지만, 지나치게 자동화되고, 획일적이고, 개성 없는 음식이라는 한계성을 벗어나지 못했다. 이 제품들은 방송사에 광고비를 퍼부어 제품을 홍보하는 비즈니스 모델을 채택한 대신 '맛'을 희생했다.

감각적이고 사회적인 경험이다. 우리에게 가장 이상적인 미래란 요리의 가장 즐거운 부분만 골라서 누리고 설거지는 기계에 맡기는 세상일 것이다.

요리를 간소화 내지 자동화하려는 움직임은 20세기 중반부터 시작됐다. 당시 새롭게 등장한 '물만 부으면 완성되는' 즉석식품과 마법의 기계와 같았던 전자레인지는 주부들이 주방에서 보내는 시간을 대폭 줄여주었다. 많은 미국 가정에서는 '바보상자'라고 불렸던 텔레비전 앞에 온 가족이 둘러앉아 TV 디너TV dinner(데우기만 하면 한 끼 식사가 되도록 포장해서 판매하는 즉석식품 - 옮긴이) 제품을 즐겼다. 이는 애초에 기대했던 이상적이고 평등한 미래의 모습과는 조금 차이가 있었다.

그러나 슈퍼사이트는 공상과학 소설에 등장하는 식사용 알약처럼 극단적인 자동화를 통해서가 아니라 인류가 더 건강한 방식으로 음식과 관계를 맺도록 도울 것이다. 또 컴퓨터비전과 로봇공학은 사람들이 가정에서 가장 많은 돈과 시간을 투입하는 요리라는 작업의 신중한 보조자가 되어줄 것이다. 슈퍼사이트가 우리의 저녁 식사를 어떻게 도울지 미래의 주방을 살펴보자.

1. **식단 계획하기** 인스타그램에서 본 사진이나 레스토랑에 찍은 사진을 참고해서 오늘 저녁으로 무엇을 먹을지 결정한다. 그러면 컴퓨터비전은 이미지를 스캔해, 레시피를 검색하고, 열량을 계산한다. 스포티파이의 가장 흥미로운 기능 중 하나는 친구들이 듣는 음악을 당신도 똑같이 듣고, 당신의 재생 목록도 남들에게 공개할 수 있게 해주는 것이다. 오늘 당신이 저녁 식사로 먹고 행복감을 느낄만한 음식은 수천 가지가 넘는다. 그렇다면 당신 여동생이 어제 열심히 만들었던 요리를 참고해서 오늘의 메뉴를 결정하면 어떨까?

2. **식재료 구매 또는 재배하기** 신선한 재료의 공급을 식료품 상점에만 의존하기보다는 집에서 직접 채소를 재배하는 것도 한 가지 대안이 될 수 있다. 컴퓨터비전 카메라는 주방의 벽을 이용해서 키우는 채소를 돌보고, 옥상이나 창문 밖, 또는 뒷마당에 만든 정원에 비료를 준다. 집에서 재배할 수 없는 채소는 컴퓨터비전을 탑재한 쇼핑 로봇이 식료품점을 활보하면서 잘 여물고 과즙이 풍부한 재료만 골라 장바구니에 담는다.

3. **요리하기** 알레르기 반응이나 식이조절의 요구 사항이 저마다 다른 여러 사람을 위해 한 번에 많은 음식을 요리해야 하는 상황에서도, 증강현실 기능을 갖춘 컴퓨터비전은 적절한 요리 순서와 타이밍을

오케스트라 지휘자처럼 조율한다. 또 이 시스템은 음식을 태우거나 당근 대신 손가락을 자르는 실수를 피할 수 있게 해준다.

4. **접시에 담기** 플레이팅은 예술의 한 형태로 인정받고 있다. 슈퍼사이트의 도움으로 다양한 플레이팅 디자인과 견본을 참조할 수 있을 뿐만 아니라, 자신이 창조한 작품을 플레이리스트에 담아 다른 사람들과 나눌 수 있다.

5. **식사 즐기기** 음식에는 수많은 정보와 역사가 담겨있으므로 이를 섭취하는 경험은 실용적 차원을 넘어 사회적 활동과 학습을 위한 '의식'으로 확대될 수 있다. 슈퍼사이트는 특정 식품의 기원, 이에 얽힌 역사적 사건이나 가족사, 영양 정보를 알려줄 뿐만 아니라 특정 음식에 관한 대화를 제안한다.

6. **설거지하기** 더 이상 식사 후 뒤처리를 위해 가족이나 친구들이 식탁을 떠날 필요가 없다. 뒤처리는 로봇의 몫이다. 천장에 설치된 로봇팔은 그릇을 비우고 설거지를 하는 등 궂은일을 도맡아서 해낸다. 음식물 쓰레기도 크게 줄여준다. 로봇은 남은 음식을 깨끗이 포장해서 내일 점심으로 먹을 수 있도록 준비하고, 남은 재료를 잊지 않고 보관할 것이다.

여기에 더해 슈퍼사이트 요리 비서는 새롭고 다양한 음식을 향한 갈망을 충족시켜준다. 음악 추천 서비스를 더 많이 이용할수록 음악적 취향이 더욱 풍부해지듯이, 식생활 패턴도 마찬가지다. 다채로운 음식을 경험하고자 하는 인간의 욕구와 이를 뒷받침하는 식단 계획, 식료품 구매, 식재료 재배 같은 요소들이 결합하고 여기에 밀키트 구독, 레스토랑 배달 서비스가 더해지면서 미래의 식탁은 더욱 풍성해질 것이다.

식사를 조리하는 데 필요한 모든 재료를 고객의 문 앞까지 직접 배송하는 서비스는 음식을 배달하는 비즈니스 못지않게 보편적인 서비스로 자리잡았다. 하지만 **플레이티드**Plated, **블루 에이프런**Blue Apron, **선 배스킷**Sun Basket 같은 밀키트 서비스의 최대 단점은 포장재 쓰레기를 너무 많이 배출한다는 것이다. 이 회사들은 우리의 냉장고를 들여다보지 못하기 때문에, 요리하는 데 필요한 모든 재료를 일괄적으로 배송한다. 말하자면 냉장고가 텅 비어있다는 가정을 전제로 서비스를 제공하는 것이다.

미래의 슈퍼사이트는 식자재 보관 창고나 냉장고를 카메라로 모니터링하고, 그 정보를 밀키트 회사에 전송할 것이다. 컴퓨터비전 시스템은 당신 집에 백리향, 향신료, 달걀 같은 재료가 남아있다는 사실을 파악하고, 다음 달까지 사용하리라 예상되는 현미의 양에 맞춰 여기에 필요한 요리의 재료가 무엇인지 종합적으로 추산할 것이다. 주방의 카메라는 주방의 벽에서 키우는 완두콩이 이제 막 싹을 틔웠고 즙이 많은 피망 몇 개가 잘 익었다는 사실을 알고 있다. 밀키트 회사는 고객이 가정에서 키우고 있는 채소들의 생육 상태를 계산에 넣어 다음번에는 그 채소들이 한창 익었을 때 함께 쓸 수 있는 레시피 키트를 배달한다. 호박과 토마토를 곁들인 먹음직스러운 바질 샐러드는 어떨까? 이 요리를 위해 밀키트 회사가 해야 할 일은 다음 주 토마토가 다 익었을 때쯤 달콤한 옥수수와 부라타 치즈를 배달하는 것뿐이다.

슈퍼사이트는 주방에서 벌어지는 또 다른 문제를 해결할 것이다. 바로 음식물 쓰레기다. 앞으로는 슈퍼마켓에서 버터를 집어 들기 전에 우리 집의 누군가가 며칠 전에 버터를 이미 구매했는지 기억하려고 애쓸 필요가 없다. 슈퍼사이트가 내장된 냉장고는 버터의 재고를 파악해서 알려주고 재료가 부족하면 알아서 주문할 것이다. 카메라는 냉장고 안의 우유가 상하지 않았는지 살펴보고, 케일이 시들기 전에 샐러드를 요리하도록 이 메뉴를 식단표에 추가한다. 알고리즘은 지인들의 냉장고에 어떤 재료가 들어있고 앞으로 며칠 사이에 얼마나 많은 양이 소비될지 계산해서, 남은 재료들을 모아 여러 사람이 함께 할 수 있는 저녁 식사 자리를 주선한다. 달걀 한 개와 가지 하나로는 저녁 식사를 할 수 없지만, 이웃들의 냉장고를 뒤져 남는 재료를 모으면 근사한 파티가 가능하다. 이를 핑계 삼아 친목을 다지며 즐거운 식사를 나누는 기회를 덤으로 얻을 수 있다.

앞에서 슈퍼사이트가 안경과 스마트폰 화면을 통해 우리에게 무엇을 보여줄 것인가를 주로 이야기했다. 이 장에서는 주방에 설치된 카메라가 이 모든 일을 어떤 식으로 구현하는지 살펴보겠다. 식품 공급망에 배치된 카메라는 과일의 숙성도를 어떻게 예측할까? 주방의 로봇 팔은 어떻게 식기 세척기를 비우고 와인 잔을 들어 올릴까? 쓰레기통은 바나나 껍질을 어떻게 알아차릴까?

그 이야기를 시작하기 전에 우선 로봇 요리사를 만나보자.

로봇, 햄버거를 뒤집다

#요리용 모자를 쓰지 않은 요리사

얼마 전 캘리포니아 패서디나 시의 거리를 걷다가 햄버거 생각이 간절해진 나는 캘리버거Caliburger 매장에 들러 더블버거를 주문했다. 소고기 패티 두 장 위에 아메리칸 치즈, 통통하고 신선한 붉은색 토마토, 아삭거리는 양상추가 올려졌다. 햄버거를 맛있게 한 입 베어 물려 할 때 특이한 장면이 눈에 들어왔다. 불판 앞에서 조리 중인 요리사는 사람이 아니라 한 쌍의 로봇 팔이었다. 마치 테슬라Tesla 자동차 조립 라인의 용접봉이나 패널 접합 기계처럼 보였다. 한쪽 팔이 불판 위에 놓인 햄버거 패티들을 뒤집는 동안 다른 팔은 끓는 기름에서 고구마 와플 튀김을 꺼내고 있었다.

플리피Flippy라는 이름의 이 로봇은 컴퓨터비전을 통해 불판 위의 어느 위치에 있는 고기를 언제 주걱으로 뒤집어야 할지 판단하고 다 익은 패티를 빵 위에 정확히 올려놓는다. 타버린 고기 찌꺼기를 불판에서 긁어내는 일처럼 인간 직원들이 꺼리는 작업도 척척 해낸다.

나는 햄버거를 우물거리면서 이렇게 생각했다. 플리피는 음식 서비스의 발전과 인간의 진화를 상징하는 긍정적인 기계일까? 아니면 너무 노골적이고 도가 지나친 자동화의 산물일까? 물론 이 요리사가 모자를 쓰거나 손을 씻지 않았는데도 다른 패스트푸드 매장과 다름없이 내게 청결한 햄버거를 내주었다는 사실만은 인정해야 했다. 플리피는 자외선과 적외선 스펙트럼을 모두 투시할 수 있는 시각적 능력을 기반으로 고기의 익힘 정도를 정확히 파악해서 고객들에게 늘 완벽한 미디엄-레어 버거를 제공한다. 그만큼 식중독의 위험도 줄어든다.

나는 플리피가 얼마나 일을 잘 해내는지 궁금해져서 이 로봇의 관리자(사람)에게 물었다. 그는 이렇게 대답했다. "사람보다 일하는 속도가 더 빠르고 실수도 별로 하지 않습니다. 불판을 긁어내는 일만큼은 어느 직원보다도 낫지요." 플리피는 말대꾸나 불평을 늘어놓지 않는다. 의료보험이나 유급휴가를 요구하지 않고 햄버거에 대고 재채기도 하지 않는다. 또 불판을 그슬리거나 냄비의 기름을 태우지도 않는다.

플리피는 햄버거 가게만이 아니라 모든 식당의 미래를 상징하는 존재다. 최근 들어 아시아의 여러 지역에서는 로봇 요리사나 로봇 웨이터가 더 이상 고객들의 관심을 끌기 위한 볼거리가 아닌 새로운 시대적 규범으로 자리 잡고 있다. 언론인 알라나 새뮤얼스Alana Semuels는 〈애틀랜틱Atlantic〉 잡지에 기고한 글에서 로봇 요리사를 고용한 어느 일본 식당을 방문한 경험을 다음과 같이 썼다.

앤드루Andrew라는 뜬금없는 이름으로 불리는 그 '수석 요리사'는 일본식 팬케이크인 오코노미야키를 담당했다. 로봇은 두 개의 팔을 휘두르며 금속 그릇에 반죽을 섞어 뜨거운 불판 위에 부었다. 그리고 반죽이 익는 사이 자신이 얼마나 이 일을 즐기는지 일본어로 즐겁게 이야기했다. 그러는 동안 그의 로봇 동료들은 도넛을 튀기고, 소프트아이스크림을 콘에 올리고, 음료를 섞었다. 어느 로봇은 내게 진토닉을 한 잔 만들어주었다.

내가 태어난 도시에서 영업 중인 **스파이스**Spyce라는 레스토랑은 로봇 요리사들을 이용해 퀴노아, 호박, 검정콩, 구운 브로콜리, 라임이 첨가된 붉은 양배추, 코티하 치즈, 옥수수 포블라노 살사, 실크 칠리 씨, 초리조 양념을 가미한 포트로벨로 등 다양한 재료들을 조합해서 메사Mesa라는 멋진 요리를 만든다. 미슐랭 스타 쉐프인 프랑스 요리사 다니엘 불루드Daniel Boulud가 이 메뉴를 창작했고 미국위생협회National Sanitation Foundation는 이 식당이 위생적으로 청결하다는 사실을 인증했다. 스파이스 관계자에 따르면 이곳에서는 모든 요리가 3분 이내에 완성된다고 한다.

파리에 소재한 레스토랑 **에킴**EKIM에서는 세 개의 팔이 달린 로봇 파찌Pazzi가 5분 만에 피자를 조리한다. 피자 이야기가 나왔으니 말이지만, 시애틀을 본사로 하는 스타트업 **피크닉**Picnic은 한 시간에 무려 300판의 피자를 구워내는 기계를 개발했다. 담당자가 주문을 입력한 뒤에 재료 상자에 조각난 치즈와 페퍼로니를 채워 넣으면 컴퓨터비전을 장착한 시스템이 피자의 크기를 결정하고 토핑을 쌓아 올리기 시작한다.

이 로봇 요리사들에게는 로봇팔이 아니라 컴퓨터비전이 가장 중요한 기술이다. 보통 크기의 세 배쯤 되는 커다란 아보카도를 찾아 마트를 헤매본 사람은 잘 알겠지만, 농산물의 모양과 크기는 천차만별이다. 따라서 저녁 식사 테이블에 올라가는 재료들의 모양과 크기도 저마다 다를 수밖에 없다. 단순히 알고리즘을 프로그램해서 당근을 깍둑썰기하거나 오븐 온도가 180도가 되면 연어를 뒤집으라고 지시하는 것만으로는 제대로 된 요리를 할 수 없다. 로봇은 자기가 어떤 요리를 하고 있는지 '눈으로 확인해야' 고기를 5분 더 익혀야 할지 반죽에 우유 반 컵이 더 필요한지 알 수 있다.

앞으로 몇 년 뒤에는 경제적 요인이나 소비자들의 욕구로 인해 플리피보다 기술에서 훨씬 앞선 수많은 로봇이 레스토랑이나 바에서 음식을 요리하게 될 것이다. 그들은 여덟 개쯤 되는 팔을 휘두르며 노련한 철판구이 요리사처럼 밥그릇을 하늘 높이 집어던지고 멋진 동작으로 달걀을 깨뜨릴 것이다. 당신은 집 근처의 작은 식당으로 걸어 들어가 팔다리가 긴 로봇 바텐더가 신기에 가까운 재주를 부리며 최고의 칵테일 기술자 못지않은 솜씨로 칵테일을 따라주는 광경을 지켜보게 될지 모른다. 로봇 요리사는 햄버거뿐만 아니라 조리법이 복잡한 최고급 요리까지 누구 못지않은 정교한 기술로 척척 만들어낸다. 그렇다고 거만한 태도를 보이지도 않는다. 이 로봇들은 소아 지방변증이 있는 손님을 위해서는 글루텐이 없는 아몬드 밀가루를 준비해야 하고, 머핀을 부풀리려면 베이킹파우더 반 수저가 필요하다는 등 요리의 성분과 관련된 세부 요소들에 대해서도 잘 알고 있다.

컴퓨터비전은 식사를 즐기는 과정에서도 활약을 펼친다. **캘리버거**에서 운영하는 주문용 키오스크는 당신의 얼굴을 스캔해서 고객 포인트를 적립하고 즐겨 찾는 메뉴들을 화면에 띄워 신속한 주문이 이루어지도록 돕는다. 얼굴 스캔만으로 결제가 가능하다. 아시아의 여러 지역에서는 매장에서 손님을 맞고 시중을 들어주는 로봇들이 점점 일반화되는 추세다.

2014년에 개업한 중국 허페이의 어느 식당에서는 영화 〈월-EWALL-E〉를 테마로 한 홀에서 바퀴 달린 로봇이 자석 트랙 위를 움직이며 손님의 테이블로 국수를 가져다준다. 최근 들어 이런 종류의 로봇 기술은 급격하게 발전하고 있다. **베어 로보틱스**Bear Robotics라는 스타트업은 한국의 피자헛을 시작으로 여러 매장에 손님을 응대하는 로봇을 공급하고 있다. 이 로봇은 매장에 들어온 고객을 안내하고, 음식을 가져다주고, 테이블을 치운다. 상하이에서는 완전한 무인 KFC 매장이 등장하기도 했다.

인터넷에 연결된 로봇들은 소비자 개인의 신상을 파악하고 있으므로 고객의 취향이나 식이조절 요구 사항에 맞는 음식들을 알아서 준비한다. 당신은 땅콩 알레르기가 있다는 사실을 주방에 통보해야 할까? 최근 의사에게 저염 식단을 처방받았나? 당신은 전체 인구 중에서 고수를 싫어하는 5~15퍼센트의 한 명인가? 걱정 마시라. 매장에 근무하는 사람들과 로봇 직원들은 당신의 프로필에서 이 정보를 확인하고 필요로 하는 만큼의 소금만 음식에 뿌려줄 것이다.

그렇다면 음식을 배달하는 일은 어떨까. 소비자가 언제라도 음식을 주문할 수 있는 모바일 서비스가 폭발적으로 늘어나는 추세를 고려하면, 앞으로 식당의 매출 상당량은 매장 안에서 식사하는 손님들이 아니라 배달 고객에게서 나오리라 예상된다. 이에 따라 아버지의 승용차로 피자를 배달하거나 자전거를 타고 볶음면을 나르는 아르바이트생 대신 로봇이 그 역할을 맡게 될 것 같다. **스타십 테크놀로지스**Starship Technologies 같은 스타트업과 아마존을 포함한 일부 대기업은 이미 문앞까지 음식을 가져다주는 배달 로봇을 시험 가동하고 있다.

패스트푸드 산업에 종사하는 미국인은 대략 400만 명에 달한다. 이 일자리 중 상당수가 '쇠로 만들어진 요리사'로 인해 조만간 자동화의 길을 걸을 것이며, 그 시점은 우리 생각보다 훨씬 앞당겨질 가능성이 크다. KFC, 피자헛, 타코벨 같은 체인들의 모기업인 **얌! 브랜드**Yum!

Brands의 CEO는 2020년대 중반을 기점으로 패스트푸드 분야의 노동력 상당 부분이 로봇으로 대체되기 시작할 것으로 예상했다. 또 2017년 매킨지McKinsey가 내놓은 보고서에서는 오늘날 식당 직원들이 수행하는 업무 중 절반가량이 이미 개발된 기술로도 대체 가능하다고 주장했다.

하지만 숙련된 장인이 운영하는 커피 전문점에서 손님의 잔에 에스프레소를 따라주는 바리스타의 숫자가 지금도 나날이 늘어난다는 점을 고려하면, 미래의 환대산업에서는 자동화가 어느 정도 선별적으로 도입될 것이다. 인간의 기술이나 사람들 사이에 이루어지는 상호작용은 앞으로도 가치를 인정받을 것이기 때문이다. 컴퓨터비전을 탑재한 로봇은 식기 세척기나 재료 배합기 같은 이전 세대의 주방용 기계들이 도맡았던 업무들을 주로 담당함으로써, 식당 주인들에게 고객 맞춤형 음식을 연구하고 준비할 시간과 공간을 제공할 것이다.

나는 음식 평론가 겸 요리책 저자인 에이미 트레버소Amy Traverso에게 요리의 가장 즐거운 점이 무엇인지 물었다. 그녀는 이렇게 대답했다. "요리는 우리에게 다중 감각적인 쾌감을 안겨줍니다. 저는 뜨거운 시나몬 빵에 먹음직스러운 글레이즈를 뿌리는 순간을 절대 놓치고 싶지 않아요." 캠벨 수프Campbell Soup의 즉석식품은 타오르는 불길 위에서 갈색으로 변한 고기를 꺼내거나 스튜를 끓일 때 얻을 수 있는 영적인 만족감을 주지 못한다. 우리의 심신은 이렇게 심오하고 주관적인 감각을 전달하는 순간들로부터 '영양을 공급'받는다. "스무 명쯤 되는 손님을 위해 전채 요리로 브루스케타를 준비하거나, 크리스마스 쿠키를 굽거나, 통조림을 제조할 때처럼 반복적인 작업이 필요한 경우에는 자동화가 좋을 수도 있겠죠. 하지만 저는 언젠가 로봇 요리사가 토르텔리니를 빚고 결혼식 케이크를 설탕으로 장식하는 모습을 보고 싶습니다!"

생각하는 가전제품
#슈퍼사이트가 장착된 로봇팔

앞서 말한 바와 같이 사람들이 식당에 더 많은 로봇 요리사를 고용해서 그 혜택을 누리기 시작한 이상, 언젠가는 이 요리 로봇들이 기술의 낙수효과에 힘입어 가정의 주방을 차지하게 될 것이 분명하다.

모더니즘 건축가 르 코르뷔지에Le Corbusier는 1920년대에 "집은 주거를 위한 기계다"라는 유명한 말을 남겼다. 미래에는 보고, 만지고, 맛보는 능력을 지닌 컴퓨터가 주방에 혁신을 불러오면서 그의 철학적 비전을 문자 그대로의 현실로 바꿔놓을 것이다. 싱크대, 가스레인지, 냉장고 같은 주방 기기 근처에 설치된 로봇 팔들은 주방을 안전하게 지키고, 식재료를 다듬고, 음식을 요리할 것이다. 그런데 로봇이 값비싼 주방 물품을 실수로 깨뜨리거나 붉은 고추를 파프리카로 착각하는 일을 방지하려면 이 기계에 반드시 컴퓨터비전을 장착해야 한다.

슈퍼사이트 기능을 '갖추지 않은' 주방용 로봇은 이미 세상에 나와 있다. 로봇 제조기업 **몰리 로보틱스**Moley Robotics는 2015년 하노버 메세 로봇 박람회Hannover Messe Robotics Fair에서 자칭 세계 최초의 로봇 요리사를 선보였다. 한 쌍의 팔로만 이루어진 로봇 '몰리'는 사람의 동작과 매우 흡사한 방식으로 움직이면서 모두를 놀라게 했다. 하지만 몰리는 주방에서 일하는 인간 요리사의 행동을 순서대로 따라하도록 훈련받았기 때문에 단지 요리사의 동작을 흉내만 낼 수 있다. 박람회에서 관객들에게 짧은 데모를 보여주기에는 그 정도로도 충분했는지 모르지만, 이 기계에는 시각이나 촉각을 통해 사물을 인지하는 능력이 없었다. 그래서 기능이 불안정하고 효용성에 한계가 있었다. 가령 몰리는 팔을 움직이다 소금이 담긴 병을 오른쪽으로 밀어내면 다시는 그 병이 어디 있는지 찾지 못했다.

로봇 팔 같은 보조 장치뿐만 아니라 우리가 이미 사용 중인 주방용 가전제품도 사물을 식별하는 눈을 갖추게 되면 훨씬 똑똑해진다. 나는 우리 집 주방의 오븐이 내가 무엇을 요리하는지 알았으면 좋겠다. 이 기계가 자기 안에서 익어가는 파이의 속을 들여다볼 수 있다면 내게 겉은 바삭하고 속은 촉촉한 파이를 만들어 줄 것이다. 전자레인지가 오트밀이 끓어 넘치기 직전인지 달걀이 터질 참인지 알려준다면 그만큼 청소 걱정이 줄어들 것이다. 통풍구 역시 불 위에서 끓고 있는 냄비의 상태를 내려다보고, 연어가 너무 타서 연기가 나면 알아서 스위치를 켜고 환기할 정도가 되어야 한다. 믹서기도 스무디에 담긴 큰 덩어리들만 적당한 크기로 부수고 재료를 너무 잘게 갈아 죽처럼 만들지 않았으면 한다. 또 토스터기는… 너무 바라는 게 많은가?

머지않은 미래에는 모든 주방용 가전제품 기업이 슈퍼사이트 기능을 갖춘 하드웨어와 이에 상응하는 클라우드 기반의 소프트웨어 구독 서비스를 출시할 것이다. 저 멀리 외딴곳에 위치한 데이터센터에서는 당신의 오븐에서 지글거리며 타고 있는 잉글리시 머핀의 이미지를 실

요리 로봇 '몰리'는 사람의 손과 매우 흡사하게 생긴 한 쌍의 손으로 사람 요리사의 동작을 정확히 흉내 낸다.

시간으로 처리해서 이 상황에서 어떻게 대응해야 좋은지 학습할 것이다. 오븐은 베이글이 숯덩이가 되고 있다는 사실을 인공지능 비서에 알려야 할까? 불빛을 깜빡거려야 하나? 아니면 아예 전원을 꺼버리는 편이 나을까?

이런 기능을 제공하는 장비 중에 시장에 나온 제품이 하나 있었다. 2020년 출시된 준June이라는 이름의 오븐이다.

질문 : 200달러짜리 오븐 토스터를 2,000달러에 판매할 방법은 무엇인가?
답 : 인터넷에 연결된 카메라를 장착하라.

나는 이 제품을 무턱대고 환영할 수만은 없다. 내가 이 오븐의 가치를 인정하는 이유는 하나다. 인터넷에 연결된 단순한 카메라만으로도

카메라를 장착한 최초의 오븐 준(June)은 당신이 만든 쿠키가 제대로 익었는지 지켜본다.

다른 오븐에 비해 독창적인 장점을 제공하기 때문이다. 이 제품 덕분에 더 이상 케일이나 쿠키를 태우지 않아도 된다. 하지만 가격이 너무 비싸다. 그래서 2021년 단종됐다. 현재 이 오븐을 개발한 회사는 관련 소프트웨어 개발에 집중하고 있다.

슈퍼사이트는 우리가 레시피를 읽는 방법에도 변화를 가져온다. 구글, 아마존, 페이스북은 소비자들이 조리대 위에 올려두고 사용할 수 있는 요리용 모바일 기기를 출시했다. 소비자들은 이 태블릿이 제공하는 요리책 앱을 통해 재료를 점검하고, 타이머를 조정하고, 레시피를 미리 확인할 수 있기 때문에 굳이 버터 묻은 손으로 화면을 자주 만질 필요가 없다. 차세대 요리용 기기들은 아예 터치스크린 없이 레시피와 재료 목록을 조리대 위에 직접 투사할 것이다. 컵이나 그릇에는 레시피에 맞는 비율로 재료를 부으라는 선이(이곳까지 채우세요) 표시되고, 도마 위에는 요리법 설명이(이 정도로 얇게 썰면 됩니다) 비친다. 불 위에서 조리 중인 음식이나 오븐의 문에는 타이머가 나타나고, 접시 위에는 플레이팅 견본이 등장해서 요리를 더 멋진 모습으로 표현할 수 있도록 도울 것이다.

음식에 대한 피드백 장치는 저녁 식사 테이블 위에서도 활약한다. 천장에서 아래쪽을 향해 설치된 카메라는 당신이 만든 요리를 처음 입에 넣는 파트너의 표정을 감지한다. 그녀의 얼굴에 즐거운 표정이 떠오르면 알고리즘은 이 레시피를 보관해서 다음에 활용한다. 만일 레몬이 너무 많이 들어간 탓에 그녀의 미간에 살짝 주름이 지면, 주방의 스마트 시스템은 디저트의 레몬 양을 조절하라고 제안할 것이다.

사람들은 가정용 로봇을 생각할 때 대개 두 가지 사실을 오해한다. 첫째, 로봇이 집안 곳곳을 돌아다니는 이동식 기계라고 생각하는 것이다. 하지만 로봇이라고 해서 바퀴가 달린 화상회의용 아이패드처럼 당신을 졸졸 따라다닐 필요가 없다. 싱크대는 매일 밤 위치를 바꾸지 않는다. 로봇은 움직이지 않아도 아무런 문제가 없으며, 여기저기 돌아다니면 오히려 걸리적거릴 뿐이다.

두 번째 오해는 로봇과 사람이 주방에서 서로를 도와가며 사이좋게 요리할 거라고 상상하는 것이다. 만일 로봇이 당신을 위해 뭔가 유용한 일을 해줄 정도로 힘이 세다면, 그 기계가 당신에게 해를 입히지 않도록 대비하는 것은 매우 중요한 문제다. 로봇 요리사는 마늘을 써는 대신 사람의 손을 자를 수도 있다. 특히 로봇에게 날카로운 도구를 쥐여 주거나 무거운 물건을 다루게 하는 경우 자칫 위험한 상황이 발생할지 모른다. 최선의 해결책은 "사공이 많으면 배가 산으로 간다"는 옛사람들의 조언에 따라 로봇이 자신의 속도에 맞춰 안전하고 독립적

보쉬는 라이트 드라이브(LightDrive)라는 증강현실 기술을 홍보하기 위해 요리를 주제로 동영상을 제작했다.

으로 일할 수 있도록 혼자 놓아두는 것이다.

가장 이상적인 청소 로봇은 바닥을 굴러다니는 대신 평소에는 멋진 샹들리에처럼 천장에 고정되어 있다가 필요할 때만 긴 팔을 뻗어 식기를 세척하고, 조리대를 소독하고, 깨끗한 식기들을 제자리에 돌려놓고, 주방 벽에서 자라나는 채소에 물을 주는 기계일 것이다.

기계가 팔을 휘두르며 일하는 곳 근처에는 아이들이나 애완동물이 다가가지 않도록 주의할 필요가 있다. 그런 의미에서 로봇의 업무는 대부분 주방에 아무도 없을 때 이루어지도록 해야 한다. 로봇 팔은 슈퍼사이트를 통해 주방에 아무도 없다는 사실을 감지한 뒤에야 청소를 시작할 것이다. 물론 누군가 자기 대신 일하는 모습을 지켜보는 것도 나름 즐거운 일이기 때문에, 당신은 가족들이 아침 식사를 위해 내려오는 시간에 맞춰 로봇이 작업을 마무리하도록 설정할 수도 있다.

주방처럼 비정형적인 환경은 로봇공학자들에게 차세대의 연구 주

천장에 장착된 로봇 팔이 식기 세척기를 채우고, 주방을 청소하고, 벽에 심은 작물을 가꾸는 모습을 상상한 개념도.

제를 제공하는 공간이다. 모든 집의 주방은 저마다 다르다. 우리가 친구 집에 놀러 갔을 때 커피를 마실 잔 하나를 찾기 위해 얼마나 많은 문을 여닫는지 생각해 보라. 주방이라는 환경이 특히 문제가 되는 이유는 로봇이 실수로 부드러운 토마토를 뭉개버리거나 달걀을 깨뜨리는 일이 있어서는 안 되기 때문이다. 실제 세계와 물리적으로 상호작용하는 로봇들은 특정한 사물을 만질 때 그 물체가 어떻게 반응할지 잘 모른다. 심지어 정신이 멀쩡한 사람들도 와인 잔 손잡이를 깨뜨리기 일쑤 아닌가.

미래의 슈퍼사이트 시스템은 자신이 일하는 데 필요한 사물을 인식하고 이들을 다루는 방법을 잘 알 뿐만 아니라, 그 물건이 원래 있어야할 장소가 어딘지도 정확히 기억할 것이다. 청소 전문 회사의 노련한 직원들은 고객의 집이 가장 깨끗이 정리됐을 때의 모습을 미리 사진으로 찍어두고, 한바탕 파티가 끝난 뒤에는 그 사진을 참조해서 모든 물건을 제자리에 돌려놓는다. 청소 로봇도 이와 비슷한 방식으로 일할 것이다. 더 나아가 주방의 물품 저장소를 평소 자주 사용하는 물건 위주로 정리하라고 제안할 것이다.

테이블을 닦고, 설거지하고, 식기 세척기를 비울 일이 영영 없어진 다면 이를 위해 얼마를 낼 의향이 있는가? 예를 들어 한 번에 5달러 정도라고 가정해 보자. 하루에 세 번이면 15달러고, 이를 10년간 지불할 경우 $15 \times 365 \times 10$, 즉 5만 4750달러라는 계산이 나온다. 보통의 가정에서 선금으로 내기에는 꽤 부담스러운 금액이다. 하지만 로봇을 대여하거나 무료로 공급받고, 대신 소모품에 대해서만 사용료를 내는 방식(면도기와 면도날, 전동칫솔과 칫솔모, 킨들과 이북 같은 조합을 생각해 보라)을 선택하면 비용을 분산시켜 '지불의 고통'에서 어느 정도 벗어날 수 있다. 가령 프록터앤드갬블Procter & Gamble은 자사의 청소 로봇이 이 회사에서 판매하는 값비싼 비누만을 사용한다는 조건으로 소비자가 로봇을 구매하는 비용을 부담할지도 모른다. 즉 고객을 장기 계약에 묶어두는 대가로 수익성 높은 소모품 비즈니스에 집중하는 것이다. 이런 비즈니스 모델 하에서는 소모품 제조기업과 내구재 제조기업 사이에 새로운 파트너십의 기회가 생길 수 있다.

주방을 청소하는 로봇에도 디스토피아를 초래할 만한 측면이 있을까? 그럴지도 모르지만, 있다고 해도 그리 심각할 것 같지는 않다. 만일 우리가 손님들의 알레르기 반응이나 개인적 취향에 따라 다양한 음식을 준비하고 음식 1인분의 양이 얼마나 되는지 정확히 예측하고 식사 후 뒤처리를 로봇의 손에 맡길 수 있다면, 저녁 식사에 더 자주 손님들을 초대하게 될지 모른다. 요리의 부담에서 벗어나 사람들과 친목을 다지거나 대화를 나눌 시간이 늘어나고, 음식뿐만 아니라 교육, 역사, 음악, 명상 같은 가치 있는 주제들에 대해서 더 오랫동안 이야기를 나눌 수 있다면 얼마나 꿈같은 일인가.

하지만 모든 사람의 가정에 새로운 도구가 도입됐을 때 실제로 어떤 효과가 발생할지 정확히 예상하기는 쉽지 않다. 1940년대에 세탁기와 진공청소기가 발명됐을 때 미래학자들은 이 기계 덕분에 가정주부들이 독서나 운동 같은 여가를 누릴 시간이 현저하게 늘어날 거라고 예상했다. 그러나 새로운 도구의 도입으로 사회적인 위생의 기준이 급격히 높아지면서 우리는 지금도 예전과 똑같은 시간을 청소에 쏟아붓고 있다.

1970년대에 등장한 TV 디너와 전자레인지는 주방이 전혀 필요 없는 미래를 예고했다. 음식을 냉장고에 보관했다가 전자레인지에 데워 먹고 남은 찌꺼기는 TV 옆에 놓아둔 커다란 쓰레기통에 버리면 그만이기 때문에, 모두가 만족하고 행복한 세상이 찾아온다는 주장이었다. 하지만 그들의 예상과는 달리 오늘날 주방은 집안에서 가장 중심적인 공간으로 변모했다. 우리는 열 번 중 아홉 번은 이곳에서 밥을 먹고, 친구들을 불러 함께 어울린다.

정리하자면 슈퍼사이트는 우리가 더 생산적이고 풍부한 방식으로 요리를 즐길 수 있도록 사람들을 가르치고 안내할 것이며, 로봇은 주방 자동화 측면에서 사람들이 꺼리는 청소 같은 허드렛일을 주로 담당할 것이다.

하지만 음식의 미래를 위해 로봇이 수행할 또 다른 중요한 역할, 다시 말해 누구보다 더 많은 참을성과 성실함을 발휘해야 하는 역할은 따로 있다. 바로 가정에서 채소를 키우고 수확하는 일이다.

집이 농장이 된다

#집에서 키우는 밀키트   #무한한 인내심의 눈

나는 정원이 있는 집에서 자란 덕분에 어린 시절부터 직접 재배한 작물을 맛보는 기쁨을 누리며 자랐다. 여름 내내 양상추와 근대를 캐 먹었고, 8월에는 신선한 토마토와 바질 샌드위치, 초가을에는 스쿼시와 호박 수프를 맛볼 수 있었다. 농사의 규모야 어떻든 직접 무언가를 심고 수확한다는 것은 자부심을 안겨줄 뿐만 아니라 농산물에 배어있는 농부의 땀을 생각하고 방금 생산된 신선한 작물을 섭취하는 기쁨을 얻을 수 있는 길이다.

MIT에서 만난 제니 부탱Jenny Boutin은 이런 경험을 모든 사람의 가정에 전달하는 일에 열정적으로 뛰어든 요리사 겸 원예사다. 2022년 설립되어 그녀가 CEO로 재직 중인 **스프라우츠IO**SproutsIO는 컴퓨터 비전을 통해 작물의 생육 조건을 최적화시키는 가정용 공중 재배(식물을 땅에 심지 않고 그물에 뿌리를 내리게 한 다음 공중에 매달아 재배하는 방법 – 옮긴이) 장치를 공급한다. 스프라우츠IO의 미니 정원에 탑재된 카메라가 하는 일은 단 한 가지, 작물의 사진을 찍어 한 시간마다 클라우드에 업로드하는 것이다. 클라우드의 알고리즘은 그 사진들을 다른 재배기에서 자라나는 작물들의 이상적인 상태와 비교한다. 이 데이터를 기반으로 조명의 강도와 빛깔, 영양소의 배합. 기타 최적의 생육 조건을 유지하는 데 도움이 되는 변수들을 자동으로 조절한다.

스프라우츠IO 같은 시스템 덕분에 우리는 집에서 소비하는 채소나 허브를 자동차나 비행기로 실어 나를 필요 없이 집안에서 재배할 수 있게 됐다. 소비자들이 필요한 식자재를 아무 때나 구할 수 있는 세상이 되면 농업뿐만 아니라

스프라우츠IO의 재배기는 당신이 심은 채소를 온종일 관리한다.

슈퍼마켓과 요식산업에 큰 변화가 밀어닥칠 것이다. 또한 집에서 작물을 재배하는 사람이 많아질수록 그 일을 컴퓨터에 맡기려는 사람도 늘어날 것이다. 당신이 여행을 떠난 사이에 셀러리가 시들면 안 될 테니까.

이 분야에서 활동하는 또 다른 회사 **그로우 컴퓨터**Grow Computer는 인내심 강한 인공지능의 눈을 통해 채소를 온종일 보살핀다. 뉴욕에 거주하는 설립자 댄 넬슨Dan Nelson은 신혼여행을 준비하면서 이 사업의 아이디어를 떠올렸다고 한다. 그는 사업을 시작하기 한참 전부터 자신의 집에 멋진 텃밭을 꾸며놓고 각종 작물을 재배하는 데 온갖 공을 들였다. 넬슨은 식물을 심고 가꾸는 일을 매우 좋아했다. 하지만 17일 동안의 신혼여행 기간에는 어떻게 해야 하나?

넬슨은 사람을 대신해서 식물을 관리해준다는 기존의 시스템들(결국 실패로 돌아간 가정용 자연 관개 플랫폼을 포함해서)을 두루 알아보았지만,

원거리에서도 확실하게 작물 관리가 가능한 제품을 발견할 수 없었다. 그는 멀리 떨어진 곳에서도 작물들을 감시하고, 토양의 수분 수준을 파악하고, 공기 중의 습도를 확인하고, 이 데이터를 바탕으로 자신이 개발한 자동 급수 시스템을 가동할 수 있는 제품을 개발했다. 그가 이 기술을 직접 개발하는 데 4년이라는 시간이 걸렸지만, 오늘날 넬슨이 제공하는 식물 재배 시스템은 급수, 온도 및 빛 조절, 모종에서 수확에 이르기까지 다양한 요구를 충족시키고 있다.

이런 가정용 작물 재배 자동화 시스템을 농업의 범위로 확대한 회사들도 생겨났다. **아이언 옥스**Iron Ox라는 기업은 맞춤형으로 제작한 창고에서 컴퓨터비전을 이용해 수경 재배 방식으로 작물을 기른다. 이곳에서는 로봇들이 씨를 심고, 작물의 생육을 관리하고, 수확하는 일을 도맡아서 처리한다. 섬세하게 조정되고 통제된 생육 환경 덕분에 실내 온도를 너무 높거나 낮게 조절해서 양상추처럼 온도에 민감한 작물을 죽일 염려는 사라졌다. 아이온 옥스 같은 기업들의 재배 시스템은 농장에서 기르는 작물의 종류를 늘려줄 뿐만 아니라, 농장의 입지도 바꿔놓는다. 로봇이 작물을 재배하는 창고를 어디에나 세울 수 있다면, 인구가 많은 도심이나 농산물 유통 센터 근처에 농장을 만들어서 이동 시간과 비용, 그리고 쓰레기를 줄일 수 있다.

슈퍼사이트는 가정용 토마토 재배기나 로봇이 관리하는 창고를 넘어 최근에는 드넓게 펼쳐진 벌판으로 진출했다. 슈퍼사이트가 이곳에서 수행하는 중요한 역할 중 하나는 필요한 작물만을 골라 선별적으로 농약을 분무하는 것이다. 예전에는 농작물 살포기가 벌판의 모든 작물 위에 똑같은 양의 비료나 살충제를 뿌려댔다면, 요즘은 대형 살포 차

존디어가 개발한 씨 앤드 스프레이 셀렉트(See & Spray Select)는 밭에 심은 작물과 잡초를 구분함으로써 살충제의 사용량을 줄여주는 슈퍼사이트 기반의 기술이다. 이 제품 덕분에 농부들은 각 작물의 특성에 따라 제초제 저항성을 선별적으로 관리할 수 있게 됐다.

량에 탑재된 컴퓨터비전 기반의 카메라가 각 작물의 건강 상태를 판단해서 꼭 필요한 만큼 농약을 분무한다. 또 슈퍼사이트 카메라는 병충해 발생 조짐을 파악해서 농부에게 알려주고 문제를 미리 방지하도록 돕는다. 덕분에 농부들은 병충해는 줄이고 작물은 왕성하게 성장시킬 수 있게 됐다.

이 분야의 선두주자가 **존디어**John Deere다. 무려 180년의 업력을 자랑하는 이 대기업은 지난 10년 동안 트랙터 회사에서 인공지능 기업으로 성공적으로 변신했다. 미래의 농업이 첨단 기술 기반의 산업으로 진화하리라는 예상에 과감하게 배팅한 결과다. "딥러닝 분야의 기술적 혁명 덕분에 농부들이 오랫동안 해결을 꿈꿨던 문제들을 풀어낼 길이 활짝 열렸습니다." 존디어의 인텔리전트 솔루션즈 그룹Intelligent Solutions Group을 담당하는 존 스톤John Stone 수석 부사장은 이렇게 말했다. "컴퓨터비전 시스템과 심층 신경망의 발전에 힘입어 농업 기술의 앞길에는 멋진 미래가 펼쳐지고 있습니다." 존디어의 반≢자율적 생육 시스템은 자율 살포기를 운전하는 농부들이 촘촘하게 심어진 연약한 작물 사이를 안전하게 오가며 농약과 비료를 분무할 수 있도록 돕는다. 이런 첨단의 기술 덕분에 농부들은 트랙터에 앉아 있는 시간을 줄이고 다른 일에 좀 더 신경 쓸 여유가 생겼다.

이런 기술이 우리에게 중요한 이유는 농업의 미래에 긴급한 구원의 손길이 필요하기 때문이다. 농부의 수가 줄어드는 현상은 어제오늘의 일이 아니다. 지구온난화에 따르는 기상이변이 기승을 부리고 농산물의 이윤이 갈수록 줄어드는 탓에 농사를 지으려는 청년층의 수가 갈수록 줄고 있다. 현재 미국 농부의 평균 나이는 58세까지 증가했다. 그런 상황에서 슈퍼사이트는 작물 재배의 효율성을 증진하고, 곡물, 옥수수, 신선한 채소 같은 농산물을 수십억 명의 인구에게 계속 공급할 수 있게 해줌으로써 인류가 처한 난관을 타개하는 데 도움을 줄 수 있다.

아마존 고에서 물건 훔치기
#지각을 갖춘 슈퍼마켓 #지하철역 쇼핑

미국의 직장인 중 3퍼센트가 금전등록기 앞에서 일한다는 사실을 알고 있는가? 나도 고등학생 때 베이글 가게에서 계산원으로 일한 적이 있다. 체력이 한창인 10대 소년에게도 쉽지 않은 일이었다. 온종일 서 있어야 했고, 손을 베이는 일도 예사였으며, 한 시간에도 몇 차례씩 손을 씻어야 했다. 끝없이 밀려드는 손님들의 까다로운 요구를 들어주는 일은 더욱 어려웠다. "소금 베이글에 새싹 잎을 조금 넣어주세요. 아니, 그렇게 많이는 아니고요. 훈제 연어를 조금만 더 두껍게 썰고 케이퍼 세 조각만 추가해줄 수 있나요? 그런데 서둘러 주세요. 수업에 늦었어요!" 소비자들이라고 그 과정을 즐기는 것은 아니다. 소량 품목 계산대 앞에서 카트에 잔뜩 물건을 싣고 서 있는 사람을 괘씸한 눈빛으로 노려본 경험은 누구나 한 번쯤 있을 것이다.

이런 계산 업무의 상당 부분이 자동화되고 있다. 주문 목록을 확인하고, 현금을 세고, 거스름돈을 내주고, 손님이 카드를 긁기를 기다리는 일을 사람 사이의 의미 있는 상호작용이라고 볼 수는 없다. 공간적으로도 얼마나 큰 낭비인가. 슈퍼마켓에서 금전등록기, 컨베이어 벨트, 포장대가 차지하는 면적을 생각해 보라.

슈퍼사이트는 식품매장에 완전히 새로운 패러다임을 도입하고 있다. 사람도 없고 돈도 오가지 않는 계산의 시대가 현실화하고 있다. 매장 안으로 들어가서 물건을 둘러보고, 원하는 상품을 집어 들고, 곧바로 걸어 나올 수 있는 슈퍼마켓을 마다할 사람이 있을까? 그곳에서는 계산원과 마주칠 일도 없고 신용카드를 긁을 필요도 없다.

1장에서 슈퍼사이트를 이용하면 안면 인식 기반의 소액 결제 시스템을 통해 고객들에게 '무無마찰' 지불의 경험을 제공할 수 있다고 언급했다. **홈플러스**는 한국에서 두 번째로 큰 대형 할인점 브랜드다. 이 회사는 더 많은 매장을 열거나 더 많은 고객을 매장으로 끌어들여 성장을 도모하기보다, 아예 매장을 들고 고객들 옆으로 다가가는 실험을 했다. 그들은 지하철역 플랫폼에 진짜 상품처럼 보이는 사진들이 전시

홈플러스가 지하철역에 설치한 무인 슈퍼마켓. 고객들은 열차를 기다리며 원하는 물건을 스마트폰으로 스캔해서 집으로 배송시킨다.

된 대형 광고판을 설치했다. 필요한 제품의 사진의 QR코드를 스마트폰으로 스캔해서 온라인 장바구니에 담으면, 그 물건은 곧바로 집으로 배송된다.

2016년, 내가 운영하던 기업 디토에서 가장 우수한 컴퓨터비전 박사급 인재 한 명이 아마존으로 이직했다. 그가 이곳에서 새롭게 맡은 임무는 **아마존 고**Amazon Go라는 기발하면서도 적절한 이름의 슈퍼마켓 매장에 슈퍼사이트 기술을 접목하는 일이었다. 아마존 고의 시스템을 설명하면 다음과 같다.

당신이 아마존 고 매장을 처음 방문하면 입구에서 담당 직원이 아마존 고 앱을 스마트폰에 설치하고 신용카드를 연동시키는 법을 친절하게 알려준다. 매장 안으로 들어섰을 때 처음 눈에 들어오는 모습은 보통의 식품점과 별로 다를 바가 없다. 여느 슈퍼마켓에서처럼 샌드위치, 값이 조금 비싼 스무디, 그래놀라 바 등 원하는 물건을 집어 든다.

진짜 흥미로운 상황은 그다음에 벌어진다. 물건값을 치르는 과정을 거치지 않고 그냥 매장을 걸어 나오는 것이다! 몇 초 뒤 들고나온 물건의 사진과 금액을 알리는 문자 메시지가 도착하고, 곧이어 신용카드가 결제됐다는 신호음이 울린다.

나는 2019년 샌프란시스코에서 아마존 고 매장을 방문했을 때, 사람이 과연 컴퓨터비전을 속여 넘길 수 있는지 확인해 보고 싶었다. 나는 나이에 비해 반사 신경이 빠를 뿐 아니라 커다란 가방도 들고 있었다. 과연 이 매장에서 물건을 훔치는 일이 가능할까?

매장 안으로 들어간 뒤에 위쪽을 올려다보니 검은색 페인트로 칠해진 천장에 여러 대의 카메라와 케이블이 설치된 모습이 눈에 띄었다. 몇 대가 아니라 그야말로 수백 대의 카메라가 온갖 각도에서 선반들을 촬영하고 있었다. 이 카메라들은 사람의 움직임을 추적하고, 손동작을 감지하고, 선반 위에 놓인 제품의 유무를 인식할 수 있도록 훈련받았다. 따라서 인공지능은 선반에서 그래놀라 바 하나가 없어졌을 때 X라는 쇼핑객이 이를 구매했다고 판단한다.

이 시스템의 능력이 어느 정도인지 실험하기 위해 선반에서 물건을 하나 집어 들고 다른 물건을 그 자리에 올려놓은 다음, 처음 손에 쥐었던 물건을 매장의 반대편 쪽으로 옮겼다. 그리고 재킷으로 손을 가린 상태에서 내가 취할 수 있는 가장 빠른 동작으로 선반 맨 아래쪽에 놓여있던 그래놀라 바 하나를 낚아챘다. 물론 인공지능은 나를 내려다보고 있을 것이다. 하지만 얼마나 빠르게 내 움직임을 읽어낼 수 있을까? 나는 모두 다섯 개 품목을 집어 들고 주머니 여기저기에 감춘 뒤에 가장 가까운 동선을 통해 신속하게 매장을 빠져나왔다. 카메라가 물건

한두 개쯤은 분명히 놓쳤을 거라는 생각이 들었다. 번개 같은 내 손동작을 컴퓨터 시스템이 어떻게 잡아낼 수 있을까? 게다가 이 매장은 오픈한 지 몇 주밖에 되지 않았으니 시스템에 버그나 최적화 문제가 남아있을 가능성도 있다.

잠시 뒤 스마트폰의 신호음이 울렸다. 젠장. 다섯 개의 물품 대금이 내 신용카드로 결제됐다는 메시지였다. 정확하고 완벽했다.

오늘날 아마존 고 매장은 여러 도시로 진출해서 과일, 채소, 빵, 고기, 생선 등 수많은 상품을 판매하고 있다. 고객이 이 상품들을 온갖 방식으로 만지고 접촉할수록(가령 아보카도를 눌러보거나 멜론을 들고 냄새 맡거나) 컴퓨터비전 시스템에 대한 요구 사항은 점점 늘어날 수밖에 없다. 아마존의 소매업 및 기술 담당 부사장 딜립 쿠마르Dilip Kumar는 런던에서 아마존 고 매장을 개업한 뒤에 〈로이터Reuter〉에 기고한 글에서 이렇게 썼다. "고객들은 코카콜라 캔보다 신선식품과 더 다양한 방식으로 상호작용한다."

향후 10년 안에 대부분의 매장이 아마존 고를 따라 슈퍼사이트 기반의 자동화된 지불 시스템을 도입하고, 계산대가 차지하고 있는 값비싼 공간을 활용해서 매장의 구조를 재편할 것으로 예상된다.

그렇다면 금전등록기 앞에 서 있던 계산원들은 어떻게 될까? 내 희망 사항이지만, 그들에게는 다른 업무가 배정됐으면 한다. 예를 들어 소비자에게 더 세심한 서비스를 제공하는 안내자 역할을 맡기는 것이다. 나는 식품매장이 고객들에게 더 먹음직스러운 샘플을 맛보여주거나 상품에 대한 전문적인 조언을 들려주는 등 인간적 차원에서 더 많은 상호작용을 해주기를 바란다. 우리 가족이 파티에 사용할 제품을 구매하는 데 누군가 도움을 주었으면 좋겠고, 영양사가 내 건강상의 목표나 우리 집 식구들의 식품 알레르기를 고려해서 적합한 식자재를 골라주기를 바란다. 사람의 도움이 없는 식료품 구매는 소외된 형태의 소비자 경험일 뿐이다. 그럴 바에는 차라리 물건을 집어 들고 포장한 뒤에 곧바로 매장을 떠나거나 로봇에게 배달을 맡기는 편이 나을지도 모른다.

디스토피아 : 무차별적 광고

슈퍼사이트는 매장 안이든 밖이든 당신이 바라보는 모든 대상을 파악한다. 따라서 미래의 쇼핑은 거의 반≉의식 상태에서 이루어지고 기업의 판촉 활동은 당신이 무의식적으로 보내는 신호에 반응하는 방식으로 바뀔 것이다. 우리가 매장 안을 지나가다 어떤 제품을 몇 초간 바라보면 그곳에 태그가 붙고, 뭔가를 흘깃 쳐다보기만 해도 메모가 달린다.

물론 우리가 뭔가를 바라보는 행위는 대부분 별다른 의도 없이 이루어진다. 우리의 눈은 늘 자신이 처한 상황을 이해하기 위해 본능적으로 주위를 스캔한다. 또 사람의 시선은 화려한 색깔, 강렬한 명암, 밝은 빛, 그리고 무엇보다 움직임에 반응한다. 다람쥐 한 마리가 눈앞을 쏜살같이 지나갈 때, 그 모습에 시선을 빼앗기지 않기란 거의 불가능하다. 그런데도 사람이 뭔가를 얼마나 오랫동안 바

슈퍼사이트 알고리즘은 당신이 관심을 보이는 특정 품목만을 강조하는 방식으로 고객의 쇼핑 경험을 맞춤형으로 관리한다. 슈퍼마켓에서는 감소현실(diminished reality) 기술 덕분에 당신에게 알레르기를 유발하는 제품들이 시야에서 아예 사라질 것이다.

라보는지 측정한 데이터는 당사자의 관심 분야나 의도에 대해 많은 정보를 알려준다. 한 번 지나친 대상을 고개를 돌려 다시 바라보는 동작(말하자면 마우스의 더블클릭 같은 동작)은 더욱 많은 정보를 제공한다. 뭔가가 관심을 끌었으므로 자신도 모르는 사이에 그 대상을 다시 돌아봤다는 뜻이기 때문이다. 다시 말해 어떤 대상에 시선을 멈췄다는 사실(진열대에 놓인 신발, 바의 건너편에 앉아있는 사람, 누군가 먹고 있는 전채 요리 등)은 깊은 관심을 입증하는 무의식적인 신호다.

제품을 판매하는 사람들은 이런 정보를 환영할 수밖에 없다. 소비자가 주위의 특정 대상에 얼마나 오랫동안 시선을 고정했는지 측정한 데이터는 두 가지 형태의 정보를 제공한다. 하나는 개인적 차원("저 손님이 X라는 물건을 바라봤어. 아무래도 관심이 있는 것 같아.")의 정보이며, 또 하나는 익명의 다수로 구성된 집단적 차원("최근 이 인구통계학적 집단에 속한 소비자들은 모두 Y라는 제품을 오랫동안 쳐다봤어.")의 정보다.

만일 당신이 뚫어져라 바라보는 제품들에 대한 데이터를 소매업체들이 모두 입수한다고 가정해 보자. 마네킹이 입고 있는 옷, 말도 안 되게 비싼 해산물, 당신이 들었다가 내려놓은 애플 워치 등등 그들은 당신이 나타내는 관심도의 수준에 따라 제품의 가격을 조정할 것이다. 그렇게 되면 당신은 가격이 너무 비싸 구매를 포기했던 샴푸의 가격이 내렸다는 사실을 발견하고 다시 집어 들지도 모른다. 한 주 내내 매장에 들러 만지작거렸던 펜디 핸드백의 가격이 갑자기 인상되면, 값이 더 오르기 전에 사야겠다고 결심할 수도 있다. 아니면 핸드백의 가격이 처음 생각했던 범위를 너무 많이 벗어나면 슈퍼사이트 안경은 그것과 비슷해 보이지만 가격이 저렴한 다른 제품을 제안할지 모른다.

다시 강조하지만, 소비자로서 우리의 선택권을 보호하기 위해서는 기업들이 소유한 고객 정보를 소비자가 원하는 방식으로 편집하고 삭제할 수 있게 해야 한다.

5장

공부하다
모든 곳이 학교다

스마트안경과 떠나는 스페인 여행

#자동 자막 #역사 재현 #소액 배팅

가까운 미래의 이야기다. 바르셀로나는 가족여행을 계획하기에 안성맞춤의 도시다. 스페인 관광청과 이베리아항공Iberia의 공동 후원하는 패키지 상품에는 무상으로 제공되는 스마트안경이 포함되어 있다. 항공기 승무원은 당신이 스마트안경을 쓰고 스페인의 밝은 햇빛 아래로 나가면 안경의 렌즈가 알아서 선글라스로 바뀐다고 귀띔한다.

안경의 첫 번째 기능부터 당장 요긴하게 써먹을 수 있을 것 같다. 바로 스페인어 자막 기능이다. 스마트안경은 전면에 부착된 여러 개의 마이크로 주위에서 들려오는 언어를 포착한 다음 이를 번역해서 말하는 사람 앞에 자막을 달아준다. 덕분에 당신이 탄 택시의 운전기사가 맛있는 젤라토 아이스크림 가게를 소개하기 위해 애쓰고 있다는 사실

바르셀로나를 찾은 관광객들의 눈
에는 사그라다 파밀리아 대성당의
건축 프로젝트가 완성된 모습이
펼쳐진다.

을 알아차린다. 또 저녁 식사로 나온 파에야에 어떤 재료가 들어있는
지 알게 되니 더 먹음직스러워 보인다. 조금 전 옆을 스쳐 지나간 사람
들이 '비밀의 해변'에 대해 나누는 대화도 몇 마디 알아들었다.

다음 날 아침, 오늘 관광 일정의 첫 번째 목적지는 세계적인 건축가
가우디의 걸작 사그라다 파밀리아 성당이다. 바르셀로나에 왔다면 반
드시 들러야 할 곳이다. 당신은 스마트안경을 통해 지난 10년간 이 성
당의 건축이 어떻게 진행됐고, 20년 뒤에 공사가 완료되면 이곳의 모
습이 최종적으로 어떻게 변할지 동영상으로 확인한다.

다음 일정으로는 이 오래된 도시를 여기저기 산책하기로 한다. 관광
객들로 북적이는 투어에 합류하는 대신 개인화된 안내 서비스를 제공
하는 지도를 슈퍼사이트 안경에서 내려받는다. 그러자 스마트안경이
좁은 골목 구석구석까지 길을 안내하고, 대 건축가 르 코르뷔지에의
음성을 통해 바르셀로나 파빌리온 같은 주요 건물들에 얽힌 이야기를
들려준다. 또 로마제국 시대까지 거슬러 올라가는 스페인의 오랜 역사
에서 핵심적인 사건들만 골라 눈앞에 재현해 준다.

그날 오후 당신은 운 좋게 축구 경기 입장권을 손에 넣는다. 필드에서 가장 멀리 떨어진 좌석을 잡았는데도 일등석 못지않은 호사를 누린다. 스마트안경은 선수들의 경기 모습을 확대해 보여주고 그들의 이름과 경력 그리고 팀의 전술까지 세세히 알려준다. 또한 운동장에 가상의 선을 그어 오프사이드 여부를 판정하고 어떤 선수가 다친 체하는지도 가려낸다. 유럽은 미국에 비해 도박에 관련된 법이 조금 느슨하기 때문에, 스마트안경의 도움을 얻어 경기에 배팅할 계획을 세울 수도 있다. 돈을 조금 걸 수도 있고 비행기 마일리지를 거는 방법도 있다.

당신과 아이들이 이곳에서 누리고 있는 생생한 경험은 어떤 여름학교도 제공하지 못하는 것들이다. 아이들은 현지인들과 대화를 나누고, 문화적 차이를 직접 경험하고, 길거리 음식, 건축물, 역사, 그리고 축구에 대해 배운다.

오늘날 학교와 삶을 가르는 경계선은 점점 모호해지는 추세다. 수많은 기업이 소비자들에게 새로운 학습의 경험을 제공하는 상품과 비즈니스 모델을 통해 온라인 학습의 잠재력을 확장하고 있다. 최고의 과학자나 평론가들은 첨단 기술을 탑재한 스마트안경 덕분에 유명 교육자로 변신할 것이며, 학습은 시간과 장소에 관계없이 우리의 삶이 끝나는 날까지 계속될 것이다. 교육은 개인적 만족감을 얻고 성공적인 경력을 쌓는 데 그 어느 것보다 중요한 요소로 대두되겠지만, 예전처럼 책상이 늘어선 교실에서 오랜 시간을 보내야 하는 경직된 방식보다는 즉각적이고, 지속적이고, 세분된 형태의 학습이 주목받을 것이다. 박물관, 국립공원, 도시의 거리는 모두 교육 현장으로 변하고, 콘서트, 시가행진, 정치적 시위 같은 사건들을 지켜보는 사람들에게는 풍부한 역사적 설명과 함께 재미있고 유익한 학습 경험이 제공될 것이다.

컴퓨터비전은 학습을 재미있는 놀이처럼 만들어준다. 유치원 시절을 떠올려 보라. 어린아이에게 학습이란 호기심 거리를 찾아내고 이를 추구하는 과정이다. 그 과정을 돕는 사람이 바로 교사다. 앞으로 스마트안경이 그런 교사의 역할을 해낼 것이다. 박물관에서는 관심 분야에 맞춰 어느 여성 화가가 그린 자화상을 소개하고, 할로겐 화합물을 처음 필름에 이용한 초기 사진사들의 이야기를 들려준다. 당신이 어떤 미술품에 시선을 고정하면, 스마트안경은 이 작가가 다른 어떤 작품이나 경험에서 영감을 얻어 이 작품을 제작하게 됐는지 말해준다. 또 교향곡을 들을 때는 악기들의 역사, 작곡가의 배경, 곡의 구조 등을 알려주고 곡의 메인 주제가 흐를 때마다 알려준다. 콘서트홀에서는 지금 연주되는 곡들에 대한 '주석'과 음악이론에 대한 간략한 메모를 통해 음악에 대한 이해를 넓힐 수 있도록 돕는다.

집에서도 이와 비슷한 학습의 경험을 누릴 수 있다. 아이의 침대 밑에서 발견한 거미가 위험한 종류인지 궁금한가? 스마트안경은 그 거미의 종種을 금방 알아낸 뒤에, 저기 천장의 거미줄에 다닥다닥 매달린 고치들이 곧 엄마 거미를 닮은 수천 마리의 새끼들로 분화할 거라고 말해준다.

다시 현실로 돌아오자. 학습 내용을 '한입 크기'로 잘게 나누어 전달하는 저비용 교육의 트렌드는 이미 우리 사회에 널리 퍼져나가고 있다. 사람들은 칸 아카데미Kahn Academy의 유튜브 동영상이나, EdX, 유다시티Udacity, 마스터클래스Master Class 같은 교육 사이트에서 제공하는 단기 과정 또는 1분짜리 '일일 공부' 팟캐스트를 통해 수많은 정보를 얻고 있다.

그러나 슈퍼사이트는 증강현실 기술을 바탕으로 우리에게 더 공간적이고 현실적인 학습 기회를 제공할 것이다. 슈퍼사이트 기반의 학습은 언제 어디서나 가능하다. 저녁에 동네를 산책하고, 스무디를 만들고, 야구 경기를 시청하고, 거리의 악사 연주를 듣는 순간에도 배움은 계속된다. 현장에서 이루어지는 교육은 기억에 오래 남고 훨씬 효과적이다.

마법의 스쿨버스

#시뮬레이션 기반 학습 #삽화적 기억 #다중 모델 부호화

내 처남인, 샘의 생일 기념으로 페인트볼을 쏘아되는 서바이벌 게임에 참가하기로 한 전날 나는 이 스포츠에 대해 방대한 자료를 읽었다. 어떤 장비를 착용해야 하는지, CO_2총이란 어떤 기술을 사용한 무기인지, 공에 담긴 페인트는 어떤 식으로 입자를 이루어 얼마나 넓게 퍼지는지, 팀 전략을 어떻게 짜야 하는지, 그리고 적의 매복을 어떻게 피해야 하는지 등을 포함해 모든 정보를 샅샅이 뒤졌다. 이 정도라면 사람들에게 제대로 본때를 보여줄 수 있을 것 같았다. 샘이 더 이상 나를 공붓벌레라고 놀리지 못하도록 만들겠다!

다음 날 아침, 샘의 친구 15명을 포함한 우리 일행은 전투 복장과 헬멧을 착용하고 반자동식 기관총에 수백 발의 페인트 볼을 채워 넣었다. 그리고 팀을 나눠 게임을 시작했다. 게임 업체 담당자는 상대방의 머리나 목을 쏴서는 안 된다는 규칙을 포함한 몇 가지 전달 사항을 알려준 뒤에 우리를 깊은 숲속의 출발 지점으로 데려갔다. 이 게임에 대해 자료를 읽은 것으로 따진다면 나처럼 준비가 잘 된 사람은 없을 것이다. 하지만 경기 시작을 알리는 신호가 울리고 사람들이 움직이기 시작하자 나는 허둥지둥 장애물 뒤에 숨고 말았다. 겁이 나서 어찌할 바를 몰랐다. 그러다 용기를 내어 벌떡 일어서서 큰 상자 너머를 바라보는 순간, 뭔가 쇄골 근처를 따끔하게 때리면서 내 옷이 파란색 페인트로 물들었다. 게임에서 탈락했다는 표시였다. 상상했던 것과는 달리 나는 불굴의 영웅이 되지 못했다.

물론 처남의 친구들을 상대로 게임에 나선다는 것 자체가 불공평한 일이었다. 그들은 모두 소방대원과 응급 구조대원들이었다. 나는 심장 박동 수가 분당 80회가 넘을 때를 대비하는 훈련조차 받지 못했지만, 그들은 신체적·정신적 극한 상황에 어떻게 대처해야 하는지 잘 알고 있었다. 그 친구들은 수없는 모의훈련과 예행연습을 통해 만일의 사태에 대비하는 훈련을 거듭했다. 심박수가 높아지고, 혈압이 상승하고, 스트레스가 증가한 상태로 치러야 하는 숲속의 서바이벌 게임에서 승리하기 위해서는 바로 그런 신체적 준비가 필요했다.

서바이벌 게임에 관한 책을 읽을 때와 게임에 실제로 참가할 때의 가장 큰 차이점은 체화된 인지embodied cognition(뇌뿐만이 아니라 온몸을 통해 느끼고 경험한 감각이 인지의 일부분이 되는 과정 - 옮긴이)의 존재 여부다. 다시 말해 당신이 아무리 많은 전략을 글로 읽고 도표를 그린다 한들, 페인트 볼 세례를 피할 수는 없다. 인간은 이론theory과 연습practice라는 두 가지 방법으로 학습하고 지식을 쌓는다.

전통적인 학교가 종종 교육에 실패하는 원인은 지나치게 이론을 강조하기 때문이다. 즉 학생들이 서바이벌 게임에 대한 정보를 너무 많이 검색하는 반면 게임 연습은 소홀히 하는 것이다. 그렇다면 책을 모두 눈앞에서 치워버리면 어떨까?

혼합현실(슈퍼사이트로 가상현실과 실제 세계를 혼합하는 기술)은 심리학자들이 **기반적 인지**grounded cognition라고 부르는 인식의 과정을 통해 교육 및 학습 방법을 새롭게 구성한다. 이 인지 이론에 따르면 인간의 두뇌 속에서 사물의 의미에 대한 '기반'을 구축하고 이해의 과정을 주도하는 것은 우리의 감각과 삽화적episodic 경험이라고 한다. 예를 들어 개를 길러본 사람이라면, 개의 사진을 바라볼 때 부드러운 털의 촉감, 퀴퀴한 입 냄새, 따뜻하면서도 축축한 혀, 낑낑대거나 으르렁거리는 소리 같은 느낌을 떠올린다. 반면 공룡 사진을 본다면 어떨까? 감각적 부호화가 전혀 이루어지지 않아서 지식은 이론 수준에서 머물게 된다.

우리는 교사가 가르치는 내용을 수동적으로 듣고 이론이나 사실에 대한 암기 능력을 평가하는 시험을 치를 때 오직 심리학자들이 의미적 기억semantic memory이라고 부르는 기억만을 사용한다. 이는 사실관계, 아이디어, 의미, 개념 등을 기억하는 능력을 뜻한다. 하지만 훌륭한 교육자나 교육 프로그램 운영자들은 암기와 학습의 차이점을 잘 알고 있다. 서바이벌 게임의 규칙을 외우는 것과 이를 실전에 적용하는 것은 전혀 다른 얘기다.

슈퍼사이트 같은 첨단의 도구들은 몰입적 기술을 통해 우리의 두뇌에 삽화적 기억episodic memory이라는 지속성 강한 기억을 심어줌으로써 의미적 기억을 더욱 강화해준다. 가령 역사책을 읽은 뒤에 미국 독립

선언서가 발표된 해가 언제인지 암기하려고 애쓰기보다, 증강현실 안경을 쓰고 독립선언서가 작성되고 있는 방으로 직접 걸어 들어가 건국의 아버지들이 시민의 권리를 두고 논쟁을 벌이는 장면을 지켜본다면 어떨까? 이 장면에 대한 삽화적 기억은 책의 어느 단원보다 훨씬 오랫동안 기억 속에 살아남을 것이다.

학습이 이루어진 장소와 방법, 그리고 기억의 품질 사이에는 깊은 연관성이 있다. 전문가들은 이를 **환경적 복구 효과**environmental reinstatement effect라고 부른다. 당신이 수학 문제를 풀 때마다 녹차를 홀짝거리거나, 중국어를 공부할 때 피아노 음악을 듣는 습관이 있다고 가정해 보자. 당신은 이와 비슷한 환경에 처했을 때 복잡한 수학 공식이나 중국어 동사 활용법을 더 잘 기억해 낼 공산이 크다.

사람의 기억은 다중 감각적인 경로를 통해 두뇌 속에 자동으로 부호화된다. 녹차의 향과 맛, 그리고 손에 전해지는 찻잔의 따뜻한 느낌에 대한 기억 없이 수학 공식만 선별적으로 학습할 수는 없다. 인간의 뇌는 시각과 청각을 포함한 여러 종류의 감각적 신호를 합성해서 기억을 받아들인 뒤에, 나중에 이 신호 중 일부 또는 전부를 바탕으로 기억을 되살려낸다. 다시 말해 우리는 풍부하고 생생한 전후 상황을 바탕으로 특정 지식을 습득했을 때 이를 더욱 효과적으로 기억한다. 즉 참여적이고, 다중 감각적이고, 감성적인 방식으로 지식을 학습하는 과정에서 눈, 귀, 몸, 그 자리에 함께 한 사람, 그밖에 수많은 원천으로부터 생성된 정보를 통합적으로 기억 속에 저장한다.

조금 생소한 용어이지만 사람들은 **다중모드 병렬 스트림**multimodal parallel stream이라고 불리는 컴퓨터 프로그래밍 방식을 통해 기억을 부호화한다. 우리는 어떤 냄새를 맡았을 때 이와 연관된 강렬한 시각적 기억이 떠오르거나, 어떤 음악을 들었을 때 누군가와의 인간관계가 생각나는 경우가 있다. 심지어 특정한 도구를 사용한다든지 흔들리는 해먹 위에 올랐을 때 과거의 정서가 되살아나기도 한다. 인지와 기억 사이에는 떼려야 뗄 수 없는 관계가 존재한다.

현장 견학이 학생들에게 훨씬 강렬한 기억을 심어주는 것도 바로 이런 이유에서다. 슈퍼사이트는 환경 공학, 역사, 천문학 등 어떤 학문 분야든 실습이나 현장 학습을 더욱 풍부하고 개인적인 경험으로 바꿔준다. 스마트안경을 쓰고 숲속을 걷는다고 상상해 보라. 오래된 나무들과 새로 피어난 꽃은 저마다의 이야기를 들려주고 자기를 처음으로 재배한 식물학자를 소개한다. 바위, 화석, 이끼 위에는 그들의 기나긴 긴 역사를 순식간에 요약한 저속촬영 동영상이 재생된다. 손톱만한 딱정벌레가 집채만큼 커져서 집게발을 관찰하는 데 도움을 주기도 한다.

학생들은 이런 경험을 포착하고, 주석을 달고, 공유하는 등 새로운 방식으로 학습에 참여할 것이다. 그들이 작성한 노트, 스케치, 오디오 메모 등은 이 기록들이 생성된 시간과 위치, 그리고 이를 작성했을 때의 느낌 같은 정보와 함께 저장된다. 나중에 기록이 이루어진 장소, 동행했던 사람, 가장 흥미로웠던 부분, 가장 지루했던 주제 등의 키워드로 이 정보들을 검색할 수 있다. 슈퍼사이트와 인공지능의 장기 중 하나는 기나긴 이야기의 핵심만을 저속촬영으로 압축하거나, 반대로 너무 빠르게 지나가서 사람의 눈으로 볼 수 없는 중요한 순간을 초超 슬로모션으로 재생하는 것이다. 이렇게 현장 학습 참가자에게 개인화된 경험을 안겨준 미디어 자료들은 소셜미디어에 게시되어 틱톡 동영상처럼 친구들의 공감을 얻고, 서로에게 공유되고, 다른 자료들과 합성될 것이다. 디지털 기술이 제공하는 이런 유연성 덕분에 '자기표현'은 교육적 경험에 있어 매우 중요한 위치를 차지하게 될 것이다. 또 교육적 경험은 기업들을 위한 효과적인 판촉 경로의 역할을 할 수도 있다.

나는 가상현실 도구를 활용해서 분자 화학을 가르친다는 하버드대학교의 실험실을 방문한 적이 있다. 가상현실 헤드셋을 착용한 학생들은 고개를 돌려 천장을 올려다보고, 바닥을 내려다보고, 뒤쪽을 돌아보면서 단백질의 결합 각도를 이해하기 위해 씨름하고 있었다. 모두가 이 경험을 즐기는 듯했다. 그들은 눈앞에 집채만 한 크기로 나타난 분자들을 서로 결합하는 과정을 통해 3차원의 복잡한 분자 구조를 파악하려고 애쓰는 중이었다. 하지만 나는 이 가상현실 시뮬레이션이 오직 학생들 각자에게 개별적으로 제공될 뿐이라는 사실이 안타까웠다. 학생들은 서로에게 이렇게 소리쳤다. "와, 카페인 분자를 어떻게 찾아냈어?" 하지만 지도교수를 포함한 그 누구도 눈앞에 보이는 모습을 공유하지는 못했다.

미래의 수업은 사회적이고 협업적인 방식으로 진행되어야 한다. 하버드대학교의 건축 디자인 대학원이나 MIT의 미디어랩 같은 최고의 연구소나 학습 공간에서는 그곳에서 진행 중인 활동, 프로세스, 작업 등을 누구에게나 속속들이 공개하는 형태로 공간을 설계한다. 사람들은 유리로 된 벽을 통해 실험실, 작업 공간, 제작 현장을 생생하게 들여다본다. 비록 소리까지 들을 수는 없지만 적어도 그 안에서 어떤 일이 벌어지고 있는지 확인할 수 있다. 이런 투명성 덕분에 교수들은 학생들을 지도할 시점을 판단하고, 학생들은 작업 내용을 함께 공유함으로써 영감을 얻는다. 말하자면 공동의 행위에서 발휘되는 에너지를 모두가 나누어 갖는 것이다. 이렇듯 증강현실은 여러 사람이 실제 세계를 공유할 수 있게 해주지만, 지금의 가상현실은 그렇지 못하다.

미국에서는 열네 살 된 아이들에게 해부학을 가르치기 위해 매년 수많은 개구리를 죽인다. 교실마다 포름알데히드 용액에 담근 뻣뻣한 개구리가 넘쳐난다. 학교에서 여전히 이런 실험을 강행하는 이유 중 하나는 아이들이 개구리를 직접 해부했을 때 교과서의 그림과는 비교도 되지 않는 생생한 경험을 얻을 수 있기 때문이다. 하지만 **프로기피디아**Froggipedia라는 아이패드 앱은 이보다 훨씬 훌륭한 해부학 교사의 역할을 해낸다. 사용자는 가상의 개구리가 깡충깡충 뛰며 주위를 돌아다닐 때도 해부를 할 수 있다. 아이들은 개구리의 피부를 벗겨내고, 점프할 때 뒷다리의 근육을 관찰하고, 특정 부위의 뼈가 다른 뼈에 비해 더 두꺼운 이유를 알아내고, 심장이나 폐 같은 신체 기관들이 순간순간 어떤 모습으로 변하는지 지켜볼 수 있다. 만일 이런 일이 가능하다면 굳이 살아있는 개구리 해부에 집착할 필요가 있을까?

가령 쥐라기 시대로 돌아가 공룡을 해부하는 건 어떨까? 학생들은 축구장을 껑충껑충 뛰어다니는 실제 크기 티라노사우르스의 해부학적 구조와 특성을 증강현실로 분석할 수 있다.

당신 앞에 마법의 스쿨버스가 도착했는데도 여전히 교실에 머물러 있는 것은 말이 되지 않는다. 프리즐 선생님Ms. Frizzle(미국의 과학 학습용 그림책《마법의 스쿨버스The Magic School Bus》에 등장하는 선생님. 한국에서는《신기한 스쿨버스》라는 제목으로 출판됐다−옮긴이)께 물어보라. 그녀는 아이들

증강현실로 개구리를 해부하는 모습. 투명한 피
부를 뚫고 근육의 움직임을 관찰할 수 있다.

을 버스에 태우고 인체의 혈관, 태양계, 도시의 수도관 같은 곳으로 환
상적인 현장 학습을 떠난다. 슈퍼사이트는 모든 학생을 자신만의 마법
스쿨버스에 탑승시키고 이 세계 전체를 공간적 학습의 경험장으로 바
꿔놓는다.

하지만 스마트안경은 마법의 스쿨버스가 해내지 못하는 또 한 가지
재주를 부린다. 바로 **개인화 서비스**다.

어떤 대상을 바라볼 때 스마트안경이 귀에 속삭이는 부가적인 지식
은 그 사물에 관한 이해의 폭을 넓히는 데 큰 도움이 된다. 인공지능이
당신의 이해 수준을 자동으로 판단하는 일은 매우 중요하다. 당신의
피부와 두뇌, 그리고 눈에서 가까운 데 위치한 스마트안경은 당신이
얼마나 열정적으로 학습에 참여하는지 다양한 방법으로 추적한다. 피
부 전기 반응을 바탕으로 피부의 전도율을 측정해서 당신이 흥분 상태
에 놓여있는지 알아내고, 관자놀이 근처에 있는 안경테의 뇌파 센서를
통해 당신이 몰입 모드에 진입했는지 여부를 판단한다. 그리고 눈동자
를 추적하는 스마트안경의 센서는 동공 움직임을 관찰해서 당신이 어

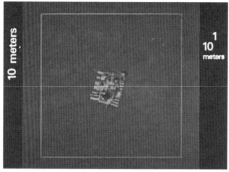

에임스 부부가 제작한 고전 다큐멘터리 〈10의 힘〉. 슈퍼사이트의 학습 기능을 이용하면 원자보다 작은 세계를 확대해서 볼 수도 있고, 저 멀리 우주에 펼쳐진 은하수를 관찰할 수도 있다.

떤 주제에 관심을 보이는지 정확히 알아낸다. 인공지능 알고리즘은 이런 정보들을 조합해서 학습 콘텐츠의 난이도와 속도를 조절하고, 필요하다면 학습 방식을 바꾼다.

증강현실 학습 도구는 사물에 고정적인 이름표를 붙이는 수준을 넘어 훨씬 다양한 영역에서 쓰일 수 있다. 특히 시간과 공간을 유연하게 넘나들면서 이전에는 관찰이 어려웠던 세계를 우리 앞에 펼쳐놓을 것이다. 내가 고등학교에 다닐 때 물리학을 담당했던 선생님은 어느 날 교실의 불을 끄고 영화를 한 편 보여주었다. 찰스 에임스Charles Eames 와 레이Ray 에임스 부부가 제작한 〈10의 힘Powers of Ten〉이라는 다큐멘터리 영화였다. 이 영화는 관객을 놀라운 스케일scale의 세계로 초대한다. 영화가 시작되면 사람들의 일상을 평범하게 비추던 카메라가 갑자기 촬영 거리를 10의 거듭제곱 단위로 늘려나가면서 순식간에 우주의 은하수까지 도달했다가 다시 확대를 시작해서 원자의 수준까지 내려간다. (이 영화가 제작된 1977년의 과학 기술로 관찰할 수 있었던 범위는 그 정도까지였다.)

어느 학생이 큐리스코프의 증
강현실 티셔츠를 착용한 모습.
그의 해부학적 구조와 골격이
증강현실 화면에 나타난다.

슈퍼사이트도 〈10의 힘〉처럼 시간의 스케일과 크기의 스케일을 넘나드는 다양한 세계를 보여줄 수 있다. 건축학과 학생들은 스마트안경을 쓰고 마치 클럽의 DJ가 레코드판을 다루듯이 두 손가락으로 스마트폰 화면을 문지르며 건물의 건축 과정을 저속촬영 동영상으로 재생한다. 건물은 아무것도 없는 허허벌판 속으로 홀연히 사라졌다가 순식간에 재건축이 완성되어 하늘로 우뚝 솟아오른다. 또 역사학과 학생들은 역사적으로 중요한 사건들을 눈앞에 불러내는 '시간 스위치'를 손에 넣는다. 케네디 대통령과 마틴 루서 킹 목사의 감동적인 연설 장면, 토머스 에디슨과 니콜라 테슬라의 위대한 발명의 순간들, 치열한 공성전과 남북전쟁의 전투 현장. 이런 시뮬레이션을 경험하는 사람은 누구나 역사 전문가가 될 것이다.

우리는 이렇게 시간과 크기를 넘나드는 여행을 통해 세계를 더욱 흥미롭게 받아들이고, 다양한 역사적 사실을 배울 수 있다. 슈퍼사이트의 홀로그램 기능은 디지털 모델로 구성된 이미지를 작은 조각으로 나누어 그 일부 또는 전부를 투시할 수 있게 해준다. 런던에 소재한 **큐**

보이지 않는 것을 보다

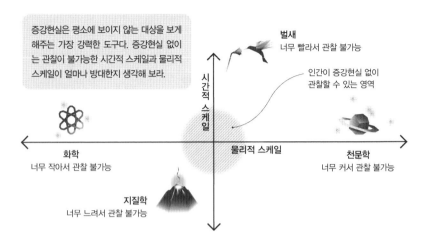

증강현실은 평소에 보이지 않는 대상을 보게 해주는 가장 강력한 도구다. 증강현실 없이는 관찰이 불가능한 시간적 스케일과 물리적 스케일이 얼마나 방대한지 생각해 보라.

벌새
너무 빨라서 관찰 불가능

인간이 증강현실 없이 관찰할 수 있는 영역

시간적 스케일

물리적 스케일

화학
너무 작아서 관찰 불가능

천문학
너무 커서 관찰 불가능

지질학
너무 느려서 관찰 불가능

증강현실을 기반으로 학생들을 교육할 때는 시간을 천천히 늦추거나 빠르게 돌려 현상을 설명하는 슈퍼사이트의 기능을 충분히 활용할 필요가 있다.

리스코프Curiscope라는 회사가 제작한 해부학 교습용 셔츠는 말 그대로 '체현된 증강현실'을 제공한다. 교사가 스마트폰이나 태블릿으로 이 셔츠를 입은 학생을 비추면 갑자기 아이의 흉곽이 들여다보인다. 심장이 펌프질할 때마다 혈액이 들어왔다가 나가고, 혈액이 폐에 산소를 공급하는 모습이 태블릿에 3D 영상으로 나타난다. 순환계의 모든 구성 요소가 실제와 똑같은 크기로 정확한 위치에 배치된다. 태블릿의 화면에는 절반은 어린아이고 절반은 해골인 사람의 모습이 등장한다.

만일 우리가 '모든 것'을 엑스레이로 투시할 수 있다고 상상해 보자. 엑스레이 장치가 달린 스마트안경을 쓰고 거리를 돌아다니면 어떤 광경을 볼 수 있을까? 도시의 콘크리트와 아스팔트 아래로 지나가는 지하철 네트워크, 상·하수도관, 가스관, 열차의 모습이 들여다보이고 벽 속에 숨겨진 전기선, 배관, 단열재가 훤히 드러난다. 자동차 엔진, 비행기 날개, 승강기 도르래 같은 기계들의 작동원리를 구조적으로 파악할 수도 있다.

우리가 증강현실을 통해 누릴 수 있는 최고의 경험 중 하나는 시간과 공간의 제약 탓에 평소에는 볼 수 없었던 현상들, 즉 분자처럼 너무 작고 우주처럼 너무 큰 세계, 그리고 벌새의 날개처럼 너무 빠르거나 해수면의 상승처럼 너무 느린 세계를 관찰하는 것이다. 현미경이나 천체망원경을 통해 들여다보는 세상, 그리고 초超슬로모션이나 시간을 압축해서 지켜보는 세상은 무엇이든 흥미롭다. 슈퍼사이트는 우리를 영화 〈매트릭스The Matrix〉의 등장인물이 된 것처럼 만들 것이다. 우리는 총알이 날아오는 속도를 늦출 수 있고, 교실 안에서든 바깥에서든 아무 때나 시간여행을 떠날 수 있다.

안락의자 고고학

#공간적 역사 교습　#안락의자 고고학

기회가 된다면 뉴욕의 원 월드 트레이드센터One World Trade Center를 방문해 보라고 권하고 싶다. 9/11 테러로 파괴된 쌍둥이 건물의 잔해를 딛고 세워진 이 무역센터는 매우 아름답고 튼튼하게 설계됐으며 짓는데 10년이 넘게 걸렸다. 이 건물의 100층부터 102층까지 설치되어 있는 전망대 엘리베이터의 네 벽은 특히 흥미롭다. 이 엘리베이터의 벽은 증강현실 데이터 프로젝터로 바뀌면서 맨해튼의 역사를 360도 저속촬영 동영상으로 보여준다.

지하에서 출발하는 전망대 행 엘리베이터에 오르면 차갑고, 어둡고, 물이 뚝뚝 듣는 바위들이 주위를 감싸고 있다. 그러다 문이 닫히면서 엘리베이터가 땅을 박차고 위로 솟아오른다. 하늘로 날아오르는 순간 이스트강을 둘러싼 파란 풀밭에 흩어져있는 작은 오두막들, 가축을 기르기 위해 쳐놓은 울타리, 그리고 교회가 내려다보인다. 백인들이 맨해튼에 처음 정착한 1500년대 초의 모습이라는 설명이 화면에 작은 글씨로 나타난다. 엘리베이터가 위로 오를수록 시간이 빠르게 흐르면서 이곳에 정착한 거주자들의 수가 점점 늘어난다. 도로들도 북쪽으로 구불구불하게 뻗어나간다. 엘리베이터가 조금 더 높이 오르면 시간은 더욱 빠르게 흐른다. 건물들이 불쑥불쑥 솟아오르고, 거리는 갈수록 복잡해진다. 사방에서 펼쳐지는 이 놀라운 경험은 보는 사람의 숨을 막히게 한다. 영화 〈찰리와 초콜릿 공장Charlie and the Chocolate Factory〉에 나오는 유리 엘리베이터처럼, 하늘로 더 높이 오를수록 눈앞에 더 화려한 장관이 펼쳐지고, 도시는 더욱 빠른 속도로 팽창한다. 엘리베이터의 속도가 서서히 느려지다가 마침내 전망대로 향하는 문이 열리면, 누구라도 50년 뒤의 맨해튼이 어떻게 달라질지 엄청나게 궁금해하며 문을 나서게 된다. 조금 전과는 전혀 다른 마음가짐이다.

이 엘리베이터 여행은 왜 이토록 인상적일까? 무엇보다 엘리베이터라는 닫힌 장소와 증강현실로 제공되는 장면 사이의 연관성에 주목할 필요가 있다. 엘리베이터를 타는 동안 어느 곳을 바라보든 그 방향에 대응하는 장면이 스크린에 펼쳐지고, 몸이 하늘로 치솟으면서 자연스

프리덤 타워의 엘리베이터는 증강현실 투사 기능을 통해 맨해튼의 300년 역사를 눈앞에 재현해 준다.

럽게 촉각적인 압력이 느껴진다. 이는 지금 위치한 곳과, 느끼는 감정과, 바라보는 대상 사이에 완벽한 유대감을 형성한다.(내 전자공학도 친구들은 이를 임피던스 정합impedance match이라고 부른다.)

이 엘리베이터가 우리에게 환상적인 경험을 제공하는 또 다른 비결은 출발할 때부터 곧바로 멋진 경치를 보여주지 않는 데 있다. 엘리베이터에 입장하면 처음에는 밀실 공포증이라도 일으킬 정도로 어둡고 축축한 화강암 동굴이 주위를 둘러싼다. 그러다 엘리베이터가 땅을 벗어나 하늘로 오르면서 건축가 프랭크 로이드 라이트Frank Lloyd Wright가 '압축과 이완compress and release'이라고 표현한 안도감과 즐거움이 밀려든다.

우리는 원 월드 트레이드센터의 엘리베이터에 탑승한 경험을 통해 증강현실을 이용한 미래의 교육이 어떻게 펼쳐질지 짐작할 수 있다. 미래에는 삶의 모든 순간이 강력한 학습의 기회로 바뀔 것이다. 당신이 대중교통을 이용하든, 에스컬레이터에 오르든, 줄을 서서 차례를 기다리든 증강현실은 그 어떤 순간에도 계속해서 당신을 가르치고, 정보를 제공하고, 영감을 안겨줄 것이다.

또한 슈퍼사이트는 우리를 살아있는 역사의 현장으로 초대해서 학습의 효과를 극대화한다. 영국 제도의 고성古城들, 멕시코 올멕 문명의 거대 두상, 이스라엘의 마사다 요새, 스핑크스, 스톤헨지, 이스터섬 같은 곳을 여행한다고 상상해 보자. 매년 수백만의 관광객이 이런 유서 깊은 장소들을 찾지만, 짤막한 안내 책자나 관광 안내원의 판에 박힌 설명만으로는 그곳의 역사를 생생하게 되살리기가 쉽지 않다. 반면 슈퍼사이트는 방문자들을 중요한 역사적 순간 속으로 직접 데려가 그곳에 흠뻑 빠져들게 할 수 있다. 그들은 구경꾼이 아니라 역사적 사건의 참여자로서 그 광경들을 지켜본다. 당신의 눈앞에서 되살아난 고대의 성채들은 중세의 축제, 사회적 위계질서, 군사 장비 등을 학습하는 데 결정적인 도움을 준다.

역사적 장소를 직접 방문할 형편이 되지 않는 사람들은 가상현실 애플리케이션을 통해 여행을 떠날 수 있다. 대표적인 사이트가 싸이아크CyArk라는 비영리단체와 구글 아트 앤 컬처Google Arts and Culture가 협업해서 만든 **오픈 헤리티지**Open Heritage다. 그들은 전 세계의 역사 유적지 수천 곳을 3D 이미지로 복제한 영상을 제공한다. 그중에는 멕시코 마야 문명의 치첸이차Chichen Itza 도시 유적지와 지진으로 파괴된 미얀마의 바간Bagan 사원도 포함되어 있다. 싸이아크의 설립자 겸 CEO 존 리스테브스키John Ristevski는 이라크 모술에서 태어났다. 그는 2000년대 초 아프가니스탄의 1500년 된 유적이 탈레반에 의해 파괴되는 모습을 지켜본 뒤에 충격을 받고 이 프로젝트를 시작했다고 한다. 리스테브스

오스트리아에 존재했던 로마제국의 도시 유물 중에 마지막으로 남은 개선문의 모습. 관광객이 플렉시글라스(Plexiglas) 소재로 제작한 간판을 통해 이 유적을 바라보면 가상의 그림이 실제 건물 위에 덧입혀진다. 우리가 슈퍼사이트로 어떻게 역사를 재현할 수 있을지에 대해 또 하나의 영감을 제공하는 사례다.

키는 인류의 소중한 문화유산이 기후 변화나 전쟁으로 훼손되기 전에 모두 기록으로 남긴다는 목표를 세우고 작업에 열중하고 있다.

증강현실은 학생들이나 안락의자에 앉아 있는 고고학자들에게도 세상에서 이미 사라지고 없는 유적지들을 답사할 기회를 제공한다. 그들은 여러 종류의 앱이나 박물관 사이트를 통해 청동기 시대의 집, 청나라 시대의 도자기 제작소, 서기 1세기의 헤롯 대왕 성전을 탐사할 수 있다. 2015년 유네스코와 디지털 고고학 연구소Institute for Digital Archaeology는 시리아의 팔미라 개선문Palmyra Arch을 3D 스캐닝 및 프린팅 기술로 복제하는 데 성공했다. 3세기 로마 시대에 건립된 이 유적지는 이슬람국가ISIS에 의해 무참히 파괴됐다. 이 유적지들은 실제 세계에서 사라졌을지도 모르지만, 가상의 세계에서는 원래의 위치에 여전히 우뚝 서 있다.

또 슈퍼사이트는 스튜어트 이브Stuart Eve 같은 실제 고고학자들의 작업에도 큰 도움을 주고 있다. 이브 박사는 워털루 전투의 유적지를 발굴하는 조직의 이사로 일하고 있다. 그는 〈죽은 사람의 눈Dead Man's Eye〉이라는 블로그에서 자기 팀이 애플의 증강현실 플랫폼 AR키트 ARKit를 통해 워털루에서 발굴한 유적들의 막대한 데이터를 디지털화하고 있다고 밝혔다. 그들은 이 디지털 데이터를 연구소로 가지고 돌아와 발굴 현장의 이미지 위에 차곡차곡 쌓아 올린다. 고고학자들이 발굴 현장에 모습을 드러낼 수 있는 기간은 1년에 며칠에서 몇 주 정도에 불과하다. 따라서 이렇게 실제 크기의 디지털 복제품을 제작하는 기술은 그들이 연구소로 돌아온 뒤에도 작업을 계속할 수 있도록 해주는 획기적인 게임체인저라고 할 수 있다.

슈퍼사이트는 유적지의 구조물이나 외형만을 보여줄 뿐만 아니라 우리가 그곳에 살았던 사람들과 상호작용하고, 대화를 나누고, 그들이 그곳에 살게 된 이유를 알려준다. 몇 년 전, 나는 보스턴 외곽의 플리머스 플랜테이션Plymouth Plantation이라는 야외박물관에서 1660년대에 살았던 34살 여성 샬럿Charlotte을 만난 적이 있다. 배 위에서 한 달을 꼬박 버티며 대서양을 건너왔다는 그녀는 뉴잉글랜드의 혹독한 겨울 날씨 속에서 조금이라도 더 많은 식량을 수확하기 위해 안간힘을 쓰고 있었다. 샬럿은 불편해 보이는 양털 외투를 입고 억센 영국식 억양을 구사했다. 그녀는 작고 희뿌연 창문이 달린 어두컴컴한 방에서 짚으로 만든 불편한 매트리스를 깔고 잠을 잔다고 했다. 물론 샬럿 역할을 맡은 여성은 배우였다.

하지만 조만간 당신의 슈퍼사이트 안경에서는 이런 역사적 인물들이 되살아나 독립혁명 시대의 신발을 신고 거친 양털 드레스를 입은 채 관광객들과 함께 보스턴의 거리를 활보할 것이다. 그들은 혁명가들이 올드사우스 집회소에서 열변을 토한 뒤에 영국 선박에 실려 있던 차素 상자들을 바다에 던져버린 이야기를 들려줄 것이다. 이처럼 우리의 눈앞에서 생생하게 재현되는 역사적 장면들은 모두에게 큰 감동을 안겨준다. 슈퍼사이트의 도움을 받는다면 어느 시대를 선택했는지에 따라 현대의 건물들은 순식간에 사라지고, 당대에 살았던 사람들과 그때 벌어진 사건들이 눈앞에서 되살아난다.

딥페이크의 가능성(혹은 재앙)

#증강현실 전시물 #딥페이크 #이동식 공룡

모든 박물관은 나름의 방식대로 관람객들을 시간여행에 초대한다. 미술관은 당신을 과거로 이동시켜 다다이즘, 점묘법, 추상화 같은 혁명적인 미술 사조를 시대순으로 감상하도록 해준다. 자연사 박물관은 기나긴 세월을 짧게 압축해서 관람객들이 자연 선택의 과정을 이해하는 데 도움을 주고, 과학박물관은 생물의 진화나 대륙의 이동 같은 물리적 세계의 변화를 시간의 흐름에 따라 보여준다. 여기에 증강현실이 제공하는 극적인 요소와 상세한 설명이 더해지면 이 타임머신들은 더욱 현실감 높은 기계로 변신한다. 박물관이 소유한 놀라운 전시품 위에 증강현실로 구현한 핵심적인 관련 정보가 추가될 때, 우리는 전혀 새로운 방식으로 시간을 넘나들 수 있다.

　앞에서 엑스레이로 사람의 몸을 투시해서 골격을 들여다보게 해주는 슈퍼사이트의 능력을 언급한 바 있다. 워싱턴 D.C.에 소재한 **스미**

스미스소니언 박물관을 찾은 어느 관람객이 증강현실로 물고기의 뼈에 살과 비늘을 붙이고 있다.

스소니언Smithsonian 박물관을 찾은 관람객들은 정반대의 방식으로 전시품들을 감상할 수 있다. 박물관 큐레이터들은 슈퍼사이트를 이용해서 선사시대에 살았던 물고기의 뼈 위에 근육과 비늘을 덧입혔다. 우리가 실제 세계에서 흔히 사용하는 '살을 붙인다fleshing out'라는 말은 특정 대상에 뭔가 부가적인 내용을 더하는 행위를 뜻하는 용어다. 하지만 이 박물관에서는 그 말이 은유적인 표현이 아니다. 관람객들은 문자 그대로 물고기의 뼈에 살을 붙여서 이전과 다른 방식으로 세상을 바라볼 수 있다.

슈퍼사이트 기술을 이용하면 태곳적에 살았던 공룡의 뼈에 살을 입히고, 익룡이 거대한 날개를 펄럭이며 건물 밖으로 날아오르는 모습을 지켜볼 수 있다. 주요 박물관들은 이런 가상의 도구들을 활용해서 당신이 거실의 소파에 편안히 앉아 박물관의 홀을 걸어 다니도록 해주고, 직접 전시관에 입장하는 관람객들에게는 개인적으로 전시장을 안내하는 헤드셋을 제공한다. 우리가 이런 놀라운 기술들을 활용해서 구축할 수 있는 최선의 모델은 무엇일까? 어떻게 하면 실제 세계와 디지털 세계를 더욱 효과적으로 혼합해서 지나간 시간을 현재로 불러올 수 있을까?

그 질문의 답은 살바도르 달리Salvador Dali에게 구하는 편이 좋을 듯하다.

달리는 그다지 겸손한 사람이었다고 할 수 없다. 아마 달리 자신도 '당신에게' 그렇게 말할 것이다. 스페인 출신의 이 유명 화가는 1989년에 세상을 떠났지만, 플로리다의 세인트 피터스버그에 세워진 **달리 박물관**Dali Museum은 관람객들에게 이 초현실주의자와 직접 대화를 나눌 수 있는 경험을 제공하고 있다.

이 전시관을 설계한 디자이너들은 요즘 한창 유행하는 인공지능 기술 중 하나인 **딥페이크**deepfake를 이용해서 달리에게 생명을 불어넣었다. 딥러닝과 페이크fake라는 단어를 합성해서 만들어진 이 용어는 각종 매체에 흩어져있는 특정 인물의 데이터 조각들을 합성해서 누구나 감쪽같이 속을 정도로 정교한 거짓 이미지나 동영상을 만들어내는 기술을 말한다. 가령 이 기술로 과거의 역사적 인물들을 환생시켜서 당신에게 예술을 가르치게 할 수 있다.

연구자들은 생성적 대립 신경 네트워크generative adversarial network(생성 모델과 판별 모델이 대립적으로 경쟁하며 실제와 가까운 결과물을 도출하는 기술-옮긴이)라고 불리는 인공지능 기술을 활용해서 딥페이크를 개발했다. 그들은 얼룩말의 줄무늬나 치타의 점박이 무늬를 들판을 달리는 말의 영상에 합성해서 현실감이 매우 높으면서도 사람을 혼란스럽게 만드는 영상을 만들었다. 물론 이런 즉석 합성 기술은 사람을 대상으

버클리의 학생들이 생성적 대립 신경 네트워 크라는 컴퓨터비전 기술을 이용해서 전문 발 레리나의 발레 솜씨를 선보이고 있다.

달리 박물관에 입장한 관람객은 이 초현실주의 화가와 함께 셀프카메라를 찍을 수 있다.

로도 활용할 수 있다. 버클리의 대학원생 캐럴라인 챈Caroline Chan은 자 신의 박사학위 프로젝트를 위해 제작한 딥페이크 동영상에서 브루노 마스Bruno Mars의 '댄스 왓 아이 라이크That's What I Like'에 맞춰 이 가수와 똑같은 모습으로 춤을 추고, 전문 발레리나의 화려한 동작과 기술을 그대로 흉내 낸다. 그녀의 박사학위 프로젝트는 이미 성공했음이 분명 하다. 적어도 유튜브에서는 인기가 하늘을 찌르고 있으니까!

물론 딥페이크가 바람직하지 못한 방향으로 사용되는 사례는 수없 이 많다. 이 합성 동영상은 칭기즈칸을 환생시켜서 우리에게 역사를 가르쳐주기도 하지만, 한편으로 전문 모델의 일자리를 빼앗기도 한다. 브루노 마스의 딥페이크 복제품이 본인과 똑같이 춤을 춘다면, 왜 굳 이 돈을 들여 춤 실력이 부족한 진짜 배우를 섭외해야 할까? 하지만 딥페이크의 가장 큰 문제는 일부 몰지각한 사람들이 특정 정치가의 가 짜 동영상을 만들어서 그가 하지도 않은 말을 했다고 거짓 뉴스를 퍼뜨리거나, 포르노 배우들의 몸에 유명인의 얼굴을 합성한 동영상을 제작해서 유포하는 것이다. 2019년 미국 하원은 이런 상황에 대처하기 위해 딥페이크 책임법DEEPFAKES Accountability Act이라는 법안을 발의했으며, 뒤이어 몇몇 주에서도 딥페이크 동영상의 사용을 제한하는 법안을 도입했다.

이런 문제에도 불구하고 딥페이크의 교육적 잠재력은 매우 크다. 달리 박물관에 들어서면 그의 딥페이크 영상이 옆으로 다가와 녹아내리는 시계를 그린 자신의 초현실주의 작품을 함께 감상한다. 그는 삶과 예술에 관해서라면 어떤 주제든 기꺼이 대화를 나눌 준비가 되어 있다. 달리는 회화 기법을 설명하고, 갈라Gala라는 이름의 아내와 자신이 태어나기 전에 세상을 떠난 형에 대해 이야기한다. "나는 형이 이미 죽어버린 사람이 아니라 살아있는 존재라는 사실을 증명하고 싶습니다." 그는 자신의 비현실적 본성을 이렇게 밝힌다. "미친 사람과 나의 유일한 차이점은 내가 미치지 않았다는 사실입니다." 관람객들이 달리와 함께 나누는 가장 극적인 순간은 기념품 상점을 지나 박물관 밖으로 나가기 직전에 찾아온다. 달리는 당신에게 박물관을 방문해주어 고맙다고 인사하고, 같이 셀프카메라를 찍자고 손짓한다. 당신이 그와 함께 웃으면서 셔터를 누르면 그는 사진을 보고 감탄사를 연발한다. 그리고 자신의 전매특허인 마지막 인사를 날린다. "키스를 보냅니다. 안녕!"

이 경험의 가장 놀라운 점은 당신이 이 미술가와 실제로 대화를 나누는 듯한 느낌을 받는다는 것이다. 그는 달리처럼 보이고, 달리처럼 말하고, 달리처럼 움직인다. "어떤 사람들은 눈물을 흘리기도 합니다."

달리 박물관의 관장 행크 하인Hank Hine은 〈스미스소니언〉 잡지와의 인터뷰에서 이렇게 말했다. "누군가 부활했다는 사실 자체가 그토록 놀라운 겁니다. 사람들에게 강력한 영적 충격을 선사하는 장면이죠. 달리가 되살아난 모습을 목격한 사람은 부활, 영원함, 자신의 영생, 그리고 사랑하는 사람들의 불멸을 믿게 되지 않을까요. 대단히 고무적인 일입니다." 꼭 달리 같은 미술가뿐 아니라, 수많은 박물관이 역사적 인물을 환생시켜 관람객들에게 이런 경험을 제공한다면 어떨지 상상해 보라.

슈퍼사이트를 활용하면 박물관에서 얻은 경험을 밖으로 가지고 나갈 수도 있다. 이런 시나리오를 한번 생각해 보자. 어느 초등학교에서 4학년 학생들을 지도하고 있는 선생님은 이 지역의 자연사 박물관에서 관람객들에게 몰입감 높은 증강현실을 체험하게 해준다는 소식을 듣는다. 그녀는 학생들과 함께 박물관을 찾는다. 아이들은 박물관에 전시된 공룡의 3D 모델을 원하는 만큼 잘라서 각자의 노트북 안에 붙여 넣는다. 그리고 학교로 돌아온 뒤에 친구들과 함께 증강현실 공룡을 완성한 다음 다른 아이들도 그 복제품을 경험할 수 있게끔 학교 운동장과 건물 안에 풀어놓는다.

이런 도구들을 교육적 용도로 활용하는 작업은 이제 시작일 뿐이다. 앞으로 기념품 가게에서 우편엽서를 따로 구매할 필요가 없을 것이다. 스마트안경에 포착된 어떤 사물이든 손가락으로 테두리를 그리는 간단한 동작만으로 그 대상의 3D 이미지를 복사해서 원하는 곳에 붙여 넣기 하면 그만이다. 조각가 클래스 올덴버그Claes Oldenburg가 미니애폴리스의 워커 박물관에 세운 〈숟가락 다리와 체리Spoonbridge and Cherry〉

슈퍼사이트를 이용하면 대형 조각품들을 스캔해서 당신이 원하는 곳에 가져다 놓을 수 있다. 사람들이 허락하든 말든.

같은 초대형 조각품들은 특히 재미있는 경험을 선사할 것이다. 이 작품을 당신 집의 앞마당이나 기숙사 창문의 잔디밭 위에 던져놓는다고 상상해 보라.

　슈퍼사이트를 활용해 박물관의 가치를 높일 방법은 무궁무진하다. 동물들의 뼈를 전시하는 박물관은 뼈에 살을 붙이고 동물을 살아 움직이게 할 수 있다. 역사적 인물들을 보여주는 박물관에서는 그들을 되살려내어 관람객들을 안내하는 일을 맡길 수 있다. 고대의 유물들을 전시하는 박물관의 관람객들은 전시품의 2D 사진만 줄곧 찍어대기보다 3D 디지털 이미지를 잘라내어 자신의 노트북에 붙여넣기 하고, 나중에 소셜미디어에서 친구들과 공유할 수도 있다. 살바도르 달리가 쾌활하게 던지는 인사도 한마디 보낼 수 있을 것이다. "키스를 보냅니다. 안녕!"

MIT의 공부법 : 데모 아니면 죽음을

#교육용 장난감 **#광투사 들판**

지금까지 이야기한 방식으로 학습 대상과 상호작용하면 두뇌에 일종의 '삽화적 기억'을 저장함으로써 새롭게 접한 정보를 더 오랫동안 기억할 수 있다. 하지만 삽화적 기억을 심는 더 훌륭한 방법은 발명의 경험을 제공하는 것이다. 다시 말해 다른 사람들이 저지른 오류를 일방적으로 가르치기보다는 본인의 실수를 바탕으로 스스로 학습할 기회를 가져야 한다. 직접적인 실천을 통한 학습만큼 효과적인 것은 없다.

그것이 바로 내가 학생들을 가르치고 있는 MIT 미디어랩의 기본적인 학습 방침이다. 이곳에서 부르짖는 구호 중 하나는 **"데모가 아니면 죽음을**demo or die**"**이다. 미디어 랩에서는 현란한 파워포인트 자료를 앞세워 본인의 아이디어가 얼마나 훌륭한지 떠들어대는 사람을 인정하지 않는다. 대신 작업장으로 내려가 곧바로 데모를 제작하고 자신이 구상했던 기능을 프로그램하는 학생들에게 보상을 제공한다. 학생들은 이런 과정을 통해 프로젝트의 물리적 한계성을 파악하고 그 아이디어가 애초에 실현 가능했는지 여부를 판단한다. 만일 프로젝트가 생각대로 돌아가지 않는다면 학생들은 아이디어, 소통, 디자인 등에서 어떤 문제가 있을지 분석한 뒤에 이를 기억 속에 오랫동안 저장한다. 나 같은 선생들이 프로젝트의 잠재적 문제를 미리 알려주는 것과는 학습 효과의 측면에서 비교가 되지 않는다. 학생들은 어떤 부분에서 문제가 발생했고 어떤 부분에서 성과가 나왔는지 체험을 통해 배운다. 그들이 실패를 겪은 프로젝트들은 대체로 폐기되지만, 그 과정에서 엄청난 양의 학습이 이루어진다.

나는 어느 학기에 온라인 정보를 역동적으로 표현할 수 있는 웨어러블 장비(보석류, 의복, 기타 장신구)를 개발하라는 과제를 내준 적이 있다. 그러자 한 팀이 소셜미디어의 정보에 물리적으로 반응하는 재킷을 생각해냈다. 먼저 학생들은 자동으로 바람을 불어넣는 소형 공기 펌프를 재킷에 부착했다. 이 재킷을 착용한 사람의 페이스북 게시물에 누군가 '좋아요'를 표시하면 재킷은 그의 부풀려진 에고를 상징하듯 조금 부풀어 올랐다. 꽤 재미있는 콘셉트였다. 하지만 그들은 시제품 제작을 시작하면서 곧바로 몇 가지 문제에 부딪혔다.

첫째, 공기 펌프는 무겁고 동력 소비량도 많다. 게다가 소음이 심하고 기계 세탁이 불가능하다. 둘째, 소셜미디어의 '좋아요'는 인터넷에 연결된 의복의 상태를 통해 표현하기에는 위조하기가 너무 쉬운 지표다. 만일 한껏 부풀어 오른 재킷이 당신의 유명세를 입증하는 물건이라면, 사람들은 마시멜로처럼 뚱뚱하면서도 '인터넷에 연결되지 않은' 재킷을 구해서 입고 다니면 그만이다. 이 프로젝트를 진행하기 위해서는 하드웨어 제작, 소셜미디어 API(운영체제와 응용프로그램 사이의 통신에 사용되는 언어나 메시지 형식 – 옮긴이) 프로그래밍, 웨어러블 장치 개발, 그리고 STEM(과학, 기술, 공학, 수학의 약자 – 옮긴이)과 관련 없는 문화적 주제, 의류 디자인, 정체성의 정치학 등 다양한 분야에 걸친 지식과 기술이 필요했다. 학생들을 지도하는 입장에서 보자면, 고려해야 할 점이 너무 많았다.

컨티뉴엄에서는 기업들의 중장기 미래 계획을 지원하기 위해 활용하는 전략을 등대 프로젝트lighthouse project라고 부른다. 기업들은 5년에서 10년 뒤에 어떤 제품과 서비스를 시장에 내놓아야 할까? 미래에 그 브랜드의 위상은 어떻게 변할까? '등대'라는 은유는 대기업을 거대한 선박에 비유하는 오래된 격언에서 비롯됐다. 큰 배는 방향을 돌리기가 어렵지만, 일단 새롭게 방향을 잡으면 시장에서 놀라운 모멘텀을 발휘할 수 있다. 우리는 기업들이 조직의 진로를 조금씩 수정해서 기존의 제품 라인을 점진적으로 바꾸기보다는, 5년에서 7년 사이의 미래를 내다보고 회사의 비전을 완전히 새롭게 구축할 것을 권한다. 등대는 비전을 상징하며, 비전은 회사가 목적지로 삼을 수 있는 안전한 항구를 의미한다. 이렇게 분명한 목적지를 설정한 기업은 신규 사업부를 조직해서 투자에 뛰어들거나 기술력을 갖춘 회사를 인수해서 미래 세계의 경쟁에 대비한다.

컨티뉴엄이 진행한 등대 프로젝트 중의 하나가 장난감 회사 **피셔프라이스**Fisher-Price를 위한 프로젝트였다. 이 기업은 지난 수십 년 동안 플라스틱으로 만든 장난감 제품을 판매해왔다. 우리는 이 회사가 3D 프린팅, 사물인터넷, 반응성 물질responsive materials(빛, 온도, 자기, 전기와 같은 외부적인 자극에 반응해서 형태가 바뀌는 물질 – 옮긴이), 프로젝션 매핑 projection mapping(대상물의 표면에 빛으로 이루어진 영상을 투사하여 다른 성격을 가진 물체처럼 보이게 만드는 기술 – 옮긴이) 같은 혁신적 기술을 활용해 미래의 장난감을 상상하는 작업을 돕기로 했다. 여러 차례의 워크숍을 통해 어린이와 부모의 삶에서 소중한 순간들을 돌아보게 해주는 사업 모델과 시나리오를 구상해서 새로운 제품과 서비스 속에 녹여 넣었다. 우리는 피셔프라이스가 당장 판매할 구체적인 제품을 디자인하는 대신 그들이 미래에 발명할 제품에 영감을 줄 만한 여러 가지 복합적인

우리는 컨티뉴엄에서 피셔프라이스를 위한 등대 프로젝트의 일부로서 증강현실을 이용한 미래의 장난감들을 설계했다. 사진은 어느 어린이가 조금씩 성장할 때마다 아이의 얼굴을 찍은 사진이 벽에 투사되는 모습이다. 당신의 사진 앨범에도 이런 공간적이고 현실감 있는 데이터를 끼워 넣을 수 있다.

옵션을 개발하는 길을 택했다.

우리가 창조한 미래의 학습용 장난감 첫 번째 시나리오에서는 한 어린이가 컬러 폼 점토와 비슷한 재료로 자신만의 부엉이를 만들면 3D 실뜨기 기계가 그 부엉이와 똑같이 생긴 맞춤형 애완동물을 '프린트'한다. 그다음 시나리오에서는 아이의 놀이방 벽에 《괴물들이 사는 나라Where the Wild Things Are》에 등장하는 숲속의 풍경이 光光투사 방식으로 펼쳐진다. 아이가 밥을 먹을 때는 특정 음식의 기원과 주요 비타민 성분이 표시된다. 아이가 침대에 누우면, 그림책의 각 페이지에 관련된 영상이 잔잔한 소리와 함께 천장에 투사된다. 이처럼 미래의 학습은 생산적이고 참여적일 뿐만 아니라 일상에 자연스럽게 통합되어야 하며, 전통적인 재료와 친숙한 동작을 증강현실 경험 속에 함께 녹여 넣는 방식으로 이루어져야 한다.

슈퍼사이트 도구들은 학습 방법을 개선하고 누구에게나 공평한 학습의 기회를 제공할 수 있는 잠재력을 갖추고 있다. 정부와 학교는 학생과 교사들이 증강현실 장비와 콘텐츠를 마음껏 사용할 수 있도록 재정적으로 지원해야 한다. 특히 교육부는 18세 미만의 모든 시민에게 학습용 가상현실 장비를 무료로 지원하는 방법을 검토해야 한다. 스마트안경과 증강현실 기반의 학습 도구는 아동과 성인들의 평생 학습을 지원하고 세상을 이해하는 데 도움을 줄 것이다. 미래의 교육은 더 참여적이고, 더 협조적이고, 더 풍부한 시나리오를 기반으로, 더 많은 볼거리와 다양한 이야기를 제공할 것이며, 덕분에 사람들에게 훨씬 흥미로운 학습의 경험을 선사할 것이다.

6장

일하다

게임과 원격현실이 바꿔놓을 일터

"여우를 따라가세요"

#게임미피케이션 #길 찾기

"이리로 가세요. 저리로 가세요. 아니, 지금은 이쪽으로 오셔야 합니다." 길 찾기가 필요한 작업은 한둘이 아니다.

2019년 9월의 어느 날, 나는 실리콘밸리의 구글 본사를 방문했다. 스마트안경 프로젝트에 관련된 동작 기반 상호작용 기술을 논의할 예정이었다. 회의가 있던 날 아침 구글 본사의 드넓은 캠퍼스 안을 운전해서 회의 장소로 향하고 있는데 갑자기 구글 맵이 혼선을 일으켰다. 나는 곧 그 이유를 알게 됐다. 내비게이션을 들여다보며 방향을 찾는 사이에 레미콘 트럭들이 길게 늘어선 건설 현장의 혼란 때문에 목적지를 지나쳐버린 것이었다. 캠퍼스가 변하고 있었다. 이 검색 업계의 거인은 다음 여정을 준비하기 위해 새로운 구글 시티를 건설 중이었다.

그리고 그 여정의 목표는 검색 결과에 연동된 광고나 배너 광고를 판매하는 지루한 형태의 비즈니스 모델에서 벗어나 더 새롭고 광활한 세계를 지향하는 것이었다.

나는 회의실에 도착한 뒤에 그동안 구글이 엄청난 숫자의 하드웨어 및 소프트웨어 엔지니어와 인터랙션 디자이너interaction designer(디지털 기술로 사람과 작품 사이의 상호작용을 조율하는 디자이너-옮긴이)를 채용했고 차세대 증강현실 헤드셋을 개발하는 데도 수십억 달러를 투자하고 있다는 사실을 알게 됐다. 그들이 개발 중인 증강현실 제품의 목표 사용자는 게이머가 아니라 놀랍게도 일반 노동자였다.

구글은 용도가 애매한 증강현실 애플리케이션들을 설계하기보다(마이크로소프트가 홀로렌즈를 출시하면서 이런 실수를 저질렀다) 구체적인 직종을 겨냥해서 증강현실 안경을 개발한다는 목표를 세웠다. 그들이 선택한 직종은 막대한 양의 3D 공간 정보가 필요한 분야, 바로 건설업이었다. 구글은 자금력이 풍부하고 기술적으로도 완벽하게 준비가 된 기업이었기 때문에, 이 프로젝트를 함께 진행할 건설 회사를 선택하는 일은 어렵지 않았다. 그들은 건설사 선정을 위한 입찰 요청 서류에 슈퍼사이트 기술을 기반으로 구글 캠퍼스를 재발명하고 혁신한다는 원대한 계획을 담았다(이 기기는 2023년 말 출시 예정이다).

구체성과 특수성은 디자이너들의 작업에 활기를 불어넣는 요인이다. 특정 인물과 특정 사안에 집중하면 그렇지 않을 때보다 의미 있는 해결책을 도출할 수 있다. 구글의 증강현실 팀에게 주어진 구체성과 특수성이란 건설사의 현장 근로자들에게 방향을 찾아주고 자재의 위치를 알려주는 문제를 해결하는 것을 의미했다. 이 팀은 많은 건설 전문가를 인터뷰하고 관찰하는 과정에서 건설 근로자들이 현장에서 매일같이 부딪히는 골칫거리 중 하나가 올바른 장소에 제때 도착하는 문제라는 사실을 알게 됐다.

증강현실 애플리케이션을 개발하는 기업의 관점에서 볼 때 **위치 추적**은 안전, 소통, 문서작성 같은 기능들보다 먼저 고려해야 할 중요한 사안이었다. 올바른 방향을 잡고 사물의 위치를 찾아내는 검색성 findability의 문제는 여전히 많은 사람에게 좌절감을 안겨주는 비효율의 영역으로 남아있다. 현장 근로자들은 자신에게 배달된 자재가 어디에 있는지 알아야 하고, 매일 모습이 달라지는 건물들 속에서 정확한 위치로 이동해야 한다. 건설 현장에서는 정해진 순서에 따라 작업이 이루어진다. 벽을 공사할 때는 벽면의 구조를 세우고, 배관 및 배선 작업을 하고, 단열재와 석고 보드를 삽입하고, 페인트를 칠하고, 마감재를 발라 마무리한 다음 마지막으로 붙박이 세간을 설치한다. 이런 작업을 제시간에 조화롭게 진행하기 위해서는 고도의 조율 능력이 필요하다. 하지만 노동자들이 방향을 찾지 못하고 우왕좌왕하면 모든 일에 지장이 초래될 수밖에 없다. 작업팀은 마냥 기다리고, 일정은 늘어지고, 수익성은 하락하고, 각종 자재는 재난의 수준으로 낭비된다.

그런 의미에서 산업용 스마트안경은 건설 현장에서 작업자들과 거래 당사자들 간에 발생하는 복잡한 활동을 조율하는 데 큰 도움이 될 것이다. 현재 구글이 인간의 노동이라는 드넓은 세계로 손을 뻗기 위해 각종 사례를 연구하고 시제품을 개발하는 곳이 바로 이 분야다. 배관공들은 자신에게 배달된 자재의 위치를 증강현실 안경으로 찾아낸다. 그리고 현장 노동자들은 증강현실 안경을 이용해서 오늘 아침 어떤 작업부터 먼저 진행해야 전기공들의 대기 시간을 줄이고, 검사원들로 인해 단열재 작업을 지연시키지 않고, 석고 보드 담당자들 때문에 페인트칠 일정에 지장을 초래하지 않을지 판단한다.

화이트칼라 직종에서도 정확한 방향 찾기는 중요하다. 사무실 근무자들은 정확한 장소에 정확한 시간에 도착해야 회의에 참석하거나 채용 후보자를 인터뷰할 수 있다.

어떤 직업에서는 길 찾기가 업무 자체를 의미한다. 택배 담당자들은 교통상황을 계산해서 복수의 목적지에 가장 빠르게 도달할 수 있는 최적의 경로를 찾아야 한다. 의사와 간호사는 병원의 복잡한 복도를 신속히 통과해야 위급한 환자를 치료할 수 있다. 실적에 민감한 관리자들은 조직의 어느 위치에서 일하는 어떤 사람이 고객이나 직원들을 잘 응대할 수 있는지 알아야 한다. 모든 사람에게는 업무를 수행하는 데 도움을 주는 역동적인 지도가 필요하다. 그리고 증강현실은 우리가 경로를 벗어나지 않도록 가장 빠르고 편리한 길을 알려주는 기술이다.

지도 제작법이 발명된 이래로 항해사들의 은유 속에 가장 많이 등장한 지도는 보물 지도(평평한 종이, 대충 그려진 약도, X자로 표시된 목적지)였다. 하지만 지도를 보고 방향을 찾는 일은 매우 복잡한 작업이다. 지도를 이해하려면 먼저 지도에서 사용된 축척을 바탕으로 공간에 대한 심리적 모델을 구축해야 한다. 그리고 자기가 현재 위치한 곳이 어딘지 파악한 다음 정확한 방향을 향해 정확한 속도로 이동을 시작해야 제시간에 도착할 수 있다. 대형 공항에서는 "이곳에서 X번 게이트까지 20분"이라는 안내문이 붙어 있는 모습을 종종 볼 수 있다. 이용객들이 공항의 규모를 제대로 파악하지 못하고, 앞길에 늘어선 수많은 면세점이 그들을 유혹하기 때문이다. 만일 어떤 사람이 거리나 시간을 대신 계산해주고 우리는 그 사람을 따라갈 수만 있다면 길 찾기는 훨씬 간단해질 것이다. 슈퍼사이트의 길 찾기 기능은 마치 〈피터 팬 Peter Pan〉의 팅커벨이나 비디오 게임처럼 인지적 부담이 적은 이동을 가능케 하고 내비게이션의 밝은 미래를 약속하는 기술이라고 할 수 있다.

구글 내비게이션은 조만간 게임화 전략을 바탕으로 당신에게 회의실로 가는 길을 안내하고 만날 사람을 찾아줄 것이다.

머지않은 미래에는 '여우만 따라가면' 길 찾기 문제가 저절로 해결되는 세상이 올 것이다. 구글은 2018년 개최된 구글 개발자 콘퍼런스Google Development Conference에서 내비게이션의 새로운 미래를 제시했다. 이 행사의 기조연설자로 나선 아파르나 체나프라가다Aparna Chennapragada 부사장은 구글이 착수한 기계학습 프로젝트의 내용을 공개했다. 구글 맵을 훈련해서 뉴욕을 포함한 여러 대도시의 거리 풍경을 시각적으로 인식하게 한 뒤에 이를 기반으로 사용자들에게 새로운 형태의 공간 인식 내비게이션을 제공한다는 계획이었다. 사용자들은 '현재 당신의 위치'를 나타내는 파란색 점을 들여다보며 어렵사리 방향을 잡는 대신 앞에서 걸어가는 가상의 여우를 쫓아가면 된다. 당신이 길을 걸으면 여우는 즐겁게 깡충대면서 방향을 안내하고 당신이 뒤처지면 주위를 둘러보며 기다린다. 여우만 따라가면 목적지에 제때 도

표현의 스펙트럼
(사우스 파크부터 쥐라기 공원까지)

| 평범한 2D | 부드러운 셀 기반 애니메이션 | 3D 볼류메트릭 | 하이퍼 리얼 |

디지털 정보를 실제 세계에 투사할 때는 표현의 스타일과 현실감 수준을 선택할 수 있다. 평범한 2차원 스타일은 눈에 잘 띄기 때문에 실제 세계와 구별하기가 더 쉽다.

달할 수 있다.

이 데모가 우리의 마음을 사로잡는 이유는 기술력이 유달리 뛰어나거나 인공지능 캐릭터나 아바타 같은 게임 요소가 우리의 삶에 파고들었기 때문이 아니라, 그들이 지도의 의미를 새롭게 창조했기 때문이다. 2차원 지도의 파란 점을 들여다보며 방향을 찾을 때보다 애니메이션 캐릭터를 따라갈 때 인지적 부담이 열 배는 줄어든다. 마음속에 특정 장소에 대한 추상적 관념을 품지 않아도 되기 때문이다. 다시 말해 공간에 대한 심리적 모델을 구축할 필요가 없고, 이차원으로 그려진 평면 지도를 삼차원의 실제 세계와 대응시키기 위해 애쓰지 않아도 된다. 어디로 가야 하는지는 안내자가 알고 있으니 그를 따라가면 그만이다.

수많은 군중 속을 뚫고 어렵사리 길을 헤쳐 나갈 때, 안내자의 키가 크거나 눈에 띄는 특징이 있으면 큰 도움이 된다. 그래서 투어 그룹을 이끄는 가이드는 표지판이나 깃발을 머리 위로 높이 들고 루브르 박물관에 운집한 관광객 속으로 사람들을 이리저리 인도한다. 그렇다면 표지판 대신 기린을 따라가면 안 될까?

애니메이션 캐릭터를 이용해서 방향을 안내하는 기술은 미래의 일터가 슈퍼사이트 기반의 게임 형태로 어떻게 바뀔지 보여주는 예고편이다. 업무 현장에 게임의 요소를 도입하는 전략은 인사고과부터 시작해서 업무의 모든 측면에 영향을 미칠 것이다. 슈퍼사이트는 업무의 진행 상황을 더욱 가시적으로 표현하고, 이를 디지털 모델로 전환하고, 모든 대상을 측정할 것이다. 이렇게 측정된 이 데이터는 우리 자신에게 다시 피드백되어 스마트안경이나 회의실의 테이블 위에 투사된다. 또한 슈퍼사이트는 정보의 입력(감지)과 출력(표현)을 가능케 할 뿐만 아니라 게임의 세계에서 통용되는 언어와 관행을 채택해서 효과적인 피드백 장치를 구축해 줄 것이다.

바야흐로 업무와 게임이라는 두 세계는 이런 방식으로 충돌과 결합의 과정을 겪고 있다. 이런 절묘한 혼합을 추진하는 동력(디지털화, 책임 소재, 수치화)은 슈퍼사이트를 통해 우리가 수행하는 모든 업무에서 협업과 보상의 방식을 급격하게 바꿔나갈 것이다. 이 변화가 불러올 가장 중요한 결과가 무엇인지 진단하기 위해서는 먼저 **게임화** gamification라는 과정부터 탐구해야 할 것 같다. 여우가 그 여정을 안내할 것이다.

당근으로 만든 채찍

#업무의 게임화 #사회적 인센티브 #디자인 원칙

몇 년 전 어느 무더웠던 여름날 오후, 나는 가족들과 함께 보스턴의 커먼웰스 거리를 거닐고 있었다. 막 황혼이 내려앉는 시간이었는데 갑자기 한 무리의 사람들이 주위를 둘러싸더니 마치 들소 떼처럼 우리 곁을 우르르 지나갔다. 언뜻 보기에 40명에서 50명쯤 되는 듯했다. 총각 파티를 즐기기 위해 모인 것 치고는 너무 많았고, 정치적 시위라고 보기에는 움직이는 속도가 너무 빨랐다. 그렇다고 달리기 경주 같지도 않았다. 사람들은 뛰거나 빠른 걸음으로 움직이면서 함께 계획을 세우고 전략을 짰으며, 서로 밀착한 대형을 유지한 채 저마다 손에 스마트폰을 들고 몇 초에 한 번씩 화면을 바라봤다.

무슨 일일까? 나는 대열에서 뒤처진 어떤 사람에게 뭘 하는 중이냐고 물었다. 그가 큰 소리도 대답했다. "뮤와 뮤츠를 찾아요!"

나는 그때야 깨달았다. 그들은 포켓몬고 게임을 하고 있던 것이다. 현실 세계 여기저기에 불쑥불쑥 모습을 드러내는 귀여운 포켓몬 캐릭터들을 사냥하는 중독성 강한 게임이다. 내가 뮤와 뮤츠라는 캐릭터의 이름을 알아들은 이유는 내 아들도 얼마 전까지 포켓몬 카드 수집에 푹 빠져있었기 때문이었다. 누군가 보스턴의 지도 위에 캐릭터들을 풀어놓았고, 이 열정적인 팬들은 게임 점수를 올리기 위해 그 캐릭터들을 추적하고 있었던 모양이다.

나는 서로를 잘 알지도 못하는 사람들이 공동의 목표를 열정적으로 추구하는 모습을 지켜보면서 게임의 위력을 실감하지 않을 수 없었다.

게임화의 과정은 어둠이 드리워지는 공원의 분위기를 활기차게 만들었을 뿐만 아니라 참가자들이 서로 협력하게 했고, 그들에게 적지 않은 운동 기회를 제공했다. 게다가 이 도시에 얽힌 지식과 역사를 가르치기도 했다.

게임은 단순한 엔터테인먼트 이상의 효과를 발휘한다. 게임화 전략은 심리적으로 매우 효과적인 동기부여 도구다. 게임을 만드는 사람들은 경쟁, 사회화, 정복욕, 지위, 자기표현, 목표 달성 같은 인간의 본질적 욕구에 호소하는 기술을 이용해서 제품을 개발한다. 연구자들에 따르면 이런 기술들은 우리 두뇌의 특정 신경 구조를 자극해서 성과를 개선하고 만족감을 높이는 등의 가시적 혜택을 안겨준다고 한다. 이런 심리적 도구들이 발휘하는 영향력의 증거가 축적되면서, 항공사의 마일리지 프로그램, 던킨의 고객 포인트 적립카드, 에어비앤비의 별표 평점 등 각종 마케팅 및 비즈니스 영역에서 게임화 전략이 쓰이고 있다.

점수, 레벨, 배지, 연승 기록 같은 게임적 요소들은 사회적 관계, 전자상거래, 미디어 시청 같은 영역에 광범위하게 퍼져나가고 있다. 우리가 삶에서 경험하는 순간들에 점수나 순위를 매기고(가령 우버 운전사나 지난번 방문한 식당에 평점을 주는 일 등), 다른 사람들이 부여한 점수를 참조해서 구매를 결정하는 일은 이미 일상이 됐다. 우리 자신도 남들에게 별 다섯 개를 받으면 뇌 속에서 도파민이 샘솟는 흥분을 느낀다. 인스타그램 게시물의 하트 표시, 리트윗, '좋아요' 횟수, 친구나 팔로워 수 등은 모두 유명세를 상징하는 지표로 자리 잡았다. 오늘날 게임화 전략은 거의 모든 사회적 상호작용과 인간관계 속에 급속히 침

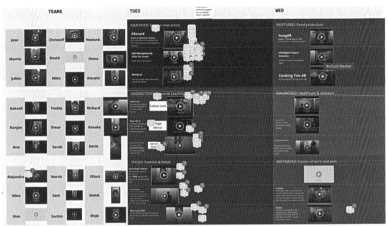

온라인 학습에서 사용되는 사회적 비교 게임의 사례. 최근 코펜하겐 인터랙션 디자인 스쿨에서는 석사과정 학생 27명의 개인 및 팀 과제를 미로(MIRO)라는 무한 캔버스 도구에 게시해서 모든 학생이 서로의 작업 진행 상황을 확인할 수 있게 했다.

투하고 있다.

사회적 동물인 인간은 위계질서나 사회적 비교social comparison에 민감하게 반응한다. 매학기마다 나는 학생들이 서로의 과제물을 볼 수 있도록 하는 온라인 시스템을 구축한다. 이 시스템은 학생들의 사회적 비교 심리를 유발해서 서로에게 용기를 북돋는 역할을 한다. 한걸음 더 나아가, 모든 수업 참여자들이 작업한 내용에 댓글을 남기거나 평점을 매기게 되면 그 효과는 배가 된다. 교수 혼자서 학생들의 학습 의지를 끌어내는 데는 한계가 있다.

인간을 가장 크게 동기부여 하는 게임 기법의 하나가 **리더보드**leader board(골프 경기에서 선두를 달리고 있는 선수들의 명단과 스코어를 적은 판－옮긴이)를 만들어 공개하는 것이다. 내가 다른 사람들에 비해(또는 내가 가장 우수한 성적을 올린 시점에 비해) 어느 정도 성적을 내고 있는지 눈으로 확인하는 순간 우리는 리더보드의 상단에 내 이름이 올라가기를 바라게 된다. 심지어 가족 구성원들이 집안일을 얼마나 열심히 도왔는지 성적을 매긴 표를 문에 붙여놓아도, 우리는 그 명단의 윗부분을 차지하고 싶어 조바심을 친다. 슈퍼사이트는 우리의 모든 행위와 활동을 낱낱이 포착하고, 기록하고, 분석함으로써, 별다른 노력 없이도 우리에게서 열정적인 참여의 본능을 불러일으킨다.

게임 참가자의 '레벨업' 본능을 불러일으키는 이런 점수 시스템은 이미 일터로 진입할 준비를 끝냈다. 그리고 이를 뒷받침하는 요소가 행동경제학의 대중 심리 개념과 빅데이터다. 별, 배지, 레벨 같은 게임 용어들은 기업의 핵심 성과지표KPI와 총자산이익률ROI 같은 측정 시스템에 녹아들고 있으며, 슈퍼사이트도 여기에 한몫 보태고 있다. 미래에는 회의나 대화 같은 모든 업무적 경험이 마치 비디오 게임 같은 형태로 바뀌어서, 그래프로 진척도가 표시되고 '레벨업에 필요한 점수'로 게시될 것이다.

최근 많은 기업에서 활용하고 있는 목표 관리management by objective, MBO의 핵심은 조직의 목표를 측정 가능한 방식으로 제시하는 데 있다. 심지어 긍정적인 태도, 자신감, 선한 의지, 참여도처럼 언뜻 수치화하기가 어려워 보이는 요소들까지 어떻게든 측정한다. 기강이 잘 잡힌 회사는 게임을 할 때와 마찬가지로 참가자들에게 조직의 단기적 사명을 분명하게 밝힌다. 그 사명이 지하 감옥의 보스를 불화살로 제압하는 것이든, 매출 목표를 달성해서 진짜 보스를 기쁘게 해주는 것이든 상관없다. 현실 세계와 게임 사이에 존재하는 이런 호환성을 활용한 게임화 전략은 오늘날 비즈니스 현장에 광범위하게 도입되어 참가자들의 활동을 측정하고, 그들에게 동기를 부여하고, 기업의 실적을 끌어올리고 있다.

이런 사례 중의 하나가 마이크로소프트 아웃룩이 당신과 당신의 관리자에게 매주 파이 차트로 요약해서 전달하는 주간 집중 시간focus time이라는 뜬금없는 자료다. 마이크로소프트 역시 개인의 집중 시간을 측정한다는 것이 오만한 발상이며 측정 범위도 제한적이라는 사실을 잘 알고 있다. 가령 내 경우에 가장 집중이 잘 되는 시간은 욕실에서 샤워할 때지만, 마이크로소프트는 내 뇌파를 관찰할 수 없으므로 (적어도 현재로서는) 이를 측정하기가 불가능하다. 하지만 앞으로 스마트 워치나 휴대전화 앱 등의 다양한 원천으로부터 광범위하게 데이터가 수집되고, 카메라가 아날로그 활동(예를 들어 어느 직원이 연필로 아이디어를 스케치하는 행위)을 디지털 데이터로 전환하는 능력이 강화되면 집중 시간의 정확도는 점차 개선될 것이다.

과거 컴퓨터 서버의 성능을 관찰하는 데 사용된 디지털 계기판이 이제는 직원들의 실적을 측정하는 용도로 활용되고 있다. 예를 들어 애자일 프로그래밍agile programming(프로그램을 개발하면서 신속하게 피드백을 받고 계속 작업 방향을 수정해나가는 유연한 개발 방식 - 옮긴이) 팀이 달성한 스프린트 속도sprint velocity(개발팀이 한 스프린트 주기 내에 얼마나 많은 결과물을 생산했는지 측정하는 기준 - 옮긴이)나 개개인이 이메일을 처리한 시간과 회의에 참석한 시간의 비율 등이 데이터로 취합되어 계기판에 올려진다. 센서의 숫자가 늘어나고 관찰 대상이 증가하면서, 이 피드백 장치에 참가하는 관리자도 점점 많아진다. 이처럼 상세하고 광범위한 직원 데이터는 관리자들을 흥분시킨다. 이제 이 계기판은 흥미로운 비행 시뮬레이션 게임처럼 느껴지기 시작한다. 이건 보너스용 스위치고, 저건 채용 계획을 위한 다이얼이 된다.

문제는 관찰당하는 당사자, 즉 직원들은 그런 데이터의 상당 부분이 핵심을 벗어났다고 생각한다는 것이다. "나는 사이버 보안 배지를 받지 않아도 신경 쓰지 않아. 내가 회사에 고용된 이유는 사고 능력이 우수하고 아이디어가 뛰어났기 때문이야. 이메일 보안 교육이나 받으려고 입사한 게 아니야." 게임화 전략이 진정한 생산성을 발휘하기 위해서는 올바른 평가 요소를 측정하고 참가자들에게 적절한 인센티브를 제공해야 한다.

구성원들의 실적을 수량화하기 가장 쉬운 직종 중 하나가 영업이다. 영업직의 관리자들은 개인별로 목표를 할당하고, 화이트보드에 팀원들의 실적을 공개하고, 계약에 성공할 때마다 벨을 울려주는 방법으로 팀을 동기부여 한다. 미래에는 판매 계약을 성사한 직원의 머리 위에 슈퍼사이트가 신규 고객의 이름과 얼굴을 풍선처럼 띄울지도 모른다. 언론사에서 일하는 작가의 등에는 그날의 키워드가 몇 번이나 언급됐는지 집계한 숫자가 나타나고, 어깨에는 청중의 참여도를 나타내는 통계 수치가 새겨질 수도 있다. 관리자들의 어깨 위에 이번 분기의 손익계산서 숫자가 군인들의 견장처럼 붙어 다닌다고 상상해 보라. 이렇게 업무의 게임화에 따른 각종 측정 수치가 사무실 문과 개인 작업 공간, 심지어 회의 참석자들의 머리 위에 가시적으로 노출되면서, 조직 구성원들은 마치 이마에 주홍글씨라도 붙인 듯이 자신의 실적에 불안감을 느끼고, 일터에는 극심한 경쟁심리가 판을 칠지도 모른다.

게임화 전략이 직원들을 동기부여하고, 개인, 팀, 조직에 책임감, 투명성, 우수한 실적 등을 유도한다는 사실은 누구도 부인할 수 없다. 그러나 '게임화 효과'를 연구하는 과학자들에 따르면 어떤 조직 구성원들은 점수, 연승 기록, 보상이나 표창 같은 게임화의 요소들을 잘 받아들이고 그런 문화에 순조롭게 적응하는 반면, 일부는 관리자들이 자신의 실적을 속속들이 추적하는 데 압박감을 느낀다고 한다. 그들에게 있어 게임화에 따르는 개인적 책임은 불안감과 공포심을 유발하는 요인이다.

그뿐만 아니라 게임화는 심각한 문제조차 게임처럼 가볍게 보이게 하거나, 반대로 죽기 아니면 살기식의 사고방식을 퍼뜨리고, 진정한 의미의 열정과 내재적 동기부여를 훼손할 수 있다. 모든 직원이 필수로 취득해야 한다고 인사부가 발표한 반反인종차별 교육 배지는 당신이 더 나은 사람이 되는 과정을 점수 올리기 게임으로 변질시킬 것인가, 아니면 평생을 추구할 가치 있는 목표로 만들 것인가? 외부적 보상만을 지나치게 강조하는 행위는 내재적 동인動因을 오염시킬 수 있다.

요컨대 게임화 전략의 가장 큰 도전 요소는 '어떻게 하면 업무를 더욱 의미 있으면서도 재미있게 만들고, 직원들에게 적절한 보상과 긍정적인 피드백을 제공할 것인가'의 문제다. 다시 말해 이 도구가 사회적 통제 장치로 악용되어서는 안 된다. 이 점에 주의를 기울이지 않으면 직원들에게 동기를 부여할 목적으로 고안된 도구가 기술의 허울을 뒤집어쓴 채찍이 되어버릴 가능성이 있다.

컴퓨터비전 기반의 게임화를 통해 업무를 효과적으로 레벨업하기 위해서는, 연구자들이 가장 큰 효과를 발휘하리라고 예상하는 다음과

248

같은 전략을 중심으로 게임적 요소를 도입해야 한다.

1. **채찍보다 당근에 집중하라.** 직원들에게 항상 긍정적인 피드백을 전달
   하면 그들에게 선한 의지와 충성심을 불러일으킨다.

2. **다양한 레벨업 기회와 결승점을 제시하고, 의미 있는 목표를 설정하라.**
   직원들은 최소 2주에 한 번은 긍정적인 피드백을 받기를 기대하고,
   일단 세워진 목표에 대해서는 구체적인 완료 날짜가 설정되기를 원
   한다. 하지만 목표를 달성하는 일이 보여주기식의 과정이 되어서는
   안 된다.

3. **정보를 투명하게 공개하라.** 정보를 앱 속에 감추지 말라. 증강현실의
   가장 큰 장점 중 하나가 시간과 장소를 가리지 않고 사방에 정보를
   투사하는 능력이다. 이는 당신이 일상적인 정보를 통해 습관이나 행
   위를 바꾸려 할 때 가장 중요하게 고려해야 할 요소다.

4. **같은 사무실 및 팀에서 근무하는 동료들과 성과를 비교하라.** 직원들이
   잘 모르는 다른 사무실 사람들을 리더보드에 포함해서는 안 된다.
   경쟁자가 적을수록 누군가를 따라잡는 데 더욱 큰 동기가 부여된다.

5. **눈에 잘 띄는 공간에 정보를 배치하라.** 건물 로비처럼 공개된 장소에
   정보를 투사하면 회사의 가치를 높인 훌륭한 직원들의 이야기를 모
   두에게 들려줄 수 있다. 새로운 직원들도 사람들의 관심을 받을 수

있도록 이런 이야기들을 조직 내에 수시로 전달하라.

　나는 장난감과 게임 제조업체 해즈브로Hasbro에서 오랫동안 게임 디자이너로 근무한 다이안 쇼헤트Diane Shohet에게 전화를 걸어 업무와 비디오 게임을 결합하는 문제에 대해 질문했다. 우리가 전문가들에게 배워야 할 가장 중요한 디자인 원칙은 무엇인가? "게임 디자이너들은 경쟁에서 뒤떨어진 사람들도 자신감과 의욕을 잃지 않고 따라잡을 수 있도록 '캐치업catch up' 옵션을 설계에 포함합니다." 쇼헤트는 슈츠 앤 래더즈Chutes and Ladders(활강로와 사다리가 그려진 판 위에서 하는 아동용 보드게임 - 옮긴이)라는 보드게임을 예로 들어 설명했다. "어느 아이가 게임에서 일시적으로 뒤처졌더라도 그 아이에게는 여전히 사다리에 올라 친구를 따라잡을 기회가 있습니다." 여기서 우리가 기억해야 할 교훈은 어떤 종류의 게임이든 **주기적인 리셋**reset이 필요하다는 것이다. 그래야 직원들은 본인의 평판을 처음부터 다시 쌓아갈 기회를 얻거나, 매 분기가 시작될 때 다시 실적을 할당받고 새로운 마음으로 업무를 시작할 수 있다. 이런 리셋 기능이 없다면 한 번 실적이 부족했던 직원들은 영원히 카스트 제도 아래 갇혀버릴 것이며, 어쩌다 좋은 실적을 거둔 사람은 동료들이 아무리 노력해도 따라잡기가 불가능한 영구적인 브랜드를 얻게 될 것이다. 어느 경우든 게임화 전략의 가장 큰 장점인 동기부여의 혜택이 훼손될 수밖에 없다.

동기를 부여하거나(혹은 쥐어짜거나)

#전(前)주의 처리　#반응 가구　#프라이버시 설계

지금의 일터에 도입된 게임화 요소들은 대체로 진부하고, 피상적이며, 지나치게 결과에 집착하는 경우가 많다. 너무 노골적이지 않고 품위 있는 피드백을 통해 직원들에게 적절한 동기와 인센티브를 부여할 방법은 없을까?

대다수 비디오 게임은 필요하다고 판단될 때 너무 과하지 않은 선에서 초보자들에게 적당히 지침이나 힌트를 제공한다. 사무실에서도 이런 전술을 도입해서 직원들과 시간적·공간적으로 가장 밀접한 장소에 업무와 관련된 구체적인 정보를 제공할 방법을 찾아야 한다. 일터의 증강현실 경험을 디자인할 때 고려해야 할 가장 중요한 점은 주변 환경을 활용해서 최대한 섬세한 방식으로 정보를 표현하는 것이다.

정보를 섬세하게 표현하기 위해서는 먼저 인간의 눈이 주위를 어떤 식으로 스캔해 정보를 받아들이는지 이해해야 한다. 우리는 인간의 눈이 파노라마처럼 넓은 시야를 지니고 있다고 생각하지만, 사실 우리가 뭔가를 주시할 때 한 번에 시야에 담을 수 있는 대상은 세상의 아주 작은 일부분에 불과하다. 눈의 수용체 세포는 안구 뒤쪽의 중심와fovea라고 불리는 좁은 공간에 밀집되어 있다. 중심와가 한 번에 포착할 수 있는 시야 범위는 매우 좁기 때문에 우리는 눈알을 돌리거나 머리를 움직여서 정보를 수집한다. 이 정보의 조각들이 두뇌 속 깊은 곳에서 짜맞춰져서 전체적인 장면을 구성한다.

따라서 증강현실 헤드셋이나 프로젝션 기술을 개발할 때 가장 중요한 작업 중 하나는 눈동자의 움직임을 제대로 이해하는 것이다. 헤드셋을 쓴 대상이 지금 무엇을 바라보고 있는지 시스템이 정확히 알아낸다면, 슈퍼사이트는 현재 중심와가 향하고 있는 좁은 시야에 가장 높은 프레임 속도(frame rate, 연속된 이미지들을 촬영하거나 재현하는 속도의 비율 – 옮긴이)를 적용해서 정보를 표시하고, 이 영역 바깥쪽에 픽셀이나 상세 정보를 가져오는 데 필요한 전산 자원을 절약할 수 있다.

그렇다고 인간의 눈이 좁은 부채꼴 모양의 중심와 지역 바깥쪽을 전혀 지각하지 못하는 것은 아니다. 단지 그 영역에서는 구체적인 내용보다 대상의 패턴이나 움직임을 인식하게끔 진화했다. 따라서 우리 눈앞에 180도로 펼쳐진 파노라마 위에 여러 가지 정보가 표시되도록 설계하는 아이디어에는 놀라운 사업적 기회가 숨어있다. 이 세계와 일터에 존재하는 모든 물건의 표면이 **환경적 정보**ambient information를 제공하는 캔버스가 될 수 있다.

내가 환경적 정보의 가치를 처음으로 깨달은 것은 오벌린 칼리지Oberlin College에서 인지심리학 과정을 이수하고 있을 때였다. 대학원에 진학하기 전 이 학교에서 1년간 일한 적이 있었다. 그때 담당했던 업무는 이탈리아 언어 학습용 소프트웨어를 개발하고 영화과 학생들의 현대 무용 공연을 위해 반응식 무대 장치를 제작하는 일이었다. 그러던 어느 날 우연히 접하게 된 **전前주의 처리**pre-attentive processing라는 개념은 연구자와 기업가로서의 내 삶을 완전히 바꿔놓았다.

인지 과학자들이 전前주의 처리를 연구한 자료에 따르면 인간의 두뇌가 아주 낮은 인지 단계에서 매우 빠른 속도로(250밀리세컨드 내에) 처리하는 일련의 시각적 현상이 존재한다고 한다. 두뇌는 다른 과업을 수행하는 와중에서도 이를 병렬로 처리하지만, 그 작업이 인지적 능력의 총량에는 영향을 미치지 않는다. 가령 숫자나 텍스트는 우리의 '진정한' 주의를 요구하는 대상이며 두뇌가 이를 처리하려면 (상대적으로) 엄청나게 오랜 시간이 걸린다. 하지만 색깔, 모양, 패턴, 각도, 움직임 같은 시각적 정보는 전前주의 단계에서 처리되며, 두뇌에 추가적인 인지적 부담을 가하지 않는다.

나는 이 개념을 처음 배웠을 때 흡사 신세계를 발견한 듯했다. 이는 오늘날의 증강현실 디자이너들에게도 중요한 질문을 던진다. **사용자들의 주의를 빼앗지 않으면서도 관측 시야에 표시했을 때 현재 상황에 적절한 도움을 제공하는 유용한 정보는 무엇일까?** 만일 인간의 주의注意가 한정적인 자원이라면, 사용자들의 시간과 정신적 에너지를 존중하는 최선의 길은 그들에게 이해하기 쉽고 직관적인 방식으로 정보를 제공할 방법을 찾아내는 것이다.

소비자들에게 이런 환경적 정보를 제공하는 디스플레이의 사업적 기회가 무궁무진하다는 사실을 깨닫고 **앰비언트 디바이스**Ambient device 라는 회사를 설립해서 관련 제품을 설계하는 데 10년이라는 시간을 보냈다. 그동안 우리 팀은 앰비언트 오브Ambient Orb, 앰비언트 대쉬보드Ambient Dashboard, 앰비언트 엄브렐라Ambient Umbrella 같은 전前주의 디스플레이들을 개발했다. 이런 시각적 표시 장치들은 수많은 일상적 정보(주가, 날씨, 경영 지표, 걸음 수, 혈당 수치, 다음 회의 때까지 남은 시간, 버스 예상 도착 시간 등)를 역동적으로 추적해서 색깔, 패턴, 각도, 크기, 높이, 속도, 소리 등을 미묘하게 바꿔가며 사용자들에게 정보를 제공한다.

우리의 사명은 사용자의 주의를 최소한으로 요구하는 섬세한 방식으로 정보를 전달해서 일상적인 의사결정을 내리는 데 도움을 주는 것이다. 가령 방에서 누군가 잠을 자고 있다고 표시하는 문손잡이, 에너지 절약에 대한 정보를 보여주는 전등 스위치, 비가 올 것 같은 날씨에 은은한 불빛을 비춰주는 웰링턴 부츠 등이 그런 제품이다. 그러나 오늘날 '환경적 정보'를 제공하는 시스템을 구축한다면 이렇게 물건마다 별도의 기능을 장착할 필요가 없다. 데이터 프로젝션 기술을 통해 해당 물체 위에 환경적 정보를 직접 투사하거나, 스마트안경 착용자의 시야를 가리지 않도록 주변 프레임 부분에 정보를 표시할 수 있기 때문이다.

우리가 일터에서 환경적 정보를 적용할 만한 분야는 수없이 많다. 가령 정신을 집중해서 업무를 처리해야 할 때 책상 위에 노란색 불빛을 비춤으로써 방해하지 말라는 의사를 표시할 수 있다. 또는 점심 식사를 약속한 동료의 자리 주위에 초록색 원을 그려 약속을 상기시키는 방법도 있을 것이다.

나는 앰비언트 디바이스를 떠난 뒤에 작업장 설계의 선두주자인 디자인 회사 **겐슬러**Gensler에서 학술적 자문을 제공하는 역할을 맡았다. 당시 페이스북과 핀터레스트의 캠퍼스를 디자인하는 작업을 막 끝낸 이 회사는 기업들의 사무실에 설치된 다양한 구조물이나 비품에 조직의 실적 지표를 표시하는 기능을 구축하는 데 관심을 보였다. 우리는 이 회사의 고객 중 하나인 세일즈포스Salesforce와 협업해서 게임화 전략과 환경적 정보 디스플레이를 통해 가장 먼저 해결해야 할 조직적 문제가 무엇인지 분석했다. 그때 내가 읽었던 책이 수잔 케인Susan Cain의 《콰이어트Quiet》였다. 저자는 이 책에서 모든 조직에 성격이 내향적인 사람과 외향적인 사람이 존재한다고 말했다. 관리자들은 내향적인 사람도 본인의 아이디어를 동료들과 적극적으로 공유하기를 바라지만, 그들의 의견은 외향적인 사람들의 목소리에 묻혀 무시되기 일쑤다. 이런 정보 공유의 불균형 상태는 팀과 조직에 막대한 피해를 준다. 나는 이런 문제에서 영감을 얻어 내향적인 사람들에게도 더 많은 발언 기회를 제공하는 증강현실 기반의 회의실 테이블을 설계했다.

겉으로 보기에 평범한 가구처럼 생긴 **밸런스 테이블**Balance Table은 회의에 참석한 사람 중에서 지난 7분간 누가 가장 많은 발언을 했는지 실시간으로 '보여주는' 환경적 피드백 장치다. 어떤 참석자가 이야기를 시작하면 그 사람이 앉아 있는 테이블 위에 작은 불빛이 켜진다. 그리고 그의 발언 횟수가 증가하면 불빛의 개수도 별자리처럼 계속 늘어난다. 모두의 협업이 필요한 회의에서 혼자만 발언을 주도한 사람은 자기 앞에서 반짝거리는 불빛들을 내려다보고 다른 참석자에게 발언권을 넘긴다. 회의에서 줄곧 침묵을 지킨 사람은 때로 남의 말을 가로막으면서라도 조금 목소리를 높이게 된다. 누군가 너무 오랫동안 대화를 독점했다는 증거를 방 안에 있는 모두가 확인했기 때문이다.

밸런스 테이블은 일터에 도입할 수 있는 수많은 물리적 증강현실 장비 중 하나일 뿐이다. 슈퍼사이트는 바닥, 천장, 문손잡이처럼 사무실에 비치된 모든 사물의 표면을 이용해서 더욱 다양하고 유용한 정보를 제공할 수 있다. 전략 코치가 보내는 신호는 회의실에 앉아 있는 관련자의 등 뒤에 나타나고, 팀원들의 감정 상태를 나타내는 아우라는 눈에 잘 띄는 색깔로 표시되어 그들과 대화할 때 더 많은 감성 지능을 발휘해야 한다고 경고한다. 또 소프트웨어 개발팀 동료들은 벽에 붙여

밸런스 테이블 시제품 제작 장면. 기술 및 디자인 기업 텔아트(Tellart)에서 테이블의 베니어 판 밑에 LED 전구들을 격자 모양으로 설치하고 있다.

회의실 테이블에 증강현실 기술을 탑재한 밸런스 테이블은 회의 참석자들에게 발언 시간이 고르게 돌아가도록 돕는 장비다.

둔 포스트잇처럼 주위에 투사되는 작업 카드들을 살펴보고 코딩 진행 현황을 파악할 수 있다.

사람들은 증강현실의 미래를 상상할 때, 고정된 물체의 평면 위에 텍스트나 이미지가 투사되는 모습만을 떠올리는 경향이 있다. 하지만 쉴 새 없이 열렸다 닫히는 문, 앞에서 걸어가는 사람의 등, 손에 들고 있는 물건, 그리고 움직이는 물체에도 정보를 비출 수 있다. 회의실로 향하는 복도 위에는 잠시 뒤에 만날 고객들의 이름과 얼굴, 그리고 그들의 최근 '분위기'가 미리 표시된다. 회의실에서 한창 발표가 진행 중이라면 노란색과 검은색의 접근금지 테이프가 문에 부착되거나, '방송 중' 글씨가 벽에 빨간색으로 새겨진다.

미로처럼 복잡한 건물 안에서 길을 찾는 방법도 달라질 수 있다. 진로를 표시하는 화살표가 다음 회의 장소로 가는 길을 안내하고, 목적지까지의 거리를 계산해서 얼마나 빨리 걸어야 제시간에 도착할지 알려준다. 회의실에 조금 일찍 도착하면 회의에서 논의될 핵심 주제와 잠시 뒤에 모습을 드러낼 다른 참석자들의 이름과 얼굴, 그리고 그들이 쏟아낼 예상 질문들이 벽이나 테이블 위에 나타난다.

모토로라Motorola에서 근무하는 내 친구 리즈 알트만Liz Altman은 최근 이렇게 말했다. "미시적 시간 속에 거시적 기회가 숨어있다." 그녀가 말하는 미시적 시간이란 우리의 일상적인 활동 사이에 수없이 존재하는 자투리 시간을 뜻한다. 전화기 앞에서 회의가 시작되기를 기다릴 때, 엘리베이터 안에 있을 때, 화장실을 이용할 때, 간식을 먹을 때 같은 순간들은 사용자에게 증강현실 기반의 정보나 신호를 전달하기에 안성맞춤의 기회다.

환경적 정보는 이런 순간들을 가장 효율적으로 활용할 수 있게 해주지만, 이런 자투리 시간을 활용할 필요조차 없애주는 또 다른 슈퍼 사이트 기능이 있다. 아예 이동 시간 자체를 사라지게 하는 것이다.

현실에 콘텐츠를 정박시키다

가상현실 환경에서는 소프트웨어 개발자가 자신이 창조한 가상의 세계 어느 곳에나 콘텐츠를 마음대로 '배치'할 수 있다. 하지만 증강현실에서는 사용자가 항상 실제 세계를 바라보기 때문에, 스마트안경이 현실 세계를 효과적으로 보완하기 위해서는 콘텐츠를 어디에 가져다 놓을지 미리 정해야 한다. 즉 증강현실 시스템은 콘텐츠를 '정박'시킬 앵커anchor가 필요하다. 슈퍼사이트는 현실 세계의 빛과 사물을 정확히 인식해서 디지털 콘텐츠의 크기를 적절히 조절하고, 가려야 할 부분을 가리고, 알맞은 곳에 정보를 배치해야 더욱 설득력 있는 증강현실을 제공할 수 있다.

소프트웨어 개발자들이 실제 세계 위에 디지털 콘텐츠를 '정박'시킬 위치를 선택하는 데는 몇 가지 옵션이 있다. 가령 QR 코드 같은 시각적 표시를 활용하거나, 수평적 또는 수직적 평면을 이용하거나, 단순히 GPS가 포착한 위치를 사용하는 방법 등이다. 정보의 용도와 특성에 따라 접근방식은 조금씩 다르다.

1. **이미지 앵커**image anchor는 가장 시작하기 쉬운 출발점이다. 나도 이 책의 각종 그림과 도표들에 이런 방식을 사용했다. 이미지 앵커는 실제 세계에서 흔히 찾아볼 수 있는 2차원 이미지(책 표지, 잡지 광고, 사무실의 표지판, 광고판, 건물의 외벽 등)를 디지털 콘텐츠와 연동시키는 기술이다.

2. **평면 앵커**plane anchor는 거실 바닥 위에 가상의 가구를 올려놓거나, 벽에 미술품을 걸거나, 테이블 위에 특정한 장면을 펼쳐놓는 등 디지털 콘텐츠를 수평적·수직적 평면이나 공중에 '착륙시킬

수평면
테이블 같은 수평적인 물체의
평면에 증강현실 콘텐츠를 비춘다.

수직면
벽면이나 수직적 사물의 표면에
증강현실 경험을 제공한다.

이미지
포스터나 책 표지 같은 주변 환경의
이미지 위에 증강현실을 표시한다.

얼굴
트루뎁스 카메라로 사용자의
얼굴을 증강현실로 바꾼다.

사물
스캔한 사물 위에 증강현실
콘텐츠를 덧입힌다.

증강현실 콘텐츠는 수평적
또는 수직적 평면, 사람의
얼굴, 특정한 사물이나 위치
에 정박시킬 수 있다.

때' 요긴하게 활용할 수 있다.

3. **얼굴 앵커**face anchor는 카메라를 이용해서 사용자의 얼굴 위에 증강현실 경험을 구축할 때 주로 사용된다. 소셜미디어의 얼굴 필터나 애플의 애니모지가 대표적인 사례다.

4. **사물 앵커**object anchor는 실제 세계의 3D 물체 위에 증강현실 경험을 투사하는 방식이다. 앞으로 이 기술은 조각품, 악기, 공장의 기계처럼 복잡하고 독특한 모양을 지닌 사물에 증강현실 콘텐츠를 정박시키는 용도로 사용될 것이다.

5. **세계 앵커**world anchor는 위치 센서를 이용해서 하늘, 들판, 호수, 도시의 공원, 산악 지대 같은 야외 공간에 디지털 콘텐츠를 배치하는 기술이다. GPS 신호는 당신이 지구상의 어느 위치에 있

는지를 반경 몇 미터의 오차로 파악할 수 있다. 만일 당신이 5G 무선통신이 가능한 범위에 있다면 현재의 위치는 더욱 정확히 특정된다. 애플, 구글, 마이크로소프트 같은 기업들이 운영하는 지도 플랫폼은 이미 막대한 양의 '거리 뷰' 데이터를 제공하고 있다.

공간적 앵커 기법은 실제 세계 위에 증강현실 정보를 정확하고 빠르게 배치할 수 있는 중요한 기술이다. 회의실 문에 가상의 포스트잇 메모지를 붙여두고 그곳을 떠난 뒤에 다음날 다시 돌아왔을 때 여전히 문 위에 붙어 있는 메모지를 발견할 수 있다.

줌 회의에 몰입할 수 없는 이유

#원격현실　#원격협업　#시선 벡터

영화 〈킹스맨: 시크릿 에이전트Kingsman: The Secret Service〉에 등장하는 주인공은 원격현실 안경을 쓰고 가상회의에 참석한다. 줌Zoom에서 제공하는 평범한 방에 비해서는 훨씬 근사한 회의실이다. 그가 으리으리한 방에 설치된 테이블에 앉자 다른 동료들도 순간이동해 각자의 자리에 앉는다.

　나는 이런 원격현실 회의 장면이 늘 이상했다. 왜 모두가 정장을 착용하고 있을까? 왜 테이블에서는 현실 세계처럼 격식을 차린 좌석 배열을 고집할까? 함께 식사라도 할 작정인가? 그래서 메인 디시, 샐러드 접시, 수프, 와인 잔을 놓을 공간이 필요한 걸까? 만일 가상의 장소로 순간이동이 가능하다면, 왜 동료들과 논의 중인 건설 현장이나 곧 침투할 예정인 건물에서 만나지 못할까? 아니면 재미 삼아 화산의 꼭대기에서 회의하거나 스카이다이빙을 하면서 이야기를 나누면 안 될까? 게다가 왜 사람들은 항상 녹색의 반투명한 이미지로 등장해야 할까? 우리는 다른 사람들이 실제로 그곳에 있지 않다는 사실을 이미 '알고' 있다. 그들은 자기가 홀로그램 이미지라는 사실을 증명하기 위해 늘 파란색이나 초록색으로 번쩍거려야 하는 걸까?

〈스타워즈〉의 충실한 로봇 R2-D2가 허공에 비추는 불빛 속에 레아 공주가 파란색 홀로그램 이미지로 나타나 "도와주세요, 오비완 케노비. 당신만이 우리의 유일한 희망입니다."라고 간청한 지가 벌써 40년이 넘었다. 왜 우리는 이런 홀로그램 이미지에서 한 걸음도 더 나아가지 못한 걸까? 우리가 다른 사람들을 직접 만나고 싶어 하는 이유는 꼭 서로의 얼굴을 보기 위해서가 아니다. 그 이면에는 좀 더 미묘하고 복잡한 문제가 자리 잡고 있다. 우리는 사람들이 어떻게 상호작용하는지, 그리고 그들이 사물을 어떤 식으로 바라보고 어떻게 반응하는지 관찰함으로써 의사결정에 도움을 받는다. 그들의 관심이나 호기심에 지장을 주는 구체적인 요인은 뭘까?

클리어보드ClearBoard는 이런 '관찰'의 문제를 해결하는 작업을 돕기 위해 시작된 프로젝트다. 이 기술을 창안한 히로시 이시이Hiroshi Ishii는 처음 MIT에 합류했을 때 이미 원격 협업에 관한 연구로 잘 알려진 인물이었다. 당시 그는 이렇게 자문했다. 원격회의에 참석한 두 사람이

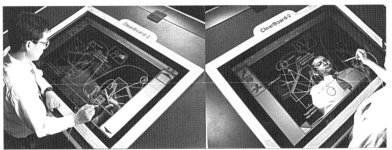

히로시 이시이가 개발한 클리어보드는 사용자들이 도표나 스케치가 그려진 캔버스 너머로 상대방의 얼굴을 들여다보며 협업할 수 있게 해준다.

'바로 그 순간' 함께 뭔가를 창조하기 위해서는 화상회의 장비를 어떻게 구축해야 할까? 2020년 이후 줌 플랫폼을 이용한 화상회의 문화가 유행하기 시작하면서 이 프로젝트는 내 영감을 계속해서 자극했다.

클리어보드는 겉으로 보기에 평범한 유리판처럼 생긴 제품이다. 두 사람의 원격회의 참석자는 이 유리판을 이용해 함께 일한다. 한 사람이 유리 위에 마커로 그림을 그리거나 문서를 작성하면 그들은 유리를 통해 상대방의 얼굴을 보면서 함께 작업할 수 있다. 말하자면 지구의 반대쪽에 있는 두 사람이 함께 소통하며 그림, 표, 문서 등을 공동으로 만들 수 있는 장치다. 기존의 화면 공유 기능이나 구글닥스Google Docs 같은 협업용 제품에서 사용자가 볼 수 있는 것은 다른 사람의 얼굴 아니면 공동으로 작업하는 문서뿐이다. 둘을 함께 볼 수 없다. 하지만 클리어보드에서는 두 사람이 마치 하나의 유리판을 사이에 두고 마주 앉은 듯이 화면을 '뚫고' 상대방이 있는 공간을 바라볼 수 있다. 그들이 작업한 이미지는 반대편 사람도 알아볼 수 있도록 좌우가 뒤집혀 있다. 영화 〈뷰티플 마인드A Beautiful Mind〉의 주인공 러셀 크로우가 유리 위에 방정식을 써 내려가는 장면을 기억하는가? 유리창 반대편의 누군가가 당신과 함께 방정식을 작성한다고 상상해 보라.

우리가 이시이의 연구를 통해 얻을 수 있는 가장 흥미로운 통찰은 우리의 시선 벡터gaze vector, 즉 사람의 눈과 그의 시선이 머무는 사물을 연결한 가상의 선을 통해 많은 정보가 전달된다는 사실이다. 원격회의의 효과가 떨어지는 이유는 사람들이 서로의 시선 벡터를 볼 수 없기 때문이다. 참석자들은 다른 사람이 어디를 바라보고 있으며 어떤 정보를 주시하고 있는지 알 길이 없다. 이런 시각적 단절 현상은 최근 점점 더 많은 사람이 화상회의 문화에 피로감을 호소하는 요인 중의 하나다.

내가 뭔가를 뚫어져라 바라보는 모습을 상대방이 관찰한다면, 비록 말을 하거나 손으로 가리키지 않아도 내가 그 대상에 관심이 있다는 사실을 알 수 있다. 특히 내 얼굴에 짧게 미소가 스치거나 눈썹이 살짝 들렸다면 더욱 확실한 증거가 된다. 반대로 상대방이 얼굴을 찌푸리거나 시선을 돌리는 장면을 내가 목격했다면 그 표정 역시 많은 것을 말해 준다. 이런 과정은 참가자들에게 무의식적으로 발생하고 아주 짧은 시간 동안 이루어지지만, 우리는 동료들이 바라본 대상, 시선이 머문 시간, 미세한 표정 등을 관찰할 수 있으므로 그들과 같은 공간에 있을 때처럼 효율적인 협업이 가능하다.

화면을 통해서는 불가능하고 반드시 사람이 옆에 있어야만 내릴 수 있는 의사결정에는 어떤 것이 있을까. 가령 당신이 집을 구매하거나 임대하기 위해 혼자 물건을 보러 갔을 때, 배우자와 영상으로 통화하며 집안 이곳저곳을 비춰준 적이 있을 것이다. 카메라를 비추다 보면 그녀에게 욕실의 예쁜 타일이 아니라 본인의 발만 보여주기 일쑤다. 이에 반해 당신이 배우자와 손을 잡고 함께 새로운 집을 보러 다닐 때는 그녀가 어디를 바라보는지 즉시 알 수 있기 때문에 그녀가 관심을 보이는 주제를 두고 곧바로 대화할 수 있다.

지금의 화상회의 시스템은 이런 기능을 제공하지 못한다. 우리가 화상회의에서 선택할 수 있는 물리적 관점은 딱 두 가지다. 상대방의 얼굴을 바라보든지 상대방이 보고 있는 자료를 보는 것이다. 하지만 효과적인 회의를 위해서라면 화면의 뷰를 이쪽저쪽 전환하지 않고 양쪽을 동시에 볼 수 있어야 한다. 이것이 바로 차세대의 공간적 원격현실 기술이 목표로 삼고 있는 기능이다.

MIT에서 히로시에게 배웠고 한때 내 제자이기도 했던 이진하는 스페이셜Spatial이라는 회사를 공동 설립해 원격현실의 기회를 탐구하고 있다. 이 회사가 개발 중인 제품은 복수의 사용자가 공통의 공간으로 순간이동할 수 있게 해주는 원격현실 플랫폼이다. 사용자들은 증강현실 안경을 착용하거나 스마트폰, 태블릿, 데스크톱 컴퓨터 같은 장비를 통해 그들이 공유하는 공간을 함께 바라본다.

가령 회의 참석자들은 벽에 포스트잇, 스케치, 그림, 디자인 시안 등이 빼곡하게 붙어 있는 가상의 팀 작업실로 모인다. 방 한가운데에는 제품 디자인이나 자동차 모델 같은 3차원 물체가 놓여있다. 누군가 그 물체의 모양이나 위치를 바꾸면, 모든 사람이 변경된 결과를 확인할 수 있다. 더 중요한 사실은 모든 참석자가 동료들의 3D 아바타를 지켜보고 있으므로 참석자들이 어디를 보고, 어떤 작업을 진행 중이고, 말할 때 어떤 동작을 취하는지 서로 관찰할 수 있다는 것이다.

Shot real time in Spatial

스페이셜은 3D 아바타를 통해 회의 참석자들에게 몰입감 높은 공통의 경험을 제공한다.

스페이셜은 파워포인트를 과거의 유물로 만들어버렸다. 이 제품을 사용하면 여러 사람이 하나의 작업물을 공동으로 제작 및 편집하거나, 각자의 아이디어를 공간적으로 게시하거나, 현실 세계에서 벽에 포스트잇을 붙여가며 워크숍을 진행하듯 함께 모여 회의할 수 있다. 또 '음성 검색' 기능을 제공하기 때문에 당신이 무슨 명령어를 말하든 관련 이미지가 곧바로 날아가 벽에 달라붙는다. 게다가 3D 이미지로 존재하는 회의 참석자들은 3D 모델이나 애니메이션을 어떤 크기로든 줄였다 늘였다 할 수 있다.

또한 사용자는 마치 비디오 게임을 하듯 참석자들에게 보여줄 자신의 3D 아바타를 직접 만들 수 있다. 인공지능 시스템은 안면 스캔을 통해 참석자의 얼굴 모습을 즉시 제작하기 때문에 참석자들은 3D 이미지로 회의에 모습을 드러내고, 구체적인 위치나 방향을 점유하고,

특정한 동작을 취할 수 있다. 그 말은 당신의 행동을 모두가 '볼 수 있다'는 뜻이다. 이는 줌 화상회의 플랫폼이 제공하는 다면 회의 기능과는 전혀 다른 차원의 기술이다.

이렇듯 회의 참석자들을 3D 이미지로 표현하는 기술은 기존의 원격현실 서비스에서 빠져있는 중요한 퍼즐 조각이다. 앞으로는 우리가 동료들과 협업하기 위해 굳이 세계 여기저기를 날아다닐 필요가 없어질지도 모른다. 만일 우리가 동료들의 얼굴, 진행 중인 작업, 미세한 표정, 그리고 그들이 그런 표정을 짓게 만든 사물을 한 시선에서 관찰할 수 있다면 일터의 모습은 크게 달라질 것이다. 지구 반대편의 회의실에 앉아 있는 것과 아무 차이가 없을뿐더러 건강상의 위험, 시차, 열악한 기내식, 비행으로 인한 대기오염 없이도 일할 수 있다는 점을 고려할 때 오히려 더 바람직한 협업 방법일 수 있다.

여러 사람이 디지털 공간을 공유하며 함께 일할 때도 작업 대상의 규모를 물리적 또는 일시적으로 적절히 바꿔주는 공간 컴퓨팅의 능력을 최대한 활용해야 한다. 사물을 더 작거나 크게, 또는 빠르거나 느리게 바꿀 능력이 있다면 많은 업무가 한결 수월해질 것이다. 가령 당신이 개미 인간으로 변신한다면 새로운 엔진을 디자인하는 작업이 더욱 쉬워질 것이며, 도시계획 입안자들은 독수리처럼 도시의 상공을 수백 미터 높이로 날아올라 교통의 흐름을 관찰하고 싶어 할 것이다.

슈퍼사이트는 가장 궁극적인 형태의 협업 디자인 스튜디오를 창조한다. 내 경우를 예로 들면, 나는 사물을 기억하는 능력을 갖춘 프로젝트 작업실을 갖고 싶다. 즉 시간을 거꾸로 거슬러 올라가 과거의 자료를 정확히 찾아주거나 시간을 빠르게 돌려 긴 시간 동안 진행된 업무를 한눈에 볼 수 있게 해주는 방에서 일했으면 좋겠다. 만일 작업실의 벽을 뒤덮고 있는 포스트잇, 도표, 스케치, 그림 같은 자료마다 그 자료를 탄생시킨 토론이나 대화 기록이 첨부되어 있다면 어떨까. 어느 스케치를 살짝 건드리면 그 스케치의 계기가 된 대화의 핵심 부분이 홀로그램으로 재생되고, 그 옆의 발표 자료를 클릭하면 그 자료에 관한 상세한 아이디어와 고객들의 피드백이 나타난다. 또 프로젝트에 참가한 팀원이나 고객이 며칠 동안 자리를 비웠을 때 슈퍼사이트 기능을 탑재한 작업실은 그들이 부재중에 변경된 사항이나 그동안 진행된 작업 결과물을 하이라이트로 보여준다.

이런 가상의 공동 업무 기술은 우리 앞에 새로운 차원의 협업 가능성을 제시한다. 예를 들어 우리 사회에서 가장 자연스럽고 친밀한 형태의 상호작용은 주로 공식적인 모임의 외부에서 이루어진다. 최근에 내가 버몬트의 스키 리조트에서 개최된 행사에 참석했을 때, 주최 측은 행사에 참석한 창업가들과 투자자들이 서로 어울릴 기회를 주기 위해 슬로프 위로 올라가는 리프트에 몇 사람씩 짝을 지워 태우고 각자 4분간의 투자 설명회를 진행하게 했다. 이 잠깐의 시간은 참석자들이 비공식적인 자리에서 서로를 파악할 기회였고, 리프트 위에서 펼쳐진 사업가들끼리의 짧은 데이트이기도 했다. 말하자면 스키장의 리프트는 엔터테인먼트, 사회 활동, 운동, 일, 자연 등의 요소가 어우러진 비즈니스 현장이었다. 나는 미래의 일터도 스키장의 4분 설명회 같은 모습이 되기를 바란다.

슈퍼사이트는 우리를 어떻게 그런 미래로 안내할까? 가령 우리는 업무를 진행하다가 다른 사람들의 전문성이나 도움이 필요할 때 담당자를 눈앞에 잠깐씩 불러낼 수 있을 것이다. 사전에 일정을 잡고 회의 시간을 기다리기보다 간식을 먹거나, 줄에서 순서를 기다리거나, 산책할 때 짬짬이 원격현실 회의를 진행하는 방법도 있다. 앞으로 투자 발표회나 비공식적인 회의는 더 유연하고, 비공식적이고, 즉각적인 방식으로 이루어질 것이다.

모든 사람이 그토록 쉽게 순간이동이 가능하다면 일터의 모습은 어떻게 달라질까? 직장인들에게 선택의 여지가 주어진다면 그들은 대부분 복잡한 지하철에 시달리며 통근하는 대신 자기 집처럼 더 쾌적한 장소에서 일하기를 원할 것이다. 코로나19 팬데믹 속에서 이미 수백만 명이 그런 경험을 했고, 더욱이 몸이 불편한 사람들은 애초에 집에서 일할 수밖에 없다.

하지만 집중적인 협업이 요구되는 디자인 작업이나 친목을 일차적 목표로 삼는 회의처럼 사람들의 직접적인 상호작용이 꼭 필요한 업무가 분명히 존재한다. 모든 사람을 손쉽게 연결할 수 있는 기술에도 단점이 없는 것은 아니다. 우리가 정해진 일정도 없이 필요할 때마다 수시로 회의를 진행하고, 가상의 공간에서 만나는 사람의 수와 진행하는 프로젝트의 범위가 한없이 늘어난다면, 앞으로는 '집중 업무 시간'과 '가용 시간'을 어떻게 구분해야 할까? 삶과 일의 경계선은 어디에 놓이게 될까?

일과 삶의 경계 긋기

#지속적 주의력 단편화   #일과 삶의 모호한 경계선

앞서 이야기한 업무적 경험들이 현대인들의 삶에 급속히 침투하면서 일과 삶을 구분하기란 점점 어려워지고 있다. 현대인들은 일터를 벗어난 뒤에도 계속 일한다. 특히 전문 직종에 속한 사람들에게는 업무의 장소성placeness과 개인적 삶을 나누는 기준이 더욱 불분명해졌다. 더구나 원격현실과 순간이동이 가능한 세상에서는 일과 놀이를 구분하는 경계선이 더욱 모호해질 수밖에 없다. 사람들은 지금도 스마트폰이라는 일거리를 주머니에 넣고 집으로 돌아온다. 앞으로는 온종일 착용한 슈퍼사이트 안경을 통해 더 자주 일거리를 들여다보게 될 것이 분명하다.

너무 비관적인 예측처럼 들릴지도 모르지만, 머지않은 미래에는 일과 삶의 경계가 완전히 허물어질 것이다. 현재 개발 중인 모든 원격현실 기술이 우리를 그런 방향으로 내몰고 있다. 그러니 이제는 현실을 받아들일 준비를 해야 한다.

앞으로 당신이 '근무'를 마친 뒤에도 계속 일하게 되리라는 것은 기정사실이다. 그렇다면 꼭 노트북이 아니라 집 전체를 이용해서 일하면 어떨까? 당신이 도시계획 입안자라면, 거실 바닥을 캔버스 삼아 CAD 디자인을 작업할 수 있을 것이다. 또 상업 일러스트레이터들은 고객이 의뢰한 프로젝트를 복도에 투사하면 어떨까. 아이가 놀이터에서 뛰어놀 때 스마트폰으로 슬랙Slack 앱을 확인하는 대신 구름사다리나 축구 골대 위에 중요한 메시지가 떠오르게 하는 방법도 있을 것이다. 이렇듯 슈퍼사이트는 언제 어디서든 우리의 주변 환경에 업무적 대화나 과업을 혼합해서 표현할 수 있는 선택지를 제공할 것이다.

물론 정반대의 시나리오도 있다. 직장생활을 집으로 가져오는 대신 가정생활을 회사로 가져가는 것이다. 다음 회의를 기다리는 사이에 짬을 내어 아이가 유치원에서 어떻게 지내는지 동영상으로 확인하기보다 작업실의 벽에 아이의 모습을 비춰볼 수도 있다. 아이가 옆에서 즐겁게 뛰어노는 동안 당신의 애완견도 순간이동 해서 발밑에 편안히 엎드려있을 것이다.

아이와 개가 회사에서 뛰어놀고 본인은 집에서 일하는 세상이 되면, 정신을 집중해서 업무를 보는 장소는 더 이상 존재하지 않을 것이다. 일터와 집의 구분이 없는 확장 현실이 일터의 시대적 규범으로 자리잡을 것이다. 동료들은 당신의 가족이나 스트레스 요인에 대해 더 잘 알게 되고, 배우자는 당신의 업무적 문제를 이해함으로써 자신이 도울 만한 부분을 찾아내고, 아이들은 당신이 어떤 일을 하면서 하루를 보내는지 알게 될 것이다.

이렇게 '투사된' 현실 덕분에 일터가 집으로 바뀌고 집이 일터로 바뀐다면, 우리는 동료들이 '근무 중'인지 '휴식 중'인지를 어떻게 알고 그들과 상호작용할 수 있을까? 당신이 현실 세계에서 동료를 직접 관찰한다면 그의 미간이 약간 찌푸려진 걸로 봐서 업무에 깊이 몰두한 상태라는 사실을 알 수 있다. 지금은 그 친구의 어깨를 두드리며 일을 방해할 때가 아닌 듯하다. 요컨대 앞으로 우리가 해결해야 할 팀워크상의 가장 큰 문제 중 하나는 현재 동료에게 접근할 수 있는 상태인지를 어떻게 판단하느냐는 것이다.

미래에는 모든 사람이 주기적으로 근무 상태와 비非근무 상태를 오가고, 배우자나 아이들과 더욱 자주 접촉하게 될 것이다. 따라서 누군가를 '불쑥 찾아가기drop-in'가 가능한 순간이 언제인지 알아내는 일이 매우 중요한 문제로 대두될 가능성이 있다. 우리가 동료들과 멀리 떨어져서 일할 때, 별도로 약속을 잡지 않고도 그들과 효과적으로 상호작용할 수 있는 적당한 순간을 찾아내려면 어떻게 해야 할까?

생산성 곡선은 사람마다 다르다. 또한 하루 중의 시간대, 기분, 날씨, 전날 몇 시간 동안 잠을 잤는지에 따라 그때그때 변한다. 당신은 지금 누군가의 일을 잠시 가로막고 이야기를 나눌 수 있는 상황인지를 어떻게 판단하나? 물론 우리가 현재 사용 중인 메신저 앱은 사용자의 상태를 표시하는 기능을 제공한다. 하지만 우리가 이 기능을 그렇게 자주 사용하지 않다 보니 동료들도 그 상태 표시를 존중하지 않는다.

하지만 슈퍼사이트라면 사용자의 현재 상태를 자동으로 감지할 수 있다. 당신의 스마트안경은 동공 추적 장치를 통해 당신이 지금 몰입에 빠져있는지, 아니면 두뇌를 자극할 만한 대화가 필요한 판단한다. 이런 상태 정보는 슬랙 앱에서 당신의 이름 옆에 표시될 뿐만 아니라 마치 뉴욕 택시의 빈 차 등처럼 당신의 머리 위를 아우라로 둘러싸면서 본인이 현재 대화를 나눌 수 있는 상태라는 신호를 보낸다.

우리가 이런 시스템을 구축할 수 있다면, '불쑥 찾아가기' 같은 상호작용을 지원하는 공간 컴퓨팅의 능력은 더욱 강화될 것이다. 당신에게 잠시 휴식이 필요하거나 여유 시간이 조금 있을 때, 인공지능은 자판기 옆에서 당신과 대화를 나누고 싶어 하는 동료를 자동으로 연결해 주고, 꼭 만나야 할 멘토를 상기시켜 주고, 당신의 도움이 필요한 프로젝트를 알려준다. 인스타그램 사진이나 넘기며 휴식 시간을 보내기보다 그 시간을 보다 생산적인 곳에 사용할 수 있다. 어차피 일에서 눈을 뗀 김에 잠깐의 여유 시간을 더 의미 있게 보내는 편이 나을지도 모른다.

물론 이런 막간의 휴식 시간에 무언가를 하는 것이 꼭 좋은 것만은 아니다. 미국인들은 수많은 다중 작업, 분 단위로 쪼갠 일정, 한 치의 여유 없이 끝까지 생산성을 짜내는 고도로 최적화된 라이프 스타일에 집착하는 경향이 있다. 마이크로소프트의 연구원 린다 스톤Linda Stone은 현대인들이 겪고 있는 이런 문제에 **지속적 주의력 단편화**continuous partial attention라는 이름을 붙였다. 우리가 뭔가에 진정으로 전념하지 못하면 궁극적으로 업무 실적에 지장이 초래될 뿐만 아니라 인간관계에도 부정적인 영향이 미친다.

스마트폰은 주의력을 떨어뜨리는 주범이다. 우리는 원래 그랬던 것처럼 언제 어디서나 잠시만 짬이 나도 스마트폰을 쳐다본다. 엘리베이터를 타는 그 짧은 시간에도 스마트폰을 놓지 못한다. 스마트폰의 유혹을 뿌리치지 못한다면 차라리 그 순간을 유대 관계를 강화하는 데 쓰면 어떨까?(가령 어머니에게 '마르코 폴로' 홍차 세트를 보내는 것처럼) 또 특정 공간에 있을 때면 일정을 조금 여유 있게 조정하도록 시스템을 설정할 수도 있다. 가령 토스터의 버튼을 누를 때마다 외국에 거주하는 친구들을 무작위로 불러내거나, 자율주행 자동차에 올라 느긋한 통근 시간을 보낼 때 늘 딸과 자동으로 전화를 연결하는 방법도 있다.

슈퍼사이트는 우리의 업무 스타일을 완전히 바꿔놓을 잠재력을 갖고 있다. 우리가 올바른 방향을 선택한다면, 이 기술은 인간관계의 우선순위를 재정립하고, 집중을 방해하는 요인들을 걸러내고, 내가 '몰입' 상태에 있을 때는 앞으로 7분간 방해하지 말라는 메시지를 동료들에게 보낼 수 있다. 물론 그 시간이 지나면 기꺼이 그들이 모여 있는 공간으로 순간이동해서 문제를 해결하는 일을 돕고 중요한 순간을 함께 공유할 수 있다.

우리가 2장에서 이야기했듯이 슈퍼사이트 웨어러블 장비는 막대한 데이터를 포착할 수 있는 능력을 통해 우리의 심리 상태를 파악해서 친목과 사회화를 장려하고, 가족들과 더 많은 시간을 보내기를 권하고, 적당한 휴식과 유머를 즐기면서 인간적이고 건강한 삶을 누리도록 격려할 것이다. 요컨대 슈퍼사이트는 사람들이 더 나은 방식으로 업무의 세계를 헤쳐 나갈 수 있도록 물리적, 사회적, 심리적으로 우리를 지원하는 역할을 담당할 수 있다.

3부.

모두를 위한 슈퍼사이트

시야를 넓혀 앞으로 공간 컴퓨팅이 공공보건, 안전, 소방 및 응급 의료 같은 광범위한 사회적 사안들에 어떤 영향을 미칠지, 그리고 도시계획 입안자들이 공동체 구성원들과 소통하고 그들에게 피드백을 얻는 방법은 어떻게 달라질지 살펴본다.

사회적 접근성이라는 중차대한 문제를 함께 검토해 보고, 우리에게 미래를 내다볼 능력이 있다면 이 세상을 어떻게 바꿔나가야 할지 탐구한다. 다음 질문에서 시작하자.

알고리즘이 의사보다 환자를 더 잘 진단할 수 있을까?

7장

치료하다

의사는 사라질 것인가

직감을 디지털화할 수 있을까

#컴퓨터비전과 공공보건

내 아버지는 의사다. 아버지의 취미 중의 하나는 멀리 떨어진 곳에서 처음 보는 사람의 병을 진단하는 것이다. 아버지는 얼굴 색깔만 보고도 신장에 문제가 있다는 사실을 알아챘고, 어린아이의 얼굴 생김새 비율이나 대칭을 파악해서 그 아이의 유전적 질환을 맞추기도 했다. 얼마 전 우리가 식당에 앉아 있을 때 한 남자가 약간 부자연스러운 걸음걸이로 저 앞을 지나갔다. 아버지는 그 모습을 보고 혼자 고개를 끄덕이더니 내게 이렇게 속삭였다. "저 남자 보이지? 헤르페스에 걸렸어."

나는 놀라서 물었다. "어떻게 아세요? 10미터도 넘게 떨어져 있잖아요!"

"걸을 때 발을 바닥에 떨어뜨리는 모습을 봐. 이 병에 걸린 사람들이 전형적으로 보이는 증상이야."

오늘날에는 내 아버지의 패턴 인식 능력을 딥러닝 신경 네트워크에 똑같이 훈련한 뒤에 사진, 열 감지 카메라, 방사선 스캔, 단파 레이다 등에서 수집된 이미지를 시각적으로 분석함으로써 온갖 질환(신장병뿐만 아니라 피부암, 녹내장, 신경 질환, 그리고 다른 질병까지)을 진단할 수 있는 세상이 됐다. 이런 작업을 위해 특수한 카메라 시스템이 필요할 때도 있지만 대부분은 집에 설치된 카메라만으로도 의사를 직접 만나지 않고 질병을 인지하고 진단할 수 있다.

비대면 진료에 대한 사회적 요구는 코로나19 팬데믹의 위기 속에서 더욱 절실히 대두됐다. 모든 국가, 교통의 중심지, 그리고 많은 사람이 모여드는 장소에서는 갑자기 고객과 직원들을 보호하기 위한 정책과 절차를 수립할 필요성이 생겼다. 보호 규칙들이 제대로 지켜지고 있다는 믿음도 고객들에게 심어주어야 했다. 코로나19가 처음 발생한 중국을 포함한 일부 국가에서는 공항, 식품매장, 병원 같은 공공장소의 입구에 온도 측정 센서를 설치했다. 기나긴 격리와 봉쇄에서 벗어난 지금도 예방을 위해 백신 접종이 권고되고 있으며, 사람들이 공공장소에 입장하기 전에 피검사자와 직접적인 접촉이 필요 없는 소극적인 형태의 자동 건강 진단을 제공할 방안이 모색되고 있다.

우리가 컨티뉴엄에서 디자인한 인간 중심의 건강 진단 솔루션은 어떤 종류의 문에도 설치할 수 있고, 질병의 확산을 억제해 주고, "이곳에 있는 모두가 테스트를 통과했다"는 시각적 신호를 보냄으로써 대중의 자신감을 높여주는 제품이다. 코로나19 팬데믹을 염두에 두고 이 시스템을 개발하기는 했지만, 나는 이 제품이 공항의 금속 탐지기나 고속도로의 과속 단속 카메라, 또는 주차장에서 수상한 사람을 가려내는 보안카메라처럼 다양한 감염성 질환을 탐지하는 도구가 될 수 있으리라 확신했다. 즉 학교, 회사 건물, 교통 중심지, 식당, 호텔, 콘서트홀, 스포츠 경기장, 회의실, 대형 식품점 같은 장소를 위한 공공보건 도구가 되어주기를 원했다.

이런 형태의 건강 진단 도구가 효과적으로 가동되기 위해서는 탐지detection와 전달projection이라는 두 가지 일을 수행해야 한다. 탐지란 병에 걸렸는지를 판단하는 작업이고, 전달이란 어떤 곳에 입장해도 될지 걱정하는 사람들에게 "건강에 안전하다"는 신호를 보냄으로써 그들과 소통하는 일이다. 이 시스템의 시제품을 개발할 때 컴퓨터비전이 탑재된 카메라와 산업용 온도 감지 센서로 몇 미터 밖에서 사람들 이마의 체온을 측정하는 방식을 사용했다. 만일 시스템이 누군가의 이상 체온을 감지하면, 엑스레이 센서가 당사자의 심박수와 호흡수를 측정한다. 이런 지표들이 상승한다는 것은 우리 몸이 바이러스와 싸우고 있다는 증거이기 때문이다.

이런 도구를 사용하는 것은 물론 그리 유쾌한 경험은 아니다. 중국 정부는 코로나19가 처음 발발한 우한에서 열 감지 카메라를 장착한 드론을 띄워 체온이 높은 사람들을 찾아냈고, 거리 곳곳에 바리케이드와 검문소를 설치했으며, 길거리를 지나가는 사람들을 강제로 불러 세워 체온을 측정했다. 즉 질병 탐지의 명분을 내세운 가혹한 검문검색 시스템을 강요했다.

물론 이런 경찰국가 스타일의 강압적 접근방식은 민주주의 국가에서 쓸 수 없다. 그러나 슈퍼사이트는 시민들의 안전을 위해 한결 덜 엄격한 방법을 사용해서 진정으로 도움의 손길이 필요한 사람들을 지원하고, 공공장소에 모이는 사람들에게 건강에 대한 자신감을 선사할 수 있다. 우리는 새롭게 다가오는 세상의 모습이 영화 〈가타카Gattaca〉처럼 펼쳐지기를 원치 않는다. 1997년에 개봉된 이 공상과학 영화에서는 회전식 문을 밀고 지나가는 사람마다 혈액 표본을 채취해서 그가 유전적으로 개량된 우성인자를 지녔는지를 확인하는 장면이 나온다.

컨티뉴엄이 이 제품을 만들 때 수립했던 디자인 원칙은 검사 대상자의 익명성을 보장하고 진단 기록을 남기지 않는 것이었다. 이 시스템은 누군가를 징벌할 의도에서가 아니라 당사자가 일정한 '기준을 통과했음'을 칭찬하기 위해 개발됐기 때문에, 빨간색 불빛을 번쩍이거나 백화점 매장처럼 도난 방지 알람을 울려서 사람들을 민망하게 만드는 대신, 호텔 방의 문이 열릴 때나 디즈니의 매직밴드를 터치했을 때처럼 맑고 경쾌한 소리를 내도록 설계했다. 그리고 의료적 도움이 필요한 사람들에게 개인 보호 장구를 지원하고, 의사와 약속을 잡아주고, 집으로 돌아가는 교통수단을 제공하는 기능도 넣었다. 우리의 디자인 철학은 대중에게 공공장소의 안전을 확신시키는 데 필요한 최소한의 개인적 정보만을 활용하는 것이다.

이 제품은 데이터를 탐지하는 데서 한 걸음 더 나아가 공공장소에 입장하는 사람들에게 그곳이 안전하니 안심해도 좋다는 신호를 보내는 역할도 했다. 물론 이런 소극적인 건강 탐지 시스템조차 일부에게는 과도한 통제처럼 느껴질 수도 있다. 그러나 이는 술집에 입장할 때 본인의 신분증을 제시하는 것과 다를 바가 없다.

정해진 미래, 원격 진료

#자가 진단　**#홈 테스트**　**#즉석 공공장소 테스트**

IBM 왓슨IBM Watson이나 **필립스**Philips 같은 대형 기술 기업들은 팬데믹이 발발하기 이전부터 자사의 원격 의료 서비스 애플리케이션에 컴퓨터비전을 적용했다. 수전 코노버Susan Conover도 그런 사람 중 한 명이다.

나는 수전이 MIT에서 박사과정을 밟고 있을 때 멘토링 회의에서 그녀를 처음 만났다. 당시 MIT 슬론Sloan 경영대학원의 MBA 과정을 갓 졸업한 수전은 과거 본인에게 발병한 흑색종을 조기에 진단하지 못한 경험이 있었다. 이 병은 조기 발견과 치료가 매우 중요한 데도 많은 사람이 부끄럽다는 이유로 의사를 만나러 가기를 꺼린다.

만약 의사를 만나지 않고도 약식으로 병을 진단할 방법이 있다면 어떨까? 피부에 돋아난 발진이 새로 산 비누 때문인지 또는 의사의 진료가 필요한 증상인지를 욕실에서 혼자 찍은 사진만으로 판단할 수 있다면 얼마나 편리할까?

수전은 자신과 비슷한 경험을 지닌 사람들을 돕기 위해 컴퓨터비전 과학자들과 함께 피부 질환 진단 도구를 개발하는 작업에 착수했다. 그렇게 탄생한 제품이 **루민디엑스**LuminDx라는 앱이다. 당신이 몸 어딘가에 생겨난 의심스러운 발진의 모습을 사진으로 찍으면, 이 앱은 신경 네트워크를 가동해서 수백만 장의 다른 사진과 그 이미지를 비교한다. 이 과정에 걸리는 시간은 60분의 1초에 불과하다. 이 앱은 시각적 비교 작업을 통해 당신이 걸렸을 가능성이 가장 큰 질환과 일치도가

사진 촬영　　　　기계학습　　　　시각적 매치　　　의료진 연결

**스마트폰으로 찍은 사진과 인공지능 기술을 통해
피부의 상태를 즉석에서 진단하는 과정.**

루민디엑스 앱은 재향군인국(VA) 기록보관소에 저장된 수천 장의 발진 및 흑색종 사진들을 이용해 신경 네트워크를 훈련하고 사용자에게 자가 테스트나 전문의 상담이 필요한지 알려준다.

높은 사진들을 보여주거나, 또는 아무것도 아니니 안심해도 된다고 알려준다. 당신의 몸을 찍은 사진이 특정 질환의 증세를 촬영한 사진과 일치할 때 이 앱은 자가 진단할 수 있는 키트나 처방이 필요 없는 약품을 추천하고, 필요한 경우에는 피부과 의사를 찾아가라고 권한다.

전형적인 아일랜드계 미국인의 모습을 한 수전은 붉은색 머리카락과 햇빛에 손상을 입기 쉬운 흰색 피부의 소유자다. 그녀가 처음 만난 의사는 흑색종을 진단하지 못했고 이 병에 대비하라고 경고하지도 않았다. 그 의사는 시큰둥한 어조로 이렇게 말했을 뿐이었다. "뭔가 특별한 증세가 나타나면 알려주세요." 하지만 스물두 살밖에 안 된 여성이 특별한 것과 특별하지 않은 것의 차이점을 어떻게 구별할 수 있을까. 다행히 그녀가 어머니와 함께 바닷가에 놀러 갔을 때, 그녀의 어머니는 수전의 등에 새로 생겨난 점을 발견하고는 빨리 피부과 전문의를 찾아가라고 다그쳤다. 새로 만난 의사는 그 점들이 초기 피부암이라는 사실을 알아냈고, 덕분에 그녀는 암이 다른 곳으로 전이되기 전에 치료받을 수 있었다.

수전은 MIT 대학원에 재학할 때부터 컴퓨터비전(더 구체적으로 말하면 '유사성 검색' 기술)을 활용해서 환자나 의사들의 시각적 패턴 인식 작업을 돕는 기술을 개발했다. 그녀는 1차 진료를 제공하는 의료진을 두루 인터뷰한 결과 이들이 의과대학교에서 피부과 과정을 공부하는 기간이 일주일에 불과하다는 사실을 알게 됐다. "1차 진료를 담당하는 의료진은 피부과적으로 문제가 생긴 환자를 하루 평균 6명에서 10명 정도 만납니다." 수전은 내게 이렇게 말했다. "그중 절반가량은 잘못된 진단을 내리죠." 예를 들어 어떤 환자가 라임병Lyme disease으로 응급실을 찾았을 때 의사들은 대부분 그 병을 건선으로 오진한다. 라임병 환자에게 스테로이드를 처방하면 오히려 곰팡이 감염이 급속히 확산된다. 수전은 루민디엑스에 대한 자신의 포부를 이렇게 밝힌다. "이 히포크라테스 앱이 약물의 상호작용을 진단하는 용도로 쓰였으면 합니다. 의사들이 매일같이 참조할 수 있는 유용한 참고자료이자 의사결정 지원 도구가 되었으면 좋겠습니다."

내가 수전의 회사에 컴퓨터비전 자문역으로 합류할 때쯤, 이 회사의 비즈니스 모델은 흥미로운 전환점을 맞았다. 원래 그녀가 생각했던 앱의 용도는 사용자들의 증세와 가장 일치도가 높은 질환의 사진들을 보여준 뒤에 질환의 발병 여부를 자가 진단할 수 있는 키트를 추천해주는 소비자용 진단 도구였다. 진단 키트의 가격은 대개 20달러에서 300달러 사이였고, 추천한 키트가 판매되면 루민디엑스는 5달러에서 25달러 정도의 소개비를 받았다.

하지만 회사는 또 다른 매출원을 찾아냈다. 바로 임상 시험이었다. 제약회사들이 미국에서 약품의 3상 임상실험을 진행하기 위해서는 50

여 군데에 이르는 다양한 장소에서 실험에 참여할 3000명의 환자가 필요하다. 실험 대상자를 섭외하는 일정이 하루만 늦어져도 출시 지연으로 발생하는 손실이 매일 수만 달러에 달할 수 있다. 그러나 다양한 피부과적 증세를 지닌 환자들에 대한 데이터를 풍부하게 보유하고 있는 루민디엑스는 임상실험에 적합한 참가자들을 찾아내는 문제를 해결할 수 있다. 루민디엑스는 2021년 시리즈 A 투자를 유치했고 현재는 **픽션 헬스**Piction Health로 사명을 바꾸었다.

수전이 설립한 스타트업은 이른바 닥터 구글Dr. Google이라는 사회적 현상, 즉 몸에 이상이 생긴 사람 중 3분의 1이 의사와 예약을 잡기 전에 인터넷을 검색하는 현상을 적절히 활용하고 있다. 루민디엑스를 이용하면 "내 몸에 이상한 점이…" 같은 식으로 검색어를 입력한 뒤에 본인의 눈에 의지해서 그것이 임질 증세인지 판단하는 대신, 컴퓨터가 수백만 장의 사진을 분석해서 편견 없는 진단을 내려주는 서비스를 받을 수 있다. 이왕 건강염려증 환자가 될 바에야 정확한 정보를 바탕으로 환자가 되는 편이 나을지도 모른다.

물론 컴퓨터가 병을 잘못 진단할 수도 있다. 그러나 거짓 긍정(의학용어로는 거짓 양성)이 꼭 나쁜 것은 아니다. 그런 오류가 발생한다면 어쨌든 고객은 의사를 만나러 갈 테고, 나중에 인공지능이 잘못된 진단을 내렸다는 사실을 알면 마음을 놓을 것이다. 우리가 걱정하는 것은 거짓 부정, 의학용어로는 거짓 음성(시스템이 문제가 없다고 했지만 사실 이상이 있는 경우)이다. 물론 이런 일이 벌어질 가능성이 없지는 않지만, 많은 사람이 성병처럼 민망한 병에 걸렸을 때 의사를 만나러 가기 꺼린다는 사실을 고려하면, 잠재적 환자들이 루민디엑스 같은 앱을 사용함으로써 얻을 수 있는 혜택은 시스템의 오류로 인해 발생할 수 있는 리스크를 훨씬 넘어선다.

집에서 질병을 직접 검사하는 자가 진단 키트 이외에도 스마트폰으로 기초적인 건강 검진을 실시하는 기술 역시 의료 서비스의 범위를 집, 직장, 자동차, 욕실 등으로 확산시키는 데 큰 역할을 하고 있다. 화장실에서 대소변을 분석하는 시스템이나 걸음걸이, 균형, 낙상 위험 등을 탐지하는 카메라에 이르기까지, 슈퍼사이트는 진단 검사의 접근성을 높이고, 비용을 낮추고, 검사 과정을 한결 수월하게 해준다.

이스라엘의 **헬시닷아이오**healthy.io는 최근 당뇨병 환자가 스스로 소변을 검사해서 의사에게 검사 데이터를 스마트폰으로 전송할 수 있게 해주는 컴퓨터비전 시스템을 출시했다. 또 런던에 소재한 **딥마인드** DeepMind(지금은 구글이 인수)는 신경 네트워크를 훈련해서 사용자가 시력검사를 하는 동안 망막 스캔을 통해 당뇨병. 심혈관계 질환, 기타 시력을 위협하는 50가지 이상(그들의 주장대로라면)의 질병을 진단한다. 물론 의료기관의 진단 검사를 간소화하는 작업은 이 기술을 제대로 활용하기 위한 훌륭한 출발점이지만, 나는 이 분야의 진정한 혁신적 잠재력은 도시의 모든 시민에게 일상적이고 신속한 의료 서비스를 제공할 수 있는 생활환경 건강 진단ambient diagnosis 능력에 달려있다고 믿는다.

내가 와비 파커에 합류한 2017년, 이 회사는 컴퓨터비전을 통해 온라인 시력검사라는 새로운 비즈니스를 출범시킬 계획을 세우고 있었다. 당시 와비 파커는 디자인이 아름답고 가격이 저렴한 안경 제품들과 고객이 집에서 시험 착용할 수 있도록 다섯 개의 안경테를 보내주는 서비스로 이미 유명한 기업이었다. 하지만 최근에 실시한 시력검사

와비 파커의 가정용 시력검사 서비스를 이용
하면 난시도 검사할 수 있다.

의 처방전(법적으로 2년마다 받아야
한다)이 없는 고객은 안경을 주
문할 수 없었다. 나는 뉴욕의 아
파트 같은 좁은 공간에서도 누
구나 사용할 수 있는 가정용 시
력 측정 도구를 미국식품의약국
FDA이 요구하는 엄격한 기준에

맞춰 개발하는 작업을 맡았다.

시력검사에는 두 가지 요소가 필요하다. 첫째 규정된 크기로 글씨와
그림이 인쇄된 시력검사표가 있어야 하고, 둘째 시력검사표로부터 정
확한 거리에 검사받는 사람을 위치시켜야 한다. 사람들은 대부분 집에
서 데스크톱 컴퓨터나 노트북을 사용하고 스마트폰도 가지고 다니기
때문에, 거리를 측정하는 일을 컴퓨터비전에 맡길 수 있다. 우리가 개
발한 시력검사표는 란돌트 C Landolt C(알파벳 C자가 여덟 방향으로 회전하는
형태로 제작돼서 이런 이름이 붙었다) 타입이었다. 컴퓨터 화면에 시력검사
표의 한 줄이 가장 큰 글씨부터 작은 글씨까지 차례로 나타나면, 글씨
가 열려있는 방향으로 스마트폰 화면을 터치한다. 검사가 끝나면 안과
의사가 검사 데이터와 의료 기록을 확인하고 24시간 안에 새로운 안
경을 위한 처방전을 보내준다. 그곳이 나이로비든 뉴올리언스든 관계
없다. 스마트폰만 있다면 슈퍼사이트가 어디서나 시력 측정 작업을 돕
는다.

우리 팀은 온라인 시력검사 비즈니스를 미국에서 출시한 데 이어
모바일 전용 시력검사 서비스의 시제품을 개발했다. 그리고 이 작업이

끝난 뒤에는 학교, 도서관, 과학박물관, 놀이터, 공원, 고층빌딩의 전망대 같이 많은 사람이 오가는 장소에서 시력검사 서비스를 제공함으로써 아이들을 포함한 모든 사람에게 눈 관리의 문턱을 낮춰줄 방법을 연구하기도 했다.

마침 학술지 〈네이처Nature〉에서 '바로 이거다' 싶은 논문 한 편을 발견했다. 애리조나대학교의 광학과학대학College of Optical Science 소속 연구자들이 개발도상국의 국민을 위해 사용이 간편하고 값이 저렴한 자동 포롭터phoropter(렌즈를 끼웠다 뺄 수 있는 안경 형태의 검안용 장비-옮긴이)를 개발했다는 내용이었다. 그들은 정확한 검안 처방을 위해 두 가지 기술을 조합했다. 하나는 눈의 망막에서 반사된 빛이 얼마나 많이 왜곡되는지를 측정하는 기술이었고, 또 하나는 시각적 왜곡 현상을 즉시 교정할 수 있는 초점거리 가변형focus-tunable 렌즈였다. 이 장비는 먼저 검사자가 안경이 필요한 상태인지를 판단한 다음, 검안 처방이 앞을 선명하게 보는 데 얼마나 도움이 되는지 검증한다. 이 모든 과정은 단 15초 안에 이루어진다. 나는 초점거리 가변형 렌즈의 가격이 더욱 저렴해진다면 이론적으로는 이 과정이 5초 안에 완료될 수 있다고 보았다.

나는 사람이 많이 모이는 장소(가령 엠파이어스테이트 빌딩 옥상, 유람선, 워싱턴산 정상 등)에 설치된 전망용 망원경에 이런 시력검사 기능을 장착해서 서비스를 제공하자고 제안했다. 예를 들어, 당신이 망원경으로 경치를 바라볼 때 컴퓨터비전이 당신에게 근시용 렌즈나 난시 교정 렌즈가 필요하다고 판단하면 초점거리 가변형 렌즈를 통해 즉석에서 시력을 교정해준다. 만약 이 처방이 마음에 든다면 스마트폰을 터치해서 처방전을 저장하고, 와비 파커의 버추얼 트라이온 앱에 접속해서 어울리는 안경테를 고를 수 있다.

나는 이런 생활환경 의료 서비스를 통해 누구나 쉽게 건강 진단을 받는 일이 가능하도록 의료의 문턱을 낮출 수 있다는 낙관적인 신념을 갖고 있다. 전망용 망원경은 시력검사 서비스뿐만 아니라 당뇨병 망막증도 검사할 수 있다. 내 아버지가 먼 거리에서도 황달이나 신경성 질환을 진단하듯이, 강력한 센서와 슈퍼사이트의 인공지능 알고리즘이 협력한다면 수많은 검진 테스트가 가능할 것이다. 우리에게 필요한 것은 조기 검사의 가치가 거짓 양성의 사회적 비용을 넘어서는 시점이 언제인지 판단해서, 검진으로 인해 남에게 비난받거나 민망함을 느끼는 과정 없이 본인에게 건강 상태를 확인하는 방법을 찾아내는 것이다. 이런 디자인 문제가 해결된다면 슈퍼사이트 애플리케이션은 우리 모두를 더욱 건강하게 만들 수 있는 잠재력을 갖게 될 것이다.

"인공지능이 두려웠다. 그것이 내 목숨을 구하기 전까지는"

#알고리즘과의 협업   #심리모델 공유   #인공지능 에이전트

의사들 역시 이미지 분석을 담당하는 인공지능 비서의 뛰어난 시력 덕분에 톡톡히 혜택을 입고 있다. 슈퍼사이트는 이미 종양학처럼 가장 난해하고 리스크가 큰 의료 분야에서 실력을 발휘하고 있다. 스타트업 창업가 겸 엔지니어 크리스타 존스Krista Jones는 〈쿼츠Quartz〉에 '나는 인공지능을 걱정했다. 그것이 내 목숨을 구하기 전까지는'이라는 제목의 기사를 기고한 바 있다. 그녀는 이 글에서 의료인들이 자신을 포함한 수많은 유방암 환자를 진단하는 작업이 얼마나 어려운지 상세히 기술했다. "당신이 병리학과 의사라고 상상해 보자. 30분간 1000장이 넘는 사진을 넘기면서 미세한 이상 병변을 눈으로 찾아내는 것이 당신의 일이다. 말하자면 데이터라는 거대한 건초더미에서 눈에 보이지도 않는 작은 바늘을 분초를 다퉈가며 찾아내고 있으며, 그 작업에 나 같은 한 여성의 목숨이 달린 것이다."

병리학과 의사들은 늘 과중한 업무에 시달린다. 그들은 수많은 유방 조영술 사진을 판독해서 미국에서만 한 해 25만 건 이상 발병하는 유방암을 찾아내고, 연평균 4만 명에 달하는 사망자의 수를 줄이기 위해 안간힘을 쓰고 있다. 그러다 보면 시간이나 자원 부족 탓에 어쩔 수 없이 잘못된 진단을 내리게 된다. 최근의 연구 결과에 따르면 병리학과 의사가 종양을 정확하게 탐지하는 비율이 73.2퍼센트에 불과하다고 한다.

높은 오진율을 고려한다면 최근 인간보다 훨씬 뛰어난 패턴 인식 능력을 자랑하는 컴퓨터비전에 맡길 수 있는 역할이 많을 듯하다. 전 세계에서 활동하는 스타트업들은 인공지능 시스템을 훈련해서 검사 데이터를 판독하고 있으며, 지금까지 달성된 성과는 상당히 고무적이다. 2019년 방사선학 학술지 〈레이디올로지Radiology〉에 실린 어느 연구 자료는 이렇게 밝혔다. "기계학습과 양전자 단층촬영PET을 결합해서 진료에 적용한 결과, 전통적인 진단 방법에 비해 알츠하이머를 평균 6년 일찍 탐지할 수 있게 됐다."

그런데 이런 알고리즘들이 인간 의사보다 더욱 정확하게 영상을 판

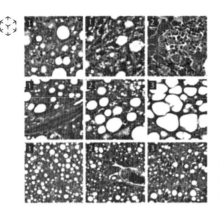

간세포를 스캔한 영상을 컴퓨터비전으로 분석하는 작업의 사례. 자동화된 딥러닝 시스템은 병리학과 의사들과 좋은 호흡을 보여주고 있다.

독하고 비용도 저렴하다면, 컴퓨터비전은 방사선과 의사나 피부과 의사 같은 시각 패턴 전문가들을 일터에서 영원히 밀어내게 될까?

2017년, 유명 벤처캐피털 투자자 비노드 코슬라Vinod Khosla는 다음과 같은 예상을 내놓아 세간의 이목을 끌었다. "의사(적어도 일반적인 의사)가 모두 사라진 세상은 합리적이지 않을 뿐만 아니라 그런 날이 찾아올 가능성은 없다." 그는 기술 분야 매체 〈테크 크런치TechCrunch〉에 기고한 기사에서 이렇게 썼다. "하지만 결국에는 우리에게 일반적인 의사들이 필요치 않게 될 것이며, 의료적 요구 사항의 90퍼센트는 그들보다 훨씬 실력이 뛰어나고 비용도 저렴한 다른 의료 서비스 제공자들에게 맡겨질 것이다." 이 말에 동의하는 사람들도 등장했다. 가령 《제2의 기계 시대The Second Machine Age》를 공저한 앤드루 맥아피Andrew McAfee는 이렇게 말했다. "만일 기술(슈퍼사이트)이 현재 세계 최고의 진단의학 전문가가 아니라면, 곧 그렇게 될 것이다."

하지만 나는 다음과 같은 이유로 그들의 발상이 너무 순진하다고 생각한다.

첫째, 인공지능이 인간의 업무를 아무리 잘 돕는다 해도 영상의학과를 포함한 여러 분야의 의사가 수행하는 역할은 무엇으로도 대체할 수 없다. 환자들에게 심리적으로 안정감을 주는 일은 오직 사람만이 할 수 있다.

둘째, 그들의 견해는 인간이 새로운 도구를 점차 수용해가는 섬세한 과정을 제대로 포착하지 못하고 있다. 새롭게 등장한 도구는 인간이 일하는 방식을 점진적으로 바꿔나가며, 대부분 긍정적인 방향으로 개선해준다. 가령 컴퓨터비전은 의료 전문가들의 업무를 간소화해주고, 진단의 정밀도를 높이고, 의사가 연구나 환자 응대 같은 다른 일에 집중할 시간을 벌어주는 협업적 도구로 진화할 것이다. 또 이 기술은 같은 의료적 의사결정을 두고 복수의 의사가 검사 결과를 분석해야 하는 업무적 부담을 덜어주는 역할을 담당할 것이다. 예를 들어 큰 수술이나 복잡한 치료를 앞둔 외과 의사가 다른 의사들에게 2차 소견을 구하는 것은 현명한 행위다. 그런 면에서 인공지능과 인간은 서로에게 의견을 제시하면서 각자의 견해를 비교하고 학습할 수 있다.

인공지능 도우미의 역할은 수동적 측면부터 적극적 측면까지 매우 넓은 범위에 걸쳐있다. 자율주행 자동차의 인터페이스 설계를 생각해보라. 구글은 운전대 자체가 없는 차에 당신을 태울 수 있는 기술을 갖췄다고 말한다. 그들이 만든 자동차에는 사람 운전사의 역할이 아예 존재하지 않는다. 반면 반대편에 자리한 도요타의 경우에는 인공지능에 오직 수호천사의 역할만을 맡기고 있다. 평소에는 인간 운전자가 운전을 주도하고, 인공지능은 가만히 '운전대를 잡고' 있다가 자동차가 행인을 들이받거나 도로 밖으로 벗어나기 직전에 '브레이크를 밟

인공지능에 어떤 일을 맡길 것인가?

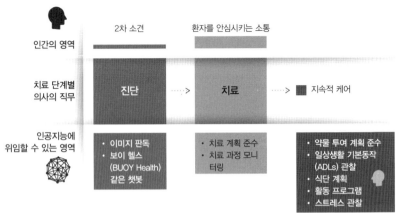

알고리즘은 예측이 가능한 통상적 의료 행위에 적합하다. 환자와의 섬세한 상호작용, 공감 능력,
창의적인 문제 해결 등은 여전히 인간의 영역이다.

는' 기능만 수행하는 것이다. 단기적인 미래를 고려했을 때 내가 선호
하는 모델은 어느 쪽 극단에도 치우치지 않는 테슬라의 중립적인 통제
방식이다.

테슬라의 자율주행 자동차에서는 커다란 속도계나 운행기록장치가
계기판을 차지하는 대신 스크린의 상당 부분을 할애해서 시스템이 현
재 무엇을 보고 있고(앞에서 달리는 자동차, 옆쪽의 트럭, 자전거, 제한속도, 정
지 표지판 등) 다음에 어떤 일을 할 계획인지(가령 앞에서 느리게 주행하는
차를 추월하기 위해 차선 바꾸기) 운전자에게 알려준다. 여기서 사람의 역
할은 조직의 관리자와 비슷하다. 자율주행 시스템이 제대로 역할을 하
는지 감독하는 것이다.

그렇다면 사람과 인공지능이 통제력을 효과적으로 공유하기 위해

에이전트 시스템의 통제 모델

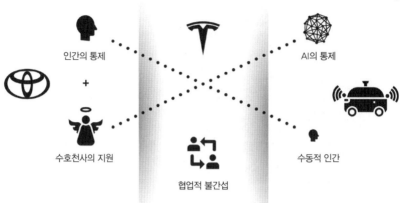

우리는 운전이나 의료 행위처럼 사람의 안전과 관련된 중요한 과업을 수행할 때 인공지능을 얼마나 신뢰해야 하고, 이 새로운 비서와의 관계를 어떻게 정립해야 할지 생각하게 된다. 인공지능은 우리가 실수를 저지르기 전에 알려주는 도우미의 역할만을 수행할 것인가(수동적 역할), 우리 손에서 모든 일을 빼앗아 갈 것인가(적극적 역할), 아니면 상황에 따라 인간과 통제를 주고받을 것인가(협업적 역할)?

서는 어떻게 해야 할까? 그건 자동차를 운전할 때든 엑스레이를 판독할 때든 마찬가지다. 인공지능 비서는 자신에게 어떤 일을 할 능력이 있는지, 그리고 어느 정도의 신뢰도로 그 일을 수행할 수 있는지 주인에게 알려야 한다. 그래야만 인간은 자기가 언제 상황에 개입해야 하고, 언제 인공지능에 전적으로 일을 맡겨야 할지 판단할 수 있다. 테슬라 자동차의 경우에는 계기판 화면의 상당 부분을 할애해서 이런 내용을 운전자와 공유한다. 예를 들어 테슬라의 자율주행 시스템은 자율주행의 신뢰도가 매우 높으면 계기판에 짙은 파란색, 그보다 낮으면 회색으로 표시한다. 만일 차량 한쪽이나 양쪽으로 아주 흐린 회색 선이 나타나면 인공지능이 저 앞에 달리는 차를 추월해야 하는지 결정하는

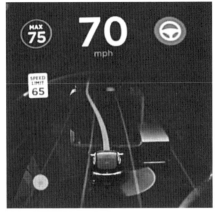

테슬라 자동차는 계기판의 상당 부분을 할애해서 자율주행 시스템이 무엇을 보고 있으며 다음에 어떤 일을 할 것인가에 대한 계획을 운전자에게 알려준다. 진정한 협업을 위해서는 이렇게 심리적 모델을 공유하는 과정이 필요하다.

데 당신의 도움이 필요하다는 신호이다.

이처럼 인공지능 비서에게도 인간의 관심과 주의가 필요하다. 인공지능은 때로 업무에 도움이 되고 때로는 우리의 집중력을 흐리거나 주의를 산만하게 할 수도 있다. 때에 따라 실수를 저질러 우리가 중요한 일에서 눈을 떼게 할 가능성도 있다. 영상의학과에서 사용하는 인공지능이 뭔가 흥미로운 점을 발견했다면, 이 시스템은 의사가 의심 소견을 갖는 대목에서 주의를 빼앗아 문제의 진정한 본질(인공지능이 판별하지 못하고 넘어간 부분)을 놓치게 할지도 모른다. 이처럼 인공지능에 너무 의존하면 오히려 업무 성과가 저하될 수 있다. 마치 우리가 맞춤법 검사 프로그램에 너무 의지하다 엉뚱한 단어를(맞춤법은 옳지만) 고르는 상황과 비슷하다. 인류의 발전을 위해서는 인공지능 도우미에게서 눈을 떼지 말아야 하며, 인간의 직관적 감각을 잃어버려서는 안 된다.

의료 영역에 인공지능을 도입할 때 어느 정도의 적응 기간이 반드시 필요하다. 의사는 창의적인 문제 해결이나 환자와의 관계 형성처럼 사람이 가장 잘할 수 있는 과업을 우선 담당하고 나머지 일은 차차 인공지능에 맡기는 편이 좋다. 이처럼 인공지능 비서와의 관계에서도 학습곡선의 원리가 작용하겠지만, 결국에는 그 덕분에 모든 사람이 건강해질 것이다.

디스토피아 : 기술의 편견

우리가 컴퓨터비전의 진단을 믿는다는 말은 자기 삶을 자동화된 시스템에 전적으로 맡긴다는 뜻이다. 하지만 우리는 이 시스템들이 어떤 식으로 훈련받고, 훈련 데이터가 얼마나 정확한지에 대해 아는 바가 거의 없다.

2022년 기준, 미국에서는 의료 사고로 숨진 사람은 약 4만 명으로 추산된다. 앞으로 더 많은 병원이 인공지능 훈련 시스템을 도입하면 의료계 전체적으로는 오진으로 인한 사망 사건이 줄어들 것이다. 그러나 한편으론 알고리즘이 저지르는 실수(그것도 치명적인 실수)는 통계적으로 늘어날 수밖에 없다. 이 오류를 책임질 사람은 누구인가? 외과 수술에서 실수가 발생하면 외과 의사가 책임을 진다. 하드웨어 장비가 고장을 일으켜 고객에게 손해를 입히면, 그로 인해 고소당하는 사람은 장비를 제조한 업체의 책임자다. 하지만 프로그램 코드 한 줄이 잘못 작성됐을 때, 우리는 그 알고리즘을 코딩한 엔지니어에게 책임을 물어야 할까? 아니면 알고리즘의 진단 과정을 관리 감독한 의사가 책임을 져야 할까? 또는 인공지능 자체에 화살을 돌려야 할까?

우리 사회에서 의료적 편향성이 또 하나의 고질적인 문제로 대두되고 있는 이유는 이 분야에 인공지능이 가세했기 때문이다. 알고리즘은 거짓이든 참이든 훈련 데이터를 통해 학습한 내용을 그대로 반복한다. 불행히도 의학 연구에 있어서는 대부분의 훈련 데이터가 흰 피부를 지닌 중년의 서양인, 또는 피실험자로 연구에 참여해서 몇 푼의 용돈을 벌고자 하는 젊고 당돌한 의과대학 학생들의 의료 기록으로 채워져 있다. 둘 중 어느 그룹도 전체 인구를 대표하지 못한다. 그런 이유로 우리는 어떤 약물이 여성이나 특정 피부색을 지닌 사람에게 어떻게 작용하는지 여전히 알지 못하고, 인종적 배경이 다른 사람들에게 같은 질병이 저마다 다른 증세를 유발하는 이유를 설명하지 못하는 것이다.

예를 들어 지난 몇 년 동안 의학계가 발견한 임상 결과에 따르면 여성의 심장마비 증세가 남성들의 그것과 사뭇 달랐다. 그러나 그 이유는 제대로 밝혀지지 않았다. 왜 그럴까? 심장마비에 관한 데이터 대부분이 중년의 백인 남성들에게서 수집되었기 때문이다. 가장 많은 연구가 이루어진 암 중의 하나인 유방암에 대한 거의 모든 데이터도 유럽인의 혈통을 지닌 백인 여성들의 의료 기록이다. 이런 상황에서는 아프리카계 여성들은 진단과 예방에서 소외될 수 밖에 없다. 실제로 미국에서 아프리카계 여성들은 백인 여성과 비교해

35세가 되기 전에 유방암에 걸릴 확률이 두 배나 높다.

질병 진단과 치료 계획 수립을 지원하는 슈퍼사이트의 능력이 필요한 것은 알고리즘이 아니라 바로 우리 자신이다. 우리는 질병의 연구와 치료 방식을 근본적으로 재설계할 필요가 있다. 특히 자동화 시스템을 개발하는 사람들이 훈련 데이터를 구축할 때 인종적 편견을 최소화하도록 유의하고, 알고리즘에 투입할 데이터의 품질과 투명성을 보장하는 프로세스를 수립해야 한다. 인공지능의 품질은 훈련 데이터의 품질에 달려있으므로 어느 쪽에도 치우치지 않는 '깨끗한' 데이터세트를 구축하도록 노력해야 한다.

만일 의료 시스템의 총체적 불평등 문제가 해소되지 않는다면 인공지능의 막강한 영향력 아래 놓인 의료계는 소외계층의 삶을 더욱 어렵게 만들 것이다. 그 책임은 알고리즘이 아니라 우리 자신이 져야 한다.

건강 지킴이, 컴퓨터비전

#일상생활 기본동작 #벽을 뚫고 동작 탐지하기

슈퍼사이트는 인간의 질병을 진단하고 치료하는 일을 도울 뿐만 아니라 잠재적 문제가 질병으로 확대되기 전에 통보하는 역할을 할 수 있다.

우리 주변에는 보안이나 오락의 목적을 위해 수많은 카메라가 설치되어 있다. 이 눈들은 사람의 건강 상태를 관찰하는 데도 요긴하게 활용할 수 있다. 다음과 같이 말이다.

카메라 시스템들은 일정 시간 동안 우리의 '정상 상태'에 대한 기준치(우리가 어떻게 움직이고, 잠잘 때 얼마나 몸을 뒤척이고, 걸을 때 발을 얼마나 탄력 있게 내딛고, 손동작을 어떻게 취하고, 얼마나 멀리 팔을 뻗는지 등)를 설정해서 우리가 이 범위에서 벗어난다면 경고를 울린다. 무릎이 불편하세요? 앉아 있는 시간이 점점 늘어나나요? 얼굴에 황달기가 있고 창백해 보이네요? 목이 뻣뻣한가요? 컴퓨터비전은 겉으로 잘 드러나지 않은 초기 우울증, 체력 약화, 심지어 인지적 쇠퇴 같은 조짐까지 감지하고, 건강상의 문제에 부딪히거나 응급실을 방문해야 할 상황을 피하기 위해서는 먼저 상황 주도적인 조치를 해야 한다고 권장할 수 있다.

컴퓨터비전을 통해 사람의 동작을 탐지한 최초의 분야는 의료계가 아니다. 사실 이 기술은 카지노를 위해 개발됐다. 수많은 슬롯머신과 엄청난 수의 고객이 들끓는 카지노에서는 술에 취해 바닥에 쓰러진 고객을 방으로 데려가고 새로 입장한 손님들을 가까운 슬롯머신으로 안내할 필요가 있었다. 1980년대 카지노들은 도박장에 여러 대의 CCTV를 설치한 뒤에 카메라가 수집한 데이터를 초보적인 형태의 동작 구분 프로그램, 즉 사람의 머리, 팔, 다리 등을 인식하는 알고리즘에 투입했다. 이 시스템에는 누군가 바닥에 누워있으면 경고음을 울리는 기능이 탑재되어 있었다. 비록 손님이 쓰러진 이유가 술 때문인지, 싸움 때문인지, 아니면 백만 달러를 딴 뒤에 기절한 것인지를 구분하지는 못했지만, 어느 경우든 사건이 벌어진 장소로 보안요원을 즉각 보낼 수 있었다.

당신이 라스베이거스의 카지노를 방문한 적이 없다면, 아마도 동작 감지 알고리즘을 처음으로 목격할 수 있는 곳은 비디오 게임기가 놓인 거실일 것이다. 1세대 엑서게임(exergame, 엑서사이즈와 게임의 합성어)은 2007년 **닌텐도**Nintendo가 내놓은 위 리모트Wii Remote와 밸런스 보드 Balance Board라는 동작 기반 게임기들이었다. 당신이 손에 들었거나 발로 밟고 있는 가속도계 기반의 센서는 신체의 움직임을 3차원으로 탐지한다. 이는 게임에도 유용하지만 앞으로 의료 분야에서도 중요한 역할을 담당할 기술이다. 머지않은 미래에는 물리치료사들이 원격으로 조종하는 운동 게임을 통해 환자에게 처방된 하루치 운동량을 채워줄 것이다.

다음으로 시장에 등장한 제품이 2010년에 선보인 마이크로소프트의 키넥트Kinect였다. 이 제품은 사용자의 몸 움직임으로 기기를 통제하는 방식의 몇몇 비디오 게임과 함께 출시됐다. 키넥트의 카메라 시스템은 애플 아이폰의 잠금 해제 기능처럼 사용자의 몸에 수많은 적외선 점點을 투사해서 그 결과물을 전용 적외선 카메라로 읽어 들인다. 사람의 신상과 동작을 정확히 인식하는 이 비非 마커markerless(마커는 추적 대상에 부착해서 위치나 움직임을 파악하기 위한 장치들을 의미함 – 옮긴이) 방식의 동작 추적 시스템은 물리치료사들과 나를 포함한 연구자들을 크게 흥분시켰다. 이 성배와 같은 기술을 이용하면 사람의 우울증이나 신체적 쇠퇴 기미를 조기에 감지할 수 있다. 또한 집에서 홀로 늙어가는 노인들이 굳이 비싼 비용을 치르고 사설 요양원으로 가거나 특별 관리 서비스를 받을 필요를 줄일 수 있다.

최근 이 동작 감지 카메라들은 일상생활 기본동작activities of daily living

(사람이 일상생활을 해나가는 데 기본이 되는 동작이나 패턴을 의미하는 업계의 용어)을 감지하고 분석하는 방향으로 진화하고 있다. 이 장비들은 당신이 한밤중에 자주 잠에서 깨고, 주방 조리대나 문틀에 기대는 일이 잦아지고, 바닥에서 물건을 집어 들거나 장롱 위에서 뭔가를 꺼내는 동작을 어려워하면 이를 기록했다가 알려준다. 행동의 사소한 변화(배우자나 아이들은 좀처럼 알아차리지 못하고, 특히 자신은 더욱 느끼지 못하는 변화)는 더 큰 신체적 이상의 전조 증상일 수 있기 때문에, 심각한 증세가 나타나거나 심신 쇠약성 질병이 닥치기 전에 적절히 대응해야 한다.

슈퍼사이트는 신체 움직임을 추적해서 건강관리에 대한 조언을 제공하는 일을 넘어 훨씬 다양한 일을 해낼 수 있다. 이 장의 서두에서도 다양한 건강 진단 장비에 대해 살펴봤지만, 극초단파나 적외선 스펙트럼 기술을 탑재한 센서들은 체온, 심박수, 호흡 등을 방 건너편에서도 정확히 읽어낸다. 이런 데이터를 하루에 몇 차례씩 측정하면 그 사람의 심리적 건강 상태를 탐지할 수 있다. 가령 심박수가 고르지 못하다면 스트레스를 받고 있다는 증거가 될 수 있다.

우리가 몸이 아프거나 스트레스를 받았을 때 왜 카메라가 그 사실을 알려줘야 하는 걸까? 그 이유는 사람들이 자신의 신체적 이상을 자각하는 데 대단히 서투르기 때문이다. 누군가 본인의 몸 상태를 대신 감지해서 피드백해 주는 기술이 없다면, 우리는 서서히 진행되는 신체적 변화를 거의 인지하지 못할 것이다. 특히 나이가 들수록 그런 현상이 심해진다. 노화란 삶의 자연스러운 과정이지만, 때에 따라 매우 성가시고 민망한 방식으로 찾아오기도 한다. 몸이 예전 같지 않다고 느껴지는 나이가 되면, 이것이 노화에 따른 자연스러운 현상인지 아니면 의료적 개입이나 치료가 필요한 증세인지를 판단하기 어려워진다. 그래서 전 연령대에 걸쳐 혼자 거주하는 사람의 비율이 그 어느 때보다 급격한 증가세를 보이는 오늘날, 슈퍼사이트는 멀리 떨어져 사는 가족이나 간병인 못지않게 노년층에게 큰 도움과 위로를 줄 수 있다.

누군가 바닥에 '넘어졌다'는 사실을 탐지하는 기술도 중요하지만 '넘어질 것 같다는' 사실을 예상하고 치명적인 고관절 부상이 닥치기 전에 미리 경고하는 기술 역시 그에 못지않게 중요하다. 동작 감지기와 걸음걸이 분석 장치는 걸음이 불안정하거나, 자세가 대칭이 맞지 않거나, 균형을 잡기 위해 무의식적으로 뭔가를 자꾸 짚거나, 동작의 반경이 눈에 띄게 좁아졌을 때 이를 포착한다. 알고리즘이 이런 미세한 동작을 분석해서 조만간 낙상 사고를 불러올 가능성이 큰 요인들을 예측할 수 있다면 골절상을 입고, 트라우마에 빠지고, 병원 신세를 지기 전에 적절한 예방적 치료를 받을 수 있다.

물론 우리가 살아가는 집은 거주자의 일상적 활동을 속속들이 지켜보는 것이 가능한 만큼의 무제한의 시야를 제공하지 않는다. 일반적인 카메라로는 가정에 비치된 잡다한 물건들을 뚫고 대상을 관찰할 수 없다. 덴마크식의 미니멀리즘을 추구하는 사람이라고 해도, 수많은 잡동사니가 여기저기 널려있는 공간에서는 종래의 컴퓨터비전은 힘을 쓰지 못한다. 그러나 최신의 인공지능 기술을 탑재한 컴퓨터비전 기기들은 가구와 벽을 투시할 수 있어서 관찰 능력이 한층 개선되고 있다.

컴퓨터비전 전문가 겸 기업가 알렉산더 윈터Alexandre Winter 박사는 슈퍼사이트의 뛰어난 관찰력을 활용하는 데 앞장서고 있는 개척자 중 하나다. 그는 처음에 플레이스 미터PlaceMeter라는 앱을 개발해서 도시를 오가는 자동차와 사람의 수를 측정했고, 그 뒤에는 가정용 보안카메라 기업 **알로**(Arlo, 현재는 넷기어가 인수했다)를 창업했다. 1장에서도 언급한 바와 같이 가정용 보안카메라는 친구, 배달원, 개 산책 담당자, 수상한 사람 등을 컴퓨터비전으로 구분해야 하고 그밖에 일상적인 식별 업무도 수행해야 한다. 저기 뒷마당에서 움직이는 것은 바람에 흔들리는 나뭇가지인가, 아니면 침입자인가?

현재 알렉산더는 슈퍼사이트에 관한 전문성을 바탕으로 37억 달러 규모의 개인 응급 대응 시스템 시장을 공략하고 있다. 우리 주변의 노인 중에는 낙상 사고를 당했을 때 도움을 요청할 수 있도록 호출 버튼이 달린 목걸이나 팔찌 같은 장비를 착용한 사람들이 있다. 그런 서비스를 받으려면 매월 일정액의 요금을 내야 하지만, 이 장비의 사용률은 그리 높지 않다. 일단 사용이 불편하고, 주기적인 충전이 필요하며, 자신이 노쇠했다는 사실을 남들에게 알리는 표시처럼 여겨지기 때문이다.

그러나 알렉산더가 출시한 제품 **노버트**Norbert는 벽을 뚫고 낙상 사고를 당한 사람을 투시할 수 있기 때문에, 노인들이 집에서 웨어러블 장비를 착용하고 다닐 필요가 없다. 말하자면 슈퍼사이트 버전의 "넘어졌는데 일어날 수가 없어요!"(1980년대 라이프콜이라는 응급 호출 서비스 회사가 할머니를 모델로 한 TV 광고에서 사용해 유명해진 문구 – 옮긴이) 서비스인 셈이다.

노버트의 장비에 장착된 네 개의 센서는 전자기 스펙트럼 상에서 각기 다른 범위의 데이터를 관찰한다. 가시광선 카메라는 안면 인식 기능을 통해 누가 집 안에 있는지 식별하고, 적외선 센서는 체온과 심

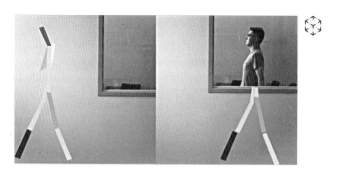

단파 레이더와 기계학습을 통해 벽을 뚫고 대상을 관찰하는 동작 감지 및 활동 분류 시스템.

박수를 잰다. 밀리미터 범위로 대상을 관찰할 수 있는 레이더는 옷을 뚫고 가슴의 오르내림 정도를 측정한다. 내가 깊은 인상을 받은 또 다른 레이더 탐지 기술은 벽을 뚫고 사람의 모습과 동작을 센티미터 범위로 탐지하는 능력이다.

이런 시스템이 온종일 당신을 관찰한다면 기분이 어떨 것 같은가? 그건 누가 나를 지켜보는지, 어떤 정보가 보관되는지, 내가 무슨 일을 할 때 관찰이 이루어지는지 등에 달려있을 것이다. 사생활 침해의 우려 없이 슈퍼사이트의 '수호천사' 혜택을 누릴 수 있을까? 답은 1장에서 살펴본 '에지 컴퓨팅'을 적절히 활용하는 데 있다. 즉 카메라가 수집한 영상을 네트워크로 전송하지 않고 자체적으로 분석 및 처리 작업을 수행하도록 시스템을 설계하는 것이다. 그 말은 낙상으로 의심되는 사고가 발생했을 때 서버에 업로드된 해당 영상 이외의 이미지를 다른 누구도 볼 수 없고, 어떤 클라우드 서버도 당신의 이미지를 보관하지 않는다는 뜻이다. 카메라는 당신이 잠든 모습을 지켜보겠지만, 평소와 달리 수면의 질이 매우 떨어진다고 판단할 때만 서버에 경고 신호를 보낸다.

몇 년 안에는 가정용 보안 네트워크에 이런 사생활 친화적 접근방식이 초인종 같은 표준장치로 자리 잡을 것이다. 동작 탐지를 포함한 다양한 슈퍼사이트 알고리즘은 우리가 저녁 식사를 준비하든, 보드게임을 하든, 토크쇼를 보다 잠이 들든, 우리를 추적하고 보살피되 이를 외부에 노출하지 않을 것이다. 우리는 누군가 자신을 보살피고 있다는 사실을 인지하며 마음의 평화를 얻을 수 있고 빅브라더의 감시 문제에서도 자유로워질 수 있다.

의료 정보 소유 논쟁

#데이터, 보안, 건강보험

지금까지 슈퍼사이트를 통해 질병을 진단하고 적절한 시점에 의료적 도움을 제공하는 방법을 살펴봤다. 그렇다면 애초에 질병에 걸리는 일을 방지하는 데 이 기술을 사용할 수는 없을까?

2020년 3월, 코로나19가 미국 전역에 급속히 퍼져나갈 때, 보스턴에서는 TEDMED 콘퍼런스가 열렸다. 나는 동료들과 함께 친사회적인 방식으로 손 씻기를 장려할 방법을 이 콘퍼런스에서 소개하기로 했다. 이 행사가 개최된 콘퍼런스 센터는 손 씻기가 특히 중요한 장소였다. 전 세계에서 수천 명의 참석자가 모여들었고 사람들 사이의 교류는 질병 감염의 위험을 동반한 악수부터 시작됐다. 우리는 슈퍼사이트 기능을 탑재한 손 씻기 권장용 시제품을 몇 가지 개발해 남자 화장실에 비치했다. 그리고 감염성 질병을 연구하는 학자들과 의사들에게 피드백을 구했다. 우리가 제작한 시제품 세 가지는 다음과 같다.

1. 당신을 지켜보는 고양이

첫 번째 시제품의 아이디어는 사람들이 누군가에게 관찰당할 때 가장 올바른 행동을 한다는 전제에서 시작됐다. 물론 빅브라더 카메라에 감시당하는 일을 환영할 사람은 아무도 없다. 그곳이 화장실이라면 더욱 그렇다. 하지만 고양이가 나를 지켜본다  면 조금은 참을만하지 않을까? 우리에게 영감을 준 제품은 주위에서 흔히 접할 수 있는 앞발을 움직이는 일본식 고양이 인형이었다. 우리는 이 고양이가 사람들에게 손을 흔드는 것이 아니라 자기 얼굴을 닦고 있다는 사실을 알게 되면서 이 제품에 대한 아이디어를 더욱 밀어붙였다.

우리는 근접 센서, 원형으로 배열된 LED 전구, 그리고 스피커를 장착한 고양이를 세면대 위에 올려두었다. 당신이 세면대 앞에서 손을 움직이면 고양이는 퀴즈쇼 〈제퍼디!〉의 테마 음악을 20초 동안 흥얼거리고. 시간이 지남에 따라 LED 전구도 하나씩 켜진다.

2. 손 위에 등장한 세균

나는 고등학교 시절 자전거 가게에서 일할 때 손에 묻은 기름때를 지우기 위해 5분이 넘게 손을 비벼대곤 했다. 이처럼 눈에 보이지 않는 역겨운 세균의 모습을 사람들 손에 비춰주면 오랫동안 손을 씻지 않을

까? 물론 손에 적외선 광선을 투사해서 진짜 세균의 모습을 보여주는 방법도 있겠지만, 코로나 바이러스는 적외선 광선에 보이지 않는다. 우리는 세균의 모습을 덜 추상적이면서 보다 가시적인 형태로 형상화할 필요가 있었다. 그래서 소형 피코 프로젝터를 세면대 위에 설치해서 화장실 이용자의 손 위에 역겨운 미생물의 모습을 비춰주었다. 그리고 손을 씻는 20초가 지나면 그 세균들이 반짝거리는 거품으로 변했다. 앞의 시제품에 비해 이 디자인의 장점이라면, 당신이 고양이의 음악을 콧노래로 따라 하는 대신 손 씻기에 좀 더 집중할 수 있다는 것이다.

3. 페트리 접시의 카운트다운

영화 〈아이언맨〉의 주인공은 가슴에 부착된 원형의 팔라듐을 통해 에너지를 공급받는다. 만일 당신이 위생이라는 이름의 물체로부터 이와 똑같은 방식으로 힘을 얻고 있다면 어떨까? 우리가 제작한 세 번째 시제품은 피코 프로젝터가 숫자가 거꾸로 줄어드는 영상을 가슴에 비춰준다. 숫자가 뒤집혀서 표시되기 때문에 거울을 통해서 숫자를 읽을 수 있다. 이 장비는 몸을 캔버스 삼아 개인적이면서도 책임감을 불러일으키는 정보를 투사하는 방식으로 설계됐다. 손을 씻는 동안 가슴에 비친 페트리 접시(실험실에서 세균 배양에 사용되는 넓적한 접시 - 옮긴이)에는 하

사람들에게 손 씻기를 유도하기 위해 역겨운 모습의 세균들이 꿈틀대는 모습을 손 위에 비춰주고 있다.

나씩 제거되는 세균의 수가 표시된다.

훌륭한 제품을 개발하기 위한 유일한 방법은 실제 고객들을 대상으로 실시간 실험을 수행하는 것뿐이다. 나는 '하드웨어 스케치'(겨우 작동만 하고 실제 제품과 일치도가 낮은 초보 단계의 시제품)를 완료한 뒤에 사용자들의 손에 시제품을 넘겨주는 순간을 좋아한다. 이 제품을 직접 사용해 본 사람들과 처음 몇 시간 동안 진행하는 인터뷰에서는 배울 점이 너무도 많다. 내가 화장실이라는 공간에서 여러 남성을 대상으로 조사를 진행한 것은 이번이 처음이었다. 가장 먼저 깨달은 사실은 사람들 대부분이 손 씻는 방법을 제대로 알지 못한다는 것이었다. 하지만 어느 의사의 말마따나 "거울에 20초를 거꾸로 세는 타이머만 붙여 놓는 것만으로도" 이를 충분히 개선할 수 있다.

누군가의 손 씻는 일을 관찰하는 것이 사생활을 지나치게 침범하는 행위일까? 사람들을 죽음에 몰아넣는 바이러스의 확산을 막을 수 있는 주된 예방법이 손 씻기라면 꼭 그렇지만은 않을 것이다. 노벨상을 받은 행동경제학자 리처드 세일러Richard Thaler는 사람들에게 자기 이

익을 추구하는 방향으로 특정 행동을 유도하는 시스템을 연구한 인물이다. 그는 자신의 책에서 이렇게 썼다. "자유주의적 개입주의libertarian paternalism는 상대적으로 강도가 약하고, 부드럽고, 거슬리지 않는 형태의 개입주의다. 왜냐하면 선택의 여지가 봉쇄되거나 차단되어 있지 않고, 그 선택으로 인해 본인에게 중대한 부담이 가해지지 않기 때문이다." 우리는 사람들에게 꼭 20초 동안 손을 씻으라고 강요하지 않았다. 대신 고양이가 20초 동안 〈제퍼디!〉의 테마 음악을 옹알거리게 하고 원형으로 배열된 LED 전구들을 20초 만에 모두 켜지게 해서 화장실 이용자에게 그 시간을 채워야 한다는 자연스러운 의무감을 불어넣었다. 그건 강요가 아니라 넛지nudge(리처드 세일러가 창안한 개념으로 사람들의 선택을 유도하는 부드럽고 비강제적인 개입이나 자극 - 옮긴이)일 뿐이다.

나의 일상적 행위를 탐지해서 자신만이 볼 수 있는 거울에 그 결과를 비춰주고, 이를 통해 행동을 올바른 방향으로 '넛지'하는 시스템에는 놀라운 잠재력이 있다. 이 시스템을 디자인하는 데 가장 큰 고려 사항은 감지의 과정이 부드럽고 소극적으로(즉 큰 노력이나 기록이 필요하지 않도록) 진행되어야 하며, 그러면서도 행위의 결과를 당사자가 피해 갈 수 없도록 명확히 알려주는 것이었다. 슈퍼사이트는 사람들의 행위에 대한 수동적 감지 플랫폼을 구축하고, 그들을 분명하게 '넛지'할 수 있는 가장 이상적인 증강현실 비전을 제공한다.

의료 서비스 설계자나 제품 개발자들은 사람들이 하루에도 수없이 내리는 건강 관련 의사결정(식생활, 수면 습관, 스트레스 관리, 사회화 등)을 슈퍼사이트를 통해 감지 및 피드백하는 과정에서, 그들에게 건강한 생활방식을 유도하고 리스크를 효과적으로 방지할 수 있는 이상적인 지

손 씻기를 장려하기 위한 고양이 타이머 프로젝트의 제작 과정을 내 아들이 시연하는 모습. 우리는 다른 사람들도 자신만의 버전을 제작할 수 있도록 프로젝트의 디자인과 소스코드를 Instructables.com 사이트의 홈페이지에 올렸다.

점을 찾아낼 필요가 있다. 만일 그 피드백이 공포심을 불러일으키거나 너무 성가시게 느껴지면, 사람들은 서비스를 거부하고 장비를 창밖으로 던져버릴지도 모른다. 반면 조언이 섬세하고 설득력 있게 제공된다면, 사람들은 본인의 행동을 긍정적인 방향으로 바꿈으로써 매년 수십억 달러의 생산성 손실과 막대한 의료비 지출을 유발하는 만성적인 질환들을 줄일 수 있을 것이다.

　우리는 슈퍼사이트라는 강력한 센서를 이용해서 건강이나 사생활에 밀접하게 관련된 지식을 실시간으로 수집할 수 있다. 하지만 그럴수록 옵트인opt-in(당사자가 동의한 경우에만 데이터를 수집할 수 있는 방식 – 옮긴이)과 유사한 정책들이나 에지 컴퓨팅 같은 사생활 보호 네트워크를 통해 개인 정보를 철저히 지켜야 한다.

만일 보험회사들이 그런 정보를 손에 넣는다면 특정 질환이나 나쁜 습관을 소유한 사람들의 보험 인수를 거부하거나 그들에게 높은 보험료를 부과할지도 모른다. 많은 사람이 유전자 검사나 정신과 상담을 꺼리는 이유도 데이터 노출의 우려 때문이다. 이런 위험을 줄이기 위해서는 개인 데이터에 접근할 자격이 누구까지이며, 정보가 얼마나 오랫동안 공유되어야 하며, 어떤 해상도로(개인을 식별할 수 있을 정도로 선명할 것인지 아니면 개인을 구분하지 못하도록 집단적 차원의 데이터만 허용할 것인지) 제공할 것인지 투명하고 구체적으로 명시할 필요가 있다.

최근에 출시된 기술들을 활용하면 익명으로도 정보 공유가 가능하다. 공공보건 영역을 예로 들면, 의학계의 고질적 병폐인 데이터 편향성을 극복하고 다양한 인구 집단에 관한 분산적 데이터세트를 확보할수록 시민들의 건강을 위한 강력하고 정확한 지식체계를 구축할 수 있고 더 나은 예측과 치료 계획 수립이 가능해진다. 애플은 **애플 헬스** Apple Health라는 이름의 자사의 건강관리 사업 전략과 애플 워치를 착용한 5000만 명의 소비자들로부터 매일 쏟아져 들어오는 수많은 데이터를 바탕으로 이 분야를 선도하고 있다. 그들은 사용자의 심박수, 심전도, 스트레스, 물리적 활동, 명상, 수면, 손 씻기 같은 정보를 수집 및 저장하고, 이 데이터에서 개인 식별 정보를 없앤 다음 과학 및 의료 연구 프로젝트에 제공한다.

현재 미국에서는 건강보험 회사들이 소비자에게 기존 질환이 있다는 이유로 더 높은 보험료를 받는 것을 법적으로 금지하고 있다. 하지만 가입자의 건강 관련 데이터를 활용해서 비만, 고혈압, 금연 등에 관련된 프로그램을 운영하거나, 건강한 생활 습관을 보유한 사람에게 보험료 할인 및 기타 현금성 보상을 제공하는 것은 가능하다.

언뜻 보기에는 꽤 공평한 제도처럼 보인다. 이미 일부 보험회사는 본인의 바람직한 생활 습관을 데이터로 입증할 수 있는 소비자에게 저렴한 보험료나 아마존 상품권 같은 혜택을 주고 있다. 가령 최근 헬스클럽에 등록했거나 자신이 섭취한 열량을 꾸준히 기록하는 사람에게는 보험료 할인 혜택이 주어진다. 개인 정보 공유에 동의한 가입자를 대상으로 보험료를 깎아주는 정책은 건강에 자신 있고 건전한 생활 습관을 가진 사람들에게는 훌륭한 프로그램일지도 모른다.

반면 만성 질환이 있거나, 일시적으로 거동이 불편하거나, 신선한 식품을 구하기 어려운 빈곤한 지역에 거주하는 시민들은 정작 건강보험이 가장 필요한 사람들인데도 불구하고 이런 정책으로 인해 피해를 볼 수 있다.

이런 역동적인 가격 체계의 위험 부담 속에서 슈퍼사이트가 담당할 수 있는 역할은 무엇일까? 카메라는 거짓말을 하지 않는다. 자신의 흡연이나 운전 습관에 대한 정보를 알려주지 않아도, 보험회사의 인공지능 알고리즘은 당신의 자동차나 집에 설치된 가상의 눈을 통해 이를 직접 관찰할 수 있다. 보험회사들은 활동 추적 장치, 인터넷에 연결된 저울, 포도당 측정기, 혈압계 같은 자가 측정 장비들을 구매하는 비용을 이미 보조하고 있다. 실제로 일부 보험사들은 고객에게 스마트워치를 제공하고 하루 동안 얼마나 많이 걸었는지, 스트레스 수준이 어느 정도인지, 명상을 하는지, 밤에 잠은 잘 자는지 등을 포함한 다양한 데이터를 수집하고 있다. 또 어떤 회사들은 소셜미디어에 공개한 사진들을 검색해서 헬스클럽에서 찍은 셀프카메라나, 요즘 새롭게 빠져든 동굴 다이빙 사진처럼 안전 측면에서 '바람직하지 못한' 활동의 증거들을 찾아내어 보험 심사에 반영하고 있다.

40세가 넘은 중장년층 중에는 보험회사와 데이터를 공유하는 일을 조심스러워하는 사람이 많다. 그래서 최근 보험회사들이 옵트인을 기반으로 한 데이터 공유의 두 단계 접근방식을 도입하고 있다. 두 단계 접근방식은 다음과 같다. 첫 번째 단계에서는 소비자가 본인의 데이터를 직접 볼 수 있도록 한다. 두 번째 단계에서는 소비자가 '원하는 경우에 한해' 데이터를 다른 사람들과 공유할 수 있게 선택의 자유를 부여한다.

과거 프로그레시브Progressive를 포함한 몇몇 자동차보험 회사는 소비자의 차량에 블랙박스를 설치해서 평균 운행 속도나 순간 가속 같은 운전 습관 데이터를 수집했다. 고객들은 그런 방식의 서비스를 대체로 싫어했다. 그러자 또 다른 보험사 스테이트 팜State Farm은 비슷한 종류의 데이터를 수집하는 스마트폰 앱을 소비자들에게 제공하고, 이를 본인의 운전 습관에 대한 자가 진단용 자료로 활용하도록 했다. 그리고 앱이 수집한 데이터를 회사와 공유하는 사람에게는 보험료를 할인해 주었다.

건강보험 회사들도 이런 식의 교본을 따를 필요가 있다. 먼저 소비자의 라이프 스타일, 리스크, 식습관, 감정 상태, 낙상 위험이나 기침 증세 등을 측정할 수 있는 웨어러블 장비, 인터넷 연결 장치, 슈퍼사이트 기능을 탑재한 센서 등을 고객에게 보급하는 것이다. 그리고 측정 결과를 먼저 본인에게 알려주고, 이 데이터를 회사와 공유하는 대가로 혜택을 제공하면 된다. 이런 과정을 통해 모든 사람의 건강과 웰빙을

위한 풍부한 데이터가 구축되면서 개인의 건강관리는 더욱 상황 주도
적이고 예방적인 방식으로 혁신될 것이며, 덕분에 우리 사회는 더 건
강하고 안전해질 것이다.

8장

예측하다
슈퍼맨이 된 노동자들

소방관을 위한 진화된 눈
#응급 구조대원들을 위한 풀 스펙트럼 비전

내 처남 에드 폴리Ed Poli는 진정한 의미에서 살아있는 영웅이다. 그는 통가에서 평화봉사단으로 복무한 뒤에 비영리단체 티치 포 아메리카 Teach For America 소속으로 이너시티inner city(소수 민족의 비중이 높고 저소득 층 시민들이 주로 거주하는 도시 지역 – 옮긴이)의 여러 고등학교에서 봉사 했다. 지금은 세계에서 가장 바쁜 소방서 중 하나인 뉴욕의 할렘Harlem 소방서에서 소방대장으로 근무 중이다. 에드와 그의 대원들은 매일같 이 30킬로그램이 넘는 장비를 짊어지고 고층 건물을 뛰어오르고, 문을 부수고, 불길을 잡고, 때로 겁에 질린 아이들을 업고 6층 높이의 사다 리를 내려온다.

나는 에드와 함께 롱아일랜드 해협에서 낚시를 즐기다가 요즘 내가 의료나 건설 분야의 근로자들을 돕기 위해 증강현실 장비와 엑스레이 비전을 개발하고 있다는 말을 꺼냈다. 갑자기 에드의 눈이 반짝거렸다.

"잠깐만, 그럼 물속이 들여다보이는 안경을 만들 수도 있다는 얘기야?" 그는 흥분한 듯이 손을 내저었다. "모래톱이나 물속 깊은 곳을 보고 싶어. 그런 안경을 쓰고 도미 떼가 어디를 헤엄치고 있는지 알아내면 좋겠군!"

우리는 물이 유리처럼 맑다면 어떤 모습일지 상상하며 낚싯대를 몇 차례 더 던졌다. 도미 떼와 바닷가재가 물속을 돌아다니고 줄무늬농어가 시속 50킬로미터로 헤엄치다 우리가 던진 낚시에 걸리는 모습을 눈으로 볼 수 있다면 얼마나 멋질까. 에드는 몇 분간 침묵을 지키다가 문득 이런 아이디어를 꺼냈다. "데이비드, 소방대원들에게 진정한 게임체인저가 뭔지 알아? 연기 속을 뚫고 앞을 내다보는 기술이야. 그래야 구조할 사람들이나 발화 지점을 빨리 찾아낼 수 있거든."

에드의 소망은 이미 실현됐다. 캘리포니아에 위치한 소방장비 제조업체 퀘이크Quake는 소방대원들이 어둠과 연기를 뚫고 앞을 내다볼 수 있도록 '생체공학적' 눈을 개발했다. 이 회사가 공급하는 스모크 다이빙 헬멧Smoke Diving Helmet은 벽이나 사람의 윤곽을 강조해서 비춰주고, 온도가 매우 높은 '핫 스폿'이나 불길이 소용돌이치는 곳을 색깔로 표시해준다. 또 이 헬멧은 소음 제거 기능을 통해 착용자의 숨소리를 감춰줌으로써 구조 대상자나 팀원들의 소리를 더 잘 들을 수 있게 해준다.

화재 진압 업무는 초를 다투는 긴박함 속에 집중적인 정보와 강력한 협업이 요구되는 위험한 일이다. 에드에 따르면 맨해튼 지역의 어

스모크 다이빙 헬멧을 쓴 사람은 연기 속을 뚫고 방의 구조와 사람의 모습을 식별할 수 있다.

느 건물이든 화재가 발생하면 소방대장의 권한으로 해당 건물의 도면을 요청할 수 있다고 한다. 하지만 도면들은 대부분 종이 위에 그려진 데다 너무 오래돼서 건물의 실제 구조를 반영하지 못할 때가 많다. 그는 대원들이 건물 안에서 더 쉽게 길을 찾아내도록 돕고 싶고, 특히 그들이 구조 대상자를 찾아내 건물 밖으로 대피시킬 때 안전하게 길을 안내하는 장비가 있었으면 좋겠다고 했다.

지난 수십 년 이내에 건축된 건물의 건물 정보 모델은 대부분 클라우드에 업로드되어 있다. 우리는 1장에서 응급 구조대원들에게 화살표로 길을 안내하는 들것을 언급했지만, 만일 슈퍼사이트가 대원들에게 건축물의 도면을 실시간으로 제공한다면 구조 업무에 큰 도움이 될 수 있다. 소방대원들을 위한 가장 이상적인 슈퍼사이트 헬멧은 화재가 발생한 건물의 구조와 도면, 다른 대원들의 위치와 몸 상태, 주위의 열 흐름 등을 보여주는 제품이다. 또 열화상 카메라를 탑재한 드론도 화재가 발생한 건물 주위를 떠다니며 그때그때 상황을 파악해서 알려주는 '제3의 눈' 역할을 할 수 있다.

　이처럼 소방 분야에도 증강현실 기술을 도입해야 한다는 점에는 논란의 여지가 없다. 응급 구조대원들이 더 풍부한 정보를 바탕으로 더 많은 생명을 구할 수 있도록 열화상 카메라와 자동 거리 측정 장비를 탑재한 헬멧을 개발하는 일은 그렇게 달성하기 어려운 목표가 아니다. 그런 용도의 제품을 설계하고, 개발하고, 보급하는 데 필요한 자금 지원에 반대하는 사람은 아마 없을 것이다.

　디자인 작업을 진행할 때 극한의 환경에서 제품이 사용되는 상황을 가정해야 하는 경우가 종종 있다. 디자이너들은 가정용 요리 도구에 대한 통찰을 얻기 위해 식품 기업의 주방을 방문하거나, 품질이 우수한 코트를 디자인하기 위해 산악 전문가들을 인터뷰한다. 그런 의미에서 소방, 건설, 산업 현장 등에 슈퍼사이트를 적용하는 일은 앞으로 이 기술이 발휘할 파괴적 혁신의 힘이 노동과 삶의 모습을 어떻게 바꿔놓을지 미리 살펴볼 수 있는 작업이라고 할 수 있다.

디지털 트윈

#투명한 도시　#디지털 트윈　#AR 클라우드

불길과 싸우는 소방대원이든 자동차를 고치는 수리공이든, 수백만의 산업 현장 근로자들은 머지않은 미래에 증강현실 기반의 생체공학적 눈을 갖게 될 것이다. 이 장비들은 인류의 혁신을 상징하는 거창한 기계의 모습이 아니라 보통의 작업용 도구와 별반 다르지 않은 모양을 하고 있을 것이다. 오늘날에도 공장, 발전소, 정유소 등에서 근무하는 작업자들은 소방대원이 헬멧을 쓰듯 보안경을 착용한다. 가까운 미래에는 이 보안경의 플렉시글래스Plexiglas(창문, 디스플레이, 채광창 등에 사용되는 아크릴 소재의 브랜드 – 옮긴이)에 슈퍼사이트 기술이 통합되어 노동자들이 이 스마트안경을 이용해 새로운 과업을 익히고 업무 진행 상황을 점검할 것이다. 때로는 다른 전문가가 작업자들의 '눈을 통해' 현장을 바라보며 필요한 부분에 도움을 제공하게 될 것이다.

당신이 담당하는 업무가 비행기 엔진이나, 전신주 꼭대기의 변압기나, 발전소의 펌프를 수리하는 일이라고 상상해 보자. 이런 업무는 매우 복잡할 뿐 아니라 한 시간만 작업이 늦어져도 수백만 달러의 손해가 발생한다. 수리가 제대로 이루어지지 않으면 자칫 큰 재앙이 초래될 수도 있다.

수리 기술자들은 전통적으로 두꺼운 매뉴얼을 뒤져가며 부품들을 분해 및 조립하는 수백 가지 절차, 테스트 방법, 점검 사항 등을 배워야 한다. 하지만 조만간 이 모든 정보가 눈앞에 직접 펼쳐지는 세상이 올 것이다. 수리해야 할 기계를 바라보기만 해도 스마트안경에는 그 제품의 구조와 모델, 유지보수 이력, 성능 기록 등이 나타난다. 슈퍼사이트는 각 작업 단계로 당신을 안내하면서 필요한 부품과 취해야 할 조치를 알려준다. 또 작업이 정확히 이루어졌는지 확인하고, 필요한 도구와 기술을 추천하고, 다음에 해야 할 일을 알려준다. 완료한 작업 내용은 클라우드에 업로드되어 해당 제품의 **디지털 트윈**digital twin에 첨부된다. 이 자료는 나중에 다른 기술자가 같은 작업을 수행할 때 참고할 훈련용 자료가 된다.

디지털 트윈은 엔진이나 건물 등의 모습을 똑같이 본떠 만든 데이터 기반의 복제품으로, 그 대상의 제작 이력과 기능을 포함한 다양한 정보를 제공하면서 물리적 세계와 디지털 세계를 연결해 주는 가상의 표현물을 뜻한다. 말하자면 엔진, 비행기, 로켓과 똑같은 제품이 가상의 환경에서 하나 더 존재한다고 보면 된다. 디지털 트윈에는 그 제품을 구성하는 모든 부품에 대한 상세한 데이터와 이력(조립한 사람, 유지 보수 일정, 예상 고장률 등)이 담겨있다. 이 디지털 복제품은 개발자들에게 안전하고 저렴한 실험 공간을 제공한다. 디지털 기반의 시뮬레이션 장비를 이용하면 문제를 사전에 예측하고 물리적 위험과 자재의 낭비 없이 새로운 아이디어를 시험할 수 있다. 만일 그 아이디어가 가상의 세계에서 효과가 있다면, 실제 세계에도 적용할 수 있다.

이런 용도로 복제품을 제작한 최초의 조직은 미항공우주국NASA이다. 그들은 1960년대 아폴로 우주선 프로젝트를 진행할 때 물건들을 모두 두 개씩 제작했다. 엔지니어들은 우주에서 활동 중인 우주선에 문제가 생겼을 때 지구에 있는 그 물건의 쌍둥이 형제를 통해 문제를 해결하고, 원인을 파악하고, 어떤 부품을 다른 용도로 활용할 수 있는지 테스트했다. 아폴로 13호가 이런 방식으로 코앞에 닥친 재난을 피한 것은 우리에게 잘 알려진 이야기다.

디지털 트윈 제작 기술은 어디서나 쉽게 찾아볼 수 있다. 구글과 애플의 자율주행 자동차는 10년 전부터 천장에 달린 라이다light detection and ranging, LIDAR 카메라로 거리의 모습과 건물들을 촬영해서 디지털화했다. 최근에는 세상의 모든 사람이 전 지구 차원의 디지털 트윈 지도를 제작하는 프로젝트에 참여하고 있다. 우리가 찍어서 클라우드에 올

산업용 모터 위에 직접 투사된 디지털 트윈은 성능 수치나 유지보수 설명서 같은 유용한 정보를 제공한다.

린 사진에는 촬영 장소의 위도, 경도, 고도, 방향 등의 메타데이터가 첨부된다. 사진측량법photogrammetry 알고리즘은 사용자들이 똑같은 대상을 찍은 수많은 사진을 바탕으로 그 대상의 3차원 구조를 추론한다.

최근에 출시된 스마트폰에는 초당 60프레임의 3D 이미지를 센티미터 범위의 해상도로 스캔할 수 있는 라이다 센서가 내장되어 있다. 일종의 스캔 시스템이라고 할 수 있는 자동차 역시 수많은 센서를 통해 읽어 들인 데이터를 증강현실 클라우드에 업로드한다. 앞으로 발전소, 공장, 사무실 건물 등에서 일하는 근로자들이 자동 거리 측정 기능이 장착된 스마트안경을 쓰고 현장을 누비면 디지털화의 속도는 더욱 빨라질 것이다. 가정에서 사용 중인 룸바Roomba(미국 아이로봇 사의 로봇청소기 - 옮긴이)도 세상을 스캔하는 데 한몫을 거들고 있다. 이 로봇청소기는 바닥을 굴러다니거나 커피 테이블을 들이받는 와중에도 거실을 똑같이 복제한 디지털 트윈을 제작한다. 어쩌면 **아이로봇**irobot 사의 진공청소기가 담당하는 가장 중요한 역할은 바로 이것일지도 모른다.

이렇게 눈에 보이는 모든 것을 자동으로 디지털화하는 기술이 때로 우리를 두렵게 만들기도 하지만, 그 대가로 우리가 얻을 수 있는 혜택은 참으로 놀랍다. 이 기술은 병원처럼 복잡한 장소에서 길을 안내하고, 재고 파악이나 안전관리 업무를 돕고, 위험을 예측하고, 새로운 디자인을 제안한다. 앞으로 수많은 서비스가 주위 세계를 모방한 디지털 복제품을 활용해서 사물을 측정하고 모형을 만들 것이다.

앞서 말한 대로 우리는 열화상 카메라를 이용해서 연기와 안개를 뚫고 앞을 내다보고, 디지털 트윈을 통해 기계들의 작업 계획과 성능 데이터를 3D 이미지로 확인할 수 있다. 그런데 콘크리트로 포장된 도로를 뚫고 지하수, 하수관, 지하철 터널 같은 주요 기반 시설들을 들여다볼 수는 없을까? 지리정보시스템GIS 소프트웨어 분야의 선두주자 **에스리**ESRI는 이미 오래전에 도시 전체를 속속들이 들여다볼 수 있는 디지털 트윈 데이터를 구축해 왔다.

해양학자, 광산 회사, 교통 및 도시계획 입안자, 선거 구획을 조정하는 통계학자, 과학 분야의 연구원 등 지리정보 데이터를 다루는 사람들은 1990년대 후반부터 에스리의 데스크톱 소프트웨어 아크 지아이에스ArcGIS를 사용하고 있다. 오늘날에는 이 지리정보 데이터가 모두 클라우드에 업로드되어 있어서 스마트폰, 태블릿, 스마트안경 앱이 제공하는 API 프로그램들을 통해 언제든지 활용할 수 있다. 건축 프로젝트를 진행하는 사람에게는 땅속을 흐르는 물이나 전기선의 위치를 찾는 일이 늘 골칫거리기 때문에, 에스리는 마이크로소프트의 홀로렌즈 전용 앱을 개발해서 설비 근로자들이 도시의 노면 아래를 지나가는 순환시스템을 들여다볼 수 있게 했다. 거리의 모습이나 소화전의 위치가

마이크로소프트 홀로렌즈와 GIS 기업 에
스리가 공동으로 수행한 시각적 프로젝
트의 결과 도시의 거리 위에 상하수도와
전기 기반 시설의 모습이 수많은 선으로
표시되고 있다.

디지털 트윈과 다른 부분을 발견한 사람은 현장에서 이를 즉시 '수정'
할 수 있다. 또 도시의 풍경 위에 실제 크기로 투사되는 지도는 건설
관리자들이 버스정류장을 신축할 때 어디를 파지 말아야 전기 쇼크를
피할 수 있는지 알려준다.

　이렇게 현실 세계 위에 지도를 투사하는 기술을 개발하려면 특정
대상의 디지털 트윈과 이 복제품을 실제의 사물에 대응시킬 공간적 앵
커(GPS 좌표든 건물의 외벽 같은 고정된 물체든)가 필요하다. 디지털 데이터
는 이런 대응 메커니즘을 통해 내부를 확인하고자 하는 대상 위에 직
접 투사된다. 덕분에 노동자들은 간단한 전기 장치부터 중장비에 이르
기까지 내부를 속속들이 관찰할 수 있을 뿐만 아니라 이들과 물리적으
로 접촉할 때 발생할지도 모르는 위험을 피할 수 있다. 작업 중인 변압
기나 절삭 기계의 디지털 복제품은 실제와 똑같은 모습으로 관측 시야
에 나타나고, 머리를 움직이거나 걸음을 옮길 때마다 정보가 투사되는
지점이 변한다. 마치 동영상으로 촬영한 엑스레이 화면처럼 말이다.

당신이 엔진을 수리하는 기술자라고 가정해 보자. 스마트안경은 실제 기계의 모습 위에 3D 복제품의 이미지를 덧입혀서 보여줄 뿐만 아니라 고장이 나고 노후화된 부품들의 위치를 알려준다. 또 우리가 스마트폰의 이미지를 손가락으로 확대하듯이 눈앞의 대상을 확대하는 기능을 통해 문제가 발생한 부분을 자세히 확인할 수 있다.

이 시스템은 이전의 수리 담당자들이 실수를 저지른 곳을 알려주고, 복잡하거나 위험한 작업을 미리 연습하는 일을 돕고, 필요한 경우 전문가의 조언을 받을 수 있게 해준다. 다른 사람의 도움이 필요할 때는 원거리에서 근무하는 동료가 당신이 착용한 스마트안경을 통해 현장을 직접 바라보면서 취해야 할 조치를 알려주거나 당신이 올바르게 작업했는지 확인한다. 스마트안경은 다른 엔진들에 대한 수천 건의 수리 이력 데이터를 분석해서 향후 수리가 필요할 것으로 예상되는 부품이 무엇인지 알려주기 때문에, 당신은 사전에 문제를 해결할 수 있다.

이렇게 풍부한 메타데이터가 기업들에 제공하는 효율성의 혜택은 매우 크다. 우리가 어떤 기계의 디지털 트윈을 시각적으로 검색해서 수리 이력, 교육, 예측 같은 다양한 데이터를 얻어낸다면 많은 시간과 노력을 절약할 수 있다. 기계나 공장의 규모가 크고 복잡할수록 투자수익이 발생하는 속도가 빠르다. 대신 생산이 멈추면 값비싼 비용을 치러야 한다. 유지보수를 예측하는 알고리즘의 활약 덕분에 기계의 고장 빈도가 줄고 가동시간이 늘어나면 생산 라인을 더 효율적이고 저렴하게 가동할 수 있다. 또한 기술자들이 컴퓨터 화면을 일일이 넘겨보거나 종이로 된 매뉴얼을 뒤져가며 필요한 자료를 찾는 대신 다른 일에 집중할 여유가 생기면서 현장도 더욱 안전해질 것이다. 회사 전체

프랑크푸르트 모터쇼에 출품된 SUV 전기자동차를 'AR 설명서'를 통해 비춰보는 장면.

차원에서는 컴퓨터비전을 통해 방대한 산업적 기반 시설을 상세히 관찰함으로써 비용을 줄이고, 서비스를 개선하고, 현장의 안전성을 높일 수 있다.

하지만 증강현실 앱이 일반 소비자에게 제공되는 상황이 달갑지 않을 기업들도 있을 것이다. 3D 이미지로 각 작업 단계를 상세하게 안내하는 설명서와 알맞은 부품만 주어진다면, 기계를 다루는 데 소질이 없는 사람도 배관 연결부를 갈아 끼우고, 잔디 깎는 기계의 벨트를 교체하고, 자동차의 오일을 채워 넣을 수 있게 된다. 이렇게 되면 수리 업체들은 큰 타격을 입게 될 것이다.

차량 정비 서비스의 매출로 딜러십을 운영하는 자동차 제조회사들은 조직의 전략을 대폭 수정해야 하겠지만, 그 밖의 기업들은 고객이 간단한 정비 업무를 알아서 처리하는 상황을 오히려 환영할지도 모른다. 잦은 고객 지원이나 반품은 수익성을 떨어뜨리는 요인이다. 이런 셀프서비스 경제는 더 현명하고 힘 있는 소비자들을 탄생시킬 뿐만이 아니라 제품의 가격을 낮추고, 물건의 수명을 늘리고, 궁극적으로 인류의 지속가능성을 높여준다. 소비자들이 물건을 고쳐 쓸수록 멀쩡한

수많은 이미지로 이루어진 단계별 가이드가 제공
된다면 DIY 수리도 그렇게 어려운 작업이 아니다.

제품을 버리는 비율이 줄어들고, 수리해서 사용할 만한 중고 제품을
구매하는 사람이 늘어나기 때문이다.

홀로그램으로 업무를 지도하다
#증강현실 훈련 시뮬레이션

사회적 상호작용이나 스포츠 코칭, 또는 응급 구조대원과 농부의 업무
에 이르기까지 증강현실을 통한 교육 및 훈련 분야가 슈퍼사이트의 킬
러앱이 될 것이다.

그중에서도 잠재력이 가장 큰 시장이 바로 기업 교육이다. 오늘날
의 기업 교육 콘텐츠는 대부분 무미건조한 내용으로 채워진 데다, 교
육 자체도 '만일의 사태'가 벌어지기 한참 전에 이루어진다. 교육을 수
료한 사람들이 막상 그 내용을 실제 상황에 적용할 때가 되면 이미 몇
개월 또는 몇 년이 지나 머리에는 아무것도 남아있지 않은 경우가 많
다. 이 때문에 값비싼 실수, 자재 낭비, 부상, 그리고 훈련에 대한 참담

한 평가 같은 부정적인 결과가 빚어지기 일쑤다. 훈련이 적절한 상황에 맞춰 적절한 시기에 이루어진다면 교육의 효율성은 훨씬 증가할 것이다.

오늘날 가장 널리 사용되는 슈퍼사이트 기반의 교육 애플리케이션은 프로 운동선수 출신의 창업가에 의해 개발됐다. 스탠퍼드대학교에서 미식축구 선수로 활약했던 데렉 벨치Derek Belch는 교실이나 회의장 대신 실제 상황과 흡사한 환경에서 진행되는 훈련의 가치를 인식하고 가상현실 플랫폼 기업 **스트라이버**STRIVR를 설립했다.

그의 연구팀은 선수들을 가상의 환경에서 복잡한 경기 상황 속으로 몰입시키면 실제 게임에 참가했을 때 훈련받은 내용을 더 잘 기억하고 실수도 덜 저지른다는 사실을 밝혀냈다. 벨치의 아이디어는 매우 효과적이어서 많은 프로미식축구NFL 구단이 그가 제작한 가상현실 헤드셋을 도입했다. 스트라비이버의 헤드셋을 활용하는 법은 다음과 같다. 먼저 스트라이버의 기술진은 팀의 훈련 모습을 360도 동영상으로 촬영하고 이를 선수 개개인을 위한 1인칭 시점의 맞춤 영상으로 제작한다. 선수들은 가상현실 헤드셋을 통해 자신의 움직임을 다양한 속도로 재생하며 되짚어 볼 수 있다.

스트라이버는 이 제품이 미식축구 선수들에게 효과가 있다면 월마트Walmart의 근로자들에게도 효과를 발휘할 거라고 보았다. 다른 점이 있다면 단지 제공되는 내용이 패스나 블록 같은 미식축구 기술에 관한 것인지, 아니면 화가 난 고객을 달래거나 블랙 프라이데이에 매장으로 몰려드는 손님들을 상대하는 방법인지가 다를 뿐이다. "가상현실 기술은 저희 직원들이 실제와 흡사한 가상의 매장에서 실험을 수행하고 어려운 상황에 대처하는 법을 익히게 해줌으로써 현실 세계에서 같은 실수를 반복하거나 고객 여러분의 쇼핑을 망치는 일을 방지합니다." 월마트는 자사의 블로그에 이런 글을 게시했다. "저희 직원들이 수행하는 모든 업무의 궁극적인 목표는 고객 여러분께 최고의 쇼핑 경험을 제공하는 데 있습니다. 직원들은 가상현실을 통해 본인의 행동이 그 목표에 어떤 영향을 미치는지 알게 됩니다. 그들이 가상의 상황에서 실수를 저지르면 실제 세계에서 같은 일이 벌어졌을 때 우왕좌왕하지 않고 상황에 대처하는 방법을 미리 파악할 수 있습니다."

이 새로운 형태의 직원교육에는 널찍한 교실도 별도의 교육장을 방문할 필요도 없다. 직원들은 일이 한가하거나 짬이 날 때 곧바로 업계 최고의 모범 사례를 공부할 수 있다. 스트라이버의 현명한 사업적 피봇pivot(조직의 전략적 중심축을 이동하는 사업 방향의 중대한 변화 – 옮긴이) 덕분에 이 회사는 1700명에 불과한 NFL 선수들에서 220만 명의 월마트 근로자들로 고객 기반을 확장했다.

스트라이버의 프로그램은 공사 현장에서 근무하는 직원들에게 안전 교육을 제공하는 데도 사용된다. 중장비를 다루는 방법이 담긴 매뉴얼을 읽거나 장비의 위험에 대한 교육을 받는 것과 그 기계가 당신의 발아래에서 실제로 돌아가는 진동을 느끼고 본인이 안전 조치를 위반했을 때 어떤 위험이 발생하는지 경험하는 것은 전혀 다른 얘기다. 종이에 적힌 설명서를 읽으며 혼자만 끙끙대며 일하기보다, 각 단계의 작업 요령을 일일이 가르쳐주는 전문가의 홀로그램 이미지를 따라 그의 동작을 모방하는 편이 훨씬 일하기가 수월하다.

MIT에서 근무하는 내 동료 사라 렘센Sara Remsen 역시 제조, 건설, 광

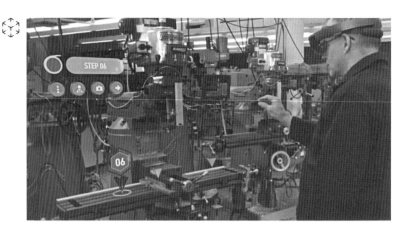

기술자가 PTC의 엑스퍼트 캡처 소프트웨어로 본인의 업무를 수행하면서 동시에 기계의 조작 설명서를 제작하고 있는 모습.

산, 제약회사 같은 현장 근로자들의 훈련과 재교육을 돕는 제품을 개발했다. 그녀는 가상현실이 아니라 증강현실 기술로 제품 개발하기로 했다. 그녀가 개발한 증강현실 기반의 소프트웨어 **엑스퍼트 캡처**Expert Capture는 복수의 도구나 장소와 관련된 작업에 특히 효과적이다. 가령 교육생들이 금속 소재의 부품을 깎고, 다듬고, 실험하는 등 여러 단계에 걸친 작업을 수행해야 할 때, 이 소프트웨어는 다음 작업이 이루어져야 할 곳에 리본 모양의 표시를 비춰준다. 교육생들은 그 표시를 따라 다음 장소로 이동해서 작업을 하면 된다.

차세대 근로자들이 안전하고 효과적으로 과업을 수행하도록 그들을 훈련하는 일은 오늘날 그 어느 때보다 중요해졌다. 2030년대가 되면 숙련된 전문가들이 대부분 은퇴한다. 따라서 제조업체들은 수백만 명의 기술자 부족 사태를 겪게 될 것이다(사라의 회사가 설립된 지 얼마 되지 않아 디자인 소프트웨어 회사 PTC에 인수된 이유도 바로 그 때문인 듯하다.)

근로자들에게 핵심적인 정보를 교육하는 과정을 기술적으로 발전시켜 낭비를 줄이고, 훈련비용을 낮추고, 수백만 달러의 비용을 절약할 시점은 바로 지금이다. 그리고 그런 일을 가능케 해줄 가장 중요한 기술은 바로 슈퍼사이트다.

디스토피아 : 인지적 의존

인간과 컴퓨터가 협업해서 일하는 현재의 구도에서 앞으로 사람의 역할은 어디까지 축소될까? 컴퓨터는 이미 자동차 정비소에서 대부분의 고장 진단 업무를 담당한다. 컴퓨터의 지시에 따라 기술자가 복잡한 업무를 처리하는 세상에서는 '인간의 전문성'이라는 용어가 더 이상 의미 없는 말이 될지도 모른다. 전문적인 기술이 모두 클라우드에 저장되어 있다면 엔지니어, 비행기 조종사, 의사, 변호사, 서비스 담당자 같은 사람들이 굳이 기술을 익힐 필요가 없기 때문이다.

우리가 자동화를 수용할수록 사람의 기술과 근육 기억은 쇠퇴한다. 미래학자 니콜라스 카Nicholas Carr는 이런 상실이 끔찍한 결과를 초래할 수 있다고 주장한다. 비행기의 오토파일럿 기능은 조종사의 기술력 쇠퇴를 유발해서 비극적인 추락 사고의 원인을 제공하고, 오토캐드AutoCAD 같은 자동 설계 기술은 건축가의 창의성을 빼앗아 도시 전체를 천편일률적인 유리 재질의 건물로 채워 넣을 수 있다. 우리가 골목골목 길을 안내하는 GPS에 너무 의존한 나머지 요즘 아이들은 지도를 읽고 방향을 찾는 능력을 상실했다. 왕립 운항 학회Royal Institute of Navigation의 대표를 지낸 로저 매킨리Roger McKinlay는 〈네이처〉에 기고한 기사에서 이렇게 한탄했다. "사람이 선천적으로 타고난 방향 찾기 능력을 소중히 간직하지 않는다면, 앞으로 우리가 스마트 장비에 의존할수록 이 능력은 더욱 쇠퇴할 것이다."

그러나 역사적으로 이런 '상실'에 대한 논란은 조면기(목화에서 솜과 씨를 분리하는 기계 - 옮긴이)나 계산기처럼 사람을 돕는 기술이 등장할 때마다 반복됐다. 탁상시계나 손목시계는 인간에게 내재된 시간 감각을 박탈했고, 인류가 글씨를 쓰기 시작하면서 구술적 스토리텔링의 풍부한 전통은 단절됐다. 전자음악은 어쿠스틱 음악을 사라지게 했으며, 비디오는 라디오스타를 살해했다.

이런 상실의 반대급부로서 얻게 될 이득이 전혀 없는 것은 아니다. 우리에게는 과거와 같은 사냥 감각이 남아있지 않지만 대신 식품점에서 먹을거리를 구매하면서 책을 읽을 시간이 생겼다. 또 우리가 예전처럼 암산 능력을 발휘하지는 못하더라도 많은 학생들이 초등학교 때부터 코딩의 기초를 배우고, 중학교에서 로봇공학의 기초를 익히고, 고등학교에서는 파이선Python 프로그래밍을 공부한다. 빠른 암산 실력이나 예민한 방향 감각만으로는 움직이는 드론 위에 로켓을 착륙시킬 수 없다.

내가 자동화나 기계학습의 확산에 대해 가장 우려하는 분야는 따로 있다. 바로 취미생활이다. 우리가 취미를 통해 얻는 가장 큰 즐거움은 '불확실성'에서 오는 짜릿함과 오랜 시간을 투자해서 개발한 나만의 기술이다. 하지만 어군 탐지기 같은 낚시도구는 낚싯대에 어떤 루어를 달아 어느 지점에 얼마만큼의 깊이로 던져야 하는지 알려줘 낚시의 의외성에서 오는 재미를 반감시킨다. 증강현실 스키 고글 역시 슬로프를 질주해서 내려올 때 정확한 방향을 안내하는 선을 표시해 활강의 짜릿함을 사라지게 한다. 이런 장비들은 고기를 낚아 올리는 일을 돕고 가파른 슬로프를 내달리는 요령

클리어워터(CleAR) 증강현실 앱은 호수 밑바닥의 지형을 화면 위에 겹쳐서 보여주고 기계학습으로 확률을 계산해서 어느 물고기를 어느 정도의 깊이에서 어느 루어로 낚아야 하는지 알려준다. 이런 기술은 자연스러운 진화의 산물일까? 아니면 낚시꾼이 물 위에서 보내는 시간을 과도하게 규정하고 본능을 개발할 기회를 제거함으로써 낚시의 핵심인 '불확실성'과 '지루함'을 앗아가는 지나친 간섭일까?

을 가르쳐주는 강력한 도구지만, 한편으로 처음 낚시나 스키에 빠져들었던 바로 그 이유를 빼앗아 간다. 눈앞에 무한하게 펼쳐진 바다와 산 위에 가상의 가드레일이 설치되는 순간, 바로 그때가 이 세상에서 모험이라는 이름의 짜릿한 경험이 영원히 사라지는 순간이 될지도 모른다.

호보 마크, 공간 메시징

#호보 마크의 역사

우리가 증강현실 기술을 통해 전문성을 공유해야 할 가장 시급한 영역은 전력선, 수도관, 다리, 교통망 같은 노후화된 사회기반시설이다. 나이가 지긋한 사람들은 이런 복잡한 시스템과 기계들이 어떻게 구축됐고, 특징이나 문제점이 무엇이고, 이들을 계속 가동하기 위해서는 무엇이 필요한지 잘 알고 있다. 그러나 수십 년간 중장비를 다뤄본 사람들에게는 간단한 업무가 새로 그 일을 맡은 디지털 세대에게는 낯선 땅에서 들려오는 외국어처럼 느껴질 수 있다. 젊은 기술자들은 복잡한 순서와 단계에 따라 수동 레버와 아날로그 조절 장치를 조작하기보다, 스마트폰을 문지르거나 두드리면서 업무를 처리하는 데 익숙하다. 그들은 구식 우주선이 아니라 스페이스X 같은 최신형 로켓을 원한다.

　여기에는 중대한 문제가 내포되어 있다. 우리는 나이 든 기술자들이 힘겹게 축적한 사회기반시설들에 대한 지식을 신세대 근로자들에게 어떻게 전수할 수 있을까? 누렇게 색이 바랜 낡은 매뉴얼로 젊은이들을 훈련하기보다 오래된 기계나 주변 장치들 위에 효율적인 방법으로 레이블, 기호, 주석 등을 남길 방법은 없을까? 세대 간의 시각적 통합을 가능케 하는 기술은 미래가 아니라 과거에 벌어졌던 어느 놀라운 이야기로부터 찾을 수 있다.

1930년대 초 대공황이 발발하자 수백만의 미국 시민이 일자리와 농장, 집을 잃고 거리로 내몰렸다. 이 떠돌이들은 서로를 돕기 위해 자신들만의 독특한 언어를 개발해서 소통했다. 그들은 집의 기둥, 담벼락, 벽면 같은 곳에 **호보 마크**hobo mark(떠돌이의 기호라는 뜻 - 옮긴이)를 남겼다. 이 기호들은 오늘날에도 종종 찾아볼 수 있다.

마치 상형문자처럼 생긴 이 언어는 어느 집의 주인이 친절한 여성인지 또는 성미 고약한 남자인지, 위험한 집인지 아니면 하룻밤을 보낼 수 있는 안전한 곳인지, 또는 음식을 제공하는 일거리가 있는 집인지 등을 의미하는 일련의 기호들로 이루어져 있다. 가령 역삼각형 모양의 기호는 다른 떠돌이들이 이곳에 왔었다는 뜻이고, 삼각형에 모자가 씌워져 있는 기호는 집주인이 부자라는 의미다. 이 기호들은 집 없는 사람들을 의사나, 하룻밤 묵을 곳이나, 다음번 식사를 할 수 있는 장소로 안내하는 역할을 했다. 말하자면 눈앞의 풍경 위에 '지식을 덧입히는' 행위였다. 그들이 기둥에 기호를 새기는 데 필요한 도구는 주머니칼이 전부였다.

호보 마크의 놀라운 점은 이 기호들이 지속적이고, 상징적이고, 암호화되고, 구체적인 현실을 반영하는 방식으로 정보를 부호화했다는 것이다. 말하자면 일종의 공간적 지식 공유 시스템spatialized knowledge

판사가 살고 있음	음식을 잘 나눠줌	의사가 돈을 안 받음
집주인이 부재중	친절한 신사가 살고 있음	친절한 여성이 살고 있음
사나운 개가 있음	주인이 돈 몇 푼을 주고 당신을 쫓아버림	깨끗한 물이 있는 캠프 장소
	짖는 개가 있음	

난터켓섬의 레스토랑에 남겨진 증강현실 호보 마크.

sharing system이었다. 현대인들은 증강현실 기술 덕분에 남들이 식별할 수 있는 디지털 호보 마크를 세상 어디에나 남길 수 있다.

2019년 여름, 나는 혁신 리더들을 대상으로 열린 콘퍼런스에서 워크숍 강좌를 맡았다. 이때 참가자 전원에게 다음과 같은 숙제를 냈다. 먼저 그들의 스마트폰에 월드 브러시World Brush라는 앱을 설치하게 했다(이 앱은 현재 서비스가 중단됐다). 이 앱을 사용하면 세상 어느 곳이든 가상의 기호를 남기고 스마트폰 카메라로 그 기호를 볼 수 있다. 이 기호들은 물리적인 장소에 부착해서 다른 사용자들과 공유하게끔 되어 있기 때문에, 월드 브러시 앱을 설치한 사람들은 해당 장소를 지나갈 때 스마트폰으로 그 기호를 볼 수 있을 뿐 아니라 반경 600미터의 지도에 표시된 모든 기호를 한꺼번에 확인할 수도 있다. 나는 워크숍 참석자들에게 이 앱을 사용해서 주위의 아무 곳에나 증강현실 기호를 남겨 보라고 말했다. 이 행사가 열린 난터켓섬은 시내 중심부의 넓이가 여섯 블록에 불과했기 때문에, 워크숍 참가자들이 이곳에서 며칠을 지내면서 동료들이 남긴 기호들을 발견할 확률은 매우 높았다.

그러자 모두가 거리로 나가 다른 사람들에게 도움이 될 만한 기호를 남기기 시작했다. 가령 그들이 근사한 레스토랑을 찾아내면 그곳에 기호를 표시했다. 나는 이렇게 생각했다. 만일 당신이 이곳을 방문했을 때 친구에게 맛있는 식당이나 재미있는 일을 알려달라고 요청하기보다, 월드 브러시 앱을 켜서 남들이 추천한 훌륭한 식당이나 매장들에 대한 평가를 별점의 형태로 확인할 수 있다면 어떨까?

이렇게 월드 브러시로 작업을 진행하다 보니 디자인 및 데이터 정책과 관련된 의문들이 하나씩 생겨났다. 가령 이 기호들은 얼마나 오랫동안 남아있어야 할까? 워크숍은 반나절 동안 진행됐고 참가자들은 이 섬에서 하루나 이틀 정도 더 묵을 예정이었다. 그들은 자신이 남긴 기호가 다음 해 여름까지 남기를 바랄까? 또 다른 의문점은 그 기호를 볼 수 있는 사람이 누구냐 하는 문제였다. 워크숍 참가자 20명은 당연히 동료가 남긴 기호들을 보고 싶어 하겠지만, 이 기호나 별점들은 난터켓섬을 방문하는 다른 관광객들에게도 공개되어야 할까? 아니면 이곳에서 살아가는 현지인들을 혼란스럽게 만들고 좌절감을 느끼게 할 뿐일까? 이 기호들은 언제까지 다른 사람들에게 도움이 되고, 언제가 되면 가상의 낙서로 전락해 버릴까?

신경과학자 보 로토Beau Lotto는 **트레이시스**Traces라는 지역 기반의 메시징 시스템을 개발해서 이런 디자인상의 의문점을 상당 부분 해소했다. 트레이시스의 사용자는 세상의 모든 사람에게 메시지를 보내는

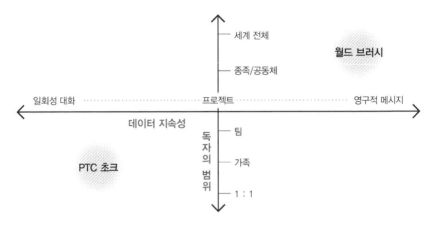

세상에 남겨진 가상 기호의 수명

이 프레임워크는 몇 초부터 영원함에 이르는 가상 기호의 광범위한 수명을 나타낸다. 그리고 오직 한 사람부터 세상 모든 사람까지 그 메시지를 읽을 수 있는 독자의 범위를 표시한다.

것이 아니라 오직 특정 장소 안에서 문자, 음성, 이미지 등의 형태로 메모를 남길 수 있다. 따라서 그 메모를 볼 수 있는 것은 그 장소를 직접 방문한 사람뿐이다.

사용자는 그 메시지가 얼마나 오래 남아있을지(한 시간, 하루, 1년), 그리고 누가 이를 볼 수 있는지(특정 회사 직원들 또는 세상의 모든 사람) 직접 설정할 수 있다. 가령 강의가 진행 중인 회의실 문에 초청 강사를 소개하는 트레이스 메모를 부착해서 나중에 도착하는 참석자들에게 보여주거나, 이탈리아 레스토랑에 추천을 글을 남김으로써 이곳을 방문하는 친구들이 맛있는 티라미수 케이크를 맛보게 할 수 있다. 주위의 세계에 이렇게 숨겨진 메모를 남기는 행위는 마치 스파이 영화의 한 장면처럼 우리에게 짜릿한 즐거움을 선사한다!

다른 사람들에게 도움이 될 만한 표시를 세상에 남기는 기술은 수많은 업무에서 요긴하게 활용할 수 있다. 가령 엔지니어들은 기계나 도구 위에 사용 설명서를 남기고, 점검이 필요한 사항이나 수리 이력 등을 첨부하는 용도로 이를 사용할 수 있을 것이다. 이런 가상의 기호 중에는 '주의! 고압 전류가 흐르고 있음' 같은 경고 문구처럼 그곳에 영원히 남아야 하는 표시가 있는 반면, 당신이 응급 서비스 전화를 걸 때 참조하려고 임시로 기록한 메모도 있을 수 있다. 이런 메시지는 당신이 떠나는 순간 사라진다. 누가 해당 메모를 볼 수 있는지 구체적으로 설정하는 기능은 업무에도 도움이 된다. 발전소에서 처음 일하게 된 신입 직원들은 경험 많은 직원들에 비해 상세한 업무 지침서를 더 많이 접할 필요가 있다.

이처럼 슈퍼사이트는 사물의 사용법에 대한 전문적인 지식을 제품에 녹여 넣고 사용자가 이를 필요로 하는 정도와 시점에 따라 그 지식을 적재적소에 전달함으로써 수많은 상황적 문제를 해결할 수 있다. 하지만 슈퍼사이트를 업무에 적용할 때 가장 큰 위력을 발휘하는 곳은 역시 안전 분야이다.

사고를 예측하는 기술

#업무 현장 안전   #공동의 훈련 데이터

치명적 산업재해 센서스Census of Fatal Occupational Injuries의 발표에 따르면 세계에서 가장 위험한 직종 중 하나는 바로 건설업이다. 건설 현장 근로자들은 매일같이 높은 사다리나 발판을 오르고, 중장비나 전동 공구를 다루고, 여러 가지 위험한 작업을 수행한다. 물리적 활동이 수반되는 업무에서는 부상이나 사망 사고가 빈번하게 일어난다. 슈퍼사이트를 이용해서 더욱 안전하고 효과적인 근무 환경을 구축할 방법은 없을까?

건설업이 슈퍼사이트의 능력을 검증하기 위한 훌륭한 실험대인 이유가 있다. 이 분야에서는 물리적 활동이 업무의 많은 부분을 차지하고 작업 내용이 수많은 가변적 요소로 이루어져 있다. 다시 말해 건설 업무는 상세한 디지털 도면과 건물 정보 모델을 바탕으로 진행되지만, 실제 작업이 이루어지는 현장의 모습은 수많은 요소가 뒤죽박죽 섞여 있는 혼란 그 자체다.

"이곳에서 차분하게 진행되는 유일한 업무는 기획뿐입니다." 짓키 친Jit Kee Chin 박사는 이렇게 말했다. "그 작업이 끝난 뒤에는 이른바 '통제된 혼란'이 시작됩니다. 예측하지 못한 일이 수백 가지가 벌어지죠." 짓키는 맥킨지McKinsey에서 전략 컨설턴트로 10년간 근무한 뒤에 건설 회사 서퍽Suffolk에 합류했다. 그녀는 지금까지 내가 만난 사람 중에 가장 날카로운 분석력을 소유한 전문가일 뿐 아니라, 남성 일색인 건설업계에서 유달리 눈에 띄는 여성 인재다. 이 회사의 수석 부사장 겸 최고 데이터 및 혁신 책임자로 재직 중인 그녀는 서퍽이 전 세계적으로 진행하는 수많은 건설 프로젝트에서 발생하는 공사 지연이나 리스크 같은 문제의 근본 원인을 방법론적으로 분석하고 있다. 또 그녀는 이 문제를 해결할 수 있는 제품을 개발하는 벤처 기업들에 투자하는 일을 맡고 있다.

"안전관리는 건설업계가 풀어야 할 숙제 중 하나입니다." 짓키는 2019년 MIT에서 개최된 엠테크 콘퍼런스EmTech Conference에서 이렇게 말했다. 그녀는 이 문제를 해결하기 위해 슈퍼사이트 기술 기반의 스타트업 스마트비드Smartvid에 투자를 결정했다. 이 회사의 목표는 다양한 리스크를 인식하고 미세한 시각적 신호를 분석해서 근로자들의 부상을 예측하는 알고리즘을 개발함으로써 작업 현장의 안전을 도모하는 것이다.

현장 작업자들이 보호 헬멧을 착용하지 않거나, 보호 시스템에 몸을 고정하지 않은 채 높은 곳에서 일하거나, 위험한 기계 옆에 너무 가까이 다가가면 스마트비드 시스템은 이를 포착해서 기록한다. 이런 장면들이 담긴 이미지의 출처는 스마트폰 사진, 고정 카메라, 근로자의 헬멧에 부착된 웨어러블 카메라 등 다양하다. 만일 사다리가 올바른 방법으로 사용되지 않거나 자재를 위험하게 적재하는 등 미국직업안전위생국Occupational Safety and Health Administration, OSHA의 규정을 위배하는 안전상의 위험이 탐지될 경우, 시스템은 이 상황을 보고서로 정리해서 해당 근로자와 관리자에게 전달한다. 그리고 이 행위에 따르는 리스크를 알고리즘으로 측정해 작업자들에게 닥칠지도 모르는 부상의 가능성을 수치화한다. 말하자면 안전이라는 게임에 똑똑한 피드백 장치를 추가한 시스템이라고 보면 된다.

스마트비드의 딥러닝 시스템은 미래에 발생할 가능성이 있는 근로자들의 부상이나 작업 지연 사태의 확률을 추산하는 일종의 계산기라고 할 수 있다. 컴퓨터는 그 확률을 계산한 뒤에 예측 분석 시스템을 가동해서 현장마다 시급하게 취해야 할 조치를 추천한다. OSHA에 따

슈퍼사이트 플랫폼 중 하나인 스마트비드는 건설 현장에서 보호 장비를 제대로 착용하지 않은 사람들을 포착해서 안전 관리를 돕는다.

르면 공사장에서 발생하는 '네 가지 중대 재해'(추락 사고, 무거운 물체에 타격을 받는 사고, 감전 사고, 장비에 끼이는 사고)만 사라져도 미국에서만 연간 591명의 소중한 생명을 구할 수 있을 거라고 한다.

서퍽과 스마트비드는 알고리즘을 정밀하게 훈련하기 위해서는 더욱 많은 데이터가 필요하고, 산업 안전은 서퍽뿐만 아니라 건축업계 전체가 공유하는 목표가 되어야 한다고 보았다. 그래서 그들은 자신들이 개발한 제품을 경쟁 기업들에 제공하고, 이 예측 시스템을 사용하는 회사들과 컨소시엄을 조직해 다양한 데이터를 공유하고 함께 시스템의 성능을 개선했다. 건설업계 전체로 보면 각종 데이터와 모범 관행들을 공유함으로써 신속한 학습과 시스템의 성능 개선이 가능해졌고, 각자의 건축 프로젝트를 경쟁자들의 사례와 비교할 수 있는 능력을 얻게 됐다.

딥러닝 시스템에 이런 컨소시엄 방식이 특히 필요한 이유는 더 많은 데이터가 공유될수록 알고리즘이 더욱 정밀해지고, 더 강력한 제품을 개발할 수 있기 때문이다. 스마트비드는 컨소시엄을 통해 이미지, 프로젝트 데이터, 급여 데이터, 사고 및 사건 기록을 포함한 다양한 형태의 데이터를 통합해 리스크를 더 정확하게 측정하는 시스템을 개발했다. 스마트비드는 슈퍼사이트 데이터(비정형 데이터)와 프로젝트 데이터(정형 데이터)를 새로운 방식으로 결합한 예측 분석 기술을 앞세워 2020년 1억 달러의 투자 유치를 받았고 2021년 **뉴매트릭스**Newmetrix라는 브랜드로 재출범했다.

회사의 안전관리 정보를 경쟁자와 공유하는 일은 상식에 어긋난 행위처럼 보이지만, 스마트비드 시스템을 도입한 회사 중에는 의사결정을 내리는 데 필요한 정보를 충분히 확보하지 못한 조직이 많다. 데이터 공유를 통해 안전을 개선할 수 있다면 이 혜택을 거부할 건설 회사는 많지 않을 것이다.

슈퍼사이트의 예측 기술은 건설 현장 밖에서도 안전을 개선하는 데 사용된다. 2018년, 나는 부동산 관리용 소프트웨어 개발업체 **앱폴리오**AppFolio에서 개최한 콘퍼런스에 기조연설자로 참석했다. 이 회사는 고객들이 관리하는 수천 곳의 주거용 부동산을 대상으로 안전사고의 위험을 탐지하는 컴퓨터비전 기술을 개발했다. 가령 보안카메라가 계단 위에서 블랙 아이스, 장난감, 맥주병, 쓰레기 같은 장애물을 발견하면 앱을 통해 경고 신호를 보내는 방식으로 입주자들에게 안전한 환경을 제공한다.

또한 앱폴리오는 자동차 계기판이나 드론에 장착된 '움직이는 눈'을 활용해 길 위로 쓰러진 나무와 전기선, 도로의 장애물, 폭우 뒤에 생겨난 물웅덩이 등 운전에 위험한 요소들을 자동으로 식별하고 움푹

파인 도로나 자전거 길에 주차된 자동차가 유발하는 리스크를 계산해 확률 모델을 바탕으로 적절한 개선안을 추천한다. 예를 들어 이 교차로를 개선하는 데 13만 달러를 투자하면 향후 10년에 걸쳐 시민들의 병원비나 클레임 처리 비용 36만 달러가 절약될 거라고 알려주는 식이다. 이런 예측 서비스 덕분에 보험회사나 고용주들은 비용을 절약할 수 있다.

이처럼 슈퍼사이트를 활용하면 위험한 업무로부터 초래되는 부상을 피하고 제조업에서 낚시에 이르기까지 모든 일의 생산성을 향상할 수는 있다. 그러나 극단적인 정밀함만을 강조하는 미래에 반감을 갖는 사람은 없을까? 나는 강철과 유리로 상징되는 르 코르뷔지에 스타일의 현대식 완벽함에 저항하는 시대적 트렌드가 이미 생겨났다고 생각한다. 한 치의 오차도 없이 정확하게 제작된 대량생산 제품을 거부하고 사소한 흠집과 불균형의 아름다움으로 특징지어지는 수공품을 선호하는 분위기가 무르익고 있는 것이다.

그렇다면 장인들은 도태될까

#디지털 완벽성의 문제 #불완전함의 즐거움

내 사촌 중의 한 명은 내가 보기에 다섯 살짜리 어린아이가 만든 것 같은 머그, 그릇, 주전자, 접시 등을 구하기 위해 고미술 시장이나 도자기 전시장을 뒤지고 다닌다. 사촌의 주장에 따르면 손잡이가 아래로 처지고 표면의 광택이 고르지 않은 물건일수록 가치가 있다고 한다. 시장에는 깨끗하고 기계 세척이 가능한 식기들이 넘쳐 나지만 그녀는 가장 흠집(그녀가 '개성'이라고 표현하는)이 많은 머그나 접시를 선호한다. 사촌이 저녁 식사에 초대한 손님들은 그 식기들이 손으로 제작된 맞춤 생산 제품이며 할인매장에서 파는 2달러짜리가 아니라 적어도 80달러쯤 되는 물건이라는 사실을 곧바로 알아차린다.

요즘에는 뭔가 잘못 만들어진 것처럼 보이는 물건을 소유하는 일이 희소가치 고상한 취미이자 특권으로 여겨지고 있다. 그 이유는 5000개의 똑같은 물건을 자동으로 생산하는 비용에 비해 다섯 가지 물건을 수공으로 제작하는 비용이 훨씬 크기 때문이다. 의복의 사소한 흠집, 청동 문손잡이의 은은한 녹청색, 빈티지한 가죽 재질의 가구, 심지어 귀퉁이가 구겨진 '집에서 만든' 크리스마스카드는 모두 전통과 특권의 상징이다.

심지어 현대인들은 사소한 변형의 수준을 벗어나 고도의 파격을 선호하기 시작했다. 공장 자동화와 기계 시대는 우리에게 제품의 일관성과 저렴한 가격이라는 혜택을 선사했지만, 반면 지루함과 단조로움이라는 부작용을 남겼다. 요즘 사람들은 어떤 형태로든 인간의 손이 제작 과정에 참여했다는 표시를 원한다.

덴마크의 디자이너 한스 웨그너Hans Wegner가 디자인한 고전적 스타일의 의자를 만들기 위해서는 선반 위에서 다리의 모양을 잡고, 등판과 팔걸이를 조각해서 사포로 다듬고, 나무 재질의 핀과 접착제로 이음매를 접합하고, 엉덩이와 맞닿는 부분을 등나무로 엮는 과정을 거쳐야 한다. 최종적으로 탄생한 의자가 대칭이 맞고 균형이 잡혀있다면, 장인은 제작 과정에서 얼마든지 변형과 파격의 미학을 발휘할 수 있다. 이런 의자들은 주로 퍼스트딥스닷컴FirstDibs.com 같은 수집가 사이트에서 거래되는데, 저마다 독특한 아름다움을 뽐내는 작품들의 가격은 개당 5600달러를 쉽게 넘어간다.

이런 장인들의 작품과 **코그넥스**Cognex, **인더스트리얼 ML**Industrial ML, **비전 머신**Vision Machine 같은 기업들이 제공하는 슈퍼사이트 기반의 로봇 기술을 비교해 보라. 이 업체들은 컴퓨터비전으로 생산품의 미세한 결점까지 잡아내 제품의 품질을 높이고, 폐기물을 줄이고, 회사의 수익을 증가시킨다. 그곳에서는 오직 완벽하게 복제된 생산품만 출하하고 어떤 오류도 용납하지 않는다. 물론 조그만 약병에 정확히 30개의 알약을 채워 넣어야 하는 약품 제조 과정처럼 고도의 정밀함이 꼭 필요한 분야가 있다. 제약회사들이 사용하는 슈퍼사이트 카메라가 알약의 개수를 헤아리는 데는 1초도 걸리지 않는다. 사람이 눈으로 포착하기에는 너무 빠른 시간이다.

정밀한 기술 덕분에 생산성이 향상되는 것은 분명하다. 제조상의 세부 사항들이 정확히 지켜져야만 제 기능을 발휘하는 산업 분야에서는 정밀함이 안전을 보장하기도 한다. 우리가 사용 중인 주방용품, 비행기, 자동차 같은 물건들은 완벽한 생산을 가능케 하는 카메라와 컴퓨

한스 웨그너의 클래식한 의자는 오직 사람의 손으로만 제작이 가능한 복잡한 곡선과 가벼운 변형이 제품의 특징을 이룬다.

터비전 덕분에 사소한 결함 하나 없이 만들어진다. 정밀함을 무엇보다 우선시하는 기업들은 제조 과정을 철저히 점검하고 더욱 정밀한 제품을 생산하기 위해 '더 많은 눈'을 필요로 한다. 그리고 이런 '자동화된 정밀함'은 불량품을 최소화하고, 쓰레기를 없애고, 생산 라인의 유휴 시간을 줄여준다.

그러나 이런 정밀한 카메라들 탓에 우리 주위에서는 사람이 손으로 만든 공예품의 감각을 더 이상 찾아볼 수 없게 됐으며 매일 사용하는 물건에 대한 우리의 태도도 바뀌고 있다. 우리는 주위에 존재하는 모든 사물을 누군가 정성을 기울여 만든 물건이라기보다 단순한 공산품으로 취급한다. 다시 말해 두고두고 고쳐 쓰면서 소중히 간직해야 할 애장품이 아니라 한 번 쓰고 버릴 소모품으로 생각하게 된 것이다. 그런 이유로 공장에서 제조된 물건이 한 치의 오차도 없이 완벽할수록 진정성, 독창성, 파격의 가치를 높이 평가하는 사람이 늘어난다. 그 물건이 인간의 손을 거쳐 탄생했다는 증거이기 때문이다. 장인이 진흙으로 빚어낸 찌그러진 찻주전자는 이중 알루미늄 벽을 장착한 보온병만큼 음료를 따뜻하게 보관하지는 못하지만, 보기에는 한결 아름답다.

이런 시대적 조류로 인해 일부 기업은 컴퓨터비전을 이용해서 일부러 불완전한 제품을 제작하는 아이러니한 상황을 연출하기도 한다. 사람이 손으로 만든 것처럼 생산품에 흠집을 내는 과정을 '디자인'에 담는 것이다. 가령 이케아는 네덜란드의 유명 디자이너 피트 하인 이크 Pete Hein Eek가 설계한 가구와 가정용품을 자사의 제품 라인에 포함해 출시했다.

이 디자이너는 제품을 설계할 때 물건의 불완전한 부분이나 흠집을

이케아에서 판매하는 이 의자들은
수공품처럼 멋진 디자인을 자랑한다.

사람들에게 스스럼없이 드러내는 것으로 잘 알려져 있다. 그가 만든
그릇은 완전히 둥글지 않고, 의자는 살짝 기울어져 있다. 바로 그 이유
로 인해 이 제품들이 진정한 의미의 수공예품으로 받아들여지고 독특
한 매력과 개성을 발휘하는 명품으로 평가받는다.

　"고객들은 모든 제품의 개성을 느끼고 제품 하나하나가 특별하다는
사실을 알게 됩니다." 이케아의 크리에이티브 팀을 이끄는 카린 구스
타브손Karin Gustavsson은 2017년 이 회사의 연례 데모크라틱 디자인 데
이Democratic Design Days에 참가하기 위해 본사를 방문한 내게 이렇게 말
했다. 이 제품 라인의 도자기 꽃병들은 10여 개의 수공품 주형에서 무
작위로 생산됐기 때문에 모양이 살짝 울퉁불퉁하다. 또 각자 다른 두
기계에서 만들어진 유리 제품들의 컬렉션도 전체적으로 뭔가 부조화
한 감성이 묻어난다. 아이러니한 사실은 이런 파격이 만들어지는 곳
역시 기존 제품들을 대량으로 쏟아내는 생산 라인이라는 점이다. 말하
자면 그들은 주형으로 불완전함을 찍어내고 있었다.

　이런 '결함의 매력'은 거의 모든 표현 매체에서 공통으로 관찰된다.
가령 음악 분야에서도 우리는 기타 연주자의 손이 프렛을 미끄러지는
소리, 박자가 어긋나는 드럼의 리듬, LP 레코드의 잡음 같은 불완전함

의 가치를 인정한다. 일부 제작자는 여전히 자동 음정 보정auto-tune 기술에 의존하지만, 많은 사람이 살짝 어긋나는 박자나 파격적인 음색을 일부러 추가해서 전자화된 음을 더 따뜻하게 만드는 비 양자화un-quantize 녹음 방식을 택하고 있다. 그렇지 않으면 녹음된 트랙이 로봇이 연주하는 전자음악처럼 우리 귀에 부자연스럽게 들릴 우려가 있기 때문이다.

우리는 수많은 제품을 사들이지만 사실 우리가 진정으로 좋아하고, 원하고, 기꺼이 돈을 치르는 대상은 불완전함이다. 소비자들은 여전히 사람의 손길이 직접 닿은(비록 그것이 '실수'를 의미한다고 해도) 제품을 선호하며, 이는 우리에게 커다란 기회를 안겨준다. 맞춤형 제품을 만드는 수공품 제작자들은 어느 면에서 자동화로부터 가장 안전한 사람들일지도 모른다. 언젠가 컴퓨터가 불완전함조차 완벽하게 흉내 내기 전까지는 말이다.

9장

상상하다
미래를 바꿀 힘

인간의 눈은 어떻게 진화해야 하는가
#진화생물학 #개념적 외연 확장

미래를 예상하기는 어렵다. 나와 같은 미래학자에게도 쉬운 일이 아니다. 미래학자들은 시나리오를 계획하고, 시장을 예측하고, 때로는 디자인 픽션design fiction(가상의 시나리오를 바탕으로 인류의 미래에 대해 질문을 던지는 디자인 접근방식 – 옮긴이)을 통해 인류에게 닥칠지도 모르는 미래를 탐구한다. 그리고 1장에서 등장한 도버 해협의 레이더 담당자처럼 향후 중요한 트렌드로 확대될 가능성이 있는 미약한 신호를 찾아낸다. 미래학자들은 실험실에서 개발 중인 수많은 단편적 기술들을 연결해서 미래의 기회를 발견하기 위해 애쓴다. 새로운 기술은 언제쯤 사회적 수용의 티핑 포인트tipping point(어떤 현상이 서서히 진행되다가 특정한 시점을 거치며 한순간 폭발하는 상황 – 옮긴이)에 도달할까?

현대의 수많은 기술이 기하급수적으로 발전하는 상황을 고려하면, 미래를 내다보는 작업은 지수함수 그래프를 동원해야 효과적으로 해낼 수 있다. 가령 배터리의 에너지 집적도에 대한 트렌드를 예측할 때도 기존의 선형적인 추론 방식으로는 전기 자동차나 전기 비행기가 가져다줄 기회를 제대로 상상할 수 없으며 기하급수적 발전이라는 관점을 통해 세상을 관찰해야만 배터리로 가동되는 버스, 기차, 배, 항공기 등의 필연성을 짐작할 수 있다. 마찬가지로 스마트안경의 미래를 분석할 때도 하드웨어 소형화, 메모리 가격, 연산 능력, 디스플레이 해상도, 고 명암비 기술, 그리고 슈퍼사이트의 기반이 되는 증강현실 알고리즘 성능을 포함한 핵심 기술 요소들이 기하급수적으로 발전하고 있다는 사실을 염두에 두어야 한다.

미래학자들은 이런 수많은 기술의 결합으로 어떤 기회가 생겨날지 정확히 예측해야 하는 한편 그로 인해 발생할 가능성이 있는 2차 또는 3차 효과도 고려해야 한다. 가령 모든 사람이 집에서 자동차를 충전하는 날이 온다면 주유소를 운영하는 사람들과 주유소 매출에 의존하는 기업들은 어떻게 될까? 나는 이런 변화의 추세를 수동적으로 관찰하며 디스토피아에 대한 경고음만 울려대는 대신 인류에게 바람직한 미래의 시나리오를 상상하고 그 모델을 제시하고 싶다. 가령 자동차들을 수용할 공간이 충분하고 땅속에 커다란 탱크가 묻혀있는 주유소들은 소비자들에게 다른 편의를 제공하는 방향으로 사업 전략을 바꿀 수 없을까? 예를 들어 집에서 농산물을 재배하는 사람들을 위해 수경재배용 비료를 판매하면 어떨까?

디지털화에 따른 파괴적 혁신, 클라우드 컴퓨팅, 모바일 기술, 음성 인식, 사물인터넷, 가상현실, 공간 컴퓨팅 같은 기술의 거시적 트렌드를 예측하기는 상대적으로 쉽다. 하지만 그 기술이 언제쯤 우리의 문화 속에 보편적으로 수용될지 내다보기는 훨씬 어렵다. 스타트업이나 기존 기업들이 구체적으로 어떤 제품이나 서비스, 그리고 비즈니스 모델을 내놓을지 예상하기는 더더욱 어렵다.

업계 전반에 걸친 이런 극심한 복잡성 탓에 오늘날 미래학자들의 업무는 마치 다차원 체스 같은 난해한 게임으로 변했다. 새로 등장하는 기술이 어떤 변화의 물결을 일으킬지 예상하기는 거의 불가능해졌고, 그 시점이 언제가 될지 판단하기는 더욱 난감해졌다. 예를 들어 몇 년 전만 해도 코로나19라는 세계적 규모의 팬데믹을 예상한 사람은 아무도 없었다. 이 사태로 인해 요식업이나 여행 산업이 심각한 타격을 받을 것이며 전자상거래, 원격진료, 온라인 학습, 홈 트레이닝, 원거리 협업 등이 우리 사회에 새로운 문화현상으로 자리 잡을 거라는 사실을 내다본 사람은 더더욱 없었다.

우리를 둘러싼 지정학적 환경이 끊임없이 변하고 기후변화도 티핑 포인트에 점점 가까워지고 있는 현 상황에서, 우리 모두 절실하고 긴급한 마음가짐으로 미래를 예측하는 일에 동참해야 한다. 다행히도 슈퍼사이트는 이런 변화의 물결을 상상하고 계획하는 데 필요한 도구를 제공한다. 이 책의 마지막 장에서는 바로 그 이야기를 해보려고 한다. 우리의 목표는 증강현실을 통해 더 나은 미래를 상상하고, 발명하고, 설득하고, 지키는 것이다.

슈퍼사이트는 우리 앞에 선명한 미래를 제시하는 최고의 예측 도구다. 왜 그런지 설명하기 위해서는 인류의 진화 과정을 거슬러 올라가

봐야 할 것 같다.

아마존강의 어두컴컴한 밑바닥에서는 눈이 없는 물고기가 살고 있다. 블랙고스트black ghost라는 이름의 이 물고기는 몸에서 불과 몇 센티미터까지만 도달하는 약한 전기장을 발산해서 먹이를 사냥한다. 올챙이 한 마리가 우연히 이 감지계에 접근하면 블랙고스트의 점심 식사가 된다. 이 생명체는 외부적 자극과 이에 대응해서 취하는 행동 사이의 공간 및 시간 반경이 매우 짧아서 앞날을 미리 내다봐도 생존에는 별 도움이 안 된다.

블랙고스트와 아프리카의 초원에서 먹잇감을 쫓는 사자를 비교해 보자. 사자는 초원을 돌아다니며 가장 먹음직스럽게 생긴 사슴을 호시탐탐 노리다가 수풀에 몸을 숨긴 채 살금살금 먹잇감에 접근해서 최후의 공격을 감행할 시간을 신중하게 선택한다. 사자의 두뇌를 블랙고스트의 수동적인 두뇌와 비교했을 때, 이런 영리한 계획을 가능케 해준 진화의 원동력은 무엇이었을까? 바로 '눈'이다.

동물의 세계에서 계획처럼 복잡한 과업을 수행할 수 있는 인지적 능력과 시각적 기능 사이에 이런 진화의 연결고리가 존재한다는 가설은 나를 들뜨게 했다. 그래서 이런 현상에 부에나 비스타buena vista(스페인어로 좋은 전망이라는 뜻 – 옮긴이) 가설이라는 이름을 붙인 신경과학자 말콤 매키버Malcolm McIver를 만나기 위해 노스웨스턴대학교에 있는 그의 사무실을 찾았다.

매키버는 내게 인류의 조상들이 밟아온 시각적 진화를 설명하는 도표를 한 장 보여주면서, 이를 개념적 외연perceptual envelopes의 확장 과정이라고 설명했다. 그 도표에는 오직 100만분의 1미터 앞까지만 눈으로 식별할 수 있는 단세포 생물에서부터, 맑은 날에는 2.5킬로미터 떨어진 토끼까지 볼 수 있는 송골매에 이르기까지 다양한 동물들이 그려져 있었다.

화석 연구에서 도출된 증거에 따르면 인류는 블랙고스트처럼 지독한 근시에다 두뇌도 매우 작은 수중 척추동물로부터 진화를 시작해서, 나중에는 수면 위를 넘어 더욱 먼 곳을 내다볼 수 있는 시력을 갖추게 됐다고 한다. 네발짐승의 시조 격인 틱타알릭Tiktaalik은 물가에 서식하는 지네를 잡아먹기 위해 땅 위로 올라왔다. 빛은 물속에 들어오면 급격하게 파장이 약해지고 어두워지는 반면 공기 중에서는 훨씬 멀리 퍼져나간다.(바다에 서식하는 포유동물들이 지느러미의 움직임 같은 시각적 신호가 아니라 소리를 통해 소통하는 것도 그 때문이다.) 시각적 영역의 확장(즉 수면 위의 세계를 내다볼 수 있는 능력)은 동물의 인지력에 커다란 변화를 가져왔다. 두뇌가 수천 배 커지고 계획을 할 수 있는 방향으로 진화하게 된다. 인류의 조상을 물 위로 끌어낸 것은 다리가 아니라 눈이었다. 다시 말해 인류는 환경에 수동적으로 반응하는 방식으로 근근이 생존을 이어가다 눈의 진화와 함께 미래를 추론할 필요성을 느끼게 된 것이다.

물속처럼 협소한 '개념적 외연'의 공간에서는 전략을 수립하고 시나리오를 계획하는 일이 별로 유용하지 않다. 하지만 물 바깥의 세상에서는 좋은 시력만 있다면 나무와 연못 사이로 포식자나 먹잇감을 발견할 수 있다. 인류가 서로 다른 시나리오들을 예상한 대가로 혜택을 얻게 된 것은 진화의 역사를 통틀어 이때가 처음이었다.

요컨대 뛰어난 시력은 계획을 낳았고, 계획은 의식의 탄생으로 이어

3500만 년 전에 살았던 인류의 조상 틱타알릭에게는 수면 위를 올려다볼 수 있는 시력이 있었다. 이 물고기가 멀리 떨어진 먹이를 잡기 위해서는 발달된 두뇌와 물 위로 걸어 나올 수 있는 다리가 필요했다.

졌다. 심리학자 브루스 브릿지맨Bruce Bridgeman은 이렇게 말한다. "의식이란 당면한 환경적 사태에 그때그때 대응하기보다 계획을 바탕으로 행동하는 계획 실행 메커니즘의 작동을 의미한다." 또 매키버는 자신의 주장을 이렇게 요약했다. "눈앞을 바라볼 수 없다면 미래를 내다보는 것은 아무런 가치가 없다."

나는 시카고에서 매키버를 만났을 때 이런 질문을 집중적으로 던졌다. 인류의 생존과 번영을 위해서는 우리의 눈을 어떻게 발전시켜야하나? 우리에게는 독수리처럼 멀리 바라볼 수 있는 시력, 부엉이와 같이 어둠 속을 뚫고 사물을 식별할 수 있는 눈, 벌새처럼 적외선 스펙트럼을 투시할 수 있는 능력이 필요한가? 어떤 정보든 다양한 방식으로 조합해서 우리 눈앞에 제공할 수 있는 슈퍼사이트의 무한한 능력을 고려했을 때, 사람의 시야를 근본적으로 개선하기 위해서는 이 기술을 어떻게 활용해야 하나? 한마디로 **인간의 눈은 어떻게 진화해야 하**

는가?

　먼 곳을 내다보는 능력은 현대인들에게 진화적 측면에서 별다른 이점을 안겨주지 못한다. 내게는 저 멀리 떨어진 들판의 토끼를 찾아주는 망원경보다 마트에서 구매한 크래커 상자에 깨알같이 적힌 안내 문구를 읽을 수 있게 해주는 돋보기가 더 필요하다. 초원에서 사냥하는 사람들에게는 멀리 바라보는 능력이 도움이 될지 모르지만, 현대인들에게는 꼭 필요한 생존 메커니즘이라고 할 수 없다.

　그렇다면 우리에게 필요한 시각적 예리함이란 얼마나 먼 곳을 바라보느냐가 아니라 얼마나 먼 미래를 예측하느냐에 달린 것은 아닐까? 현대인들이 가장 시급하게 돌아봐야 할 문제는 기후변화, 인종차별, 사회적 불평등, 부실한 의료 서비스, 식량 및 물 부족, 그리고 (아이러니하게도) 인공지능으로 인한 일자리의 소멸 같은 것들이다. 우리에게는 이런 문제들을 제대로 이해하고 해결할 수 있게 해주는 도구가 필요하다. 요컨대 인류의 진화는 더 먼 미래를 내다보고, 다양한 대안을 상상하고, 각 대안이 우리에게 미칠 영향력을 저울질할 수 있는 방향으로 이루어져야 한다. 나는 이런 능력에 **퓨처캐스팅**Future Casting, 즉 '미래 헤아리기'라는 이름을 붙였다.

　인간은 장기적인 시간의 지평을 염두에 두고 의사결정을 내리는 능력을 갖추지 못했다. 우리는 우리의 행동이 먼 미래에 어떤 결과를 불러올지 추론하고 이해하는 데 어려움을 겪는다.(다이어트 중에 밤 10시가 넘어서 초콜릿 칩의 유혹에 굴복해 본 사람은 내 말이 무슨 뜻인지 잘 알 것이다.) 행동경제학자들은 인간의 이런 근시안적인 사고방식에 과도한 미래가치 폄하hyperbolic discounting라는 이름을 붙였다. 미래에 얻게 될 더 큰 보상과 비교했을 때 현재의 보상을 지나치게 높이 평가하는 현상을 일컫는 말이다. 우리는 바로 '지금' 벌어지는 일을 너무 중요하게 생각한 나머지 미래를 무시하거나 외면하는 경향이 있다. 그런 이유로 앞날을 위해 충분한 돈을 저축하지 않고, 먼 미래에 일어날 일에 대해 무리한 약속을 일삼는다.

그런 의미에서 진화된 눈을 가장 필요로 하는 분야는 바로 '예측'일 것이다. 길모퉁이 어디서나 쉽게 음식을 구하는 현대인들은 독수리처럼 먼 곳을 내다보는 능력이 없어도 다음번 끼니를 해결할 수 있다. 하지만 인간이라는 종족의 궁극적인 건강과 행복을 위해서는 오늘의 행동이 먼 미래에 어떤 결과를 낳을지 예측할 수 있는 능력을 갖춰야 한다.

이번 장에서는 시간의 지평을 5년, 10년, 20년 뒤로 확장해서 먼 미래의 인류 앞에 벌어질 일을 집중적으로 논의하고자 한다. 슈퍼사이트는 우리가 앞날을 상상하고 미래에 가깝게 다가서는 일을 도울 잠재력이 있으며, 인류는 그 능력을 바탕으로 모든 사람이 원하는 미래를 만들어가도록 적절한 행위와 헌신을 끌어낼 수 있을 것이다. 예를 들어 우리가 미래를 분석하고 상상할 때 새의 예리한 눈이 필요한 분야는 어디일까? 우리가 높은 곳에서 아래를 내려다본다면 어떤 해결책을 찾아낼 수 있을까?

하늘의 천리안

#기계학습을 장착한 인공위성

노르웨이의 신화에는 지혜와 전쟁의 신 오딘Odin의 양쪽 어깨에 후긴 Huginn과 무닌Muninn이라는 한 쌍의 까마귀가 올라앉아 첩자 노릇을 한 다는 이야기가 나온다. 중세 시대의 어느 역사가는 이렇게 말했다. "까 마귀들은 보고 들은 모든 소식을 신에게 들려준다. 오딘이 이른 아침 에 까마귀들을 날려 보내면 이 새들은 온 세상을 돌아다니다 아침밥 을 먹을 때쯤 돌아온다." 덕분에 오딘은 세상의 모든 일을 속속들이 알아낼 수 있는 전지전능함을 발휘하게 됐으며, 그로 인해 까마귀 신 hrafnaguð이라는 이름을 얻었다.

오늘날에는 누구라도 오딘의 전설을 재현할 수 있다. 우리에게는 세 상을 관찰해주는 수천 마리의 까마귀가 있기 때문이다. 이 까마귀들은 온종일 지구 궤도를 돌면서 사람, 날씨, 건물, 국경선 등에서 일어나는 일을 낱낱이 관찰하고 그 모든 것을 보고한다. 그 까마귀들은 전설이 아니라 과학의 산물이다.

냉전 시기만 해도 하늘에 비행기나 인공위성을 띄워 지상을 감시하 고 이미지를 수집할 수 있는 나라는 몇몇에 불과했다. 그렇게 포착된 시각적 데이터를 판독하고 분석할 능력을 지닌 전문가는 더욱 드물었 다. 하지만 오늘날에는 소형 인공위성, 고해상도 디지털 사진, 저렴한 클라우드 저장 비용, 컴퓨터비전 같은 기술이 합쳐지면서 누구나 노르 웨이의 신을 능가할 만큼 강력한 관찰력을 발휘하게 됐다.

항공기나 인공위성을 통한 지상 감시 장치는 인간의 정보 수집 방식을 송두리째 바꿔놓는다. 하늘 위에서 엄청난 양의 시각적 데이터를 우리에게 쏟아붓기 때문이다. **플래닛닷컴**Planet.com이라는 회사는 자체적으로 쏘아 올린 175개의 위성을 통해 반경 1미터 미만까지 식별할 수 있는 해상도로 지구 전체를 내려다본다. 여기에 데이터의 패턴을 파악하고 분석할 수 있는 알고리즘까지 가세하면 어느 국가, 기업, 개인도 비밀을 지키기는 더 이상 불가능하다. 말하자면 형체를 갖춘 모든 사물이 훤히 들여다보이는 세상이 된 것이다.

슈퍼사이트는 궁극적으로 전 지구 차원에 적용할 수 있는 경이로운 기술이다. 달 궤도에서 지구를 촬영한 사진이 처음 공개됐을 때 사람들의 의식이 얼마나 달라졌는지 생각해 보라. 오늘날 우리는 지구 전체가 하나의 캔버스인 양 구글 어스Google Earth 앱을 열고 인공위성에서 찍은 사진들을 서로 연결해서 세상의 모습을 볼 수 있다. 모든 정부, 조직, 개인은 하늘 위에서 내려다본 데이터를 이용해 원하는 곳을 마음껏 관찰할 수 있다. 비행기나 드론, 그리고 까마귀는 더 이상 필요 없다.

이렇게 전 지구 차원으로 시야를 확장하는 작업(그리고 지구 차원의 질문을 던지는 일)이 갈수록 쉬워지는 이유는 데이터의 가격이 낮아지고, 사용량에 따른 가격 책정 모델 덕분에 비용이 절약되고, 자동 검색 기술이 개선되고 있기 때문이다. 우리는 유사성 검색 기능을 탑재한 신경 네트워크를 통해 페타바이트 규모의 방대한 데이터를 결합해서 지구상에 존재하는 모든 사물을 단 몇 초 만에 구글로 검색할 수 있다. 우리가 오디오 분야에서 최초로 경험한 패턴 매칭의 마법은 샤잠 Shazam 앱(스마트폰 앱을 켜고 바에서 흘러나오는 노래를 검색하면 샤잠 앱이 제

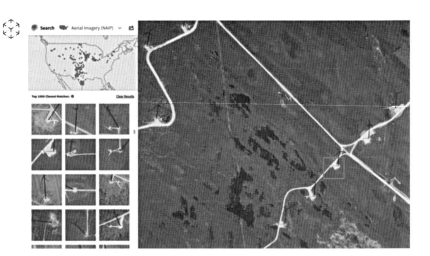

내가 풍력 발전용 터빈의 사진 한 장을 시스템에 업로드하자, 위성 데이터 기업 데카르트 랩의 매칭 알고리즘은 전 세계를 샅샅이 뒤져 이와 비슷한 수많은 이미지를 1초 만에 찾아냈다.

목을 알려준다. 사용자는 곡명을 저장하고 가사를 보며 노래를 따라 부를 수 있다.)이었지만, 오늘날 이 기술은 시각적 영역으로까지 확대되고 있다.

수영장, 급수탑, 기차역 등을 찍은 사진들을 유사성 검색 엔진에 투입하면 시스템은 시각적 매칭 작업을 통해 이와 비슷한 이미지들을 순식간에 찾아낸다. 이런 관찰 데이터와 자동화된 검색 알고리즘이 결합해서 발휘하는 능력은 대단히 놀랍다.

예를 들어 당신이 태양전지판을 설치하는 기술자라고 가정해 보자. 햇볕이 잘 내리쬐는 곳임에도 전지판이 설치되지 않은 지붕은 어디인가? 컴퓨터비전 알고리즘은 이런 질문에 손쉽게 답을 제공할 뿐만 아니라, 예전 같으면 수백 명의 인력이 달라붙어야 가능했을 작업을 순식간에 처리한다. 또 컴퓨터비전을 장착한 인공위성은 기업들의 활동, 기후 효과, 군대의 이동, 인도주의적 노력의 진행 상황처럼 공공성을 띤 지식을 제공하기도 한다. 이런 공유된 감시활동이 늘어나고 생생한 증거가 축적될수록 인류는 지구를 위협하는 주요 문제들을 해결하는 데 더 큰 힘을 모을 수 있다. 말레이시아의 야자유 제조 기업들은 자사의 공급망에 속한 하도급 업체들이 지속가능성에 부합하는 방식으로 야자를 재배하는지 확인하는 데 오랫동안 어려움을 겪어 왔다. 그러나 지금은 상황이 달라졌다. 우주 및 지리 공간 인텔리전스 기업 **데카르트 랩**Descartes Labs은 야자유 기업들에 꼭 필요한 도구를 제공한다. 이 회사는 인공위성 데이터와 컴퓨터비전을 통해 삼림이 훼손된 지역을 찾아내서 야자유를 생산하는 대기업들을 상대로 지속가능성의 책임을 준수하라는 압력을 가하고, 그들의 공급업체들이 윤리적인 재배 방식을 따르고 있는지 확인하고 있다.

또 인공위성 데이터 기업 **오비탈 인사이트**Orbital Insight는 '모든 산업의 투명성'이라는 기치를 내걸고 기업들에 유용한 데이터를 판매해서 큰 성공을 거두고 있다. 이 회사는 홈디포나 월마트 같은 소매업체들의 주차장에 주차된 자동차의 숫자를 컴퓨터비전으로 집계해서 소비자 수요를 측정한다. 코로나19 팬데믹이 발발하자 공장의 주차장에 세워둔 직원들의 차량 대수를 집계해서 생산의 감소세를 관찰했고, 육상이나 해상으로 이동하는 컨테이너의 수를 세는 방법으로 경기의 동향을 파악했다. 이제 농산물 생산자나 거래 업자들은 해당 산업 분야에서 특정 시점에 얼마나 많은 공급이 이루어질지 고민할 필요가 없다. 오비탈 인사이트의 알고리즘은 하늘에서 촬영한 논밭의 이미지를 분석해서 이 수치를 예측해준다.

투자자와 경쟁자를 포함한 여러 이해 당사자는 인공위성이 촬영한 이미지 덕분에 호텔의 객실 점유율, 주택의 신축 및 개축 현황, 주말 보트 여행에 몰려드는 사람들, 축구나 야구 경기장의 관중에 이르기까지 다양한 경제 활동에 관한 시각적 데이터를 생생하게 접할 수 있게 됐다. 과거 일부 조직이 이런 정보를 비밀스럽게 독점하며 누려왔던 경쟁 우위는 사라졌다.

인공위성은 기업들뿐 아니라 학자나 인도주의적 구호 업무를 수행하는 사람들에게도 중요한 연구 및 조사 도구로 활용된다. 비영리단체나 정부 기관은 전쟁을 피해 인접 국가로 밀려드는 이주자의 수나 난민 캠프의 규모를 인공위성으로 파악한다. 지질학자들은 인공위성 이미지를 검색해서 광산 채굴의 기회를 찾아내고 과학자들은 지구의 변화를 관찰한다.

나는 소셜미디어에 게시되는 수백만 장의 사진을 컴퓨터비전으로 매일같이 분석해서 국가 차원의 보건 정책과 관련된 질문(가령 미국 도시들의 흡연 실태)에 답하는 작업을 도운 적이 있다. 코로나19 팬데믹 속에서 인류의 건강에 관련된 보다 시급한 시각적 통계 데이터(마스크를 착용한 사람들의 성별 및 나이별 통계, 사회적 거리 준수 현황, 체온이 상승한 사람들의 분포 등)가 생산되고 있다. 모두가 마스크를 벗게 되면 우리는 소셜미디어와 도시 곳곳에 설치된 교통 카메라에서 수집되는 수많은 데이터를 결합하고 2장에서 살펴본 감정 포착 알고리즘을 사용해서 사람들의 상호작용이나 감정 상태를 측정할 수 있을 것이다.

많은 동물이 인간의 시각적 능력을 훨씬 뛰어넘는 방향으로 진화했다. 나비, 사슴, 벌, 전갈, 연어 같은 동물들은 짧은 빛의 파장을 식별하는 시력을 이용해 사냥감을 추적하고 짝짓기한다. 빈대나 모기 같은

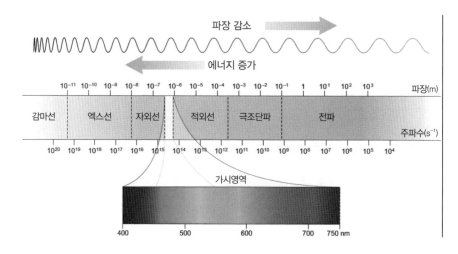

파장 감소

에너지 증가

| 10⁻¹¹ | 10⁻¹⁰ | 10⁻⁹ | 10⁻⁸ | 10⁻⁷ | 10⁻⁶ | 10⁻⁵ | 10⁻⁴ | 10⁻³ | 10⁻² | 10⁻¹ | 1 | 10¹ | 10² | 10³ | 파장(m) |

| 감마선 | 엑스선 | 자외선 | 적외선 | 극초단파 | 전파 | 주파수(s⁻¹) |

| 10²⁰ | 10¹⁹ | 10¹⁸ | 10¹⁷ | 10¹⁶ | 10¹⁵ | 10¹⁴ | 10¹³ | 10¹² | 10¹¹ | 10¹⁰ | 10⁹ | 10⁸ | 10⁷ | 10⁶ | 10⁵ | 10⁴ |

가시영역

| 400 | 500 | 600 | 700 | 750 nm |

전자기 주파수 스펙트럼은 인간이 시각적으로 인식할 수 있는 빛의 범위에 비해 훨씬 넓다. 현재 인공위성에 장착된 센서들은 조만간 스마트안경에 통합되어 건물의 벽이나 인체를 뚫고 열을 탐지할 수 있는 능력을 발휘할 것이다.

흡혈 동물들은 대상의 체온을 감지하는 방법으로 숙주의 위치를 찾아낸다. 비단뱀, 보아뱀, 방울뱀 등의 야행성 파충류는 고도로 조율된 센서를 통해 어둠 속에서 먹잇감의 체온을 탐지한다. 이와 비슷한 맥락에서 현대의 지상 감시용 인공위성들은 광범위한 스펙트럼을 갖춘 센서를 이용해 인간의 가시영역 밖의 파장을 관찰한다. 고고학자들은 이런 기술 덕분에 인식의 지평을 더욱 확대해서 잎이 무성한 나무를 뚫고 고대 도시의 잔해를 찾아내고 있다.

예전에는 고고학자들이 인디아나 존스처럼 무성한 열대우림의 숲을 헤치고 분노한 신과 추종자들이 설치한 함정을 피해 유적지를 찾았겠지만, 지금은 라이다 카메라를 탑재한 비행기가 탐험을 대신한다. 이 카메라들은 무성한 나무의 지붕을 뚫고 지면에 도달할 수 있는 주

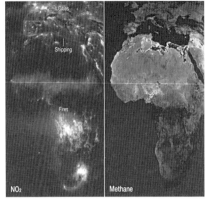

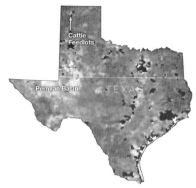

적외선 열지도 위에 이산화질소와 메탄가스가 방출되는 모습을 표현한 인공위성의 이미지. 이런 지속적인 감시활동으로 인해 지구 온난화의 책임 소재, 정책, 해결 방안 등에 대한 사회적 대화가 촉진될 것이다.

2019년 4월에 촬영된 텍사스주의 메탄가스 분포도는 육우 사육장의 위치와 정확히 일치한다.

파수 범위의 레이저 빛을 발사한다. 레이저는 지면에 닿은 뒤에 다시 반사되고, 카메라는 광선이 되돌아온 시간을 측정한다. 레이저 빛을 발사했을 때 비행기가 위치한 장소와 시간만 정확히 알아낼 수 있다면, 이를 수학적으로 계산해서 정글 아래쪽에 펼쳐진 지형을 3D로 재구축할 수 있다.

땅 위에서 보면 들판은 그저 들판처럼 보이고 정글은 정글처럼 보일 뿐이지만, 하늘에 떠 있는 라이다 카메라는 한 때 그곳에 존재했던 유적의 자취를 포함해서 해당 지역의 지도를 놀라울 정도로 상세하고 정확하게 그려낼 수 있다. 고고학자들은 이런 도구 덕분에 수백만 년 전 영국 땅에 세워진 거석 기념물, 고대 마야인들의 묘지, 앙코르와트의 새로운 도시들을 찾아내고 있다.

최근에는 인공위성이 지구의 반사광을 분석하는 데도 사용되고 있다. 햇빛이 대기 중에 어떻게 퍼져 나가고 지구 표면에서 어떤 식으로 반사되는지 파악하는 것이다. 이 데이터를 분석하면 대기오염과 지구온난화의 주요 원인이 되는 각종 기체의 집중도 및 분포도를 확인할 수 있다. 2017년 10월, 유럽우주기구European Space Agency가 센티넬-5PSentinel-5P 인공위성을 쏘아 올리면서 우주에서 지구의 대기 상태를 관찰할 수 있는 시대가 열렸다. 이 위성에 탑재된 첨단 관측 장비 트로포미TROPOMI는 오존, 이산화질소, 이산화황, 포름알데히드, 아황산가스, 그리고 온실가스의 주요 성분인 메탄가스 등의 방출량을 매일같이 측정한다.

가령 유럽과 아프리카의 지도 위에서 이산화질소의 방출량을 추적하면 지중해의 선박 항로, 아프리카 잡목림의 산불 발화 지점, 인구밀도가 높은 도시 등 화석연료가 대량으로 연소하는 지역을 특정할 수 있으며, 심지어 농장에서 사육되는 젖소들이 트림과 방귀를 통해 메탄가스를 내뿜는 모습을 '눈으로' 확인할 수 있다.

이렇게 각종 기체의 방출 데이터는 새로운 형태의 지식을 제공할 뿐 아니라 앞으로 지구의 기온이 얼마나 빠른 속도로 상승할지 내다보는 예지력을 선사한다. 과학자들은 지금 이 순간에도 지구 전체를 대상으로 데이터를 수집하고 있다. 이 데이터는 환경오염의 주요 원천이 어디이고 인류를 향한 지속적인 공격의 책임 소재가 누구에게 있는지 규명하는 작업에 쓰이고 있다. 인류는 이를 활용해서 오딘처럼 세상에 큰 변화를 불러일으킬 수 있을 것이다.

야생동물 보호를 위한 눈
#투명성과 책임성

2018년에 미국인들이 자선단체에 기부한 돈은 4000억 달러가 넘는다. 하지만 이 돈이 세상에 어떤 영향을 미쳤는지는 확실치 않고, 심지어 그 사용처에 대해 의심스러운 구석까지 있다. 이 돈이 적절한 곳에 쓰이고 있는지 우리 눈을 통해 직접 확인할 수 있다면 어떨까? 슈퍼사이트는 기부자들에게 효과적이고 구체적인 피드백 장치를 제공함으로써 이런 의심을 지울 수 있다.

가령 깨끗한 물이 필요한 사람들에게 우물을 파주는 프로젝트를 진행 중이라면, 현지의 부패한 정부 관리들이 약속을 어기고 기부금을 착복하고 있지 않은지 확인하고 싶을 것이다. 자선단체들이 이런 증거를 직접 수집하기 위해서는 현장에서 진행 중인 사업의 현황을 일일이 사진에 담고 보고서를 작성해서 본부로 보내는 등 많은 노동력과 수작업을 들여야 한다. 그러나 광물이 매장된 곳을 찾아내는 인공위성을 활용하면 인공위성의 사진만으로도 작업의 진행 상황을 파악할 수 있다.

기부자들은 자신의 인도주의적 지원이 훌륭한 성과를 내고 있다는 증거를 직접 확인한다면 더 많은 기부를 할 것이 분명하다. 자선단체들은 프로젝트의 진행 상황을 저속촬영 기법으로 찍어서 기부금 요청서에 담을 수 있다. "보시다시피 이 학교는 기초 공사가 완료됐고 벽돌도 다 찍었습니다. 한 번만 더 도와주시면 나머지 공사를 진행할 수 있습니다!"

슈퍼사이트는 인도주의적 지원 단체들의 운영 효율성을 높이는 데도 쓰이고 있다. 세계은행World Bank은 오비탈 인사이트의 인공위성이 촬영한 이미지를 통해 도시의 변두리에 형성된 빈민가의 규모와 확산 속도를 측정해서 현지의 빈곤 수준을 판단한다. 조사자가 해당 지역을 직접 방문하는 전통적인 방식으로는 이런 데이터를 얻어내기가 불가능하다. 또 오비탈 인사이트의 분석 알고리즘은 비정부기구NGO 단체들을 위해 난민들의 이동 상황을 알려줌으로써 언제, 어디에서, 어떻게 구호 작업에 나서는 것이 가장 효과적일지 판단할 수 있게 돕고 있다.

런던에 소재한 **포렌식 아키텍처**Forensic Architecture는 몰입감 높은 기술을 활용해서 전쟁 범죄의 현장을 찾아낸다. 회사의 이름이 암시하는 것처럼 그들은 정당한 법적·정책적 과정을 거쳐 얻어낸 증거를 바탕으로 세계 각지에서 벌어지는 반인권적 사례를 고발한다. 이 조직은 런던대학교에서 공간 및 시각적 문화현상을 가르치는 이엘 와이즈맨 Eyal Wiseman 교수의 아이디어에 의해 설립됐다. 그는 라이다 이미지와 시각 검색 알고리즘에 정통한 인력으로 팀을 구성해 소셜미디어의 사진들 속에서 세계 곳곳의 인권 침해의 증거를 찾아내고 이를 법적 소송 자료로 활용한다. 또 슈퍼사이트 기술을 바탕으로 화학무기의 사용, 사법절차 없는 살인, 환경오염 등의 실태를 조사한다. 이들은 〈뉴욕타임스〉의 요청으로 각종 뉴스 매체에 보도된 동영상들을 분석해서 시리아 반군이 염소가스 폭탄을 사용했다는 러시아의 주장을 뒤집는 증거를 제시했고, 그리스 해안경비대가 정치적 망명을 요구하는 43명의 터키인을 물에 빠뜨려 숨지게 했다는 사실을 입증했으며(그들은 이 조사 작업을 위해 원거리 적외선 카메라, 날씨 데이터, 그리고 사고의 생존자 중 한 명이 손목에 차고 있던 방수 카메라의 영상을 분석했다), 세계 곳곳에 터지지 않고 남아있는 최루가스통의 이미지를 기계학습의 훈련 알고리즘으로 찾아내기도 했다.

슈퍼사이트는 동물보호에도 많은 도움을 주고 있다. **와일드미**Wild Me 라는 비영리단체는 아프리카의 드넓은 초원에서 살아가는 얼룩말과 기린 같은 야생 동물들의 개체수를 추적하기 위해 사람의 지문처럼 각 개체에 고유한 점이나 얼룩무늬 패턴을 인식할 수 있는 알고리즘을 개발했다. 엔지니어들은 자신이 추적할 기린의 사진으로 신경 네트워크를 훈련한 뒤에 관광객들이 사파리를 즐기며 찍은 수많은 사진과 이 이미지를 비교한다. 관광객들은 자신도 모르는 사이에 조사 과정에 참여하게 되는 셈이다. 환경보호 운동가들은 지리정보 데이터를 사용해서 동물들의 위치를 추적하고, 무리의 형성과 해체 과정을 연구하고, 이동에 대한 데이터를 모은다.

컴퓨터비전은 멸종 위기에 몰린 동물들을 돕는 데도 활용된다. 밀렵은 여전히 대대적인 규모로 이루어지고 있는 큰 비즈니스로 날이 갈수록 기승을 부리고 있다. 세계 자연기금WWF에 따르면 2007년에는 밀렵꾼에게 목숨을 잃은 코뿔소가 62마리였지만 2014년에는 20배가 넘는 1300마리로 늘었다고 한다. 또 UN은 2015년 기준으로 아프리카에서 매일 100마리 이상의 코끼리가 죽임을 당하고 있다고 발표했다. 밀렵꾼들이 사냥감을 그토록 쉽게 찾아내고 살해하는 일이 가능한 이유는 그들이 출몰하는 지점을 추적하기가 어렵기 때문이다. 관계 당국은 끝없이 펼쳐진 초원 위에서 어디로 가야 밀렵꾼들을 찾아

넓지 알지 못한다. 다행히 드론과 인공위성은 인간의 시력을 훨씬 뛰어넘는 눈과 막강한 전산 능력을 통해 이들을 돕고 있다.

에어 셰퍼드 Air Shepherd라는 동물보호 단체는 적외선 카메라를 탑재한 드론을 이용해서 한밤중에 초원을 감시한다. 이 단체는 바다에서 고래를 보호하기 위해 설립된 씨 셰퍼드Sea Shepherd의 공중 버전인 셈이다. 드론의 주요 업무는 초원 어딘가에 따뜻한 체온을 지닌 생물, 즉 환영받지 못하는 사람이 나타났다는 사실을 포착해서 공원 관리인들에게 알려주는 것이다. 또 WWF는 야생동물 범죄 방지 기술 프로젝트 Wildlife Crime Technology Project의 일부로 국립공원의 경계선에 설치된 기둥이나 관리인들의 트럭 위에 적외선 카메라를 달아서 침입자들을 탐지하고 있다.

지금까지 언급한 기술이 대부분 군사 분야의 상황적 판단을 강화할 목적으로 개발됐으며, 이 순간에도 원격으로 조종되는 드론이 적군의 전략적 위협을 효과적으로 제거하고 있다는 사실은 별로 놀랍지 않다. 나는 미 공군 우주사령부와 일한 적이 있는데 그들이 하는 일을 여기서 밝히지는 못한다. 하지만 앞서 언급한 대로 슈퍼사이트가 전 지구 차원으로 인류에게 제공할 수 있는 다양한 기능 역시 대단히 새롭고, 유용하고, 고무적이다.

난민 캠프, 유적지의 폐허, 코뿔소 등은 당신에게 먼 나라의 이야기처럼 들릴지도 모르지만, 이 기술은 우리 집을 멋진 모습으로 바꾸는 데 사용되기도 한다.

뒷마당을 바꾸면 지구가 살아난다

#생성형 디자인과 신경 네트워크

태양열 발전이라는 지속가능 에너지 시스템으로 전기를 생산하는 비용은 지난 10년 동안 와트당 5.86달러에서 1.50달러로 70퍼센트 떨어졌다. 경제적 측면에서 생각하면 이를 설치하지 않을 이유가 없다.

그런데도 왜 사람들은 태양전지판 설치를 망설일까? 사정은 다소 복잡하다. 가정집 옥상에 태양열 발전기를 설치하려면 비용 계산, 설치 과정, 세금, 그리고 미학적 관점 같은 여러 사항을 집주인이 직접 결정해야 한다. 개중에는 태양전지판을 설치했을 때 집이 〈오즈의 마법사The Wonderful Wizard of Oz〉에 나오는 양철 나무꾼처럼 번쩍거릴 거라고 우려하는 이들도 있다. 어떤 크기의 전지판을 몇 개나 설치해야 하는지 결정하는 것 역시 '킬로와트 시' 같은 낯선 단위를 익혀가며 직접 해야 한다.

보스턴에 소재한 친환경 에너지 기업 **에너지 세이지**Energy Sage는 다양한 주택용 전기 설비를 제공하는 회사다. 이 회사는 지붕에 설치된 태양전지판을 이용해 소비자들이 자기 집에서 전기자동차, 가정용 배터리 시스템, 자동 블라인드, 그리고 귀가 전에 미리 냉난방 기구를 가동하는 자동 온도조절 장치 등을 사용할 수 있게 해준다. 내가 컨티뉴엄에 근무할 때 에너지 세이지는 우리 회사와 협력 관계를 맺고 잠재 고객들이 이런 장비들을 설치했을 때 집의 모습이 어떻게 달라질지 미리 보여주는 기술을 개발했다. 우리는 구글 홈Google Home의 인공위성 이미지를 이용해서 고객에게 필요한 태양전지판의 크기를 계산하고,

프로젝트 선루프는 태양전지판의 위치, 규모, 지붕의 기울기, 그리고 일조량 등을 고려해서 전기 요금이 얼마나 절약될지 계산해준다.

지붕 위에 전지판이 설치된 장면을 디지털 이미지로 제작했다. 또한 주위의 거리나 이웃집 담장처럼 여러 위치에서 바라본 집의 사진을 제공했다. 그리고 구글의 프로젝트 선루프Project Sunroof를 이용해서 태양열 발전으로 절약할 수 있는 비용을 알려주었다. 편리한 전기 시설이 완비된 집의 멋진 사진을 바라보면서 향후 몇 년간 얼마나 큰 비용이 절약될지 알게 된 소비자들에게는 태양전지판 설치가 그리 어려운 결정이 아니었다.

슈퍼사이트가 도움을 제공할 수 있는 주택개선 프로젝트는 그 밖에도 수없이 많다. 그중 하나가 조경造景이다. 조경 역시 복잡하고 비용이 많이 소요되며, 생소한 용어와 숨겨진 위험 요소가 난무하지만 공사가 완료된 후의 모습을 상상하기 어려운 프로젝트다.

나는 MIT에서 개최된 어느 투자 유치 경진대회에서 줄리 모아 메서비Julie Moir Messervy라는 조경 디자이너를 만났을 때, 집주인들의 황량한

인공지능의 장면 세분화 알고리즘은 구글 스트리트뷰의 이미지와 인공위성 데이터를 바탕으로 모든 집의 뒷마당에 자동으로 점수를 매긴다. 그리고 생성적 대립 네트워크는 나무와 각종 식물, 가구 등을 이용해 조경을 설계해서 집의 가치와 아름다움, 그리고 지속가능성을 높여준다.

뒤뜰을 멋진 야외 주거 공간으로 바꿔주겠다는 그녀의 목표에 깊이 공감했다. 줄리가 설립한 회사 **홈아웃사이드**HomeOutside는 인공지능과 컴퓨터비전을 이용해서 고객의 뒷마당이 얼마나 멋진 모습으로 변신하게 될지 미리 보여준다. 그리고 그 비전을 현실로 만들기 위해 조경 설치 전문가를 고용하고, 자재를 배달하고, 필요한 경우 공사비를 나눠서 내는 방안을 제안한다.

조경은 주택의 가치를 높일 뿐만 아니라, 대기오염 물질을 걸러내고, 사람들이 질병에서 회복하는 기간을 앞당기고, 여름의 열기를 줄이고, 심지어 범죄를 예방할 수도 있다. 남서쪽으로 그늘을 드리운 나무는 냉방의 필요성을 줄여주고, 북동쪽을 향해 설치된 울타리는 겨울의 찬바람을 막아 난방비를 절약해준다. 나무가 많을수록 흡수되는 탄소의 양도 늘어난다. 나무는 우리가 공기 속으로 배출한 온갖 나쁜 물질을 빨아들이고 지표면을 흐르는 빗물로 인한 토양 침식을 막아준다.

"그러나 사람들 대부분은 정원을 위해 아무 일도 하지 않습니다. 어디서부터 시작해야 할지 잘 모르니까요." 줄리는 내게 이렇게 말했다.

홈아웃사이드는 생태학적 취향을 나타내도록 훈련받은 알고리즘을 이용해 거주지의 조경을 3D 이미지로 디자인한다.

"어떤 종류의 식물을 어떻게 심고 배치야 할지 모를 뿐 아니라, 조경을 설치하고 관리하는 법도 알지 못합니다."

홈아웃사이드는 고객을 위해 직접 개발한 수천 건의 디자인을 바탕으로 아름답고 지속가능한 조경을 자동으로 설계한다. 이를 위한 핵심 기술이 바로 생성적 대립 네트워크GAN다. 그들은 구글 어스 엔진Google Earth Engine과 사진측량법 기술을 이용해서 모든 주소에 대응하는 풍경을 3D 이미지로 구성한다. GAN 아키텍처의 생성 네트워크가 새로운 디자인을 생성하면 판별 네트워크가 그 디자인을 평가하고 점수를 매긴다. 해당 주택의 조경 디자인(그늘을 제공하는 나무, 꽃가루를 공급하는 식물, 아이들이 놀기 좋은 풀밭, 사람들이 모일 수 있는 장소와 가구, 화초의 다양성 등)이 만족스럽게 이루어졌다고 판별 네트워크가 판단할 때까지 두 네트워크는 디자인을 생성하고 평가하는 작업을 반복한다.

조경용 식물, 가구, 조명, 하드스케이프(hardscape, 진입로, 옹벽, 침목벽, 계단, 보도 등 딱딱한 소재로 만들어진 조경의 구성 요소 – 옮긴이) 등을 판매하는 기업들이 '상상 엔진'에 관심을 보이는 이유가 있다. 이 기술은 정원의 현재 모습과 미래 모습 사이의 개념적 차이를 메워줌으로써 고객이 겪는 선택의 어려움을 해결해 준다. 훌륭한 조경은 집주인이나 아웃도어 용품 업체들뿐 아니라 환경에도 도움이 된다. 홈아웃사이드가 환경친화적 성향을 지닌 투자자들을 사로잡는 이유는 이 회사의 프로젝트가 지역 전체의 모습을 송두리째 바꿔놓을 비전을 제시했기 때문이다. 지역의 수많은 뒷마당을 연결해서 새와 벌이 날아다니는 새로운 국립공원을 만들면 어떨까? 1에이커(약 4,000제곱미터)의 숲이 흡수하는 탄소는 1년에 2.5톤에 달한다. 그렇다면 우리 동네를 탄소 발생 제로 지역으로 변신시킬 방법은 없을까?

나는 줄리가 이끄는 홈아웃사이트 팀과 함께 7000만 개의 앞마당을 주도적으로 재설계한다는 계획을 수립했다. 이후 홈디포, 로우스Lowe's, 웨이페어Wayfair, 이케아 같은 기업들과 협력해서 이들 회사의 고객들이 거주 중인 집의 마당을 3D로 바꾼 가상의 이미지를 고객 각자에게 이메일로 전송했다. 고객들은 집 밖으로 나가 스마트폰을 켜고 마당 위에 새롭게 설계된 조경이 덧입혀지는 장면을 몰입도 깊은 영상으로 확인할 수 있다. 우리가 이 프로젝트를 위해 개발한 앱은 해가 뜰 때부터 질 때까지 정원의 모습을 저속 촬영한 영상을 통해 마당에 채소와 과일을 길러야 하는 이유를 알려주고, 한겨울의 정원을 시각적으로 형상화해서 이웃집 마당과의 경계선에 왜 전나무가 필요한지 알려준다.

사람들은 나무와 관목들로 앞마당을 디자인한다는 인공지능의 제안에 공감을 나타낼까? 요즘은 구글 스트리트뷰 덕분에 집의 앞마당이 더 이상 사적 공간이 아닌 것처럼 느껴질 수 있다. 집을 팔려고 내놓은 사람은 굳이 조경사를 고용해서 마당을 멋지게 꾸밀 필요 없이, 홈아웃사이드가 조경 작업을 완료한 가상의 이미지를 통해 구매자의 관심을 끌 수 있다.

이런 시각화 기술이 보편화된다면 다른 분야에도 요긴하게 쓰일 수 있다. 홈디포가 투자한 스타트업 **호버**Hover는 고객의 집을 새로 칠하고 벽과 지붕을 수리한 모습을 3D 이미지로 디지털화한 뒤에 작업에 드는 비용이 얼마인지도 알려준다. 미래에는 자동차 회사 폭스바겐이 카약과 산악자전거를 지붕에 실을 수 있는 새로운 파사트Passat 모델이 집 마당으로 굴러들어 오는 장면을 보여줄지도 모른다. 또 주택보험이나 자동차보험을 판매하는 회사들은 발생할 가능성이 있는 재난 시나리오를 증강현실로 비춰줄 것이다. 지붕에서 태양전지판이 떨어지거나, 나무가 벼락을 맞아 쓰러지거나, 하늘에서 쏟아진 우박에 맞아 새로 구입한 자동차가 엉망이 되는 가상의 영상을 보고 나면, 집을 다시 페인트칠할 일이 생기기 전에 보험을 드는 것이 상책일 거라고 믿게 될지 모른다.

그렇다면 우리는 어떤 방식으로 자기가 원하는 디자인을 선택하게 될까? 마치 3D 포토샵 도구를 사용하듯 스마트안경으로 원하는 곳에 나무를 배치하고, 꽃에 색깔을 입히게 될까? 수많은 선택지 속에서 본인이 좋아하는 나무를 일일이 골라야 하는 무한 선택의 함정에 빠지게 될까? 아니면 인공지능이 당신의 취향을 학습한 뒤에 알아서 단일 해결책을 제안하도록 요청하는 편이 나을까? 내 생각에 가장 바람직한 방식은 우리가 평소에 건축가, 인테리어 디자이너, 웨딩플래너 같은 사람들과 일할 때처럼 전문가들이 제안하는 복수의 디자인 시안들을 검토해서 그중 하나를 고르는 것이다.

전문가란 대체로 각 분야에서 가장 능력이 출중한 사람을 일컫는 말이다. 그들에게 너무 지엽적이고 구체적인 요구를 하는 것은 잘못된 행동일 수 있다. 가령 건축가를 상대로 여기에 꼭 창문을 내야 한다고 요구하거나, 인테리어 디자이너에게 이곳에 특정한 색깔과 모양의 가구를 원한다고 말하기보다는 좀 더 높은 수준의 추상성을 담아 의견을 제시하거나(이 방은 좀 더 환경친화적으로 꾸몄으면 좋겠어요) 특정한 기능을(채소를 기를 수 있는 정원을 만들어 주세요) 요청한 뒤에 구체적인 작업은 그들의 손에 맡기는 편이 좋다.

인공지능 전문가의 도움을 받을 때도 마찬가지다. 가령 인공지능을 상대로 직선의 느낌과 다채로운 색깔이 어우러진 프랑스식 정원이 필요하다고 말하거나, 이웃으로부터 사생활을 보호받을 수 있는 곡선미 위주의 유기농 정원을 설계해 달라고 요청할 수 있다. 3D 조경 디자인 프로그램은 이런 추상적인 요구 사항을 참고해서 고객의 취향과 일치하는 디자인 시안들을 제시할 것이다. 그러면 고객은 스마트안경을 쓰고 실제 집의 모습 위에 자신이 원하는 디자인이 덧입혀지는 장면을 즉시 관찰할 수 있다.

홈아웃사이드가 이 기술로 수백만 명에 달하는 주택 소유주를 설득해서 그들의 뒷마당을 지속가능한 방향으로 조경하도록 유도할 수 있을지는 아직 확실치 않다. 하지만 지금까지의 실험 결과만 놓고 보면 전망은 밝은 편이다. 고객들 대부분은 자신의 정원이 새롭게 바뀐 가상의 영상을 보고 무척 기뻐했다. 홈아웃사이드는 구글 어스와 생성형 인공지능이 제작한 거리 뷰 이미지를 이용해서 향후 5년간 수천만 가구의 마당을 조경한다는 계획을 세웠다. 그들은 지구의 지속가능성을 높여주는 온갖 화초, 그늘을 제공하는 나무, 꽃가루를 전달하는 식물, 새들이 좋아하는 열매로 이 정원들을 가득 채운다는 꿈을 안고 있다. 계획이 성공한다면 앞으로 100만 명의 집주인이 적어도 300만 그루의 떡갈나무, 너도밤나무를 마당에 심을 것이다. 나무 한 그루 당 연간 22 킬로그램의 탄소를 흡수한다면, 이 나무들이 평생 빨아들일 탄소의 양은 140억 톤에 달한다.

사회 정의를 위한 미래 예측 디자인
#더 나은 세계 상상하기 #감성신경과학

《지구가 100명의 마을이라면If the World Were a Village》은 내가 가장 좋아하는 어린이 도서 중 하나다. 지구를 100명이 살아가는 마을에 비유해서 세계의 다양성을 표현하는 이 책은 마을의 주민 중에 백인, 아시아인, 힌두교 신자, 부자, 가난한 사람, 자동차나 암소를 소유한 사람 등이 얼마나 많은지 친절하게 설명한다. 한 마디로 세계의 인구통계학적 현황을 아이들이 이해할 만한 규모로 줄여서 아이와 어른 모두에게 새로운 관점을 선사하는 작품이라고 할 수 있다. 우리에게 타인에 대한 공감 능력이 필요한 이유는 좁은 우물 안에서 내다보는 바깥세상의 모습과 실제의 모습이 다르기 때문이다.

다양한 문화와 사회경제학적인 차이를 이해하는 일은 그래서 중요하다. 인간의 근시안적인 시야는 타인에 대한 막연한 공포와 인종차별, 그리고 경제적 불평등과 의료 서비스의 격차를 만들어냈다. 안타깝게도 우리가 협소한 관점에서 벗어나 이 세상을 온전하게 이해할 수 있도록 돕는 도구는 많지 않다.

어쩌면 슈퍼사이트가 담당해야 할 가장 큰 역할은 바로 이것일지도 모른다. 인류의 코앞에 닥친 문제들의 진정한 크기를 가늠하는 작업을 돕고 미래의 나 자신을 위해 적절한 행동을 취하도록 우리에게 동기를 부여하는 것 말이다.

다시 말해 슈퍼사이트는 세상에 대한 새로운 관점을 제공함으로써 사회 정의를 실현하는 일을 돕는 도구가 되어야 한다. 우리는 사람들이 종종 외면하고 넘어가는 각종 문제의 심각성을 알리는 용도로 증강현실을 활용할 수 있다.

예를 들어 인스타그램의 사진들을 한 장씩 넘기다 보면 캐나다 토론토 한복판에 새롭게 솟아오른 고층 건물을 한 채 발견할 수 있다. 뭔가 익숙하면서도 대단히 낯선 광경이다. 토론토를 방문해 본 사람은 알겠지만, 그동안 이 도시의 명소로 군림해온 건물은 553미터의 높이를 자랑하는 씨엔 타워CN Tower다. 하지만 그보다 무려 2.5배가 더 높은 새로운 건물은 씨엔 타워를 난쟁이처럼 보이게 한다. 이 건물은 언제 세워졌을까? 그 엄청난 높이를 무엇으로 지탱할까? 입주자들이 수백 층을 오르내리려면 얼마나 많은 엘리베이터가 필요할까? 우리는 왜 이 건물에 대해 아무것도 모르고 있을까?

언뜻 진짜 건물을 촬영한 것처럼 보이는 이 이미지는 특정한 메시지를 전달할 목적으로 합성된 가상의 사진이다. 토론토에 거주하는 빈곤층 시민과 노숙자들을 모두 수용하려면 얼마나 큰 건물이 필요한지 보여주기 위해 제작한 가상의 건물이다. 언이그노러블 타워 unignorable tower(외면할 수 없는 건물이라는 뜻-옮긴이)라고 불리는 이 가상의 건물이 수용할 수 있는 인원은 11만 6317명이라고 한다.

이처럼 단순히 숫자를 언급하는 것보다 한 채의 건물을 보여주는 편이 사람들에게 훨씬 생생한 메시지를 전달할 수 있다. 언이그노러블 타워는 세계적인 자선단체 **유나이티드 웨이**United Way의 토론토 지부가 빈곤에 대한 사회적 인식을 확대하고 기금을 모집하기 위한 캠페인의 일환으로 제작했다. 이 가상의 건물은 우리 사회의 외진 곳에서 고통받는 사람들

씨엔 타워를 무색하게 할 정도로 엄청나게 큰 이 가상의 건물은 11만 7000명에 달하는 토론토의 노숙자들에게 거주할 집이 필요하다는 메시지를 전달하기 위해 세워졌다.

의 존재, 그리고 이 문제를 해결하는 데 필요한 솔루션의 규모를 강렬하고 설득력 있는 방식으로 시각화했다.

이 캠페인의 목적은 토론토 지역의 빈곤 문제가 거대한 건물의 모습처럼 누구도 '외면할 수 없는' 중대한 사안이라는 사실을 알리는 데 있다. 이 가상의 사진이 소셜미디어에 적지 않은 입소문을 불러일으키면서 캠페인의 원래 목적이 어느 정도 달성됐다. 하지만 캠페인을 더

욱 확대할 방법은 없을까? 뉴욕시는 매년 9월 11일이 되면 지금의 프리덤 타워 자리에 서 있던 쌍둥이 건물을 기리기 위해 하늘로 두 줄기 빛을 쏘아 올리는 빛의 헌사Tribute in Light 행사를 개최한다. 토론토에서도 증강현실 기술을 이용해서 이 거대한 건물의 모습을 공중에 비추면 어떨까? 슈퍼사이트는 도시의 스카이라인 위에 이런 이미지를 공간적으로 투사함으로써 사람들에게 자극과 충격을 주고, 특히 우리가 평소에 외면해왔던 문제들을 해결하는 데 필요한 행동을 끌어낼 수 있다.

슈퍼사이트는 인류에게 결코 일어나서는 안 될 미래를 보여주는 데도 쓰일 수 있다. 인류의 무지와 무대책이 불러올지도 모를 부정적인 결과물을 생생하게 보여줌으로써 우리가 바로 지금 행동에 나서도록 동기를 부여하는 것이다.

그런 의미에서 슈퍼사이트의 시각화 능력이 가장 필요한 분야는 기후변화라고 할 수 있다. 우리 집 뒷마당에 앉아서는 지구온난화가 초래할 끔찍한 결과를 상상하기가 어렵다. 알래스카의 빙하가 녹아내리고, 태평양 섬들의 해수면이 높아져 땅이 황폐해지고, 호주의 들불이 걷잡을 수 없이 번지는 장면이 담긴 다큐멘터리를 종종 시청하지만, 그 재난의 여파가 내가 살아가는 곳에서 얼마나 가까운 곳까지 미치고 있는지 알지 못하면 사태의 심각성을 제대로 인식할 수 없다.

슈퍼사이트는 두 가지 종류의 눈을 통해 인류의 집단적 행동이 환경에 미치는 영향을 확인하게 해준다. 하나는 과거를 돌아보는 눈이고, 또 하나는 미래를 내다보는 눈이다.

먼저 슈퍼사이트는 곳곳에 자동차가 넘쳐나는 오늘날의 세계를 만들기 위해 우리가 무참히 파괴했던 자연의 아름다움을 공개한다. 우리

슈퍼사이트는 인류가 환경에 가하는 충격을 보여주는 타임머신의 역할을 한다. 특정 지역의 과거 사진들을 찾아내 현재의 모습과 비교함으로써 지구온난화가 그곳에 어떻게 영향을 미치고 있는지 보여주는 것이다.

는 스마트안경을 쓰고 시간을 거슬러 올라가 보스턴의 커먼웰스 거리와 백 베이Back Bay가 생겨나기 전에 존재했던 찰스강의 자연 제방, 그리고 에메랄드 네클리스 지역이 아파트와 도로로 뒤덮이기 이전 자연 그대로의 모습을 볼 수 있다.

미국의 부통령을 지낸 앨 고어Al Gore는 바로 이런 방식으로 청중의 감성 수준을 끌어올리는 탁월한 능력을 발휘했다. 나는 2006년에 개최된 그의 TED 강연회에 참석했을 때 지구 곳곳의 멋진 장소가 지구온난화로 인해 변해가는 장면을 촬영한 사진들을 보고 큰 충격을 받았다. 지구의 특정 지역이 과거에 어떤 모습이었는지 스스로 상상할 수 있는 사람은 많지 않다. 거대한 빙하와 유빙들을 찍은 사진 옆에는 50년이 지난 지금 그 장소에 남아있는 작은 얼음덩어리들의 사진이 나란히 공개됐다. 참으로 처참하고 가슴 아픈 장면이었다. 한 쌍으로 이루어진 사진들이 우리의 기억에 깊이 각인된 이유는, 그 이미지들 덕분에 인류가 무엇을 잃어가고 있는지 분명히 알 수 있게 됐기 때문이다.

백문이 불여일견이다.

앨 고어의 TED 강연회는 큰 반향을 불러일으켰으며, 덕분에 〈불편한 진실An Inconvenient Truth〉이라는 제목의 다큐멘터리와 책으로 제작되기도 했다. 고어는 이 세상에서 자연의 경이로움이 수없이 사라졌고, 우리가 탄소 사용을 줄이지 않는다면 앞으로 더 많은 것을 잃으리라는 사실을 나를 포함한 수많은 사람에게 일깨웠다.

슈퍼사이트가 여기에 어떤 기여를 더 할 수 있을지 상상해 보자. 우리는 증강현실을 통해 과거의 세계가 어떤 모습이었는지 되돌아보고, 인류가 과거에 저지른 행위의 결과가 무엇인지 이해하고, 이런 지혜를 바탕으로 같은 실수를 반복하는 일을 피할 수 있다. 빙하가 녹아내리고, 산호초가 사라지고, 아마존의 산림이 훼손되는 등 현대의 모든 환경적 현상은 인류가 즉시 행동에 나서야 한다는 사실을 입증하는 확실한 증거다. 우리가 슈퍼사이트 안경을 쓰고 아프리카에서 사파리 여행에 나서거나 미국의 레드우드 숲을 걸으면 지금은 멸종된 흰 코뿔소가 코끼리와 함께 초원을 누비고, 한때 숲속에서 가장 나이가 많았던 세쿼이아 나무가 하늘로 우뚝 솟아있는 장면을 볼 수 있을 것이다.

슈퍼사이트의 두 번째 기능은 시간을 앞당겨 인류의 암울한 미래를 미리 보여주는 것이다. 우리가 즉시 행동에 나서지 않으면 아이들은 황량하고 처참한 세계에서 살아가야 한다. 슈퍼사이트는 오늘날 수많은 집과 주차장이 차지하고 있는 자리에 과거 무엇이 존재했었는지 보여줄 뿐 아니라 앞으로 10년, 50년, 100년 뒤에는 같은 장소의 모습이 어떻게 변할지 예측한다. 이런 식으로 미래를 들여다보는 일은 특히 해수면 상승 같은 현상을 이해하는 데 유용하다. 기후변화가 가속

인공위성이 촬영한 이미지와 기후 데이터를 결합해서 제작한 2050년 마이애미 해변의 모습.

화되고 지역의 경제 상황이 바뀌면 다음 세대는 이곳에서 무엇을 보게 될까?

찰스 디킨스Charles Dickens는 소설 《크리스마스 캐럴A Christmas Carol》에서 고전적인 예측 기술을 사용해 심술궂은 주인공 스크루지가 자신의 인생을 돌아보게 했다. 태도를 바꾸지 않으면 어두운 미래가 찾아올 거라는 것을 꿈을 통해 보여준 것이다. 슈퍼사이트도 비슷한 기술을 사용해서 갈수록 뜨거워지는 대기, 극한의 날씨, 생태계의 붕괴가 초래할 미래의 모습을 경고할 수 있다. 만일 수백만 개의 슈퍼사이트 안경에 이런 영상이 제공된다면, 우리는 그런 미래가 현실이 되지 않도록 맞설 용기와 의지를 얻게 될지도 모른다.

슈퍼사이트 기반의 **스페큘레이티브 디자인**speculative design(미래에 닥칠 문제를 상상하고 탐구하는 작업에 중점을 두는 디자인. 미래 예측 디자인이라고 번역하기도 함-옮긴이)은 인류의 현재와 미래가 직면한 도전에 대해 새로운 관점을 제공하는 디자인 기법이다. 디자이너, 기업, 그리고 정책입안자들은 이 새로운 관점을 바탕으로 기발하고 도발적인 방식으로 미래를 꿈꾸는 수많은 소통의 도구와 플랫폼에 접근하고 있다.

2019년 스페큘레이티브 디자인 전문가 앤서니 던Anthony Dunne과

피오나 라비Fiona Raby는 자신들이 공저한 논문《모든 것의 미래 예측 Speculative Everything》을 주제로 MIT에서 강연했다. 그들은 외형만 근사한 소비재 상품을 제작한다는 종래의 디자인 목표에 반기를 들고 인류의 미래 앞에 만일what if이라는 개념적 질문을 제기하는 접근방식을 택한다. 그리고 사람들의 의식과 감성을 도발하는 '디자인 픽션'에 초점을 맞춘다. 그들의 독특한 디자인 철학은 **미래의 유물**artifacts from the future이라는 기이하고 의문에 가득한 실험으로 수많은 사람을 이끌고 있다.

던와 라비가 자신들의 책 뒤에 실은 짧은 에세이 "새로운 현실New Realities"은 나의 디자인 철학을 크게 자극했다. 독자 여러분도 함께 공감할 수 있으면 좋겠다.

효과적인 디자인 작업은 인간의 모순과 인지적 결함을 수용하는 방향으로 이루어져야 한다. 그래야만 오직 쉽고 순탄한 앞날만을 제안하기보다 불안전한 대안들 사이에 존재하는 딜레마와 트레이드오프를 부각할 수 있다. 이는 문제에 대한 해결책이나 더 나은 방법이 아니라 또 다른 삶의 방식일 따름이다. 디자인을 바라보는 관객은 무엇을 선택할지 스스로 결정할 수 있다.

우리는 스페큘레이티브 디자인이 바로 이런 풍조 아래에서 번성함으로써 사람들에게 복잡한 쾌락complicated pleasures(미학이나 디자인 분야에서 사용되는 철학적 개념으로 단순한 감각적 즐거움을 넘어서는 인지적이고 심오한 쾌락을 의미함 – 옮긴이)을 선사하고, 심리적 삶을 풍요롭게 하고, 다른 매개체나 원칙들을 보완하는 방향으로 인식의 지평을 확장할 수 있다고 믿는다. 그것이야말로 삶의 의미와 문화를 풍요롭게 하고, 현재의 삶에 도전을 제기함으로써 미래에 대한 새로운 가능성을 더하고, 우리에게서 꿈을 꿀 능력을 앗아간 현실의 질곡에 대안을 제공하는 길이다. 궁극적으로 스페큘레이티브 디자인은 우리 사회가 꿈을 꿀 수 있게 해주는 촉매제다.

인간의 근시안적 두뇌를 고려하면 우리가 꾸게 될 꿈은 무엇보다 미래를 내다보는 데 초점이 맞춰져야 할 것이다. 다시 말해 인류가 행동을 바꾸지 않으면 어떤 비극이 발생할 것이고, 행동을 바꿀 때 어떤 멋진 미래가 펼쳐질지를 개발 중인 기술을 이용해서 모두에게 생생하게 보여주어야 한다.

슈퍼사이트를 통해 수많은 사람의 집단적 상상력과 창의성을 자극할 수 있다. 또한 알고리즘이 구성해낸 미래의 이미지를 통해 우리는 환상적인 미래와 끔찍한 미래, 그리고 화려한 가능성과 암울한 결말을 모두 목도할 수 있다. 이런 가상의 안내자들은 스크루지의 꿈속에 등장한 유령들처럼 우리에게 현실을 깨우쳐주고 충격과 변화를 불러일으킬 것이다.

오늘날 슈퍼사이트에는 스페큘레이티브 디자이너라는 새로운 역할이 주어졌다. 슈퍼사이트는 스토리텔링을 통해 미래를 현재로 소환하고 이를 바탕으로 우리의 올바른 행동을 유도할 수 있다. 미래에는 어떤 디스토피아가 펼쳐질 가능성이 있고 그런 비극을 방지하려면 무엇을 해야 하는가? 또는 우리가 어떤 유토피아를 개념화하고 입증함으로써 그런 긍정적인 미래를 실현하기 위한 자금과 지원을 이해당사자들에게 요구할 것인가? 우리는 이런 새로운 관점을 바탕으로 인류가 처한 위기의 긴급성을 이해하고 모두가 바라는 미래를 만들기 위해 협력해야 한다.

슈퍼사이트는 멀고 가깝고, 작고 크고, 빠르고 느리고, 앞서고 뒤따라오는 사물을 모두 보게 해줄 뿐 아니라, 인류의 우선순위와 가치를 재검토하고 변화와 혁신의 동기를 부여하도록 우리를 독려할 수 있다.

모두를 위한(혹은 부자를 위한)
슈퍼파워

오래전부터 인류는 엑스레이처럼 벽을 투시하거나 세상의 모든 것을 내려다볼 수 있는 새의 시력, 앞으로 닥쳐올 일을 미리 알아내는 예지력 같은 초능력을 꿈꿔왔다. 이 모든 슈퍼파워는 조만간 스마트안경의 표준 사양이 될 것이다.

이런 능력을 가능케 해주는 기술은 이질감도 없다. 당신의 눈은 눈부시게 밝은 날 선글라스를 쓰듯 스마트안경에 곧바로 적응하고, 벗을 때가 돼서야 자신이 안경을 쓰고 있었다는 사실을 깨닫게 될 것이다.

하지만 이 안경은 우리가 세상을 바라보는 방법을 근본적으로 바꾸고 나아가 우리가 바라보는 세상을 바꿔놓을 것이다. 슈퍼사이트는 우리에게 방대한 정보와 타인과의 긴밀한 연결을 제공함으로써 우리의 이해를 심화시키고 삶을 풍부하게 해줄 것이다. 그런 한편 이 기술이 우리의 삶에 너무 깊이 파고든 나머지 감시의 디스토피아, 필터 버블, 딥페이크 같은 사회적 부작용을 초래할 가능성도 없지 않다. 나는 이 책이 우리가 창조할 세계에 대한 경외감과 충격을 불러일으킴으로써 정당한 문제를 제기하고 대화의 불씨를 붙이는 역할을 하기를 바란다.

지난 10년간 모바일 기술이 우리의 삶을 바꿔놓았듯이, 슈퍼사이트는 사람과 컴퓨터가 상호작용하는 방식에 혁명적인 변화를 불러올 준비를 마쳤다. 이 새로운 기술은 눈에 잘 띄지는 않아도 늘 우리 곁에 머물면서 세계의 일부로 받아들여질 것이다. 앞으로 인간관계, 비즈니스, 그리고 모든 산업은 커다란 혁신의 물결에 휩쓸리고 이 플랫폼을 받아들인 기업의 리더들은 선견지명을 갖춘 영웅이 될 것이다.

인류가 이렇게 새로운 미래를 열어가고 있는 상황에서, 나는 무엇보다 '사람'을 중심에 두는 방향으로 슈퍼사이트의 경험을 구축하기 위해 애쓰고 있다. 사용자의 주의를 독점하거나 사회적 상호작용을 오염시키는 경험, 또는 우리를 물리적 세계에서 떼어놓거나 지나친 광고가 난무하는 비즈니스 모델에 기반한 기술을 개발해서는 안 된다. 이 가치에 공감하는 사람들도 내가 걷고 있는 길에 동참했으면 좋겠다.

지금까지 우리 사회가 슈퍼사이트의 물결에 어떻게 대응해야 하는지를 두루 살펴봤다. 이제 여러분이 당장 취할 수 있는 구체적인 행동 몇 가지를 제안하려고 한다.

다른 별에서 온 문화인류학자처럼 생각하기

• • •

새로운 기술이 기하급수적으로 발전하고 주위의 세계가 급격히 변할수록 사람들은 어쩔 줄 모르고 당황한다. 세상의 근본적인 변화 앞에서 완고함과 회의적인 태도로 일관할 것인가? 아니면 학습자의 마음 가짐으로 겸손하게 상황에 대응할 것인가? 선택은 당신에게 달렸다.

나는 열린 마음과 자세를 유지하기 위해 나 자신을 호기심에 가득한 문화인류학자로 여긴다. 그리고 뭔가 새로운 문물을 발견할 때마다 그것이 나 자신과 동료, 그리고 가족들에게 미칠 영향을 연구한다. 섣부른 판단을 삼가고 그 기술을 세상에 내놓느라 고생한 조직과 투자자들에게 감사하면서 새로운 제품과 도구를 실험한다. 그 제품의 장점은 무엇인가? 투자자들이 예상치 못했던 이차적 효과는 없는가? 물론 그런 나 때문에 우리 가족은 거의 미칠 지경이다. 나는 음성 인식 기능과 인터넷 연결을 제공하는 컴퓨터비전 기반의 가정용 제품, 장난감, 로봇 등을 모두 집에서 실험한다. 방마다 앰비언트 디스플레이, 터치스크린 테이블, 데이터 프로젝션 작업대 등이 넘쳐나고 이 장비들을 사용하는 데 필요한 동작이 적힌 포스트잇 메모지가 사방에 가득하다. 하지만 우리 가족도 그 과정에서 많은 것을 배우는 중이다.

공간 컴퓨팅의 잠재력을 확인하려면 게임을 공부하라

• • •

형편이 되는 사람들은 가상현실 헤드셋이나 증강현실 안경을 구해서 학습하라고 권하고 싶다. 현재 사용자들에게 가장 몰입감 높은 경험을 안겨주는 〈비트 세이버〉, 〈하프라이프〉, 〈스카이림〉, 〈매든〉 같은 게임들은 광선투사법을 이용한 동작 표현, 공간 오디오의 위력, 훌륭한 온보딩on-boarding(특정 게임을 처음 시작하는 사용자에게 기본적인 게임 규칙, 아이템 구입 방법, 재이용 관련 혜택 등을 소개하는 화면 – 옮긴이) 경험을 디자인하는 법, 그리고 그 밖에 수많은 지식을 제공한다. 이를 열심히 공부하면 무엇을 더 개선해야 사용자들에게 더 많은 혜택을 주고 그들의 관심을 끌 수 있을지 알게 될 것이다. 만일 당신이 슈퍼사이트 제품을 개발하는 회사에 영입된다면 어떤 시제품을 먼저 개발할 것인가? 슈퍼사이트 기술로 해결할 수 있는 문제는 무엇인가? 어느 시장에 가장 먼저 교두보를 확보할 생각인가?

당신이 가장 열정을 느끼는 콘텐츠나 애플리케이션 영역(음악 교육, 건축, 원격현실, 협업 경험 등)을 더 깊이 파고들어 보라. 시중에는 스포츠와 취미생활, 동기부여 인터뷰 같은 사회적 기술, 그리고 길거리 미술이나 생태학적 지속가능성 등에 도움이 되는 컴퓨터비전 기반의 앱을 다양하게 찾아볼 수 있다. 꼭 프로그래머가 아니더라도 지식을 쌓고, 동기를 얻고, 협업하고, 소통하고, 설득하는 데 필요한 슈퍼사이트 경험을 스케치해 보라.

해커톤을 개최하고, 디자인 스프린트에 참석하고, 시제품 개발에 자금을 지원하라

• • •

당신이 회사를 경영하거나 제품을 책임지고 있는 자리에 있다면, 오늘 당장 슈퍼사이트 기술을 도입해서 얻을 수 있는 혜택은 무수히 많다. 당신이 준비한 3D 발표 자료는 고객이나 신입 직원들이 제조 과정이나 기능을 이해하는 데 도움이 될까? 이 경험을 어느 곳에 '위치'시켜야 더 많은 사람에게 제공할 수 있을까?

회사 내부의 연구 조사팀 또는 외부의 디자인 및 혁신 기업들과 함께 가장 전망이 밝은 슈퍼사이트 서비스의 시제품을 개발해 보라. 새로운 세계를 학습하는 가장 좋은 방법은 직접 제품을 개발하고 테스트하는 것이다. 그중에서도 가장 훌륭한 학습은 한 주간 진행되는 디자인 스프린트design sprint(구글이 개발한 디자인 방법론으로, 중요한 비즈니스 문제에 대한 답을 찾기 위해 5일간 집중적으로 진행하는 프로세스 - 옮긴이)나 해커톤을 통해 이루어지는 경우가 많다. 나는 당신 회사가 지역의 대학교와 증강현실 소프트웨어 및 하드웨어 개발업체들과 협력관계를 체결하고 그들을 회사에 초청해서 해커톤 행사를 주최하기를 권한다.

나는 이 책의 서두에서 사람의 눈이 얼마나 놀라운 기관인지 찬사를 보내며 이야기를 시작했다. 진화론자인 찰스 다윈조차 우리 눈의 경이로움에 감탄한 나머지 어느 지적인 설계자가 이를 만들었을지도 모른다고 생각했을 정도였다. 그토록 경이로운 인간의 눈은 한층 업그레이드되어 우리의 혼을 쏙 빼놓을 만큼 새로운 기능들을 탑재하는 방향으로 진화할 것이다. 우리는 증강현실 기능을 갖춘 새로운 눈으로 더욱 신속하게 지식과 통찰을 얻고, 다른 사람들과 긴밀히 연결될 수 있을 것이며, 미래의 우리 자신과 지구의 모습을 내다보는 능력을 얻게 될 것이다.

우리는 이렇게 진화한 눈을 통해 새로운 방식으로 세계를 바라보고 더 나은 미래를 꾸며가야 하겠다. 가능성이 넘치고, 매력적이고, 누구에게나 필연적인 그런 미래를.

공간 컴퓨팅 디지털 정보를 어느 공간에 위치시킬 것인지에 중점을 두는 새로운 형태의 사고방식 또는 기술을 뜻한다. 증강현실에서 제공되는 정보 및 서비스는 물리적 세계 위에 '정박'하거나 구체적인 사물과 연결된다.

증강현실 사용자가 바라보는 현실 세계 위에 디지털 정보 계층을 덧입히는 기술을 뜻한다. 이는 당신의 시야를 현실 세계에서 전적으로 격리하는 가상현실 VR과 다른 개념이다.

로토스코핑 이미 제작된 영화 장면이나 캐릭터 위에 그림을 덧입히는 프로세스를 의미한다. 1937년 월트 디즈니와 그의 애니메이터 팀은 〈백설공주와 일곱 난쟁이〉를 제작할 때 실사 영화 이미지를 유리판 위에 비추고 그 위에 한 장 한 장 이미지를 그려서 프레임을 만들었다. 현재의 로토스코핑 소프트웨어는 동작 추적과 어니언스킨onion  skin(앞의 몇 프레임을 반투명으로 처리해 잔상 효과를 냄으로써 동작을 부드럽게 표현하는 기법 – 옮긴이)을 이용해서 불이 번쩍이는 광선검 같은 복합효과를 만들어낸다.

디지털 홀로그램 슈퍼사이트의 투사 기법의 하나로 빛의 회절diffraction 효과를 이용해서 가상의 3D 이미지를 창조하는 기술이다. 증강현실에서는 이 홀로그램들이 스마트안경이나 기타 반투명 디스플레이를 통해 실제 세계 위에 역동적으로 등장한다.

AR 클라우드 클라우드 3차원의 물리적 세계와 연동된 방대한 규모의 콘텐츠 데이터베이스를 말한다. 이 클라우드에는 특정 대상의 디지털 트윈과 이에 대한 정의, 설명서, 비디오, 각종 기록이나 내력 등에 관한 링크가 담겨있다.

메타버스 소설가 닐 스티븐슨Neal Stephenson이 창안한 용어로 "늘 활성화된 온라인 상태로 존재하면서 사람들에게 공유되는 가상의 공간"을 뜻하는 말이다. 이미 오큘러스를 사들인 페이스북이 뒤이어 호라이즌Horizon(페이스북의 가상현실 커뮤니티 – 옮긴이)을 개발하고, 구글이 스타디아Stadia(구글의 클라우드 게임 서비스. 2022년 하반기에 서비스가 종료됐음 – 옮긴이)를 출시하고, 에픽게임즈가 게임 〈포트나이트〉를 내놓은 이유도 메타버스가 가져다줄 기회 때문일 것이다. 2021년 4월, 에픽게임즈는 메타버스를 구축하기 위해 10억 달러의 투자를 유치했다.

부에나 비스타 가설 진화생물학자 말콤 매키버가 창안한 학설로, 인류의 조상은 데본기에 들어서면서 더 훌륭한 시력 덕분에 두뇌(즉 '계획'의 능력을 갖춘 두뇌)가 큰 네발 달린 척추동물로 진화했다는 이론이다.

관측 시야 Field of view 현실 세계 위에 가상의 정보 계층을 광학적으로 결합해서 제공하는 증강현실 디스플레이의 시야각을 의미한다. 관측 시야가 넓을수록 강력한 연산 능력, 고도의 화면 해상도, 큰 크기, 무거운 중량, 더 많은 에너지(즉 배터리 파워)가 필요하다. 인간의 관측 시야는 180도지만, 현재 가장 우수한 증강현실 안경의 관측 시야는 40에서 50도 사이다.

공간화 위치 및 매핑 Spatialized location and mapping, SLAM 주위 세계의 '깊이 지도'depth map(특정 시점에서 바라보는 물체의 거리에 대한 정보가 담긴 이미지 – 옮긴이)(다른 말로 메시mesh 또는 포인트 클라우드point cloud라고도 부름)를 실시간으로 구축하는 컴퓨터 알고리즘을 의미한다. 이 기능이 탑재된 증강현실 안경은 특정 공간에 적절한 크기로 정보를 위치시킴으로써 관찰자가 시야를 다른 곳으로 돌려도 정보가 원래의 위치에 남아있게 된다. 다른 말로 공간 매핑spatial mapping이라고도 부른다.

오클루전Occlusion 증강현실 시스템의 중요한 기능 중 하나로 AR 장비가 투사하는 정보의 앞쪽에 현실 세계의 사물을 위치시켜서 일종의 '가림 효과'를 만드는 기법이다. 증강현실 장비가 제공하는 캐릭터나 정보는 (예를 들어) 의자에 반쯤 가려지거나 창문 안쪽으로 들여다보이게 해야 자연스러운 장면을 연출할 수 있다.

공간 앵커 디지털 콘텐츠를 정확한 장소에 위치시키는 증강현실 기술의 일종이다. 가령 디자이너가 GPS와 시각적 효과를 이용해서 실제 집의 정원 위에 가상의 조경 디자인을 덧입히거나, 낚시꾼들이 호수나 바다 밑의 지형을 지도로 표현하는 방법을 말한다. 벽이나 평면적 사물에 콘텐츠를 투사하는 평면 앵커plane anchor와는 다른 개념이다.

인식부호fiducial 컴퓨터가 인식하도록 설계된 가상의 표시이자 실제 세계의 사물 위에 부착하는 일종의 이름표(바코드나 QR 코드처럼)다. 가령 동작 탐지 프로그램에서 인체의 움직임을 추적하기 위해 신체 각 부분에 스티커나 공을 부착하는 기술이 여기에 속한다.

이미지 앵커 QR 코드처럼 증강현실 경험의 표시 역할을 하는 모든 종류의 이미지를 말한다. 이 책에 나오는 그림이나 도표 옆에 표시된 섬네일 이미지도 이미지 앵커의 일종이다. 인스타그램 필터도 이런 이미지로 인공지능을 훈련한다.

레이더 담당자의 민감도 곡선 컴퓨터비전의 능력은 민감도와 정밀도 사이에서 얼마나 적절한 트레이오프를 선택하는가에 달려있다. 민감도는 알고리즘이 뭔가 흥미로운 대상을 포착하는 능력을 뜻하고, 정밀도는 예측의 정확도를 의미한다.

합성곱 신경 네트워크CNN 두뇌 시각 피질의 신경 연결 패턴에서 힌트를 얻어 개발한 알고리즘으로 딥러닝 네트워크라고도 불린다. 이 방식으로 훈련된 신경망은 매우 효율적으로 가동된다. 각 합성곱 층은 대상의 미세한 패턴에서 전체적인 모습에 이르기까지 각자 다른 범위에서 이미지를 인식한다.

감소현실diminished reality 증강현실 버전의 광고 차단 프로그램이라고 보면 된다. 특정 장면에 새로운 정보를 더하는 대신 콘텐츠를 선별적으로 삭제하는 기술이다. 감소현실은 신경 네트워크나 오프 엑시스 카메라off-axis camera(카메라 센서를 렌즈의 중심축에서 벗어나게 함으로써 주변부나 다른 각도를 지향하는 촬영 기법 - 옮긴이)를 이용해서 콘텐츠를 '제거하거나', 사물 뒤에 가려진 물체나 화면에서 지워진 사람을 다시 불러낸다.

디지털 트윈 물리적 대상의 디지털 복사본을 뜻하며 대개 그 대상에 관한 상세한 데이터를 담고 있다. 가령 비행기 엔진의 디지털 트윈에는 그 제품의 디지털 모형뿐 아니라 성능 통계, 비행 이력, 유지보수 기록, 교육 자료, 그리고 다른 엔진들의 사례에서 축적된 고장 예측 알고리즘 등이 담겨있다. 슈퍼사이트는 이런 정보를 물리적 대상의 표면이나 주위에 배치해서 이를 한결 유용하고 이해하기 쉽게 해준다.

피드포워드 인터페이스 Feed-forward interface 시스템이 어떤 행동을 취하고자 한다는 계획을 미리 보여주는 청각적·시각적 신호를 말한다. 기상청이 태풍의 경로와 위험반경을 도표로 예측하는 것처럼, 슈퍼사이트도 '어떤 일이 벌어질 가능성'에 대한 예측 정보를 제시함으로써 사용자의 안전 효율성을 높일 수 있다. 예측형 피드포워드 인터페이스는 도시의 교차로나 운전자들을 뒤덮은 '위험 구름risk cloud'의 형태로 표현되기도 한다.

손동작 인터페이스 우리가 디지털 장비들과 소통할 때 사용하는 수화手話 비슷한 형태의 상호작용 모델이다. 인간은 처음 키보드를 통해 컴퓨터와 상호작용했고 그 뒤에 마우스와 펜이 등장했다. 컴퓨터비전은 사람의 손가락 움직임이나 손동작을 멀리 떨어진 곳에서도 놀라운 정확도로 인식해낸다.

바라보고 결정하기 Gaze and commit 마우스의 포인트 및 클릭에 해당하는 입력 모델을 말한다. 인공지능 시스템은 사용자의 눈과 머리 움직임을 추적해서 그가무엇을 바라보고 어떤 행위를 원하는지 판단한다. 사용자는 대상을 바라보는시간(체류 시간dwell time이라고도 불린다), 그리고 손가락을 튕기는 동작이나 후두음 같은 음성 신호를 통해 의사를 표시한다. 하지만 손대는 모든 것을 황금으로 만든 미다스 왕이 정작 그로 인해 고통을 받았듯이, 당신이 뭔가를 오랫동안 바라봤을 때 그 행동이 의도치 않은 결과로 이어질 가능성도 있다.

다중 모델 입력 Multimodal input 사람이 컴퓨터와 상호작용할 때 소통의 정확성을 높이기 위해 다양한 입력 모델을 사용하는 접근방식을 뜻한다. 터치, 손동작, 음성 명령, 감정 신호, 심지어 뇌파 등의 입력 방식에는 저마다의 한계와 단점이 있지만, 이 모델들이 결합하면 더 효과적이고 자연스러운 상호작용이 가능해진다.

생성적 대립 네트워크GAN 두 개의 신경 네트워크를 서로 대립하게 해서 그림, 조경, 딥페이크 영상, 메타휴먼metahuman(3차원 디지털 기술로 제작한 가상 인간 – 옮긴이) 등을 제작하는 기술을 말한다. 생성 네트워크가 뭔가를 만들면 판별 네트워크가 이를 평가하고 점수를 매긴다. 평가 알고리즘의 신뢰성이 적정 수준 이상이면 시스템은 수백만 번의 반복을 통해 산출물의 품질을 개선한다.

전(前)주의 처리 어떤 추상적 정보가 별도의 인지적 부담 없이 두뇌에서 1초 안에(그것도 다른 작업과 병렬로) 처리되는 지각 현상을 말한다.

자세 탐지 특정한 신경 네트워크를 이용해서 사람의 골격 위치를 추론하는 기술. 2장에서 살펴본 인공지능 코칭 프로젝트나 7장에서 언급한 건강관리 제품도 이 기술을 활용한다. 요즘에는 한 대의 카메라만으로 사람의 자세를 추적하고, 사용자의 건강 관련 활동을 분류하고, 소매점의 영업 상황을 파악하고, 스포츠 경기를 분석할 수 있다. 심지어 경기 중인 선수들의 신체 일부가 다른 물체나 사람에 가려졌을 때도 자세 탐지가 가능하다.

디자인 픽션 퓨처캐스팅이라고도 부르며 미래에 일어날지도 모르는 가상의 시나리오를 상상하고 탐구하는 생성형 도구를 의미한다. 이 다중적·병렬적 세계는 사회 및 기술의 거시적 트렌드를 추론해서 생성하거나, 특정 기업에 가장 중요한 미지의 대상들을 조합해서 개발한다. 증강현실을 포함한 몰입형 기술들은 이 가능성의 세계를 보다 현실감 있고 생생하게 보여주고 혁신의 기회에 대한 새로운 관점을 제공한다.

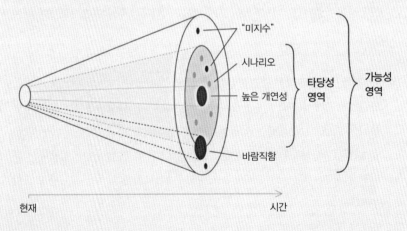

나는 짧지 않은 기간 동안 많은 협업자와 다양한 프로젝트를 진행하면서 증강현실 기술과 공간 컴퓨팅 경험 설계를 위한 일련의 디자인 원칙들을 개발했다. 앞으로 학습, 협업, 원격현실, 그리고 그 밖의 경험을 디자인하게 될 독자들이 이 내용을 요긴하게 활용했으면 한다.

1. 공간적 문제를 해결하고 있다는 사실을 분명히 하라.

실제 세계 위에 정보를 가져다 놓을 필요가 없다면 굳이 증강현실이 필요하지 않을 수도 있다. 디자인을 시작하기 전에 어떤 문제를 해결해야 하는지 주의 깊게 생각해 보고, 사용자들에게 전달할 정보나 경험이 무엇인지 한 번 더 따져보라. 증강현실 이외에 다른 매체로도 목적을 달성하기에 충분한가? 증강현실을 구현하기 위해서는 많은 것을 개발해야 하고 사람들과 소통하기 위한 시각적 신호도 다양하게 마련해야 한다. 따라서 증강현실이라는 새로운 매체에 특화된 능력을 적절히 사용하고 있는지 분명히 해야 한다. 특정한 사물이나 사람의 신체 같은 물리적 세계 위에 정보를 '정박'시켜야 하며, 사용자들이 정보를 더 잘 이해할 수 있도록 이를 3차원 이미지로 표현해야 한다.

2. 구체적인 대상에 대한 증강현실을 제공하라.

큐리스코프가 해부학 학습용으로 제작한 티셔츠를 증강현실 장비로 비추면 아이의 가슴 안에서 뛰는 심장이 그대로 들여다보인다. 이렇게 한 벌의 옷을 디지털 앵커로 활용해서 콘텐츠를 적절한 곳에 위치시키면 인체에서 분리된 심장 하나를 공중에 띄워놓는 방법에 비해 훨씬 강력한 효과를 발휘할 수 있다.

3. 사용자의 시야를 가리지 말라.

'15퍼센트의 규칙'을 사용하라. 다시 말해 사용자의 관측 시야 중 85퍼센트는 현실 세계를 바라보는 데 사용하도록 유보하고, 나머지 15퍼센트를 활용해서 증강현실 콘텐츠를 제공하는 것이다. 이 규칙은 시간에 관해서도 마찬가지다. 뭔가 특별한 상황이 생긴 경우에 한정해서 증강현실 콘텐츠를 제공한다면 사용자가 스마트안경을 착용한 전체 시간의 85퍼센트는 눈앞이 깨끗하고 맑을 것이다.

4. 보이지 않는 것을 보이게 하라.

사물에 이름표를 붙이는 기능도 물론 유용하지만, 슈퍼사이트가 사용자에게 보여줄 수 있는 장면은 참으로 무궁무진하다. 엑스레이 비전처럼 사물을 투시하는 능력이나, 거대한 은하수와 미세한 원자를 넘나드는 무한한 세계나, 초超 슬로모션 화면이나, 도시의 역사를 담은 저속촬영 영상이나, '위험도 구름'처럼 복잡한 데이터를 시각화한 정보를 포함해서 놀랍고, 유용하고, 통찰을 제공하는 콘텐츠를 제공하라.

5. 다중 모델 피드백을 활용하라.

사람들은 다양한 감각 입력 모델을 융합해서 정보를 받아들이는 경향이 있다. 가령 향수의 냄새와 병의 디자인을 교차적으로 해석하고, 음악을 매개체로 영화의 장면을 기억한다. 따라서 디자이너들은 촉각, 소리, 시각적 신호 등을 함께 조합한 피드백 장치를 개발해야 한다. 최대한 많은 감각 모델을 설계하고, 너무 많다고 생각되면 추후 제거하라.

6. 자연스러운 동작 명령어를 만들라.

'쉿!', '더 크게 말해', 또는 '이쪽을 봐' 같은 동작은 모든 사람의 마음속에 깊이 각인되어 있다. 따라서 사용자들에게 새로운 동작을 가르치기보다 이미 익숙한 몸짓을 활용해서 명령어를 입력할 수 있도록 시스템을 디자인해야 한다. 예를 들어 구글 어스 가상현실 시스템에서 사용자가 스트리트뷰로 전환을 원할 때는 마치 수정 구슬을 들여다보듯 한쪽 손을 얼굴에 가져다 댄다.

7. 사용자의 주의를 끌라.

가상현실 시스템은 어느 곳에라도 중요한 정보를 비춰줄 수 있지만, 문제는 사용자가 엉뚱한 곳을 바라보다가 정보를 놓치기 쉽다는 것이다. 해결책은 사용자가 고개를 돌려 핵심 내용을 확인할 때까지 계속해서 주의를 끄는 방향으로 슈퍼사이트를 디자인하는 것이다. 불꽃을 일으키거나 소리를 내어 사용자의 관심을 집중시킬 방법을 생각해 보라.

8. 다수가 공유하는 경험을 위해서는 광光투사 기법을 활용하라.

복수의 사용자를 위해 집단적 경험을 디자인할 때는 각자가 착용한 스마트 안경을 통해 공통된 시야를 제공하는 방법보다 광투사 기법의 증강현실 시스템을 설계하는 편이 더 쉽다. 이를 통해 모든 사람이 같은 혼합현실 속에 참여할 수 있고, 자신들이 똑같은 대상을 바라보고 있다는 자신감을 얻을 수 있기 때문이다. 우리는 MIT에서 시티스코프 프로젝트를 진행할 때 레고 블록으로 제작한 도시의 모델 위에 히트맵을 직접 투사해서 거리의 보행 친화도나 교통 혼잡도 등을 나타낸 바 있다. 덕분에 여러 사람이 그 모습을 함께 바라보면서 도시계획의 선택지를 두고 논의를 진행할 수 있었다.

9. 대상을 회전시켜서 다양한 차원을 공개하라.

메르세데스-벤츠는 신형 차를 발표할 때 전시장에서 실제 턴테이블이 돌아가는 것처럼 증강현실로 자동차의 전후좌우 모습을 상세하게 공개한다. 또 〈뉴욕타임스〉에 실린 "증강현실 : 당신이 결코 본 적이 없는 올림픽 선수 네 명의 모습"이라는 기사에서는 독자들이 4회전 점프 도중에 공중에 멈춰선 피겨스케이팅 선수나, 한쪽으로 잔뜩 몸을 기울인 채 코너를 주행 중인 쇼트트랙 선수를 마우스 움직임을 통해 여러 각도에서 관찰할 수 있다. 당신은 선수들의 주위를 돌며 모델에 따라 상대적으로 관점이 바뀌는 모습을 확인하고 이 증강현실 장면의 시차와 차원을 파악하게 된다.

10. 강력하고 주도적인 관점을 제시하라.

대부분의 3D 도구나 증강현실 상호작용은 수많은 옵션과 수백 가지의 매개변수를 통제하기 위한 인터페이스로 구성된다. 이런 복잡한 디자인 방식을 택하는 대신 훈련된 인공지능을 통해 사용자에게 즉각적인 가치를 제공하라. 가령 방을 디자인할 때 방 전체를 주도적으로 디자인하지 않고 가구의 목록을 디자인해서는(즉 고객이 의자 하나를 배치하기 위해 마우스를 열 번씩 클릭하게 해서는) 안 된다. 또 조경 디자이너는 마당에 꽃이 만발한 전체 조경을 설계한 뒤에 상세 사항들을 점차 다듬어나가야 한다. 그렇지 않으면 당신의 고객은 수많은 상세 단계를 통과하지 못하고 결승점 앞에서 포기하게 될 것이다.

11. 주위 공간을 가상현실 쓰레기로 채우지 말라.

증강현실 기술이 보편화되면서 게임 회사, 제품 제조업체, 전자상거래 기업, 그리고 개인들은 주위의 세계를 가상의 캐릭터, 사용자 지침서, 가격표, 오디오 클립, 그리고 온갖 공간적 링크로 채우게 될 것이다. 증강현실 디자이너는 사용자의 범위와 자신이 제공할 정보의 지속성을 고려해서 콘텐츠를 개발할 필요가 있다. 개중에는 한 사람이나 단일 프로젝트팀을 위해 개발한 콘텐츠가 있을 것이며, 바로 그날이나 프로젝트가 끝난 뒤에는 사라져야 할 정보도 있을 것이다.

12. 삽화적 상호작용을 디자인하라.

최고의 증강현실 상호작용 중에는 와비 파커의 버추얼 트라이온처럼 단 몇 분간만 지속되는 경험도 적지 않다. 고객은 팝송 한 곡을 다 듣기도 전에 자신에게 어떤 안경이 어울리는지 확인하고 자신 있게 제품을 주문한다. 사용자들을 몇 시간씩 묶어둘 필요는 없다. 대신 그들이 짧은 시간 동안 반복적으로 사용할 제품을 개발하라.

13. 감소현실을 통해 초점을 회복하라.

사용자의 시야에 뭔가를 끊임없이 보태기보다는 무엇을 제거할지 고민하는 일을 잊지 말라. 말하자면 슈퍼사이트 버전의 광고 차단 프로그램을 개발하라는 것이다. 이는 구글의 비즈니스 모델과 정면으로 배치되는 사고방식일 수 있다.

14. 증강현실로 최신 정보를 업데이트하라.

인쇄물 같은 정적인 매체는 금세 시대에 뒤떨어진다. 특히 기술이나 혁신의 영역처럼 순식간에 변화가 이루어지는 분야에서는 더욱 그럴 수밖에 없다. 디자이너들은 평점, 신용도, 날씨, 제품의 상세 사항, 기타 소식을 포함해 항상 바뀌는 정보를 증강현실을 통해 수시로 제공해야 한다. MIT 미디어랩에서 개발한 웨어러블 장비 식스센스Six Sense는 소형 피코 프로젝터를 이용해 제품 위에 온라인 평점을 투사하고, 신용카드 위에 사용 한도를 표시하고, 날씨 지도 위에 기온을 나타내고, 손목에 시간을 보여준다.

15. 여러분의 디자인 원칙을 기다립니다.

우리는 www.SuperSight.World를 통해 더 많은 디자인 원칙을 수집하고 있다.

증강현실 경험을 디자인하는 작업에 활발히 참여 중이라면, 나는 당신에게서도 새로운 디자인 원칙을 배울 준비가 되어있다. SuperSight.world/DesignPrinciples 사이트에는 이 원칙들의 목록이 지속적으로 갱신 및 관리된다. 여러분도 이 새로운 매체를 통해 함께 학습할 것을 제안한다.